网络犯罪的司法认定

中国刑法司法适用疑难问题研究丛书

总主编 陈兴良 周光权

王华伟 著

中国人民大学出版社
·北京·

总　序

我国刑法理论的发展存在两个面向：第一是体系化和学术化，第二是专业化和技术化。所谓体系化和学术化，是指我国刑法理论应当进一步提升自身的学术水平，建构与我国刑法相融洽的刑法教义学体系。而所谓专业化和技术化，是指我国刑法理论应当面向司法实践，将刑法理论资源转化为解决司法实践中疑难问题的专业技术，实现刑法教义学的实践理性。如果说，前者是我国刑法理论的“上天”，那么，后者就是我国刑法理论的“入地”。只有同时从这两个面向推进我国刑法理论向前发展，才能使我国刑法理论不辱使命，成为法学中的显学。

应该说，刑法理论的体系化和学术化与专业化和技术化这两个面向并不是互相抵牾而是相互促进的关系。刑法教义学的研究成果处在刑法理论的尖端，对于刑法理论的发展具有引导功能。近年来，随着德日刑法教义学原理的引入和推行，我国刑法理论得到了长足的进步。当然，德日刑法教义学如何与我国刑法相契合，仍然存在需要进一步完善的地方。每个国家的刑法理论都和其刑法的立法与司法密切相关，具有这个国家的气质与禀赋。因此，我国不可照抄照搬德日刑法教义学的原理。当然，刑法理论本身具有跨越国境的性质，尤其是刑法的一般原理，它是从哲学、历史和伦理的深处生长出来的，反射人类精神生活，因而是值得学习和借鉴的。我国切不可闭关锁国，隔断与人类文明的精神通道。另外，刑法教义学的本土化是较为重要的，刑法理论只有植根于我国的司法实践才具有生命力。这就需要将刑法理论与刑法司法紧密地结合起来，充分发挥刑法教义学所具有的应用价值。因此，中国刑法学者应当立足于我国的刑法立法与司法现实基础，从中汲取学术养分，并将刑法理论作用于司法实践，解决刑法适用中的疑难复杂问题。

“中国刑法司法适用疑难问题研究丛书”是中国人民大学出版社邀请我和周光权教授共同主编的一套面向司法实践的大型理论著作丛书。这套丛书的编辑宗旨是将近些年来已经在我国司法实践中采用和采纳的刑法教义学进一步推向司法实践，为司法工作人员提供刑法教义学的方法和工具，从而进一步提升我国司法工作人员解决刑法适用疑难问题的能力。收入本丛书的作品需具有较高的刑法理论水准，同时又能够解决刑法各个领域所经常遇到的疑难问题，因而是推进我国刑法司法实务能力的知识更新与理论变革之作。

本丛书以司法实践中的疑难问题为主要研究对象，除了我和周光权教授主编的《案例刑法研究（总论）》（上下卷）涉及刑法总论全部内容以外，其他作品都是专题性研究著作，对存在于刑法各个领域的疑难问题进行了深入和细致的刑法教义学研究。这也是本丛书与以往出版的刑法作品的主要区别之所在。因此，面向司法现实是本丛书的基本特色，解决刑法的司法适用问题是本丛书的根本使命。

作为刑法学者，我们当然要有对刑法理论的钻研精神，同时要有直面现实的正确态度。司法实践中每时每刻发生的各种疑难问题，都等待着我们去解决。因此，刑法司法实践才是刑法教义学理论的源泉。离开了司法实践，刑法理论就会成为无源之水、无本之木。具体来说，刑法司法适用过程中，会出现大量疑难案例，这些疑难案例正是刑法司法实务中疑难问题的载体。如何解决这些疑难案例，就成为检验刑法教义学理论的试金石。以下，我以骗取更名案为例进行说明。

甲是某公司房产销售人员，乙通过甲购买了该公司一处房产，交付全部购房款 34 万元。后甲欺骗乙签订了更名申请承认书，将该房产以 35 万元出卖给丙，并为丙办理了房产证，而且丙实际占有了房屋。

骗取更名案的案情非常简单，只有短短几行字，基本上就能把案情说清楚。然而，对骗取更名案的分析却并不容易，涉及十分复杂的理论问题。在骗取更名案中，被害人是谁？对此其说不一：有的人认为被害人是乙，有的人认为被害人是丙。此外，在骗取更名案中，财产损失人是乙还是丙？诈骗数额是 34 万元还是 35 万元？对这些问题都存在不同意见。我们以行为分析法进行分析，就会发现骗取更名案中存在两个行为：第一个行为是甲欺骗乙签订更名申请承认书，第二个行为是甲利用更名申请承认书将房屋出卖给丙。这两个行为前后发生，并互为因果。甲在骗取乙的更名申请承认书以后，才能根据该承认书办理更名手续，将购房人由乙变更为丙，并为丙办理了房产登记。下面，我对这两个行为进行法教义学的分析。

第一个行为是甲骗取乙签署更名申请承认书，这是一种欺骗行为。从后果上看，正是这份材料使乙丧失了已经购买的房产。那么，能否据此将本案涉及的罪名认定为诈骗罪呢？诈骗行为是指虚构事实，导致他人产生认识错误，基于认识错误而交付财物。但在本案中，甲虽然实施了欺骗行为，但欺骗行为并没有使甲直接获得房产，乙也没有交付房产的意思和行为，因而，并不符合诈骗罪的直接性原则，不能将甲的行为认定为诈骗罪。那么，这份更名申请的性质是什么呢？从民法角度来说，更名申请的性质属于债权转让。

在更名之前，乙和开发商之间签订房屋买卖合同，并交付购房款 34 万元，由此形成乙对开发商的债权。因此，更名的性质不是退房，退房属于解除房屋买卖合同。更名是在购房合同有效的前提下，改变买受人，因而属于债权转让。

第二个行为是甲利用骗取的更名申请承认书将乙的债权转让给丙，并取得 35 万元购房款。在更名以后，甲将乙对开发商的债权转让给了丙。丙并不是无对价取得债权，而是向甲交付了 35 万元。在这一债权转让过程中，开发商是无过错第三人。甲的更名虽然以乙签名的更名申请承认书为依据，但该承认书是甲骗取的，其内容并没有得到乙的许可。因此，甲是在乙不知情的情况下，处分乙的债权。在盗窃罪的客体包括债权或者其他财产性利益的情况下，这一行为具有盗窃的性质。

通过以上分析可以看出，在司法实践中对于那些多种行为交织、纠缠在一起的复杂案件，应当逐个对行为的法律性质加以判断，最后才能完成定罪的过程。而且，在对财产犯罪进行定罪的时候，还应当结合民法的知识。例如，在骗取更名案中，涉及物权与债权的区分。从上述对案情的描述来看，司法工作人员就没有区分物权和债权，例如，将乙与开发商签订房屋购买合同描述为乙购买了房产，又把甲对房屋购买合同的更名说成是将乙的房产卖给丙。这些描述，从日常生活理解来看并没有错误。然而，从法律的角度来说，乙虽然与开发商签订了房屋购买合同，但合同并未最终履行，因而乙向开发商交付 34 万元，只是获得了以开发商交付房产为内容的债权。而甲也只是将乙的债权转让给丙，此后通过开发商履行债权，丙才获得了房产。由此可见，以房产交付为内容的债权和物质化的房产之间是存在区别的，不可混为一谈。这一从物权与债权的区分中所得出的结论，对于分析骗取更名案具有一定的参考价值。

物权包括所有权、用益物权、担保物权等，《民法典》对此都作了规定。值得注意的是，《民法典》没有规定债，取而代之的是合同，合同是具体之债。在民法学中，债是按照合同的约定或依照法律规定，在当事人之间产生的特定的权利和义务关系。《民法典》规定了各种典型合同，其中包括借款合同，债权与债务关系一般出现在借款合同之中。这个意义上的债比较符合生活中的债的含义。然而，《民法典》中的债，除了生活中的债，还包括其他合同所产生的债。例如，《民法典》规定的买卖合同，也是债的关系。债的关系中，享有权利的人称为债权人，履行义务的人称为债务人。刑法关于财产犯罪的规定，不仅保护物权而且保护债权。然而，我国刑法在关于财产犯罪的具体规定中，只涉及财物的概念，并没有涉及债权的概念。因此，我国刑法关于财产犯罪的规定是否保护债权，在刑法教义学中是存在争议的，这种争议主要表现为：财产性利益是否属于财产犯罪的保护法益？这里的财产性利益就是指民法中的债权。

现在我国较为通行的观点是肯定说，认为刑法中的财物不仅包括物权，而且扩大解释为包括债权。在上述案件中，在对甲的行为进行分析的时候，如果采用债权债务的概念，分析乙与开发商之间的法律关系，以及更名所带来的这种法律关系的变更，是更容易让人接受的。例如，甲的第一阶段行为，仅骗取乙的更名申请承认书，并没有实际骗取房产，而且房产尚未交付与登记，客观上也不存在骗取房产的可能性。只有第二阶段的行为实际处分了乙的债权，侵害了乙的债权，因而具有法益侵害性。因此，该行为才是构成要件行为，应当根据该行为对甲的行为进行定性。这种未经他人同意处分他人债权的行为，与盗窃罪的性质最相接近，因此，将甲的行为认定为盗窃罪是合适的。

骗取更名案比较复杂，我们可以用一个简化版的案例来说明：甲以非法占有为目的，欺骗乙，让乙把手机借给甲使用。甲拿到手机以后，假装打电话，乘乙不备，拿着手机潜逃，将乙的手机据为己有。这就是骗打手机案，在司法实践中多有发生。在此，存在两个行为：第一个是骗取手机，第二个是占有手机。在分析这个案件的时候，容易发生的错误是根据骗取手机的行为将甲的行为认定为诈骗罪。但这里的骗取手机行为之所以不能被认定为诈骗罪，就是因为不存在交付行为，占有没有发生转移。乙将手机交给甲，只是让甲在乙的监视下使用手机，因此，手机仍然处在乙的占有之下，占有转移没有发生。只有第二个行为，才导致乙丧失对手机的占有，而该行为具有秘密窃取的性质，构成盗窃罪。我们将骗打手机案和上述骗取更名案相比较，可以发现，在骗打手机案中犯罪的对象是手机，属于物的范畴，侵害的是物权，而骗取更名案中犯罪的对象是债权。另外，骗打手机案中只有甲与乙两人，而在骗取更名案中还存在第三人，即开发商。因此，骗取更名案是更为复杂的，但这两个案件的原理基本上是相同的。

骗取更名案，可以说是一个疑难案件。对于该案仅仅凭借生活常识，是很难得出正确结论的。反之，从刑法教义学出发得出的结论，则往往是与公众常识相抵牾的。对于骗取更名案，基于生活常识容易得出诈骗罪的定罪结论。然而，生活中的欺骗不能等同于刑法中的诈骗。刑法中的诈骗罪，不仅要有欺骗行为，而且要求该欺骗行为造成他人产生认识错误，并且基于认识错误而交付或者处分财物。在骗取更名案中，虽然存在欺骗行为，但甲的欺骗行为与乙的债权灭失之间并不存在直接关联。而欺骗行为与财产损失之间存在直接关联，是构成诈骗罪的必要条件。同时，将骗取更名案认定为盗窃罪，社会公众也是不容易接受的，因为它与典型的盗窃行为之间还是存在一定差异的。然而，对于盗窃罪不能仅仅根据其表面特征，而是还要把握其本质特征，这就是未经他人同意或者许可，私下将他人财物据为己有。骗取更名案中，甲的行为符合盗窃罪的本质特征。虽然从表面来看，甲直接将房屋买卖合同的买方从乙变更为丙，从而完成了债权的转让。然而，在此过程中甲利用更名申请承认书控制了乙的债权，这是甲处分乙的债权的逻辑前提。在此基础上，才又可能发生将债权确定在丙的名下的事实。因此，甲利用骗取的更名申请承认书为其窃取乙的债权制造了条件，只有将债权转移到丙的名下，盗窃行为才最终完成。至于债权能否成为盗窃罪的保护法益，也是该案中可能会涉及的问题，而这个问题又可以转换成财产性利益是否可以成为盗窃罪的对象的问题。在日本刑法中，财产性利益被明确规定为诈骗罪的对象，在盗窃罪的对象不包括财产性利益的情况下，可以合理地推论，财产性利益不能成为日本刑法中盗窃罪的对象。那么，我国刑法又如何看待这个问题呢？我国刑法将财产犯罪的对象都规定为财物，没有涉及财产性利益。然而，在我国司法实践中，一般都认定刑法关于财产犯罪的规定不仅保护物权，而且也保护债权。例如，盗窃借据可以被认定为盗窃罪，使用暴力迫使他人出具借据的行为可以被认定为抢劫罪。此外，关于受贿罪，刑法规定的犯罪对象是财物，但司法解释将财产性利益解释为财物。例如，2016 年 4 月 18 日最高人民法院、最高人民检察院《关于办理贪污贿赂刑事案件适用法律若干问题的解释》第 12 条明确规定：贿赂犯罪中的“财物”包括货币、物品和财产性利益。财产性利益包括可以折算为货币的物质利益如房屋装修、债务免除等，以及需要支付货币的其他利益如会员服务、旅游等。由此可见，我国刑法中的财物在一定意义上包括财产性利益。在这种情况下，将债权解释为财物应当没有法律上的障碍。

司法适用中的疑难问题，并不是刑法学者的主观臆想，而是从活生生的案例中呈现出来或者提炼出来的。面对疑难问题，找出解决之道，这就是刑法教义学方法。不得不指出，在相当长的一个时期里，有相当一些人还是凭经验和感觉处理刑法司法适用中的疑难问题。这里涉及司法经验和刑法理论之间的关系。刑法不仅是一门学问，而且是一门技艺。因此，司法经验的积累和应用是十分重要的。然而，某些司法适用中的疑难问题是超越经验的，换言之，按照日常经验是难以解决的。在这种情况下，就需要借助于刑法教义学的原理，因为只有这些原理才能回应司法实践的需要。而且，刑法理论本身也要面向司法实践，以问题为导向，解决实际问题。

“中国刑法司法适用疑难问题研究丛书”立足于理论，面向司法实践，因而不仅具有理论价值，而且具有现实意义。值得一提的是，参加本丛书写作的作者都是我国中青年一代刑法学者，这些青年才俊不仅具有年龄优势，而且具有知识优势。其中，有些作者除了在国内接受法学教育，还有出国留学深造的经历，有的青年学者还获得了国外的博士学位。因此，这些作者同时具有中国的问题意识和世界的学术视野，是我国刑法学界的新兴力量。他们将来对我国刑法理论发展的学术贡献是值得期待的。

值此“中国刑法司法适用疑难问题研究丛书”即将出版之际，聊缀以上数语，是为序。

陈兴良

谨识于昆明滨江俊园寓所

2020 年 8 月 20 日

序　一

网络犯罪是我国进入网络社会以后需要应对的一个重大刑法问题，无论是刑法立法还是刑法司法，都面临网络犯罪的挑战。在这种情况下，网络犯罪就成为刑法教义学值得认真对待的课题。王华伟博士的《网络犯罪的司法认定》一书，是他过去数年来对网络犯罪研究的集大成之作，反映了我国刑法学界对网络犯罪的刑法教义学研究的前沿水平，因而其出版值得庆贺。

当计算机逐渐在我国社会生活中普及以后，出现了各种犯罪现象，我国刑法学界进行了及时应对，并且随着计算机技术的不断发展推动着刑法理论的迭代更替。刑法教义学研究最初围绕着计算机犯罪展开，因而称其为“计算机犯罪”或者“电脑犯罪”。此时的计算机犯罪主要是指对计算机本身实施的犯罪和利用计算机实施的犯罪这两种情形。此后，随着互联网的出现，形成了无所不在的网络空间，因而出现了“网络犯罪”的概念。网络犯罪虽然涵盖计算机犯罪，但其范围要大于计算机犯罪。例如，在网络虚拟空间实施的犯罪，以及对虚拟财产实施的犯罪等情形，都是计算机犯罪无法包含的。由于计算机的软件是一种电子信息系统，因此，针对计算机信息系统的犯罪也被称为“信息犯罪”。信息犯罪是继网络犯罪以后出现的又一个概念，它揭示了某些网络犯罪的特征，但仍不能完全涵盖网络犯罪。近年来，学界又采用了“数据犯罪”一词。这里的数据犯罪其实是信息犯罪的另外一种表述，因为信息是以数据为载体的，可以说信息是内容，而数据则是形式。之所以从信息延展到数据，是因为数据一词更具有抽象性，而且随着大数据的广泛应用，数据一词更具代表性。在数据犯罪之后，还可能出现“数字犯罪”的称谓，因为目前我国又出现了“数字法治”“数字法学”“数字经济”等提法，既然经济可能数字化，那么法律也可能数字化，当然犯罪也可能数字化。以上各种术语可谓五花八门、层出不穷，令人眼花缭乱。在我看来，在以上这些概念中网络犯罪是最为合适、可取的。随着电子计算机的出现，人类社会生活发生了重大变化，这种变化的标志是互联网所造就的虚拟空间的形成，由此使社会出现现实空间与虚拟空间的二元分立，极大地拓展了人类的生存空间。传统犯罪都发生在现实空间，当网络虚拟空间出现以后，网络成为犯罪的又一个场景，因而出现网络犯罪。至于网络犯罪是以信息的形式存在，还是以数据的方式存在，抑或以数字的性质存在，都只是犯罪的具体表现形式而已。相对于犯罪的第二空间——网络之于犯罪的意义而言，其重要性远没有那么大。

网络犯罪是指存在于网络空间的犯罪，我认为，网络犯罪可以分为三种类型：第一种是针对网络实施的犯罪，例如破坏计算机信息系统犯罪等。这种犯罪类型是在计算机出现以后专门针对计算机信息系统实施的犯罪。第二种是利用网络实施的犯罪，这些犯罪往往是传统犯罪。除杀人、放火等犯罪不能在网络实施以外，其他大部分犯罪都可以在网络实施。甚至某些接触型的侵犯人身的犯罪，也被司法机关认定为可以在网络中实施。第三种是扰乱网络空间秩序的犯罪，包括扰乱网络空间的经济秩序和社会秩序的犯罪。这种犯罪类型也是在网络空间形成以后才出现的，它对网络秩序具有破坏性，因而属于网络空间所特有的犯罪类型。

刑法在应对网络犯罪的过程中，采取立法与司法双重路径。对于一些特定的网络犯罪，由于其难以被纳入传统犯罪的范畴，因而需要采用立法方式，设置专门的网络犯罪的罪名，以弥补刑法漏洞。例如，我国刑法规定的破坏计算机信息系统罪等犯罪类型，就是专门的网络犯罪的罪名。然而，网络犯罪在多数情况下还是利用网络或者在网络中所实施的传统犯罪。在这种情况下，网络犯罪就不是一个立法问题，而是一个司法问题。可以说，网络化的传统犯罪大量出现在我们现实生活中，对刑法教义学造成了重大冲击。在这种情况下，我们尤其应当重视网络犯罪的司法认定问题。例如，猥亵儿童罪是一种传统犯罪，具有自然犯的性质。猥亵行为通常是以身体接触为基本要素的，但最高人民检察院发布的骆某猥亵儿童案（检例第 43 号）中，被告人骆某以虚假身份在 QQ 聊天中对 13 岁女童小羽进行威胁恐吓，迫使其自拍裸体图片传送给其观看。该案例的“指导意义”指出：“刑法没有对猥亵儿童的具体方式作出列举，需要根据实际情况进行判断和认定。实践中，只要行为人主观上以满足性刺激为目的，客观上实施了猥亵儿童的行为，侵害了特定儿童人格尊严和身心健康的，应当认定构成猥亵儿童罪。网络环境下，以满足性刺激为目的，虽未直接与被害儿童进行身体接触，但是通过 QQ、微信等网络软件，以诱骗、强迫或者其他方法要求儿童拍摄、传送暴露身体的不雅照片、视频，行为人通过画面看到被害儿童裸体、敏感部位的，是对儿童人格尊严和心理健康的严重侵害，与实际接触儿童身体的猥亵行为具有相同的社会危害性，应当认定构成猥亵儿童罪。”该指导案例创制了网络猥亵的犯罪类型，这对传统的猥亵犯罪是一个突破。刑法教义学应当对网络空间中的猥亵、强奸等行为的构造展开深入研究。此外，网络空间虚拟财产的出现，对传统的财产犯罪也产生了重大影响。例如，虚拟财产的刑法性质就是一个值得探讨的问题。对于这个问题，在我国刑法学界存在较大分歧。其中，财产说认为：虚拟财产具有财产属性，应当按照财产加以保护。也就是说，如果是盗窃虚拟财产，应当认定为盗窃罪；如果是诈骗虚拟财产，应当认定为诈骗罪。但数据说则认为：虚拟财产是电子计算机数据，应当按照电子数据加以保护。无论采用何种手段，只要是侵入电子计算机信息系统非法获取数据的行为，都应当被认定为非法获取计算机信息系统数据罪。以上两种观点的根本差异在于，如何看待虚拟财产的法律性质。这不仅是一个刑法问题，而且是一个民法问题。因此，应当在法理层面进行讨论，得出统一的结论。

王华伟博士是我国对网络犯罪进行系统研究的一名青年学者，并且在网络犯罪领域精耕细作，本书所展示的就是王华伟博士在网络犯罪研究上所取得的学术成果。值得关注的是，王华伟博士在对网络犯罪司法认定的研究中，参考和借鉴了域外的理论成果。尤其是王华伟博士利用在德国留学的机会，收集了德国关于网络犯罪的理论资料，由此而开阔了网络犯罪的理论视野。例如，本书第五章“德国网络平台责任的嬗变与启示”，专门梳理了德国网络服务提供者法律责任的发展脉络和动态，对于厘清我国网络服务提供者的法律责任具有较大的参考价值，并为本书第六章关于网络服务提供者的刑事责任的论述奠定了理论基础。当然，本书的重点在于对我国网络犯罪司法认定中的疑难问题的研究，例如本书第九章“刷单炒信的刑法适用与解释理念”，对我国司法实务中常见的刷单炒信现象进行了精确的分析，本书认为，刷单就是指在电子商务中进行虚假交易或对商品作出虚假评价，以此作为手段进一步谋取非法利益。刷单只是一种手段行为，在互联网经济时代它与许多违法行为都有可能产生交集。从目前情况来看，以下三种刷单现象较为典型：第一，通过虚构交易和好评的方法，提升商户的信誉数值，从而促成更多交易机会，谋取不当利益；第二，通过刷单来骗取一些互联网公司的补贴或者返利（如积分），这在打车、外卖等行业体现尤为明显；第三，在较为极端的情况下，出于打击竞争对手的目的，通过恶意刷单来使竞争对手遭受降低评级的处罚。由此可见，刷单炒信是在我国电商经营过程中出现的一种特有现象，对此刑法并没有明文规定。在这种情况下，就应当根据刷单炒信的具体情形加以区别对待。我国学者也把刷单炒信分为正向炒信刷单和反向刷单炒信。所谓正向刷单炒信是指虚构交易量，以此提高商户的信誉，因此该行为具有不正当竞争的性质。这种利用恶意注册的账号进行网络炒信刷单，具有对网络交易秩序的破坏性，因而在刑法上如何惩治是一个值得研究的问题。从我国司法实践情况来看，对于网络正向刷单炒信行为，一般以非法经营罪论处。所谓反向刷单炒信则是指进行恶意交易或者给予差评，以此损害商户的商誉，因此该行为具有毁坏商誉的性质。在我国司法实务中，对于网络反向刷单炒信行为，一般以破坏生产经营罪论处。在本书中，王华伟博士对刷单炒信行为的侵害法益进行了分析，认为刷单炒信行为直接损害的是一种新型的具有抽象性的超个人法益，即电子商务的信用评价机制。在此基础上，王华伟博士提出在我国《刑法》目前没有专门设立规制刷单炒信行为的罪名的背景下，从法教义学的角度来看，较之于作为口袋罪名的非法经营罪，虚假广告罪和非法利用信息网络罪是更为妥当的刑法规制选择。这一论述是值得肯定的，也使我们对刷单炒信行为之性质的认识提高到刑法教义学的水平，因而是值得嘉许的。

王华伟博士是我国“90后”刑法学者中的佼佼者，他先后在北京大学法学院和德国弗莱堡大学法学院接受正规的法学教育，并分别在2017年和2018年取得两校的法学博士学位，现任北京大学法学院助理教授，从事刑法教学科研工作。良好的教育背景和个人的持久努力为王华伟博士的学术之路奠定了基础，本书是其第一部著作，从中已经可以看出他的学术努力和写作水平。我相信，王华伟博士在将来的学术之路上会越走越远，取得更大的成就。

是为序。

陈兴良

谨识于昆明滨江俊园寓所

2022年8月16日

序　二

欣闻北京大学法学院助理教授王华伟博士的学术专著《网络犯罪的司法认定》即将交由中国人民大学出版社公开出版，作者邀我为之作序。作为王华伟曾经的导师与现在的同事，我为他的学术成长感到由衷的高兴，在全文通读这本展现我国网络犯罪前沿理论研究成果的力作后，撰写此导读，权且为序。

摆在读者面前的这本《网络犯罪的司法认定》，汇聚了王华伟博士自远赴德国攻读第二博士学位至今，持续研究网络刑法与网络犯罪的基础问题、前沿问题与热点问题的主要学术成果。其内容包括两大部分：一部分是关于网络刑法总论问题的专题研究，包括网络犯罪立法的体系、网络犯罪的刑法解释论立场、网络语境中的帮助行为正犯化、网络犯罪中的共同犯罪与罪量要素等；另一部分则是网络犯罪各论问题的专题研究，包括网络平台与网络服务提供者的刑事责任比较研究、避风港原则的刑法教义学理论建构、刷单炒信的刑法适用与解释理念、网络时代破坏生产经营罪的解释与反向刷单的刑法评价、网络盗窃罪中的规范占有与偷换二维码的犯罪认定、破坏计算机信息系统罪的教义学反思与重构等。

通览全书后，我以为，本书对网络刑法与网络犯罪的理论研究值得特别关注的学术推进在于：

第一，对我国网络犯罪的立法论思考具有启发性和建设性。

自 1997 年《刑法》设置网络犯罪罪名以来，我国立法者因应网络犯罪态势的变化与网络空间治理的需要，不断地修改完善网络犯罪立法，创新立法技术，特别是设置作为义务犯构成要件的拒不履行信息网络安全管理义务罪，以预备行为实行化的立法技术设置非法利用信息网络罪，以帮助行为正犯化的立法技术设置提供侵入、非法控制计算机信息系统程序、工具罪和帮助信息网络犯罪活动罪，推动了我国网络犯罪的罪刑规范体系在 1997 年《刑法》“两点一面”的基础上逐渐趋向“严而不厉”。王华伟博士准确地将该趋势特征归纳为“回应性的罪名扩张”、“预防性的处罚前置”和“概括性的开放立法”，并给予了充分的肯定。

但是，王华伟博士并未为我国网络犯罪立法进行简单背书，而是根据良法善治的法治国家原则与网络犯罪有效治理的要求，对我国网络犯罪立法进行了深刻的体系性反思，提出了具有启发性和建设性的立法论建议。他检视了我国网络犯罪的立法结构与罪名规范的内部逻辑不足，主张从宏观层面完善刑事立法体系，重构网络犯罪罪名篇章结构，严密刑法保护范围，从微观层面理顺罪名关系、细化罪状表述。他明确地提出了网络犯罪独立成章的立法论构想，主张对计算机信息系统的不受侵入性进行完整保护，逐步构建以数据为中心的网络犯罪规制体系，根据罪刑法定原则的要求明确设置网络犯罪的构成要件，防止因预备行为实行化、帮助行为正犯化的立法技术泛化的运用而使相关网络犯罪罪名沦为违反刑法明确性要求的口袋罪。这些立法论的反思植根于王华伟多年来对网络犯罪的教义学研究与检视，反映了王华伟对信息网络社会的发展与网络犯罪变迁的内在规律的深刻理解，符合法治国家对网络犯罪的良善治理的客观要求，值得高度重视。

第二，对我国网络时代的刑法解释论立场选择具有妥当性和合理性。

正如王华伟在本书中所论："如何有效规制网络犯罪，不仅是立法论上需要认真探讨的事项，更是解释论上无法绕开的命题。"在王华伟看来，解释网络犯罪立法，既要满足罪刑法定原则的要求，又要因应网络时代刑法解释的难题。根据这一双重要求，王华伟提出并论证了活的主观解释论的刑法解释论立场。在客观解释论逐渐超越主观解释论，成为我国刑法解释基本立场的学术语境下，王华伟在本书中展开的这一刑法解释论立场尤其吸引我的注意并引起我的共鸣。王华伟所谓"活的主观解释论"，是在重视主观解释论所强调的规范正当性来源的基本框架下，将客观解释论对规范内涵的活性理解吸收进来的一种解释论，因而其虽然名为主观解释论，实际上是一种主观解释与客观解释相互融通的折中解释论。但是，既往的折中解释论往往强调，刑法解释原则上应当根据立法者的立法原意探寻法律的意思，仅在根据立法者的立法原意理解法律得出的解释结论显然不合法律目的，甚至明显荒谬时，才例外地根据法律现在应有的客观合理的意思理解法律。而王华伟提出并论证的活的主观解释论则强调主观解释与客观解释具有本质上的一致性，主观解释旨在确立规范的正当性来源，提供刑法解释的基本框架，在此规范框架下，通过客观解释一般性地将法律条文现在应有的客观合理的意思，以对法律规范的活性理解的路径予以吸纳。这种刑法解释论立场打破了向来认为的主观解释论与客观解释论的对立，也是当今德国刑法学界的通行见解，简言之，立法提供规范框架，解释填充规范内容。我个人认为，这种活的主观解释论既满足了罪刑法定原则对刑法解释边界进行合法性控制的要求（主观解释论的主旨），又能够适应对网络时代不断变迁甚至变异的犯罪态势进行及时、有效的刑法规制的需要（客观解释论的执念），作为我们所处的这个以变化为基本特征的网络时代的刑法解释立场，具有妥当性。

为了防止活的主观解释论因吸纳对法律规范的活性理解而可能使刑法解释的结论具有不确定性甚至恣意性，王华伟为活的主观解释论的解释边界设置了内部与外部的双重控制，其中，内部控制是指刑法条文可能的语义边界、规范保护目的与明确可考的立法原意对刑法解释的约束，而外部控制则包括作为解释前提的信息技术原理、作为解释资源的外部规范评价与作为解释限度的外部环境效应。其中，信息技术原理作为解释前提，涉及刑法干预网络犯罪时是否应当以及如何尊重信息技术原理这一网络犯罪刑法治理的元问题。外部规范评价作为解释资源，则涉及如何具体贯彻法秩序的统一性与刑法违法性判断的相对从属性这一不法论的基本原理。而外部环境效应作为解释限度，则关乎网络犯罪的刑法治理如何在维护网络安全与保障网络自由之间取得平衡，以及如何适当定位网络犯罪刑法治理在对网络失范行为的多元治理体系中的作用这一刑事政策的根本选择。我认为，王华伟所论既触及了网络时代刑法解释论的根本问题，也具有极强的实践针对性；既深化和丰富了我国刑法解释论的基本原理，也可用以指导我国司法实践中网络犯罪的具体认定。

第三，对网络刑法的教义学分析彰显了刑法教义学的价值性、体系性、逻辑性和实践性。

刑法教义学以法治国家原则为价值导向，以整序实定法规定的犯罪成立条件为基本内容，以体系一致和逻辑自洽为基本特征，以服务司法实践为基本使命。价值性、体系性、逻辑性与实践性构成了刑法教义学的基本品格。在中国刑法学面临知识转型，特别是刑法研究范式全面转向法教义学的学术语境下，如何在网络犯罪的刑法教义学研究中践行刑法教义学的价值性、体系性、逻辑性和实践性，不仅直接关乎网络犯罪的恰当认定，而且可能影响网络时代的刑法教义学在中国的命运。王华伟敏锐地意识到了网络时代的中国刑法教义学这一学术使命，在网络犯罪的刑法教义学研究中很好地践行了刑法教义学的价值性、体系性、逻辑性和实践性，从而将我国网络犯罪的刑法教义学研究提升到一个新的高度，展现了刑法教义学的理论魅力与实践价值，也在相当程度上回应了刑法教义学沉溺于概念、逻辑与体系的自我演绎，甚至只是一种毫无实践价值的外来益智游戏的质疑。

关于帮助行为正犯化，王华伟区分了刑法司法解释中的帮助行为正犯化与刑事立法中的帮助行为正犯化，否定前者而肯定后者。前者超越刑法解释边界，背离罪刑法定原则，违反犯罪参与的教义学逻辑，不具有刑事政策上的必要性。后者则是基于网络共同犯罪中帮助行为的结构与属性，在“严而不厉”的刑事立法政策指导下，在立法上将帮助行为拟制为新的独立犯罪，既具有刑事政策上的必要性，也具有罪刑法定意义上的合法性。

不过，王华伟并未为刑事立法上的帮助行为正犯化进行简单背书，而是进一步运用刑法教义学原理对总体上扩张刑法干预的帮助行为正犯化立法进行了限缩解释，以实现立法扩张与司法限缩的刑事政策安排。在对《刑法》第 287 条之二帮助信息网络犯罪活动罪中的帮助行为进行教义学解释时，王华伟强调不仅应当对信息网络服务行为进行类型化的限定和相当性的限缩，而且应进一步结合客观归责的基本原理对其进行实质化的判断，从而将帮助信息网络犯罪活动罪的处罚范围严格限定在不仅形式化地符合本罪构成要件，而且实质性地促成他人信息网络犯罪的实施、具有实质不法、刑法上可罚且值得归责的范围之内。这一见解对于有效规制帮助信息网络犯罪活动罪，依法认定帮助信息网络犯罪活动罪，纠正我国司法实践中已经出现的帮助信息网络犯罪活动罪处罚范围的扩大化，具有重要理论和实践价值。

王华伟当然也没有一味地强调通过刑法教义学的努力限缩刑法的适用，而是基于对网络犯罪属性的洞察尝试进行理论创新，以解决所谓网络时代的刑法解释难题，尽管其结论或有待进一步商榷。为了解决“一对多”共同犯罪参与形态中帮助犯所帮助的多个正犯行为未达罪量标准时对帮助犯进行处罚的难题，王华伟检视了我国学界与实务界提出的诸如共犯正犯化、重新定位共犯从属性原则、罪量要素与共犯体系分离、虚拟共同犯罪等多种应对方案，受数额犯“数额累计计算法”和连续犯、集合犯原理的启发，提出了共犯不法叠加理论，主张，将帮助犯在一定时间跨度内基于同一行为决意所进行的多个连续、反复、并发性的共犯行为整体性和规范性地评价为一个共犯行为。“作为一个规范性的整体，共犯行为单数内部多次事实行为的不法程度便可以实现叠加，不法含量（罪量）可以进行汇总性判断。通过共犯不法叠加，如果共犯达到了刑法相关罪名所要求的罪量标准，那么他便具有了充足的可罚性。从质的方面来看，正犯构成要件该当性的判断，以及共犯主、客观构成条件的认定，满足了共犯刑事应罚性的基本类型和性质条件。从量的方面来看，共犯行为单数内部不法的叠加，在犯罪定性的基础上进一步充足了共犯行为定量的应罚性。”

王华伟提出的这种共犯不法叠加理论，在共犯处罚根据上如果采取共犯独立性说，应该说能够恰当论证“一对多”网络犯罪参与形态中共犯行为的可罚性根据。令我不解的是，王华伟并不否定共犯从属性说，甚至明确反对“否定通说主张的限制从属说、修正引起说而改采最小从属说、纯粹引起说”，认为否则会“导致一般性的正犯、共犯关系失序，引发正犯没有刑事不法而共犯却具有刑事不法的现象，造成共犯处罚边界的不当扩张”。其共犯不法叠加理论虽然论证了“一对多”网络犯罪参与形态下共犯可罚性的根据，但是仍然没有解决被帮助的正犯实行行为因未达罪量标准而未符合构成要件这一共犯处罚的前提性难题。因此，其单方面根据共犯不法叠加理论所确立的共犯处罚根据，可能仍然难以回应其不仅形式上而且实质上肯定“没有正犯的共犯”的质疑。

第四，对我国网络犯罪具体犯罪的审查逻辑与认定路径的建构具有原创性和实操性。

本书全面展示了王华伟根据前述网络刑法总论原理与教义逻辑对我国网络犯罪具体犯罪的审查逻辑与认定路径。例如，王华伟对网络平台，特别是网络服务提供者的刑事责任及其认定路径作出了具有原创性的研究。他明确主张将网络服务提供者的功能性类型区分作为确定一种法教义学资源引入刑法学体系，以功能性类型区分作为网络服务提供者的刑事责任的前提，在尊重网络服务的技术特征与控制可能性的基础上，运用刑法教义学理论，合理地限缩网络服务提供者的刑事责任，以实现维护网络安全与保障网络自由、产业发展的平衡。王华伟并不否定中立帮助行为可以作为限缩网络服务提供者的宽泛刑事责任的重要理论资源，但也没有人云亦云地将限缩网络服务提供者的刑事责任的希望寄托于中立帮助行为，而是从网络服务提供者的双重主体地位与网络共同犯罪的语境出发，明确指出了中立帮助行为理论适用范围与空间的有限性。这一观点对于廓清我国学者在所谓中立帮助行为上的迷思及其不当运用具有启发性。

为了合理限缩网络服务提供者的刑事责任，王华伟一方面主张通过法教义学的努力及对法律的妥当解释，在现存的法律框架内合理地限缩网络服务提供者的刑事责任；另一方面又强调网络服务提供者的刑事责任的跨学科性质，主张刑法教义学体系必须保持开放姿态，吸收民法、网络法等部门法领域的理论资源，从而实现刑法规范评价和网络空间基本运行规律的统一与协调。基于法秩序统一性原理，他探讨了“避风港原则”对网络服务提供者刑事免责的效果及界限，同时分析了“红旗原则”对网络服务提供者刑事责任的确认作用。以此为基础，王华伟主张从正犯的角度来考察网络服务提供者的刑事责任的合理边界。依循这一路径，王华伟提炼并论证了网络服务提供者的刑事责任的教义学规则：（1）网络服务提供者的刑事责任属于一种间接责任；（2）网络服务提供者的刑事责任以网络服务提供者的类型化为前提；（3）网络服务提供者并不具有一般性的主动监督、调查他人违法内容和行为的刑事义务与权力；（4）对网络服务提供者的刑事作为义务，应当结合不同主体类型及其实际的控制可能性分别进行判断；（5）通知—删除的规则和程序限定了网络服务提供者的刑事义务范围和可罚性启动条件；（6）网络服务提供者的间接刑事责任以对他人的违法内容和行为具有明确认知为前提。如王华伟在本书中所言，这套教义学规则是框定网络服务提供者的刑事责任范围的刑法原理，也构成了互联网刑法总则理论的重要内容。它表明，王华伟针对网络服务提供者的刑事责任理论的建构，打开了学术视野，跨越了学科边界，为传统刑法教义学体系注入了“活水”，建立了一种开放式的互联网刑法研究模式，为实现第一次法与第二次法的协调相处，法律与技术发展、社会进步的融合，提供了智识上的有力支持。

在本书中，王华伟还对刷单炒信与反向刷单、偷换二维码以及破坏计算机信息系统罪等热点网络犯罪问题进行了教义学分析。尽管其具体结论未必都毫无争议（例如，王华伟认为，在偷换二维码案中，行为人偷换二维码非法取财，是对即将到达商家的货款予以截留，打破了商家对微信或支付宝的债权的规范占有，认定为盗窃罪具有妥当性。但是，在我看来，行为人偷换二维码后，顾客误扫二维码是将本应归属于商家的对微信或支付宝的债权转移给行为人，商家自始至终就未取得对该债权事实上或规范上的占有，因而就不具备对商家的盗窃罪所必须具备的打破占有的前提，何谈构成盗窃罪具有妥当性?)，但是其教义学分析自始至终贯彻了王华伟在本书中所确立的活的主观解释论，展现了刑法条文可能的语义边界、规范保护目的、明确可靠的立法原意以及信息技术原理、外部规范评价与外部环境效应等因素对活的主观解释论的边界控制，彰显了刑事政策对网络时代的具体犯罪的刑法解释的价值引领，实现了刑法教义学、刑事政策与信息技术原理的贯通，全面践行了储槐植先生所倡导的刑事一体化刑法方法论。

在王华伟在北京大学攻读硕士研究生与博士研究生期间，我是他的指导老师。从北京大学取得法学博士学位后，他在德国马普外国刑法与国际刑法研究所时任所长齐白教授的悉心指导下，又以优异成绩获得了德国弗莱堡大学法学博士学位，尔后回到北京大学，师从陈兴良教授进行博士后研究，出站后留校任教，成为我的同事。无论是在求学过程中还是自留校任教以来，王华伟始终抱持对学术的热爱，以忘我的态度潜心学术研究，在主攻网络刑法与网络犯罪的同时，在刑法教义学的基础研究方面亦取得了令人瞩目的研究成果，成为中国“90后”刑法学者中的佼佼者。在王华伟留校前夕，我曾与他在未名湖畔促膝长谈，希望他珍惜在北京大学留校任教的荣誉，全力以赴做好教学本职工作，科学规划自己的学术研究，克服焦躁心理，稳步推进刑法教义学基础研究与网络犯罪专门研究。我相信，本书不仅是王华伟精进网络犯罪专门研究的阶段性成果，而且是王华伟进一步全面提升自己的学术研究的新起点。

是为序！

梁根林

2022 年 8 月 28 日

目　录

导言：网络时代的刑法学

工业制度的危机，面向自由的社会运动的兴起，以及信息和通信技术的革命，在这三者的相互作用中形成了社会组织的新形式——网络社会。[①] 网络社会的到来，彻底改变了人类的生活方式。网络带来的不仅是具体意义上的技术便利，更是在整体上重构的人类行为方式。网络已经不再单纯扮演工具化客体的角色，而是成为一种无所不在的媒介，而“媒介对人的协作与活动尺度和形态发挥着塑造和控制的作用”[②]。这种根本性的底层变化，同样给具有悠久历史的刑法学带来巨大影响。法学知识的更新常常在一定程度上滞后于自生自发的社会秩序与司法实践，正是在这一背景下网络时代的刑法学面临着多重危机与挑战。

一、危机与挑战

第一，立法积极性与立法滞后性并存。立法滞后于实践，可以说是法律领域的一种常态。但是，新科技革命所带来的剧烈生产方式变革，引发了传统社会快速地网络化转型，与此同时网络犯罪形态日新月异，这使立法的滞后性凸显。若干年来，我国的刑事立法采取了非常积极的立场，拓展和增设了一系列罪名，提供了相当丰富的规范供给，始终致力于探索有效的应对之策。但是，一方面，探索性的立法在技术成熟度上难免会存在一些问题，当下陷入争议的帮助信息网络犯罪活动罪、拒不履行信息网络安全管理义务罪皆是如此。另一方面，在目前的网络空间中，仍然存在相当多类型和数量的法益侵害行为，尚无完全契合的刑法条款来对其进行规制。因此，网络犯罪立法的探讨与完善，仍然是极为重要的问题。

第二，司法适用的立场之争陷入焦灼。可以说，网络犯罪司法认定所面

---

① 曼纽尔·卡斯特．网络社会：跨文化的视角．北京：社会科学文献出版社，2009：24.

② 马歇尔·麦克卢汉．理解媒介．何道宽，译．南京：译林出版社，2019：19.

临的争议性，达到了一个前所未有的高度。对于新设网络犯罪罪名的理解，不论在理论上还是实务中，都缺少共识。面对同样的刑法条款，学者可能朝着完全相反的方向进行解释。在实践中，网络犯罪案件同案不同判的现象也非常突出。此外，由于于刑事立法的相对滞后性，对于借由网络技术衍生出来的很多非典型犯罪行为形态，仍然不得不援用传统罪名来予以规制。然而，这些新的犯罪手法显然超出了立法最初的设想。因此，采取主观解释还是客观解释、形式解释还是实质解释，以及对构成要件的语义射程边界具体如何把握，都非常频繁地引发理论上的争执。

第三，法教义学知识积累相对薄弱。对于传统自然犯（尤其是人身、财产犯罪），不论国外还是国内，都积累了相当充裕的理论知识资源，其为相对稳定的司法适用提供了基础，对司法权的行使发挥着引导和制约作用。但是，互联网的出现距今不过半个世纪，网络社会的纵深发展则更是进入新千年之后的事情。虽然近年来网络犯罪的研究力作频频出现，但是较之于对传统犯罪的研究，学理上对网络犯罪的研究还没有真正形成有体系、有深度、有穿透力的法教义学知识。尤其是中国的互联网应用相当发达，网络犯罪形态亦极为超前，即使放眼全球，可供借鉴的比较法资源也非常有限。

网络犯罪带来的上述危机与挑战，是当代中国刑法学研究难以回避的重大问题。本书正是在这样的背景下，努力尝试回应其中的一些核心议题，给出建设性的方案。

二、研究径路选择

对网络犯罪的研究，当然可以而且应该从多种角度展开。古语有云：“百家往而不反，必不合矣。后世之学者，不幸不见天地之纯，古人之大体。道术将为天下裂。”① 当学术发展到一定的阶段时，研究视角的精细化、碎片化，可能反而会阻碍对事物的全面理解，而方法论上的多元性、互动性、兼容性，则有助于避免因追求深刻而带来过度片面性。但是，刑法学作为一门尤为强调实践的学科，必须回应如何适用法律这样的基础性问题。当各种新奇的网络犯罪严重地侵害着法益，而司法者对罪名的选择与条款的解释都存在极大困惑时，对网络犯罪进行法教义学的研究便是当务之急。正因如此，本书采取了以刑法教义学分析方法为主的基本研究路径。同时，为了更好地与司法实务对接，尽可能增强其可能的实务指导性，本书结合许多典型案例展开

① 庄子·杂篇·天下.

论述。

然而，应当指出的是，刑法教义学的研究从来都不仅仅是对事实与规范的简单涵摄。在罪刑法定的基本前提之下，在构成要件的语义边界之内，刑法体系并不排斥一定的价值判断、功能追求，也不反对以妥当的方式将外部的视角纳入刑法体系考察之中。而处在不断发展、充实过程中的网络刑法教义学研究，更是需要强调这一点。

第一，网络犯罪的司法认定常常须以技术分析作为前提。较之于传统犯罪，网络犯罪具有鲜明的技术性特征，不法分子往往借助信息网络工具或平台来实施犯罪。此时如果不先查明基本的技术原理，则无法准确对行为进行定性。事实上，绝大多数司法者的专业教育背景都是法学，要对日趋复杂的犯罪手法进行技术分析并不容易。此时，刑法评价就必须向外兼容，因为这些技术分析所需的知识并不存在于刑法体系内部。令人称道的是，现在一些司法机关开始在内部设立技术部门或科技犯罪部门。这恰恰是对上述问题的积极回应。

第二，网络犯罪罪名中诸多相对宽泛的构成要件表述，需要进行实质性的限定解释。目前我国《刑法》中的一些纯正网络犯罪罪名，其构成要件呈现模糊性乃至开放性特征。例如，拒不履行信息网络安全管理义务罪中的信息网络安全管理义务，其内涵无法仅仅通过文理解释得到准确界定。此时，司法者就必须对前置法规范进行分析，同时妥当考虑网络空间多个主体之间的义务分配，由此实质性地划定网络服务提供者的刑事责任边界。再如，《刑法》第 286 条第 2 款规定了对计算机信息系统数据进行修改的行为，如果简单依据其字面含义进行理解，那么其构成要件的规制范围便会无限扩大，因此必须结合保护法益和罪名的基本性质来进行实质认定。

第三，部分网络犯罪与职业行为具有较强联系，需要在更宽广的视域中，适当平衡网络空间犯罪治理与产业发展、行为自由之间的关系。例如，我国《刑法》中设立的帮助信息网络犯罪活动罪，将提供互联网接入、服务器托管、网络存储、通讯传输等技术支持的行为，以及提供广告推广、支付结算等帮助行为，上升为独立的正犯行为类型。然而，这些行为天然地与日常职业行为联系在一起。因此，要避免在司法实践过程中过度扩张适用本罪，防止将数量众多的服务提供行为乃至日常行为通通入罪，在构成要件的解释上就必须回到法益保护、责任主义等基本原则，对其进行限缩解释，同时警惕该罪所具有的预防属性被无限放大。

正是秉承上述开放的刑法教义学研究理念，本书对网络犯罪的诸多议题展开了系统的探讨，希望能够通过这样的方式，为该领域的研究带来新的观察视角和知识增量。

三、内容概要

本书对网络犯罪的研究，既包括对刑法总则理论问题的宏观探讨，也包括对刑法分则罪名适用的具体分析。整体而言，法教义学的研究方法贯穿始终。值得说明的是，其中虽然也穿插研究了部分立法论问题，但对此的研究仍然借助了法教义学知识体系中的概念、范畴和原理来加以审视，同时适当的立法论分析也有助于明确构成要件的不足和法律解释的边界。

第一章对我国网络犯罪的立法进行了体系性的评价与反思。我国《刑法》中网络犯罪罪名体系经历了不断拓展的三个发展阶段，呈现了回应性扩张、预防性前置、概括开放性的特点。虽然我国网络犯罪立法积极回应实践难题，整体上契合网络刑事治理的发展，但是在法益属性、罪名体系、明确性等方面仍然存在诸多值得反思之处。对此本书主张应当从宏观层面重构网络犯罪罪名篇章结构，严密刑事保护法网；在微观层面理顺罪名关系，细化罪状表述。

第二章探讨了网络时代的刑法解释论立场问题。由于传统犯罪形式开始网络化变异，而新型网络犯罪手段不断涌现，且新设网络犯罪条款明确性不足，所以网络犯罪领域的刑法解释论面临更多难题。本书主张，立法原意应当被充分尊重，但是它只是概括性地阐明了相关罪名的立法背景与动因、法益保护目标、规范保护目的，而往往不涉及对具体概念的微观理解。立法者的目的在于，通过刑法条文设定一个具有权威性、正当性的规则框架，只要刑法适用不违背立法初衷，在没有特别申明的情况下，立法者并不反对司法者对具体概念作出符合社会发展变迁、契合民众一般理解的解释。在主观解释论与客观解释论的传统内在立场之争以外，网络时代的刑法适用也应注重刑法解释的外部性。

第三章对网络语境中的帮助行为正犯化进行了批判性考察。本书认为，帮助信息网络犯罪活动罪是帮助行为正犯化的立法体现，而不是量刑规则，同时对相关司法解释中的帮助行为正犯化应予否定。帮助行为正犯化的思想基础在于严密刑事法网和轻缓刑罚处罚的双重考量。《刑法》第 287 条之二中的帮助行为对实际正犯行为仍然具有部分的事实从属性，且由于该行为的业务性特征及法条表述的开放性，应当对该罪采取目的性限缩解释的基本立场，通过立法扩张而司法限缩的形式平衡网络空间中的自由与安全。

第四章研究了网络语境中共同犯罪与罪量要素的交叉性难题。由于信息网络技术的介入，共同犯罪的参与结构发生了变异，这与我国刑法分则罪名中的罪量要素共同造成了“一对多”型共犯处罚难题。本书认为，“一对多”型共犯处罚困境的症结并不在于共犯从属性原则和罪量要素体系定位等传统理论命题，而在于对同一主观犯意支配下连续、反复、并发性的违法共犯行为进行竞合论（或罪数论）的刑法评价，对此应当借助于连续犯、集合犯的法理，采取规范性视角进行行为单数的认定，在此基础上实现共犯不法叠加的整体性判断，因应信息网络技术对共犯参与模式带来的冲击。

第五章介绍了德国网络平台责任的嬗变与启示。以德国 1997 年《电信服务法》、2007 年《电信媒体法》和 2017 年《网络执行法》为代表，德国网络平台的责任规则经历了三个不同的发展阶段。这一立法脉络反映了德国强化网络平台责任的发展趋势，但是网络服务提供者的基本免责体系仍然没有动摇。本书认为，适度强化网络平台责任符合信息社会的发展进程，但是应当坚持类型化思维，谨慎推进，同时全面考虑调整平台运营者权利义务关系过程中可能产生的附随后果。

第六章对网络服务提供者的刑事责任进行了比较研究，并提倡对网络服务提供者进行功能类型划分。德国和欧盟的法律对网络服务提供者的类型划分采取四分法，即内容提供者、网络接入服务提供者、缓存服务提供者、存储服务提供者。这一分类模式以行为的技术功能为标准，不仅划分出了四种具有体系性、明确性的主体类型，而且为不同主体类型规定了明确的责任边界，在网络安全与信息自由、媒体自由之间找到了一个较好的平衡点，为我们提供了有益的借鉴。

第七章以对快播案的分析为切入点，探讨了网络服务提供者刑事责任的认定路径。本书认为，中立帮助行为理论对于限缩我国网络服务提供者宽泛的刑事责任范围具有重要意义，但这种分析思路也有其局限性。故在共犯理论之外，还应当注重从正犯的角度来分析该问题。对于网络服务提供者刑事责任之认定，首先应当区分作为与不作为，其后以网络服务提供者的类型化为基础，具体分析作为义务的来源。

第八章尝试将避风港原则作为一种知识资源，注入网络刑法的教义学体系之中。本书通过比较研究美国和德国的情况发现，形成并发展于民事领域的避风港原则也应当在刑事领域得到转换适用。在我国《刑法》明确扩张网络服务提供者刑事责任的背景下，首先应当以避风港原则为基本依据，建立起网络服务提供者对前刑法评价与刑法评价的位阶关系。在此基础上，应进一步将避风港原则的免责规则及其适用程序构造作为教义学知识资源引入犯罪论体系，以此来合理限定网络服务提供者的刑事责任。

第九章对“刷单炒信”行为的刑法适用与解释理念进行了深入研究。本书认为，刷单炒信直接侵害的是电子商务信用评价机制，并且其法益侵害具有复合性特征。对刷单炒信行为不宜适用非法经营罪来进行规制，因为这不但背离了该罪的规范保护目的，也将进一步恶化其“口袋罪名”的现状。与此相对，对刷单炒信行为可以通过虚假广告罪和非法利用信息网络罪予以规制。这同时也体现出网络时代刑法解释论对能动性、回应性和功能性需求的增强。

第十章通过对反向刷单案件的考察，探讨了网络时代破坏生产经营罪的理解与适用。本书认为，并没有充分的依据可以得出，破坏生产经营罪与故意毁坏财物罪之间具有特殊罪名与一般罪名的法条竞合关系的结论。线上所开展的生产经营活动，也可以被破坏生产经营罪所涵盖。同类解释规则应当得到充分尊重，但破坏生产经营罪具有手段行为和目的行为的双重结构，其中作为目的行为的破坏生产经营行为才是认定本罪构成的关键，其并不必然以有形的毁损和暴力性特征为前提。

第十一章从偷换二维码案切入，探讨了网络盗窃中占有的规范判断问题。本书认为，相对而言，将偷换二维码的行为定性为盗窃更为可取。相对性较弱的存款性债权，可以例外地成为盗窃罪的行为客体。顾客善意扫码支付的行为在民法上具有清偿自身债务的效果，据此应当从规范论上认为，顾客已经将其对微信或支付宝的债权转移给商家。从一般民众对交易行为的观念出发，行为人偷换二维码非法取财的行为，实际是对即将到达商家的货款予以截留，其打破了商家对货款的规范占有，认定为盗窃具有妥当性。

第十二章结合相关典型案例，对破坏计算机信息系统罪的适用进行了教义学反思与重构。本书认为，本罪的整体保护法益是计算机信息系统的正常运行，对该罪所规定的三种行为类型都应当在此指引下进行限定解释。《刑法》第 286 条第 1 款规定的破坏计算机信息系统功能的行为应当具有指向性、直接性和毁弃性。《刑法》第 286 条第 2 款规定的破坏计算机信息系统数据和应用程序的行为，可能通过对系统数据处理功能的破坏而构成，也可能通过对系统重要使用功能的破坏而构成，在一定条件下还可以与财产行为发生想象竞合。对该罪罪量要素进行的认定时，应当严格解释经济损失和违法所得标准，并避免司法适用中的隐性重复评价。

网络时代的刑法学，既面临着极大的危机和挑战，也可能潜藏着前所未有的机遇。刑法学的知识转型，仍然在更为具体的领域持续推进，或者说这将是一个永恒的命题。对我辈刑法学人而言，对网络犯罪的研究不仅需要扎实的法教义学基础，而且要求始终保持开阔的视野，努力从不同的思路去生成新的知识。本书的研究，可以看作是以此为目标所进行的一次真诚探索。

第一章　我国网络犯罪立法的体系性评价与反思

近年来，我国的刑事立法进入了活性化发展阶段，新罪不断设立，犯罪门槛逐渐降低，这引起了学界的激烈争论。而在这波犯罪化浪潮中，网络犯罪无疑是立法的“宠儿”。尤其是《刑法修正案（九）》增设的几个网络犯罪罪名，或被认为是预防刑法①和积极刑法立法观②的体现，或被批评为是情绪性立法③和象征性立法。④ 面对我国网络犯罪不断扩张、翻新、升级的局面，显然不应仅仅满足于对立法正当性的宏观探讨，而需系统梳理我国网络犯罪法律体系的发展历史，总结其特征与趋势，在此基础上深入而具体地评估目前我国网络犯罪立法的体系、结构，分析其内部逻辑与细节，为网络刑事治理寻找立法论上的指导。

一、我国网络犯罪立法的历史嬗变

（一）1997 年《刑法》：奠定罪名基础

随着计算机技术的发展，为了保护计算机信息系统的安全，我国 1997 年《刑法》首次规定了第 285 条非法侵入计算机信息系统罪和第 286 条破坏计算机信息系统罪。⑤ 前者对国家事务、国防建设、尖端科学技术领域的计算机信息系统的访问权限进行了保护，后者则规定了三种破坏计算机信息系统的行为，包括对计算机信息系统功能进行删除、修改、增加、干扰，对计算机信

---

① 何荣功．预防刑法的扩张及其限度．法学研究，2017（4）：141.

② 周光权．积极刑法立法观在中国的确立．法学研究，2016（4）：29 以下.

③ 刘宪权．刑事立法应力戒情绪——以《刑法修正案（九）》为视角．法学评论，2016（1）：90.

④ 刘艳红．象征性立法对刑法功能的损害——二十年来中国刑事立法总评．政治与法律，2017（3）：41.

⑤ 全国人大常委会法制工作委员会刑法室．中华人民共和国刑法条文说明、立法理由及相关规定．北京：北京大学出版社，2009：593.

息系统中存储、处理或者传输的数据和应用程序进行删除、修改、增加，以及故意制作、传播计算机病毒等破坏性程序的行为。此外，1997 年《刑法》还增加了第 287 条利用计算机实施的有关犯罪。按照这一概括性的注意规定，利用计算机实施金融诈骗、盗窃、贪污、挪用公款、窃取国家秘密或者其他犯罪的，依照刑法有关规定定罪处罚。上述两个具体罪名和概括性条款，构成了我国网络犯罪的罪名基础，被学者称为“两点一面”的罪名体系。① 在这个阶段，互联网远未普及，网络犯罪尚属新生事物，立法条文也相对简单，其核心载体与媒介仍是计算机，因此在理论上与实务中更常使用“计算机犯罪”这一概念。②

（二）《刑法修正案（七）》：拓宽保护范围

进入新千年后，中国的信息技术飞速发展，互联网普及率迅速提升，网络安全问题也逐渐严重。例如，据国家计算机病毒应急处理中心统计，2007 年我国接入互联网的计算机中约有 91.47%被植入病毒、木马程序，被植入三种以上病毒、木马程序的占 53.64%。③ 然而，当时“两点一面”的罪名体系显然难以应对这种不断恶化的局面。一方面，《刑法》第 285 条所设定的计算机信息系统的范围过于狭窄，国家事务、国防建设、尖端科学技术领域以外的计算机信息系统没有被纳入《刑法》保护范围之内。另一方面，侵入计算机信息系统后窃取数据和控制计算机信息系统的案件急速增加，而这类行为也无法为原有《刑法》所涵盖。④ 有鉴于此，立法者于 2009 年通过《刑法修正案（七）》，新增了第 285 条第 2 款非法获取计算机信息系统数据、非法控制计算机信息系统罪，将侵入国家事务、国防建设、尖端科学技术领域以外的计算机信息系统或者采用其技术手段，获取数据或者非法控制该计算机信息系统的行为，纳入了犯罪圈。

此外，非法侵入计算机信息系统和窃取数据之所以泛滥的重要原因之一在于有人专门制作、销售用于实施此类犯罪行为的程序和工具，大大降低了犯罪难度。⑤ 因此，立法者特别地将这类技术帮助行为单独入罪，即《刑法》第 285 条第 3 款提供侵入、非法控制计算机信息系统程序、工具罪。按照该款规定，提供专门用于侵入、非法控制计算机信息系统的程序、工具，或者

---

① 皮勇．我国网络犯罪刑法立法研究——兼论我国刑法修正案（七）中的网络犯罪立法．河北法学，2009（6）：50.

② 杨春洗，秦秀春．刑法上计算机犯罪概念之提出．法学论坛，2000（3）：57 以下.

③ 黄太云．《刑法修正案（七）》解读．人民检察，2009（6）：16.

④ 黄太云．刑法修正案解读全编——根据《刑法修正案（九）》全新阐释．北京：人民法院出版社，2015：224.

⑤ 黄太云．《刑法修正案（七）》解读．人民检察，2009（6）：16.

明知他人实施侵入、非法控制计算机信息系统的违法犯罪行为而为其提供程序、工具的行为，独立构成犯罪而不再从属于被帮助正犯的认定，这也开了网络犯罪领域“共犯正犯化”的先河。立法机关认为，上述程序、工具的提供者常常是以层层代理的方式进行销售，难以查清与实际正犯的关联性，为了解决共同犯罪实体和程序认定上的困难，将程序、工具的提供者单独入罪处罚。①

至此阶段，我国的网络犯罪立法模式初步与国际接轨，几种世界范围内常见的网络犯罪类型在中国立法中都被涵盖，刑法的保护范围显著拓宽。

（三）《刑法修正案（九）》：革新制裁思路

进入21世纪第二个十年后，中国的信息产业进一步加速增长，而且与商务交易应用的发展联系极为密切。截至2015年6月，中国网民规模达到6.68亿，互联网普及率为48.8%，其中网络购物用户规模即达到3.74亿。② 与之伴随的是网络犯罪的链条化与产业化发展，犯罪整体规模之大、参与人员数量之多前所未有。中央政法委前书记孟建柱曾指出，近年来暴力性犯罪（如杀人、爆炸、抢劫等）数量持续下降，但是传统的违法犯罪向网上蔓延，网络犯罪已占犯罪总数近三分之一，已经成为第一大犯罪类型。③ 在这样的背景下，立法者回应实践需求，采取了一些不同于以往的刑事制裁思路。

首先，立法者确立了以往作为间接责任主体的网络服务提供者的刑事责任。在网络空间中，网络服务提供者既提供着不可或缺的基础网络技术服务，使信息互联成为可能；也扮演着“守门人”角色，在一定程度上对信息内容发挥节点控制的功能。立法机关认为，实践中一些网络服务提供者常常不履行法律、行政法规规定的义务，甚至造成了严重的法律后果，应将网络服务提供者的信息网络安全管理义务在刑法中加以确认④，因此设立了《刑法》第286条之一拒不履行信息网络安全管理义务罪。该条规定，网络服务提供者不履行法律、行政法规规定的信息网络安全管理义务，经监管部门责令采取改正措施而拒不改正，造成违法信息大量传播、用户信息泄露、刑事案件证据灭失等后果之一的，构成犯罪。

其次，立法者采取了网络犯罪预备行为实行化的策略。由于网络犯罪出现链条化、产业化发展趋势，仅仅在犯罪产业链下游进行打击难以回应实践

① 黄太云．《刑法修正案（七）》解读．人民检察，2009（6）：18．

② 中国互联网信息中心．第36次中国互联网络发展状况统计报告：7，29．

③ 商西．网络犯罪成我国第一大犯罪类型．南方都市报，2016-10-14（A08）．

④ 臧铁伟．中华人民共和国刑法修正案（九）解读．北京：中国法制出版社，2015：190-191．

需要，因此一种前置处罚、实现早期干预，“打早打小”的预防刑法思想[①]进入人们视野。立法机关认为，实践中网络犯罪在证据提取、事实认定、法律适用等方面遇到了诸多难题，互联网犯罪的跨地域性、灵活性、分散性使得很难对所有犯罪参与人一一查证，因此增设了《刑法》第 287 条之一非法利用信息网络罪，对为实施犯罪设立网站、发布信息等行为作出专门规定。[②] 该条规定，利用信息网络，设立用于实施诈骗、传授犯罪方法、制作或者销售违禁物品、管制物品等违法犯罪活动的网站、通讯群组的；或者发布有关制作或者销售毒品、枪支、淫秽物品等违禁物品、管制物品等其他违法犯罪信息的；或者为实施诈骗等违法犯罪活动发布信息的，构成本罪。

最后，立法者在网络犯罪领域进一步引入了统括性的“共犯正犯化”思路。在纵深发展的网络空间中，共犯参与结构产生了重要的变化。在客观方面，由于网络技术性因素的影响，正犯与共犯对犯罪目标实现的重要性逐渐发生翻转，在很多情况下，共犯（尤其是帮助犯）发挥着比正犯更加重要的实际作用。由于网络犯罪产业化分工的影响，不同参与主体之间的客观联系越发松散。在主观方面，由于上述原因，参与人之间的犯罪意思联络也越来越难以认定。因此，司法实践中网络共同犯罪的定罪处罚越来越困难。[③] 鉴于这种状况，立法者引入了比《刑法》第 285 条第 3 款更为概括性的“共犯正犯化”立法，将为他人信息网络犯罪提供帮助且情节严重的行为整体性入罪，即《刑法》第 287 条之二帮助信息网络犯罪活动罪。按照该条规定，明知他人利用信息网络实施犯罪，为其犯罪提供互联网接入、服务器托管、网络存储、通讯传输等技术支持，或者提供广告推广、支付结算等帮助，情节严重的构成犯罪。

此外，《刑法修正案（九）》还增加了非法侵入计算机信息系统罪，非法获取计算机信息系统数据、非法控制计算机信息系统罪，提供侵入、非法控制计算机信息系统的程序、工具罪，破坏计算机信息系统罪的单位犯罪。尤为值得注意的是，过去十余年间，最高人民法院和最高人民检察院（以下简称“最高法”和“最高检”，合称“两高”）颁布了一系列刑事司法解释，为网络犯罪（尤其是传统罪名所涉及的网络犯罪，如网络赌博、网络诽谤、网络传播淫秽物品等）的定罪处罚提供了具体化的准则，如 2010 年最高人民法院、最高人民检察院、公安部（以下简称“两高一部”）《关于办理网络赌博犯罪案件适用法律若干问题的意见》，2010 年“两高”《关于办理利用互联网、移动通讯终端、声讯台制作、复制、出版、贩卖、传播淫秽电子信息刑事案

---

① 何荣功．预防刑法的扩张及其限度．法学研究，2017（4）：142.

② 臧铁伟．中华人民共和国刑法修正案（九）解读．北京：中国法制出版社，2015：200－201.

③ 同②206.

件具体应用法律若干问题的解释（二）》，2011 年“两高”《关于办理危害计算机信息系统安全刑事案件应用法律若干问题的解释》等。最高法和最高检近年来陆续发布了一系列网络犯罪指导性案例，虽然其并没有直接适用的法律效力，但是实际上仍然为网络犯罪的认定提供了指导性的规则。①

二、我国网络犯罪立法的趋势特征

通过梳理上述网络犯罪的立法变迁，可以总结出我国网络犯罪立法的如下趋势特征。

（一）回应性的罪名扩张

纵观我国网络犯罪刑事立法的三个阶段，充分回应网络犯罪逐步恶化的现实、不断扩张网络犯罪罪名体系是基本的特征之一。早在 1997 年《刑法》修订时，公安部就在立法建议中列举了 8 种网络犯罪罪名，但是最终只有其中两种被采纳。② 立法者采取这种保守的立场值得肯定，因为彼时中国的网络社会刚刚发端，互联网普及率极低。据统计，截至 1997 年 10 月，我国上网计算机总数才 29.9 万台，上网用户数 62 万，WWW 站点数也只有 1 500 个左右。③ 然而，在此之后的 20 多年，中国的互联网“跑步前进”，信息技术迅猛发展、互联网普及率急剧提升，网络犯罪的数量和类型也迅速膨胀。在此背景下，立法者不仅拓宽了对计算机信息系统的保护范围，将国家事务、国防建设、尖端科学技术领域外的一般计算机信息系统也纳入进来；而且设立了对信息数据的刑法保护机制，将非法获取计算机信息系统数据和非法控制计算机信息系统的行为予以犯罪化。此外，面对争议较大的网络服务者刑事责任和平台刑事责任问题，立法者也作出了积极主动的回应，明确将网络服务提供者的违反信息网络安全管理义务的行为入刑。在传统社会及其刑事犯罪

① 最高法发布的指导性案例包括：付宣豪、黄子超破坏计算机信息系统案；徐强破坏计算机信息系统案；李森、何利民、张锋勃等破坏计算机信息系统案；洪小强、洪礼沃、洪清泉、李志荣开设赌场案；谢检军、高垒、高尔樵、杨泽彬开设赌场案；张竣杰等非法控制计算机信息系统案；陈庆豪、陈淑娟、赵延海开设赌场案。最高检发布的指导性案例包括：李丙龙破坏计算机信息系统案；李骏杰等破坏计算机信息系统案；曾兴亮、王玉生破坏计算机信息系统案；卫梦龙、龚旭、薛东东非法获取计算机信息系统数据案；张四毛盗窃案；董亮等 4 人诈骗案；张凯闵等 52 人电信网络诈骗案；叶源星、张剑秋提供侵入计算机信息系统程序、谭房妹非法获取计算机信息系统数据案；姚晓杰等 11 人破坏计算机信息系统案。

② 皮勇．我国网络犯罪刑法立法研究——兼论我国刑法修正案（七）中的网络犯罪立法．河北法学，2009（6）：51.

③ 中国互联网信息中心．中国互联网络发展状况统计报告（1997）：1－2.

迅速网络化、信息化的基本背景下，新型刑事法律风险凸显，原有刑事立法框架难以承受其重，因此回应性的罪名扩张符合实践需要，值得充分肯定。

（二）预防性的处罚前置

由于网络犯罪开始以链条化、产业化的方式发展，为了更有效地应对这一局面，克服网络犯罪在定罪处罚中所面临的困难，立法者采取了预防性的处罚前置思路。① 一方面，为了落实对网络犯罪实施“打早打小”的治理策略，从网络犯罪链条上游进行早期遏制，立法者引入了“预备行为实行化”的策略，这直接地体现在《刑法》第 287 条之一非法利用信息网络罪中。另一方面，着眼于网络共同犯罪中的诸多实践性难题，近年来的立法旗帜鲜明地采纳了“共犯正犯化”思路。在《刑法修正案（七）》中，立法者仅是通过《刑法》第 285 条第 3 款将特定犯罪（《刑法》第 285 条第 1 款和第 2 款）的特定技术帮助行为（提供程序、工具）予以正犯化，“共犯正犯化”的立法理念仍然局限在专门性的网络犯罪领域。而在《刑法修正案（九）》中，立法者则进一步通过《刑法》第 287 条之二将广义网络犯罪（所有利用信息网络实施的犯罪）的宽泛性帮助行为整体予以正犯化。如此一来，对网络犯罪共犯的独立处罚就在更宽的领域内展开了。

经由以上两种立法思路，网络犯罪的刑事处罚不仅在干预阶段上纵向提前，而且在规制范围上横向拓展。面对现代技术所带来的无可避免的不确定性，传统刑事立法范式可能需要革新乃至重置，一种旨在控制不可预测后果的、预防性的伦理与法律被认为是必要的。② 而就网络犯罪的防治而言，我国的刑事立法对此进行了建设性的尝试。

（三）概括性的开放立法

晚近以来的网络犯罪立法也体现出了概括性开放立法的趋势。由于信息技术日新月异，新型网络犯罪手段层出不穷，网络空间主体的权利义务关系尚未定型，立法者对网络犯罪中刑事义务与刑事责任的边界设置采取了开放式的立场。这一特征在《刑法修正案（九）》新增设的罪名中体现得尤为明显。例如，立法者在《刑法》第 286 条之一拒不履行信息网络安全管理义务罪中并没有对“信息网络安全管理义务”做出一个明确的定义、设定一个封闭的范围，而在该罪的结果要件中，还规定了“其他严重情节”这种兜底式条款。原因在于，网络服务提供者的概念与类型在理论上尚未达成共识，对

① 何荣功．预防刑法的扩张及其限度．法学研究，2017（4）：141.

② 王国豫．不确定性时代亟需构建不确定性伦理．探索与争鸣，2018（12）：13；何怀宏．建构一种预防性的伦理与法律：后果控制与动机遏制．探索与争鸣，2018（12）：11.

其法律定位也存在严重分歧，所以刑事义务的边界自然也难以划定。立法者实际上仅是通过该条款明确了强化网络服务提供者刑事义务承担的基本法律框架，其具体适用仍然有待深入讨论。

再如，《刑法》第 287 条之二所规定的帮助信息网络犯罪活动罪，也体现了同样的特征。一方面，该罪所规定的被帮助对象极为宽泛。在万物互联的时代，“利用信息网络实施犯罪”这一表述，可以将几乎所有的广义网络犯罪囊括进来。另一方面，该罪所规定的帮助行为也具有极强的涵盖效力。尽管该条明确列举了“提供互联网接入、服务器托管、网络存储、通讯传输”和“提供广告推广、支付结算”这样的具体帮助行为，但是在立法上还是采用了“等技术支持”“等帮助”这样的开放式表述。之所以采取这种立法策略的可能原因在于，越来越多的传统犯罪已经开始向线上转移，而网络共同犯罪的处罚难题也绝非是个别罪名所面临的特殊问题。因此，立法者试图通过这种概括性的开放立法方式，整体性地解决网络共同犯罪难题。

概括性的开放立法是立法者的一种策略选择，它着眼于弥补可能的刑事法网疏漏，为司法者提供了辐射面较宽的规范依据，也为尚未成形的新型网络犯罪预留了较多的刑法规制可能，但是也留下来诸多隐患，下文将对此进一步展开。

三、我国网络犯罪立法的体系性反思

尽管我国网络犯罪刑事立法的实践性与回应性值得充分肯定，但是现有的立法框架与立法理念仍然有许多值得反思之处。

（一）网络犯罪的立法结构

目前，我国的网络犯罪①罪名主要集中在《刑法》分则第六章妨害社会管理秩序罪的第一节扰乱公共秩序罪。因此，从法条逻辑上来看，网络犯罪主要是对社会管理秩序与公共秩序的侵害。传统刑法理论对网络犯罪法益侵害的理解，也基本契合这一定位。例如，就破坏计算机信息系统罪而言，较为传统的观点认为，本罪的客体（保护法益）是国家对计算机信息系统安全的管理秩序。② 此外，也有观点认为，本罪的客体是国家对计算机信息系统的安全运行管理制度和计算机信息系统的所有人与合法用户的权益。③ 但是，随着

① 网络犯罪可以有狭义与广义之分，这里是指《刑法》中专门规定的网络犯罪罪名。

② 王作富．刑法分则实务研究：中．北京：中国方正出版社，2010：1209.

③ 高铭暄，马克昌．刑法学．7 版．北京：北京大学出版社，高等教育出版社，2016：534.

网络犯罪形式越来越多样，覆盖面越来越广，内涵逐渐变得复杂，对网络犯罪罪名进行的上述体系定位也越发成为问题。

部分学者已经敏锐地注意到了时代变迁对网络犯罪立法结构所带来的挑战。尤其是在网络犯罪形势不断恶化，网络安全面临更高风险的背景下，有学者认为，由于网络犯罪所造成的社会危害性越来越大，因此它主要体现出危害公共安全的性质①，应当将网络犯罪部分罪名从妨害社会管理秩序罪调整到危害公共安全犯罪。② 此外，也有学者注意到，网络实际已经成为一种社会基础设施，因而网络犯罪也应当实现从扰乱公共秩序向危害公共安全的转换。③ 不得不说，这种观察结论是颇有道理的。在很多情形中，网络犯罪确实直接地危及公共安全：一方面，网络本身构成了信息时代的重要媒介和关键基础设施，对网络本身的破坏就已经具有了强烈的危害公共安全的属性。另一方面，网络具有较强的扩散性和放大性，它在很大程度上打破了现实世界中时间和空间的限制，这使得原本微小的法益侵害在虚拟空间中急剧扩大，从而达到危害公共安全的量级。

然而，上述观点尚未描述出信息时代网络犯罪法益侵害特征的全貌。因为，网络犯罪不仅具有上述强化法益侵害的公共性特征，而且逐渐体现出了“去秩序化”的趋势。仍以破坏计算机信息系统罪为例：在该罪设立之初，中国的互联网普及率很低，计算机大多是由国家机关、事业单位等机构来管理与运营。彼时，将本罪的法益理解为“国家对计算机信息系统安全的管理秩序”是恰如其分的。但是，随着互联网社会的深度发展，计算机信息系统成了生活中随处可见的基础性元素，它不再主要由机构来运营，个体公民占有支配的现象稀松平常。最直观的例证在于，几乎我们手中的每部智能手机都可以构成刑法上的“计算机信息系统”，而具体的被害人也当然是个体的公民。这一点已在相关指导性案例中得到了肯定。④ 在这样的背景下，破坏计算机信息系统的行为，与更为宏大的社会管理秩序、公共安全并没有必然的关联，该罪所保护的对象逐渐从秩序性法益转向了个体性法益。而且，不仅仅是破坏计算机信息系统罪，其他几个网络犯罪罪名同样不同程度地体现出了这种趋势。事实上，由于互联网发展普及历程的相似性，国外刑法也体现出了类似的特征。例如在德国刑法中，关于破坏计算机罪和数据变更罪，原来认为其所侵害的是公司、企业和机构的数据处理。但是，《德国刑法第 412 次

① 皮勇．论新型网络犯罪立法及其适用．中国社会科学，2018（10）：143.

② 赵秉志，于志刚．计算机犯罪及其立法和理论之回应．中国法学，2001（1）.

③ 于冲．网络犯罪罪名体系的立法完善与发展思路——从 97 年刑法到《刑法修正案（九）草案》．中国政法大学学报，2015（4）：50.

④ 最高检第 35 号指导性案例：曾兴亮、王玉生破坏计算机信息系统案。

修正法》将私人的数据处理也囊括进来，因此刑法保护的不再仅仅是经济和管理上的利益，而且也包括个体运营者和用户数据处理不受干扰的利益。①

总的来看，尽管时代已经发生了剧烈的变革，但是我国网络犯罪的立法结构仍然没有跳脱出原有思维范式的束缚。网络化与信息化的浪潮，终将会重塑犯罪与刑法，但是目前的立法仍然仅仅是将网络犯罪视为某种具有从属性和下位性的子犯罪类型。

（二）罪名规范的内部逻辑

尽管我国网络犯罪罪名体系不断扩充完善，但是罪名规范的内部逻辑并不让人满意。整体来看，目前我国网络犯罪立法缺乏整体性和统一性的合理内部架构。

1. 保护范围不周延

我国《刑法》中部分网络犯罪罪名的保护范围并不周延，这不仅在立法上存在缺陷，也可能会造成解释论上的难题。

其一，非法侵入计算机信息系统罪只涵盖了国家事务、国防建设、尖端科学技术领域的计算机信息系统，如果行为人仅仅侵入了以上领域之外的计算机信息系统，那么尚不构成犯罪。然而，时至今日，计算机信息系统属于人们日常生活不可或缺的基本组成部分，计算机信息系统的自主支配管理、不受随意侵犯的诉求，已经成为公民的基本权利之一。因此，对计算机信息系统作出上述公私划分，进行区别对待，是否仍然符合社会发展的需要值得反思。例如，在德国刑法中，过去仅仅侵入计算机信息系统的黑客行为并没有被纳入犯罪圈。但是考虑到该种行为带来的法益侵害性，通过 2007 年《德国刑法第 41 次修正法》对《德国刑法典》第 202a 条的修订，仅仅是非法的数据访问（非法侵入计算机信息系统）行为就已经构成了探知数据罪，无须以获取数据为必备要件。② 显然，德国的立法者已经意识到时代变迁给网络刑法及其法益保护所带来的新挑战，并且及时回应了这种诉求。而我国的网络犯罪立法尽管整体上非常积极主动，但是对计算机信息系统的保护范围非常保守。此外，目前对计算机信息系统采取的这种分裂式立法，也可能会造成非法侵入计算机信息系统罪与非法获取计算机信息系统数据罪关系不清的问题。例如，如果行为人侵入了国家事务等特定领域的计算机信息系统，但误以为只是侵入了普通计算机信息系统进而获取相关数据的情形如何处理则存

① Vgl. BT-Drucks. 16/3656, S. 13; Hilgendorf/Valerius, Computer- und Internetstrafrecht, 2. Aufl., 2012, Rn. 600.

② Vgl. Lenckner/Eisele, in Schönke/Schröder Strafgesetzbuch Kommentar, 29. Aufl., 2014, § 202 a, Rn. 18; Hilgendorf/Valerius, Computer- und Internetstrafrecht, 2. Aufl., 2012, Rn. 561.

在疑问。[①] 而且，事实上，何为“国家事务”，何为“尖端科学技术”，很可能会存在解释论上的较大争议。[②]

［案例1-1］吴某某等非法侵入计算机信息系统案[③]

湖北省崇阳县人民检察院起诉指控：2013年5月至2014年3月期间，被告人吴某某、金某某、张某甲、戚某某、伍某某、刘某某、张某乙、郭某某互为利益关系，利用黑客技术非法侵入国家事务计算机信息系统，将需要技术资格或职称认证的他人信息添加到相应的计算机信息系统中。其中被告人吴某某、金某某、郭某某，被告人吴某某、张某甲、戚某某，被告人金某某、伍某某，被告人金某某、刘某某等组合非法侵入了湖北省财政厅会计从业资格考试成绩查询系统，被告人金某某、张某乙组合非法侵入了鄂州市人力资源和社会保障局网站。湖北省崇阳县人民法院裁判认为，被告人吴某某、金某某、张某甲、戚某某、伍某某、刘某某、张某乙、郭某某互为利益关系，利用黑客技术获取湖北省财政厅会计从业资格考试成绩查询系统和湖北省鄂州市人力资源和社会保障局信息网站的后台权限，将需要技术资格或职称认证的考生信息添加到相应的计算机信息系统中，其行为已构成非法侵入计算机信息系统罪。

在本案中，有辩护人提出：湖北省财政厅会计从业资格考试成绩查询系统不属于《刑法》第285条规定的国家事务计算机信息系统。但是，会计从业资格考试是国家组织、认证的权威专业资质考试，按其性质应当属于国家事务的管辖范围，因而，湖北省财政厅会计从业资格考试成绩查询系统也属于国家事务计算机信息系统。同时，最高法、最高检《关于办理危害计算机信息系统安全刑事案件应用法律若干问题的解释》第10条规定：对于是否属于《刑法》第285条、第286条规定的“国家事务、国防建设、尖端科学技术领域的计算机信息系统”“专门用于侵入、非法控制计算机信息系统的程序、工具”“计算机病毒等破坏性程序”难以确定的，应当委托省级以上负责

---

① 例如，张明楷教授认为，本罪中的“前款规定以外”并不是真正的构成要件要素，而是表面要素或者界限要素，因此在这情形中，不能认定为非法侵入计算机信息系统罪，但应认定为非法获取计算机信息系统数据罪。张明楷．刑法学．5版．北京：法律出版社，2016：1047；张明楷．论表面的构成要件要素．中国法学，2009（2）：93以下．但是，按照这种理解，本罪中“前款规定以外”要件实际被完全虚置，乃至《刑法》第285条第2款被扩张成为“违反国家规定，侵入计算机信息系统或采取其他技术手段，获取数据或非法控制系统的行为”，第285条第1款完全被第285条第2款所包含，如此理解已经超出了语义可能范围。

② 例如，各个领域的省级公务系统是否属于国家事务，需要满足何种条件的科技才可以称得上是尖端，这些在司法实践中都可能引起较大争议。

③ 湖北省崇阳县人民法院（2015）鄂崇阳刑初字第2号刑事判决书，【法宝引证码】CLI.C.6943392.

计算机信息系统安全保护管理工作的部门检验。司法机关根据检验结论，并结合案件具体情况认定。而在本案中，公司机关提供了湖北省公安厅网络安全总队关于“湖北省财政厅会计从业资格考试成绩查询系统和湖北省鄂州市人力资源和社会保障局信息网站属《中华人民共和国刑法》第二百八十五条第一款规定的国家事务领域的计算机信息系统”的证明，符合上述司法解释所规定的处理程序。①

其二，虽然我国《刑法》第 285 条第 2 款对数据保护作出了规定，但是在规制方式上仍然存在不少局限。首先，本罪中的数据仅指“计算机信息系统中存储、处理或者传输的数据”，系统之外的数据无法在此处被涵盖。显然，这里刑法所保护的数据对计算机信息系统具有依赖性，独立而完整的数据权利尚未在刑法中得到真正确立。反观《德国刑法典》，数据都是构建网络犯罪罪名体系的核心，对数据的保护并不从属或依赖于计算机信息系统。而且，《德国刑法典》中主要的几个网络犯罪罪名，如第 202a 条数据探查，第 202b 条数据拦截，第 202c 条数据探查与拦截的预备，第 202d 条数据窝藏，第 303a 条数据变更，第 303b 条破坏计算机，无不围绕数据来展开。其次，非法获取计算机信息系统数据罪设置了手段行为作为前提要件，这也在一定程度上限制了对数据权利的全面保护。如果行为人没有侵入计算机信息系统或者采用其他技术手段，那么即使非法获取了数据也并不符合本罪的构成要件。而何为“其他技术手段”并不清楚，对其做宽泛的解释实际上可能会逐步消减手段行为这一前置要件。例如，近年来出现了以“撞库”的方式来获取数据的案例，不法分子购买了大量邮箱用户名和密码信息，借助相关软件或平台，大批量地筛选、匹配淘宝网等平台的身份认证信息。这种情形，行为人并未侵入计算机信息系统，法院一般认定为“利用其他技术手段”获取计算机信息系统数据。实际上，非法获取数据行为本身就是一种技术性犯罪，多多少少具有一定程度的技术含量，因此本罪中“技术手段”（尤其是侵入计算机信息系统）这一前置要件不仅显得有些冗余，而且可能给数据权的刑法保护设置了不必要的障碍。最后，如前文所言，由于《刑法》第 285 条对计算机信息系统采取了分裂式立法，非法获取计算机数据罪、非法控制计算机信息系统罪并未把国家事务、国防建设、尖端科学技术领域的计算机信息系统中的数据纳入进来，这同样造成了保护范围的不周延。

① 值得指出的是，本案中的被告人不仅符合了非法侵入计算机信息系统罪的构成要件，同时也对计算机信息系统中存储、处理的数据进行了修改和增加的操作，且违法所得数额已经超过了最高法、最高检《关于办理危害计算机信息系统安全刑事案件应用法律若干问题的解释》第 4 条设定的 5 000 元的标准，达到了“后果严重”的程度，为何不按照破坏计算机信息系统罪来处理不无疑问。

[案例 1－2] 姚某某等非法获取计算机信息系统数据案①

法院经审理查明，2015 年 5、6 月至 2015 年 11 月间，被告人姚某某大批量购进邮箱用户名和密码信息，并租用阿里云、VPS 服务器，通过被告人许某某编写了“淘宝存不存在”“支付宝存不存在”“淘宝碰密”等软件及“破解 UA”程序，并雇佣了被告人钱某某、吕某，在被告人姚某某位于桐乡市某小区的住所，使用上述软件对购进的邮箱用户名和密码信息在淘宝网站上进行批量筛选、测试，非法获取邮箱用户名与密码匹配的淘宝网身份认证信息 5 800 余组。

原审被告人姚某某上诉认为，自己只是通过“淘宝存不存在”“支付宝存不存在”“淘宝碰密”等软件以及“破解 UA”程序，使用机器代替人工，将阿里巴巴作为一个比较平台，对已有数据进行筛选，并没有通过入侵阿里巴巴内部计算机系统的方式，下载、窃取其中存储、处理、传输的数据，故本案不符合非法获取计算机信息系统数据罪的构成要件。法院生效判决认为，上诉人姚某某购买的邮箱账号密码并不等同于可以直接登录淘宝网的账号和密码，其行为表面上是对已有信息的筛选，实质上必须通过与淘宝网后台数据进行匹配的“撞库”行为才能实现，系维护网络信息安全所禁止的行为。上诉人姚某某等人利用恶意软件，强行绕过淘宝网安全防护措施，进行大规模批量登录验证，获取可以登录淘宝网的账号和密码，系“利用其他技术手段”的非法获取行为；淘宝账号和密码是淘宝网计算机系统中存储的重要信息，也是司法解释规定的“身份认证信息”，以上述手段非法获取淘宝账号密码的行为已经符合非法获取计算机信息系统数据罪的犯罪构成。

理论上有观点认为，“撞库”行为主要目的是获取计算机信息系统中的数据，但构成该罪的前提是有侵入计算机信息系统的行为，而单纯的“撞库”行为并未破坏计算机信息系统的安全防范措施而构成侵入行为。“打码”行为具有突破计算机信息系统安全防范措施的特点，符合刑法意义上的侵入。“撞库”和“打码”在共犯的情况下，可以构成非法获取计算机信息系统数据罪。② 笔者认为，即使是在共同犯罪的语境下将“打码”和“撞库”行为视为一个整体，也难以认为行为人实施了侵入计算机信息系统的行为。“打码”行为的本质是大量识别验证码，而“撞库”行为的本质是对账号、密码进行批量匹配、校验，行为人自始至终都没有真正侵入计算机信息系统。因此，“打码”“撞库”属于一种非典型的数据获取行为，只能认定为“采取其他技术手

① 浙江省嘉兴市中级人民法院（2017）浙 04 刑终 172 号刑事裁定书；蒋惠岭．网络司法典型案例 刑事卷・2017．北京：人民法院出版社，2018：85 以下．类似案例也可参见：庄永廉，等．撞库打码牟利行为如何定性．人民检察，2018（14）：41．

② 王铼．利用恶意软件撞库打码的综合治理．人民检察，2018（14）：47－48．

段”获取计算机信息系统中存储、处理或传输的数据。

其三，《刑法》第 285 条第 3 款将提供用于侵入、非法控制计算机信息系统的程序、工具的行为独立入罪，但是这种帮助行为正犯化的思路显然范围过度限缩。一方面，本罪仅仅是将《刑法》第 285 条第 1 款和第 2 款的帮助行为正犯化，按照该罪的表述，提供专门用于破坏计算机信息系统的程序、工具的行为显然无法被涵盖，而从严密刑事法网、有效打击网络犯罪链条的考量出发，后者的帮助行为同样有必要独立入罪，将来立法完善时可以考虑对此加以修订。① 另一方面，按照该罪的表述，罪状中的帮助行为仅涉及侵入、非法控制计算机信息系统，而没有提及非法获取计算机信息系统数据，因此，提供专门用于非法获取计算机信息系统数据的程序、工具的行为能否入罪，就不无疑问。当然，2011 年“两高”司法解释对“专门用于侵入、非法控制计算机信息系统的程序、工具”做了扩充解释，弥补了这一漏洞，但是本罪立法表述上的不周延是显而易见的。

2. 罪名交叉重合

现有的网络犯罪罪名之间存在相互交错，这也为司法定性带来了极大的不确定性。

首先，非法控制计算机信息系统罪与破坏计算机信息系统罪的关系就存在争议，二者属于交叉关系还是并列关系并无定论，这造成司法实践中同类行为的定性极不统一。重要的原因在于，非法控制计算机信息系统罪中的“控制”一词涵摄性极强，具有非常宽泛的语义射程，它很容易与破坏计算机信息系统行为中的“修改”“增加”“干扰”相互重合，以至于有学者主张非法控制行为完全可以被破坏计算机信息系统罪中的干扰行为所包括，因而没有单独立法的必要性。② 例如，前罪中的“控制”行为与后罪中的“干扰”行为在 DDoS 攻击的案例中就产生了交叉。浙江省苍南县人民法院曾先后处理李锦琦、唐璠破坏计算机信息系统案与蔚肖南提供侵入、非法控制计算机信息系统程序、工具案，两起案例都同样涉及 DDoS 攻击，但前案中行为定性是破坏计算机信息系统，而后案中 DDoS 攻击行为实际上被认定为非法控制计算机信息系统。对此，有学者认为，此处的“破坏”也可实质地评价为“非法控制”，《刑法》第 285 条中的“非法控制”与《刑法》第 286 条中的“破坏”并非排斥关系，而是包容或交叉关系。③ 此外，实务中上述“控制”

① 皮勇．我国网络犯罪刑法立法研究——兼论我国刑法修正案（七）中的网络犯罪立法．河北法学，2009（6）：53.

② 同①52.

③ 劳东燕．首例“压力测试”DDoS 攻击案评析：“非法控制”与“破坏”计算机信息系统行为关系之辨清．“互联网法学”微信公众号，2019－02－22.

行为与破坏计算机信息系统罪中的“修改”“增加”行为在违法设置黑链[①]的案例中也可能存在重合。在网站中加入隐藏的链接，既可能被实质性地评价为操纵和控制了计算机信息系统，也有可能被认为是对计算机信息系统进行了一定程度的“修改”和“增加”。因此，对于同样的行为类型，司法实践中有的法院按照非法控制计算机信息系统罪来认定，有的法院按照破坏计算机信息系统罪来处罚。

[案例1-3] 范某等非法侵入计算机信息系统、非法控制计算机信息系统案[②]

2010年3月至5月间，被告人范某伙同被告人文某利用计算机上互联网，通过后门程序进入最高人民检察院反渎职侵权厅网站后台，修改网页源代码，对网站主页进行修改，以提高其他网站在搜索引擎的排名。同一时期内，二被告人还通过后门程序侵入长沙质量技术监督局、青海质量监督总站、抚顺政务公开网、佛山市高明区档案局、句容市安全生产监督管理局、繁昌县文化广电新闻出版局（体育局）、邹平党建网、楚雄彝族自治州人大常委会、接力出版社、读书人俱乐部、北京钨钼材料厂共11家网站后台，修改网页源代码，添加黑链代码，对上述网站的主页进行修改，以提高其他网站在搜索引擎的排名，从而达到非法获利的目的。法院经审理后认为，二被告人的行为均已构成非法侵入计算机信息系统罪和非法控制计算机信息系统罪，依法应予数罪并罚。故以非法侵入计算机信息系统罪、非法控制计算机信息系统罪判处被告人范某有期徒刑1年6个月，罚金人民币2 000元；判处被告人文某有期徒刑1年，罚金人民币1 000元。

在本案的审理中，对于行为人的行为定性产生了争议。公诉机关和法院都认为被告人的行为既构成非法侵入计算机信息系统罪，又构成非法控制计算机信息系统罪。而辩方对非法侵入计算机信息系统罪的事实和罪名不持异议，但否认非法控制计算机信息系统罪的事实和罪名。因此，本案的争议焦点在于，通过后门程序进入计算机信息系统设置黑链非法牟利的行为，是否构成《刑法》第285条第2款所规定的非法控制计算机信息系统罪。设置黑链是指行为人利用木马病毒等手段侵入相关网站，然后在该网站中加入隐藏的链接，借助该网站来提升链接网站在搜索引擎中排名和影响力的做法。目前，设置黑链的行为在网络空间中非常猖獗，非法买卖“黑链”的行为也非常泛滥，这给网络空间的安全带来了极大损害。设置黑链行为的实质是非法

① 所谓设置黑链，一般是指非法在他人网站中加入隐藏的链接，以此来提升被链接网站的点击量以及在搜索引擎中的排名。

② 案例来源于北大法宝数据库“范某等非法侵入计算机信息系统、非法控制计算机信息系统案”，法宝引证码：CLI. C. 2449516.

入侵目标网站，通过设置隐藏链接的行为，将目标网站作为实施违法行为的工具，这属于对计算机信息系统进行非法控制的行为。

[案例1－4] 郭某某等破坏计算机信息系统、非法侵入计算机信息系统案①

2012年9月份，被告人郭某某通过网络纠集被告人杜某某、杨某、温某某到其租住的房间内，利用互联网下载木马程序，通过目标网站的后台漏洞植入“木马”病毒，随后利用黑客工具“中国菜刀”链接所植入的“木马”控制目标网站，后将赌博、医疗等非法网站链接目标网站（俗称“挂黑链”），依靠点击流量非法获利。其中郭某某负责联系黑链客户收取费用并伙同杜某某、杨某入侵网站挂黑链，温某某负责查看挂黑链是否成功。2012年9月18日至19日，郭某某等人对商都网房产频道（域名：http：//house. shangdu. com）进行频道攻击入侵。经对被告人使用的笔记本电脑中的信息进行提取，证实郭某某等四人利用黑客远程控制软件“中国菜刀”共入侵被害网站671家，截止到案发，仍有有效权限共计220个网站。

本案一审判决被告人构成《刑法》第286条破坏计算机信息系统罪，但是多名上诉人和辩护人都提出，该案行为属于非法侵入计算机信息系统罪，不构成破坏计算机信息系统罪。因此，本案的争议焦点在于，涉案行为到底是构成非法侵入计算机信息系统罪，非法获取计算机信息系统数据、非法控制计算机信息系统罪，还是破坏计算机信息系统罪。从案情来看，被告人的行为主要是涉及非法设置黑链。由于从此处案情简介中不能看出被告人侵入的网站是否属于国家事务、国防建设、尖端科学技术领域的计算机信息系统，所以暂且不论。而前文中我们已经阐明，非法设置黑链的行为由于利用目标网站作为工具，来非法提升链接网站的影响力和搜索引擎排名，所以可以构成非法控制计算机信息系统罪，此处不再赘述。真正核心的问题在于，设置黑链的行为是否也同时构成破坏计算机信息系统罪。从行为的表面特征来看，设置黑链的行为确实是侵入了计算机信息系统，并对计算机信息系统进行了修改，所以形式上与破坏计算机信息系统罪是符合的。但是，该罪还要求行为造成计算机信息系统不能正常运行，且后果严重。一般而言，设置黑链行为确实会给目标网站带来安全隐患，存在着系统数据被窃取、网站在搜索引擎的查询中受到影响等风险。但是，通常情况下，单纯设置黑链行为并不会直接影响目标网站（计算机信息系统）的正常运行，且难以达到后果严重的要求。因此，本案行为定性为非法控制计算机信息系统罪更为合适。

① 案件来源于北大法宝数据库，法宝引证号：CLI. C. 2788861，案件号：河南省郑州市中级人民法院刑事裁定书（2014）郑刑一终字第91号。

其次，《刑法修正案（九）》所增设的拒不履行网络安全管理义务罪、非法利用信息网络罪和帮助信息网络犯罪活动罪三者之间也存在着相互的交叉。一方面，网络服务提供者拒不履行信息网络安全管理义务，客观上同时也可能构成为他人所实施的信息网络犯罪提供互联网接入、服务器托管、网络存储、通讯传输等技术支持。有学者甚至认为，如果将《刑法》第 286 条之一理解为故意犯罪，则拒不履行信息网络安全管理义务罪与帮助信息网络犯罪活动罪出现了功能重合，显得立法过剩。① 例如，假设著名的“快播案”发生在《刑法修正案（九）》生效之后，被告人的行为是有可能同时构成这两项罪名的。另一方面，行为人设立用于实施犯罪的网站、通讯群组的行为，或者发布违法犯罪信息的行为，同时也可能构成为他人的网络犯罪提供技术支持，这也可能造成罪名适用上的争议。在理论上，较多数的观点都认为，《刑法》第 287 条之一既包括行为人“为自己”也包括“为他人”非法利用信息网络的情形。② 但是也有学者认为，为了避免法条上的繁杂竞合，《刑法》第 287 条之一应当限缩解释为仅是对自己发布信息的刑事责任。③ 可见，至少从罪状可能的语义射程上来看，两罪客观上是存在交叉竞合关系的。而且，上述三项罪名的刑罚幅度完全一致，难有孰轻孰重之分，在发生竞合时难以抉择最终的罪名适用。

最后，帮助信息网络犯罪活动罪与其他相关罪名的共犯形成了大面积的竞合现象。明显不同于《刑法》第 285 条第 3 款，该罪的立法表述明确要求行为人“明知他人利用信息网络实施犯罪”，这似乎意味着该罪的构成仍然以实际正犯构成犯罪为前提。如此一来，尤其是在认可片面共犯理论的学者看来，《刑法》第 287 条之二只是共犯基本原理的重述，以至于有学者认为该条属于量刑规则，而非帮助行为正犯化。④ 在司法实践中，大量的网络共同犯罪判例提及被告人也构成帮助信息网络犯罪活动罪，但绝大多数案件最后都是按照其他相关罪名的共犯来认定。更令人担忧的是，甚至有个别案件虽然符合其他重罪的共犯构成条件，但却是按照相对轻缓的帮助信息网络犯罪活动罪来定罪处罚。

（三）罪状明确性的不足

在我国现有的网络犯罪罪名体系中，尤其是近些年来新增设的罪刑条款，

---

① 李本灿．拒不履行信息网络安全管理义务罪的两面性解读．法学论坛，2017（3）：142.

② 喻海松．网络犯罪的立法扩张与司法适用．法律适用，2016（9）：7；黄京平．新型网络犯罪认定中的规则判断．中国刑事法杂志，2017（6）：9.

③ 王莹．网络信息犯罪归责模式研究．中外法学，2018（5）：1309.

④ 张明楷．论帮助信息网络犯罪活动罪．政治与法律，2016（2）：5. 此外，黎宏教授持类似的观点，参见：黎宏．论“帮助信息网络犯罪活动罪”的性质及其适用．法律适用，2017（21）：35.

在明确性的要求上存在明显不足。

第一，《刑法修正案（九）》增设的第 286 条之一拒不履行信息网络安全管理义务罪就存在严重的立法表述模糊性。该条款首次在刑法典中确立了网络服务提供者的刑法义务和刑事责任，这样的扩张型立法在世界范围内都是极为罕见的。在一些具有代表性的国家，不但没有专门针对网络服务提供者的刑法条文，相反，往往还存在一套适用于网络服务提供者的免责体系。① 互联网世界自由与秩序之间的矛盾越发突出，如何划定二者之间的界限是法治建设的关键②，这一点越发考验着中国的立法者。然而，即使是这种立法正当性本身就存疑的罪名③，对其中最为核心的行为要件——“信息网络安全管理义务”也无任何明确定义。虽然我国《网络安全法》第 21 条对网络运营者的安全保护义务作出了具体规定，但是直接援引该规定来界定网络服务提供者刑事义务的做法是值得商榷的。④ 因为，即使是真正的不作为犯，有时也免不了需要对保证人进行规范性的实质判断⑤，而拒不履行信息网络安全管理义务罪恰恰就属于这种情形。原因在于，普通公众乃至专业人士对何为“信息网络安全管理义务”远未达成基础性的共识。因此有学者认为，本罪形为真正不作为犯，实为不真正不作为犯。⑥ 在这样的背景下，《网络安全法》中的安全保护义务无法直接转换为《刑法》中的信息网络安全管理义务。更何况，按照《网络安全法》第 59 条的规定，如果网络服务提供者不履行第 21 条所规定的安全保护义务，最多仅是处以行政罚款。在司法实践中，本罪的适用率极低，适用结论也未必站得住脚⑦，具有沦为象征性立法的风险，本罪行为要件的不明确性无疑是重要原因之一。

第二，我国《刑法》的网络犯罪罪名中频繁采用了“违法犯罪”这一表述，这在理论上造成了很大的争议。具体来说，提供侵入、非法控制计算机信息系统的程序、工具罪中存在“明知他人实施……违法犯罪行为”的表述，而非法利用信息网络罪中采用了“违法犯罪活动”“违法犯罪信息”这样的用

① 王华伟．网络服务提供者刑事责任的比较研究．环球法律评论，2016（4）．

② 张嘉军，赵杏一．论互联网视野下的法治建设．法学论坛，2017（4）：151－152．

③ 皮勇．论网络服务提供者的管理义务及刑事责任．法商研究，2017（5）：23．

④ 谢望原．论拒不履行信息网络安全管理义务罪．中国法学，2017（2）：242．

⑤ 张明楷．刑法学．5 版：上．北京：法律出版社，2016：149．

⑥ 李世阳．拒不履行网络安全管理义务罪的适用困境与解释出路．当代法学，2018（5）：70．

⑦ 笔者在中国裁判文书网找到两起关于拒不履行信息网络安全管理义务罪的案件，一起为制作、出租“翻墙”软件的案例，一起为开设网络赌场的案例。参见江西省南昌市东湖区人民法院（2018）赣 0102 刑初 585 号刑事判决书；上海市浦东新区人民法院（2018）沪 0115 刑初 2974 号刑事判决书。对上述性质的行为适用本罪是否妥当，值得怀疑。

语。“违法犯罪”是否包含刑法分则以外的违法行为，或者满足刑法犯罪性质要件但未达程度要件（未达刑法罪量标准）的违法行为，不无疑问。就非法利用信息网络罪而言，一种扩张性的观点认为，该罪中的“违法犯罪活动”可以解读为“违法行为”和“犯罪行为”，如此才能有效打击网络犯罪。[①] 而司法解释也在一定程度上具有这种倾向。例如，按照 2016 年最高法《关于审理毒品犯罪案件适用法律若干问题的解释》第 14 条的规定，利用信息网络，设立用于组织他人吸食、注射毒品的网站、通讯群组，或者发布实施该种活动的信息，情节严重的，按照利用信息网络犯罪定罪处罚。但是，目前我国《刑法》尚未明确将组织吸毒的行为入罪。而与之不同的观点则认为，“违法犯罪”应当理解为严格意义上的犯罪，否则本罪可能会过度扩张成口袋罪名。[②] 可以预见，就此问题，司法实务中也会产生完全不同的见解和诸多争议。

第三，我国《刑法》帮助行为正犯化的立法实践中，没有对明确性原则给予充分的重视。如前文所述，按照《刑法》第 287 条之二的罪状表述，该罪具有极宽的涵盖能力，行为定型性非常低。原因在于，在该罪的犯罪构成中，不仅被帮助的对象范围非常宽泛，而且帮助行为本身缺乏具体类型的限定。一方面，这里的被帮助行为是所有的信息网络犯罪，几乎无所不包；另一方面，该罪的帮助行为虽然也含有具体的类型，但仅仅具有提示功能，按照罪状的开放性表述，实际上所有技术支持和帮助行为都可能被包含。“帮助”仅仅是对促进作用的一种抽象性、概括性描述，它缺少可以具体把握的行为类型，容易在司法实践中被滥用。正因如此，从理论上讲本罪完全可以把所有网络犯罪的帮助行为涵盖进来，它有可能在未来沦为又一项口袋罪名，而且势必造成大规模的规范重合。

网络技术的飞速发展与信息社会的快速变迁持续不断地带来新型犯罪问题，而网络犯罪更新迭代的速度远远超过复杂而烦琐的立法回应进程，因此立法者采用了模糊和开放的罪状表述，为可能的网络失范行为预留出规范涵盖空间。虽然这不失为网络犯罪治理中的一种策略，但却在很大程度上牺牲了立法的明确性与司法的稳定性，值得深刻反思。

---

① 于志刚．中国网络犯罪的代际演变、刑法样本与理论贡献．法学论坛，2019（2）：11.

② 车浩．刑事立法的法教义学反思——基于《刑法修正案（九）》的分析．法学，2015（10）：12；阎二鹏．预备行为实行化的法教义学审视与重构——基于《中华人民共和国刑法修正案（九）》的思考．法商研究，2016（5）：64.

四、小结：我国网络犯罪立法的制度展望

前文分三个阶段梳理了我国网络犯罪的罪名体系以及立法发展简史，其体现出了回应性扩张、预防性前置、概括开放性的特点。整体来说，我国的网络犯罪立法积极回应现实需求，对不断恶化的网络犯罪形势主动做出调整，契合网络社会发展的基本方向。然而，我国现有的网络犯罪立法有诸多值得反思之处，主要体现为整体立法结构有待调整，罪名规范的内部逻辑需要理顺，罪状表述也需进一步明确化。上述问题说明，立法者在网络犯罪罪名的制定过程中更多的是一种应激性反映，充满着回应实践需求的立法热情，但是缺乏体系性和统一性的整体顶层设计，未能在规则设计的具体细节上做到逻辑严密。

需要强调的是，面对上述局面，刑法教义学可以在一定程度上化解部分难题。例如，对网络犯罪的法益界定，在解释论上并非绝对受制于立法上的章节定位。显然，不能认为破坏计算机信息系统的行为必须扰乱了公共秩序才可以构成本罪。再如，网络犯罪罪名之间的交错、重合问题，或者可以通过体系性解释和目的性限缩解释来避免冲突，或者可以在竞合论的语境中做出适当决断。此外，法条表述不明确的问题，也可以通过教义学的理论塑造予以缓解，通过学理上的实质性论述框定相对稳定和可把握的语义内涵。然而，法教义学的适用是有边界的，它受到刑法规范基本语义射程范围的限制，也会在很大程度上被基本立法结构和框架所约束。虽然“法律不是嘲笑的对象”，但是法教义学并非万能，它显然无法解决上述网络犯罪的所有难题，在众说纷纭的理论争议中它也并不总是能在法律适用的稳定性上取得良好效果。因此，为了更好地应对网络社会对传统刑法体系所造成的冲击，在探索法教义学解释路径的努力之外，从宏观层面完善刑事立法体系，重构网络犯罪罪名篇章结构，严密刑法保护范围；从微观层面理顺罪名关系，细化罪状表述，也是立法论上亟待推进的重大事宜。具体来说，我国将来的网络犯罪立法可以在以下几个维度上思考如何进一步完善。

首先，就网络犯罪立法结构而言，让网络犯罪罪名继续“寄居”在我国《刑法》分则第六章第一节并不妥当，将其转移至《刑法》分则第二章也不能真正解决问题。笔者认为，在我国《刑法》中将网络犯罪罪名独立成章才是真正妥当的立法方向。其一，在可以预见的未来，网络违法行为的种类和数量将会继续膨胀，而为了回应传统刑法构成要件无法涵盖、难以应对的问题，

网络犯罪罪名很可能会进一步扩充，形成“与众不同的特殊犯罪群”[①]。显然，《刑法》分则第六章第一节已经很难继续为这种立法提供充足和恰当的空间。其二，如上所言，网络犯罪罪名所保护的法益多元而复杂，在不同场景下，它既可能具有公共性、秩序性，也可能仅体现私有性、个体性；它不仅严重威胁国家网络安全，也会对国家安全、社会公共利益，以及公民、法人和其他组织的合法利益造成侵害。[②] 网络犯罪法益属性的这种独特性，使得它很难在现有的刑法分则章节中进行归类。而且，随着信息时代的到来，尽管具体理论定性上仍然存在激烈争论，但是数据权作为一种新型权利和法益正在逐步成型乃是不争的事实，而将侵害数据权的信息网络犯罪放在妨害社会管理秩序罪的章节之中则显得格格不入。其三，即使是在现有的网络犯罪罪名中，也已经出现了概括性、整体性条款与具体性、局部性罪名的分野，前者如利用计算机实施有关犯罪的规定以及帮助信息网络犯罪活动罪，后者如破坏计算机信息系统罪和非法侵入计算机信息系统罪等条文。概括性、整体性条款具有极强的涵盖性，因而容易与其他罪名发生竞合，但是同时发挥着填补处罚漏洞的作用。网络犯罪罪名体系这种特殊的内部结构，更适合放置在独立的刑法分则章节之中。

其次，应当统一对计算机信息系统的不受侵入性进行完整保护，同时逐步构建以数据为中心的网络犯罪体系。其一，我国《刑法》第 285 条第 1 款非法侵入计算机信息系统罪仅仅保护了三项特定领域计算机信息系统的安全，而未将一般的计算机信息系统纳入，不仅没有对个体公民计算机信息系统不受侵入的基本权利予以保护，而且导致该罪与《刑法》第 285 条第 2 款之间错综复杂的关系。因此，在未来的立法修订中，可以考虑将非法侵入计算机信息系统罪的保护对象拓宽到所有的计算机信息系统。其二，我国《刑法》第 285 条第 2 款规定了“手段行为＋目的行为”的构成要件结构，但是，这种立法配置不仅可能给法益保护造成不必要的障碍，而且实际上在司法适用中逐渐被虚化。因此，将来的立法修订过程中，完全可以考虑将手段行为要件删除。其三，《刑法》第 285 条第 2 款中的数据存在着对计算机信息系统的依赖性，为了更好地实现刑法对数据权利的完整保护，可以考虑删除“计算机信息系统中”这一前缀。

最后，在现有的网络犯罪罪名中，存在着构成要件明确性不足的问题，这不仅在立法正当性上严重存疑，而且在司法适用中引发了诸多争议。其一，在最理想的状况下，立法者将来应当在《刑法》第 286 条之一中列明“信息

---

① 于志刚．网络犯罪的代际演变与刑事立法、理论之回应．青海社会科学，2014（2）：10.

② 陈兴良．网络犯罪立法问题思考．公安学刊（浙江警察学院学报），2016（6）：11.

网络安全管理义务”的具体内容；或者退而求其次，最高司法机关可以考虑以司法解释的形式来明确该核心义务的具体内涵，否则目前该罪名在司法实践中被长期虚置的困境恐怕难以破解。其二，建议将网络犯罪罪名中所采用的“违法犯罪”表述修订为“犯罪”，防止“帮助行为正犯化”和“预备行为实行化”被过度泛化，避免相关罪名因为这一模糊表述最终被不当异化为口袋罪名。

第二章　网络时代的刑法解释论立场

在人类进入网络信息时代以后，社会生活的方方面面都在发生急剧变革。互联网络在创造诸多便利的同时，也带来了一系列问题。网络空间的治理，面临着规制能力、规制方式、不确定性、主权竞争等多重困境。[①] 晚近以来，网络犯罪不断恶化的态势尤为突出，这向刑法的理论和实务提出了严峻的挑战。如何有效规制网络犯罪，不仅是立法论上需要认真探讨的事项，更是解释论上无法绕开的命题。如何在网络语境中解释刑法，引发了越来越多的争议，有待从学理上予以系统梳理。有鉴于此，本章将在第一部分考察网络时代刑法解释难题的形成原因，在第二部分剖析刑法解释论的内部立场之争，在第三部分以前述讨论为基础进一步探索刑法解释论的外部性视角。

一、网络时代刑法解释论的难题

采取何种基本立场来解释刑法规范，历来存在多种学说的分野与对立。而网络时代的到来，进一步加剧了刑法解释的难题与争议。归结起来，产生这些难题与争议的原因主要体现在以下几个方面。

（一）传统犯罪网络异化

由于互联网的逐步普及和信息技术的深度渗透，与现实世界对应的虚拟空间全面铺开，由此形成了所谓的双层社会。[②] 这种社会急剧变化无法被早期的立法者所预料，诸多刑法罪名的构成要件都以对现实世界的认知为基础而创设。因此，当传统的犯罪手法（借助信息技术手段）被转移到网络空间时，能否继续适用传统刑法罪名加以处理就充满了争议。

---

① 莱斯格．代码 2.0：网络空间中的法律．李旭，沈伟伟，译．北京：清华大学出版社，2018：27 以下.

② 于志刚．“双层社会”中传统刑法的适用空间——以“两高”《网络诽谤解释》的发布为背景. 法学，2013（10）：105.

例如，关于非法获取虚拟财产的刑法评价问题，在我国仍然缺少基本的共识。在理论研究中，有的学者主张可以将虚拟财产解释为刑法上的财物，将窃取虚拟财产的行为评价为盗窃并不违背罪刑法定的基本原则。① 相反，有的学者则认为虚拟财产不属于刑法上的财物，如果以非法侵入计算机信息系统或者其他技术手段来窃取虚拟财产，应当构成非法获取计算机信息系统数据罪。② 此外，也有学者认为窃取虚拟财产的行为构成上述两罪的法条竞合，应当优先适用非法获取计算机信息系统数据罪这一特别条款。③ 在司法判例中，这类案件也存在盗窃罪④和非法获取计算机信息系统数据罪⑤两种不同的定性。

再如，关于偷换二维码非法获取财物的问题，在理论上也存在极为多样的学说观点。有的学者认为，这种行为成立一种非传统型的“三角诈骗”，即被告人实施欺骗行为，受骗人产生认识错误并基于认识错误处分自己的财产，进而使被害人遭受损失。⑥ 也有的观点认为，这类案件中行为人利用顾客和第三方支付平台的认识错误而处分第三人财物，两者只是行为人利用的无过错的工具，行为人是诈骗的间接正犯。⑦ 不同于诈骗罪的思路，有学者主张，行为人构成盗窃的间接正犯，盗窃的对象是商家的财产性利益（享有针对顾客的债权）。⑧ 而案件审理法院认为，被告人秘密调换二维码类似于秘密用自己的收银箱换掉商家的收银箱，使得顾客交付的款项落入自己的收银箱，从而占为已有，因而符合盗窃罪的构成要件。⑨

在这类情形中，犯罪的行为形式本身并不新奇，它只是在网络因素介入以后发生了部分的形变。在非法获取虚拟财产的案件中，行为对象——财物被虚拟化因而带来理论分歧。在偷换二维码的案件中，非法获取财物行为从

---

① 张明楷．非法获取虚拟财产的行为性质．法学，2015（3）：12；陈兴良．虚拟财产的刑法属性及其保护路径．中国法学，2017（2）：158.

② 刘明祥．窃取网络虚拟财产行为定性探究．法学，2016（1）：151以下.

③ 梁根林．虚拟财产的刑法保护——以首例盗卖QQ号案的刑法适用为视角．人民检察，2014（1）：13.

④ 参见孟某、何某某盗窃案，上海市黄浦区人民法院（2006）黄刑初字第186号刑事判决书；雒某某盗窃案，北京市第三中级人民法院（2014）三中刑终字第66号刑事判决书。

⑤ 参见杨某某非法获取计算机信息系统数据案，北京市朝阳区人民法院（2014）朝刑初字第3017号刑事判决书；岳某某等非法获取计算机信息系统数据案，江苏省宿迁市中级人民法院（2014）宿中刑终字第0055号刑事判决书。此外，最高人民法院法官在对盗窃罪司法解释的阐述中也明确否定了认定为盗窃罪的做法。胡云腾，周加海，周海洋．《关于办理盗窃刑事案件适用法律若干问题的解释》的理解与适用．人民司法，2014（15）：25.

⑥ 张明楷．三角诈骗的类型．法学评论，2017（1）：24.

⑦ 姜涛．网络型诈骗罪的拟制处分行为．中外法学，2019（3）：711.

⑧ 柏浪涛．论诈骗罪中的“处分意识”．东方法学，2017（2）：106.

⑨ 参见福建省石狮市人民法院（2017）闽0581刑初1070号刑事判决书。

移动支付系统切入，引发了理论争议。此外，关于在网络上散布虚假信息能否认定为寻衅滋事罪的争议，关键问题也在于网络虚拟空间能否被评价为人们通常所理解的“公共场所”①。信息技术和网络因素在我们这个时代无孔不入，它“修改”了传统犯罪认定中的部分构成要件，由此造成了刑法评价上的困难。

（二）新型犯罪现象涌现

越来越多的事实表明，由于网络空间的特殊架构，其中的人类交往互动模式发生了深刻变化，因而网络犯罪并非仅仅是传统犯罪“旧瓶装新酒”②。伴随网络和信息技术的发展，不法分子的犯罪手段也不断“推陈出新”。新型的犯罪手法借助信息网络技术严重侵犯法益，但是这类行为在现有《刑法》中可能找不到十分贴切的构成要件。

例如，不同类型的刷单炒信行为给司法适用和刑法解释制造了不少难题。正向的刷单炒信是指不法分子组织、培训大量刷手，通过虚构合同、发空包裹等手段，在网络销售平台上对特定商品或服务作出虚假好评，从而提高商家的信誉等级，从中谋取非法利益。对这种类型的行为，浙江省杭州市余杭区人民法院首次判决其构成非法经营罪。③ 然而，对此判决理论上争议极大。不少理论与实务界的人士认为，专业从事虚假交易服务的炒信平台，其发布的与虚假交易相关的信息与“两高”《关于办理利用信息网络实施诽谤等刑事案件适用法律若干问题的解释》中的“虚假信息”具有同质性，可以适用该解释第7条（非法经营罪）来加以规制。④ 上述案件中的行为人不具备增值电信业务经营许可的条件，而且刷单炒信行为显然扰乱了市场经济秩序的运转，将其认定为非法经营罪符合罪刑法定原则。⑤ 与此相对，部分学者则认为，将该种行为诉诸口袋罪名——非法经营罪的兜底条款并不妥当。理由在于，刷单炒信是《反不正当竞争法》所禁止的违法行为，即使提出申请有关部门也不可能发给经营许可证，因此根本不存在违反经营许可的问题。⑥

而在反向刷单案中，同样存在解释论上的极大争议。所谓反向刷单，是

---

① 2013年最高法、最高检《关于办理利用信息网络实施诽谤等刑事案件适用法律若干问题的解释》第5条。

② MAJID YAR. Cybercrime and society. 2 edition，2013：11.

③ 范跃红．全国首例组织刷单炒信刑事案件宣判．检察日报，2017-06-21（2）.

④ 刘仁文，杨学文．用刑法规制电子商务失范行为．检察日报，2015-08-26（3）；高艳东．信息时代非法经营罪的重生——组织刷单案评析．中国法律评论，2018（2）：152.

⑤ 李世阳．不妨强化对信用的刑罚保护．法制日报，2017-06-22（7）.

⑥ 陈兴良．刑法阶层理论：三阶层与四要件的对比性考察．清华法学，2017（5）：15；周光权．刑法软性解释的限制与增设妨害业务罪．中外法学，2019（4）：961.

指故意以网络刷单作为手段，引起平台监管者的注意，使得平台监管者根据既定规则对网络商家进行“降权”处罚，从而给网络商家带来财产损失。早在2017年，全国首例反向刷单炒信案就在南京宣判，被告人被法院以破坏生产经营罪定罪处罚①；2018年，浙江义乌又有类似案件被认定构成破坏生产经营罪。② 对此，支持性的意见认为，“恶意好评”导致网络商家在搜索上被“降权”是以类似破坏机器设备的方式削减电商生产经营规模，乃至使其完全无法进行生产经营，完全可能按照破坏生产经营罪制裁。③ 反向刷单属于破坏生产经营罪中的“其他方法”，这种客观解释不违背罪刑法定原则。④ 反对性的见解则认为，破坏生产经营罪规制的是纯粹的物理空间的行为，是一种特殊形式的故意毁坏财物行为，行为应当表现为暴力和有形的破坏⑤，只有采用故意毁坏财物的方法破坏生产经营，才能构成破坏生产经营罪。⑥

除此之外，在互联网黑灰产业链逐步形成的背景下，批量恶意注册账号的行为如何处理也没有定论。在实名制越来越普遍的中国网络语境中，诸多网络服务和网络活动的开展都以注册账号为前提，网络账号具有了越来越重要的意义。因此，不法分子借助相关软件和设备大量恶意注册网络账号（如社交媒体账号、电商平台账号等）的行为，为下游的网络犯罪创造了重要的条件。有学者主张，这类行为也可以认定为破坏生产经营罪。⑦ 但是，更多的观点还是认为，这类行为构成妨害业务罪，但是在我国尚未规定妨害业务罪的情况下，将其作为破坏生产经营罪处理属于类推解释。⑧

（三）网络犯罪立法不足

为了更好地应对网络犯罪不断恶化的局势，《刑法修正案（九）》增设了若干规制网络犯罪的条款，其中包括《刑法》第286条之一拒不履行信息网络安全管理义务罪和《刑法》第287条之二帮助信息网络犯罪活动罪。然而，上述立法不仅在明确性上存在明显不足，而且没有处理好与传统刑法理论之

---

① 参见江苏省南京市中级人民法院（2016）苏01刑终33号刑事判决书。

② 王春．浙江宣判首例反向刷单案件．[2019-09-31]．http://legal.people.com.cn/n1/2018/0904/c42510-30270504.html.

③ 于志刚．防止网络成为两个意义上的“无法空间”．中国检察官，2015（6）：3.

④ 刘仁文．网络时代破坏生产经营的刑法理解．法学杂志，2019（5）：52；李世阳．互联网时代破坏生产经营罪的新解释——以南京“反向炒信案”为素材．华东政法大学学报，2018（1）：56.

⑤ 欧阳本祺．论网络时代刑法解释的限度．中国法学，2017（3）：175；叶良芳．刷单炒信行为的规范分析及其治理路径．法学，2018（3）：180.

⑥ 陈兴良．刑法阶层理论：三阶层与四要件的对比性考察．清华法学，2017（5）：14.

⑦ 高艳东．破坏生产经营罪包括妨害业务行为——批量恶意注册账号的处理．预防青少年犯罪研究，2016（2）：19以下.

⑧ 欧阳本祺．论网络时代刑法解释的限度．中国法学，2017（3）：175.

间的关系，这些都给网络时代的刑法解释带来了很大挑战。

例如，为了保障网络系统安全和网络信息安全，促进网络服务提供者履行有关法律、行政法规所规定的网络安全管理义务，立法者增设了拒不履行信息网络安全管理义务罪。① 然而，到底何为本罪中的信息网络安全管理义务，理论和实务界对此完全没有共识。如何对该种宽泛无边的作为义务展开解释，无疑为司法者带来了极大困难，这也使得本罪在实务中几乎沦为象征性立法。② 再如，为了应对网络共同犯罪中侦办与取证的困难，化解法律适用上的争议，立法者引入了帮助信息网络犯罪活动罪。③ 但是，如果从肯定片面帮助犯的基本立场出发，该罪的表述几乎重述了帮助犯的构成要件，以至于有学者认为，该罪属于量刑规则而非真正的帮助行为正犯化。④ 因此，何种情况和条件下应当单独适用本罪，理论解释上不无疑问，而司法人员亦相当困惑。⑤ 事实上，从目前适用该罪的司法案例来看，绝大部分的案例既援引《刑法》第 287 条之二的规定，也援引其他相关传统罪名（如诈骗罪）及其共犯处罚条款。

二、活的主观解释论

在刑法解释论的范畴内，主观解释论与客观解释论的争议扮演了非常重要的角色。主观解释论强调立法原意的决定性意义，它从权力分化制衡的制度基础上去寻找刑法规范的正当性含义。而客观解释论则注重刑法概念与表述在现实社会语境中的含义，在语义流转与变迁的过程中把握其当下的内涵。在对“破坏生产经营”“财物”“公共场所”等概念的解释中，可以非常明显地看出上述解释论立场的对立。

（一）僵化的主观解释论并不可行

在解释论立场的抉择上，僵化的主观解释论并不可行。固然，主观解释

① 全国人大常委会法制工作委员会刑法室．中华人民共和国刑法修正案（九）解读．北京：中国法制出版社，2015：190.

② 王华伟．我国网络犯罪立法的体系性评价与反思．法学杂志，2019（10）：137.

③ 同①207.

④ 张明楷．论帮助信息网络犯罪活动罪．政治与法律，2016（2）：5.

⑤ 按照 2019 年最高法、最高检《关于办理非法利用信息网络、帮助信息网络犯罪活动等刑事案件适用法律若干问题的解释》第 12、13 条的规定，确因客观条件限制无法查证被帮助对象是否达到犯罪程度，但帮助行为相关数额达到一般标准 5 倍以上，或者造成特别严重后果的，以帮助信息网络犯罪活动罪定罪处罚；被帮助对象实施的犯罪行为可以确认，但尚未到案、尚未依法裁判或者因未达到刑事责任年龄等原因依法未予追究刑事责任的，不影响帮助信息网络犯罪活动罪的认定。

论立足于探求立法原意，在解释的正当性上似乎具有明显优势。但是，如果对立法原意进行机械的理解，则可能造成刑法解释与刑法所追求的目标背道而驰。尤其是在中国的特殊语境中，这种消极的后果可能被放大。

首先，何为立法原意，在我国的立法制度架构下尤为难以确定。一方面，所谓的立法者并非是某个自然人，而是由传达不同诉求的代表组成的群体或机构。虽然从职能权属上看，全国人大和全国人大常委会主要负责刑法的制定与修改，全国人大常委会法制工作委员受托负责拟定相关法律草案，但是实际刑法条文的内容则是不同部门、机构和主体多方意见的汇总，而他们对相关罪名及其条文常常具有不同的诉求、主张和理解。某些时候，刑事立法条文甚至会在不同部门和主体相互角力、妥协后有意形成一种开放式的法律表述。另一方面，在我国目前的刑事立法制度下，并没有对立法原意进行详尽阐述的权威文本。在德国的立法程序中，立法者制定新法或修订旧法之时，通常会由联邦议院（Bundestag）以文本的形式阐明立法草案的整体目标设定、解决方案、成本收益、具体条文内涵等内容。而在我国，尤其是对于较早期的刑事立法，并不存在这样细致的权威性立法说明文本。即使是在近些年，每次刑法修正案出台后，能够找到的直接资料主要也就是由全国人大常委会法制工作委员会刑法室及其负责人组织编写并出版的解读性著作。① 但是，这类著作往往只是非常宏观而概括地说明条文主旨和立法背景，对条文的具体阐述停留在较为浅显的描述性层面。在司法实践中真正出现具体解释性难题时，常常也很难从中找到立法者的原初目的与立场。

其次，刑法的解释并不是一个机械找法、将事实与规范简单涵摄的过程。如果认为刑法的内涵就是立法原意的表达，会导致将法律解释与检索立法素材的工作（甚至是一种考古发现的工作②）予以等同。实际上，即使存在所谓的立法原意，它也往往只是对规范目标所进行的整体性描述。至于某个具体刑法概念应该如何理解，人们很难直接通过检索所谓的立法原意找到答案。如学者所言，立法者在制定刑法时，常常以过去已经发生的案件作为模型来表述构成要件，而对立法时未曾发生的案件，立法者不可能有立法原意。③ 而在立法原意实际难以查找的情况下，解释者所称的立法原意无非就是假定在立法之时自己对文本的理解。这种理解，不但可能是一种非常个人化、主观化的理解，而且可能背离了当下社会语境中一般民众的概念认同感。在疑难案件的解释过程中，机械地诉诸立法原意，要么可能导致法官沦为法律适用

---

① 例如，全国人大常委会法制工作委员会刑法室所编著（雷建斌主编）的《中华人民共和国刑法修正案（九）解释与适用》（人民法院出版社 2015 年版）。

② 聂立泽，庄劲．从“主客间性”到“主体间性”的刑法解释观．法学，2011（9）：63.

③ 张明楷．刑法学．5 版．北京：法律出版社，2016：29.

的机器，丧失解释主体的能动性；要么解释者在自己的解释结论上贴上立法原意的标签，以自己的理解替代立法原意。

再次，虽然晚近以来我国立法机关频繁地发布了刑法修正案，但是由于立法体例的限制，我国的刑法修改总体上仍然相对困难。由于我国并没有真正意义上的附属刑法，也没有采纳特别刑法的立法模式，犯罪构成要件被集中规定在刑法典中，这种刑法典单轨模式固然有助于维护刑法的统一性，但是客观上制约了刑事立法的灵活性。更为重要的是，对于一些内涵具有可延展性的刑法概念，立法者并不倾向于通过明确立法的形式来定纷止争。例如，关于盗窃罪中作为行为客体的“财物”概念，其内涵的落脚点显然是“物”，如果严格从语义出发，无形之物能否涵盖尚且可能存在疑问，财产性利益就更难囊括进来。因此，窃取此类客体的行为能否认定为盗窃罪，从解释论上来看本身是存疑的。但是，多年以来，我国的立法者对此并未采取立法手段予以明确。相反，一系列的司法解释一直都将电力①、电信资费、财产凭证等通通扩张理解为财物。② 因此，在我国目前的刑事司法实践中，“财物”被拓展为一种最广义的概念，它包括有体物、无体物和财产性利益。③ 我们完全可以推断，立法者实际默认了司法解释的做法。而同样的状况，以偷窃电能为例，在德国和日本都是采取明确立法的方式予以解决。④ 在我国这样一种立法保守主义的倾向之下，如果完全采取僵化和机械的主观解释论，司法实践中将有大量的案件无法得到有效规制。

最后，如果从更为宏大的社会语境来考察，在当下的中国，一种接近原旨主义的主观解释论也不可取。从 1979 年《刑法》颁布到今天仅仅过去了四十余年的时间，而中国社会已经经历了从农业社会向工业社会，再到信息社会的急速发展与剧烈变动。其间，不仅各项客观的社会条件在快速变化，人们的主观认知与社会观念也在迅速革新。尽管中国的刑法修订一直与时俱进地向前推进，但是无法回避的现实在于，绝大多数的核心犯罪类型和构成要件在早期的刑事立法中就已基本确立。较之于日新月异的社会发展和更新迭代的犯罪形式，刑事立法总体上仍然明显滞后。例如，破坏生产经营罪的构

---

① 严格来说，电力（或电能）其实也不属于一种无形之物，在物理学上一般把它理解成电子的定向移动，它仅仅是一种能量形式。

② 参见 1997 年最高人民法院《关于审理盗窃刑事案件具体适用法律若干问题的解释》第 1 条；2000 年最高人民法院《关于审理扰乱电信市场管理秩序案件具体应用法律若干问题的解释》第 7、8 条；2013 年最高人民法院、最高人民检察院《关于办理盗窃刑事案件适用法律若干问题的解释》第 4、5 条。

③ 陈兴良．虚拟财产的刑法属性及其保护路径．中国法学，2017（2）：150－152.

④ 梁根林．虚拟财产的刑法保护——以首例盗卖 QQ 号案的刑法适用为视角．人民检察，2014（1）：8.

成要件类型早在 1979 年《刑法》中就已经基本确立。1997 年《刑法》主要只是将“集体生产”改为“生产经营”，并将该罪从破坏社会主义经济秩序罪一章移至侵犯财产罪一章[①]，可以说该罪所设定的构成要件行为类型历经四十余年都没有发生实质性变化。而与之形成鲜明对比的是，在此历史过程中，中国社会的生产、经营模式已经发生了翻天覆地的变化。尤其是随着互联网经济的兴起，极多行业和领域的生产、经营已经在线上铺展开来，中国的电子商务总量已经达到了前所未有的规模。按照我国商务部的统计，2020 年全国电子商务交易总额达到 37.21 万亿元，电子商务就业人数超过 6 000 万人。[②]很显然，在此背景下，普通民众对“生产经营”的理解并不仅局限于现实世界的那些生产经营活动，而且包括了在信息网络中展开的各种商务活动。可以说，虚拟世界的生产经营已经融入了人们生活的方方面面，如果解释者仍然站在 1979 年的时空环境来理解《刑法》中的“生产经营”，可能类似于法律适用上的刻舟求剑，脱离了（包括被告人和被害人在内的）民众对刑法规范的想象与理解。

（二）活的主观解释论之提倡

长期以来，学界通常倾向于认为主观解释和客观解释是相互对立的解释论立场。例如，陈兴良教授曾认为，主观解释论与客观解释论之争，十分类似于中国古代我注六经与六经注我之分。[③] 而梁根林教授则指出，主观解释论与客观解释论的对立，反映了论者对罪刑法定及其决定的刑法价值的不同追求，前者以形式合理性为刑事法治的基本价值，而后者以实质合理性为刑事法治的基本价值。[④] 还有学者总结指出，主观解释与客观解释在解释目标、方法、结果、价值选择等方面存在尖锐对立。[⑤] 当然，学界也存在折中性的主张，例如王平教授认为应当以立法原意为常规，在立法原意与社会现实明显脱节、并且新出现的案件在必要时可以由刑法来解决时，以立法意图为补充。[⑥] 与之相反，刘艳红教授则指出，应以“主观的客观解释论”重新塑造网络时代刑法的客观解释论，即以客观解释论为基础，同时其解释不能超出

---

① 高铭暄．中华人民共和国刑法的孕育诞生和发展完善．北京：北京大学出版社，2012：502－503.

② 商务部电子商务和信息化司．中国电子商务报告 2020：1－2.

③ 陈兴良．法律解释的基本理念．法学，1995（5）：9.

④ 梁根林．罪刑法定视域中的刑法适用解释．中国法学，2004（3）：123.

⑤ 熊伟．主观解释论之提倡．中国人民公安大学学报（社会科学版），2013（5）：32.

⑥ 王平．论我国刑法解释的有效性．法律科学，1994（2）：31. 类似观点，可参见：赵运锋．刑法解释立场：在形式主义与实质主义之间．东方法学，2011（4）：144.

“刑法条文的语言原意”之范围。①

本书认为，客观解释与主观解释并非水火不容的两种立场，在主观解释论强调规范正当性来源的基本框架下，可以将客观解释论的活性理解吸收进来。

首先，客观解释论并非洪水猛兽，支持该种立场的学者同样维护罪刑法定的基本原则。魏德士教授曾严厉批评客观解释论，认为不去查明立法者的规范目的或者不经说明就背离它的人，将使自己脱离法律约束，从法律的仆人变为法律的主人。② 固然，立法者的规范目的是规范的正当性基础，不应漠视与背离。但是，法律概念的含义并非某种一开始就被设定好的客观真理。刑法概念本身具有一定范围的语义射程，客观解释论者也是在这一基本限度内寻找契合当下社会通常理解的含义。换言之，不论主观解释论还是客观解释论，都坚持不应突破刑法概念的语义边界，维护民众对刑法规范内涵的可预测性。

其次，在解释论立场的基本取向上，主观解释论与客观解释论表面上似乎各有侧重，实则在深层逻辑上相互契合。如考夫曼教授所言，主观解释论强调法律安定性和权力分立，是法律实证性的体现，客观解释论注重客观真实的法律意义，是法律正当性的体现，而实证性和正当性共同建构法律。因此，晚近以来的学者很少有人再主张纯粹的客观理论或纯粹的主观理论。③ 在法律本质上，实证性和正当性（或合理性）本身就不应是相互对立的概念，二者应当互相支撑，而主观解释论与客观解释论也存在着同样的关系。对此，罗克辛教授指出，客观解释论的合理之处在于，其并不取决于立法程序中参加人或委员会的实际想法，而主观解释论值得赞同的地方则在于，将法官与立法者在法律政策上的价值决定紧密结合起来。完全独立于法律本来目的的“客观含义”难以让人理解，它实际上不过是一种漠视罪刑法定原则的主观目标设定。④

最后，只要不对立法原意进行过度僵化的理解，上述主观解释论与客观解释论的融合不仅在理念上成立，而且在具体操作上是切实可行的。在学理上，对此有多种不同的方案。基本的共同点在于，学者们不再倾向于将立法原意与作为自然人的立法者的意志等同。例如，有观点认为，所谓的立法者意思，在法律制定日久、社会情况已有变迁时，并非指立法者立法当时之意

---

① 刘艳红．网络时代刑法客观解释新塑造：“主观的客观解释论”．法律科学，2017（3）：93.

② 魏德士．法理学．丁晓春，吴越，译．北京：法律出版社，2013：337－338.

③ 考夫曼．法律哲学：第二版．刘幸义，等译．北京：法律出版社，2011：110.

④ Vgl. Roxin，Strafrecht Allgemeiner Teil，Band Ⅰ，4. Aufl.，2006，SS. 151－152.

思而言，而是应依立法者若处于今日所应有的意思。[①] 这实际是一种推定意义上的立法原意，将立法者的实然性想法转换为应然性理解。也有观点指出，重要的不是立法者的意志，也不是（现实中所虚构的）法律的意志，而是法律共同体的意志，也就是说，在民主制中重要的是人民的意志。[②] 这种观点虽然同样追求法律来源的权威性及法律的政治权力基础，但是从民主制度的角度将立法原意还原为法律共同体的意志和人民的意志，而后者无疑会跟随时代发展而变迁。此外，拉德布鲁赫教授也曾指出：立法者不是法律起草者，立法者的意志也不是立法参与者的集体意志，而是国家的意志。立法者的意志不是解释方法，而只是解释目的和解释结果，是对法律规则总体系统化、无矛盾解释的先验必然性的阐述。[③] 通过将固化的立法者意志理解为流动的国家意志，并将其从模式化的解释方法转换为灵活性的解释目标，主观解释与客观解释原有的隔阂就可能被消解。

在宪法领域，原旨主义和实用主义代表着两种理解宪法的思潮，也是法律解释的两个极端。然而，在这两个极端之间，调和性的观点也相当有力。例如，"活的宪法"理论认为，作为实践的宪法是一个活的事物（living thing)，它是由公民、法官、管理者、立法者，以及其他法律实施相关者，在人与财产的变动关系中所完成的。[④] 解释的目的是去理解人民在历史中所实际创制的宪法承诺，而不是某个哲学家所认为应当创制的承诺。[⑤] 遵循类似逻辑的框架原旨主义（framework originalism）则将宪法视为一个初步治理框架，其拉开政治序幕，且随着时间的流逝，人民必须通过宪法建构予以充实。[⑥] 在刑法领域，同样可以遵循这样一种活的主观解释论来理解充满争议的解释论立场问题。在笔者看来，立法原意是一种初始性和概括性的正当化基础，但它并不反对在更为具体的情境中融合当下社会的理解。如霍布斯所说，立法者不是凭借其权威才制定法律的人，而是凭借其权威，并使之继续向前发展，最终成为法律的人。[⑦] 换言之，立法者的目的只在于，通过法律文本设定了一个初步的权威性框架，指明其规范保护目标和法益保护目的，而文本中具体法律概念的含义则会随着社会的变迁，经过民众的共识确认而不断发展。事

① 杨仁寿．法学方法论．2版．北京：中国政法大学出版社，2013：134－135.

② 魏德士．法理学．丁晓春，吴越，译．北京：法律出版社，2013：335.

③ 拉德布鲁赫．法哲学．王朴，译．北京：法律出版社，2013：128－129.

④ CHARLES BEARD. The living constitution. The annals of the american academy of political and social science，Vol. 185. The constitution in the 20th century（May 1936）：31.

⑤ BRUCE ACKERMAN. The living constitution. Harvard law review，Vol. 120，No. 7（May，2007）：1754.

⑥ 巴尔金．活的原旨主义．刘连泰，刘玉姿，译．厦门：厦门大学出版社，2015：3.

⑦ 同③129.

实上，刑法领域较为具有代表性的客观解释论者也并不反对考察立法原意，相反，他们还常常从立法背景与立法沿革中寻找客观解释的依据。①

以破坏生产经营罪为例：该罪的立法原意应当是通过处罚“毁坏机器设备、残害耕畜或者以其他方法破坏生产经营”的行为，来保护社会生活中的生产经营活动。但是，并没有任何可靠的证据能够表明，立法者明确限定了“其他方法”的具体范围。除非有特别的权威文本对构成要件要素的具体认定进行阐述，否则立法者只是通过构成要件设定了刑事制裁的基本方式和法益保护的基本目标。当然，如周光权教授所言，这里的“其他方法”应当是与毁坏机器设备、残害耕畜相类似的行为，而不是泛指任何行为，因此反向刷单行为能否构成本罪就值得怀疑。② 但是，反向刷单这种虚拟空间的破坏行为是否与法条明示规定的破坏生产经营行为具有相当性，立法者对此没有（也不可能）作出具体说明。这种相当性的具体判断并非立法原意所能涵盖，而是只能根据当下普通民众的一般观念来予以认定。这样一种思路，既没有违背立法原意，又契合了当下社会中普通民众对规范的理解，因此也不会造成所谓主观解释与客观解释的断裂。

（三）活性解释的边界控制

尽管刑法中一定程度的活性解释具有正当性与合理性，但是它应当有其边界，否则刑法适用将沦为解释者恣意决断的产物。

首先，从罪刑法定原则的基本要求出发，活性解释不应超越刑法概念的语义可能边界。尽管这一点对刑法学者来说似乎是不言自明的道理，但是在具体的司法适用和理论主张中，以有效遏制网络犯罪为理由而突破语义射程的做法并不罕见。例如，有观点认为，在倒卖车票罪的解释中，“倒卖”的核心是“卖”，而“卖出”行为又可以广义理解为事先与他人达成出卖车票的合意、再倒入车票。如此一来，代购车票行为也可以构成倒卖车票罪。③ 然而，根据一般性的语义理解可知，“倒卖”通常是指低价买进后高价卖出的行为。④“倒卖”和“卖”在含义上是完全不同的。更何况，“卖”和“代购”在含义上存在非常明显的区别。上述观点，可谓在一个概念的解释上两次突破了可能语义的解释边界。再如，有观点在分析恶意注册账号行为时指出，破坏生

---

① 张明楷．刑法学．5版．北京：法律出版社，2016：29.

② 周光权．刑法软性解释的限制与增设妨害业务罪．中外法学，2019（4）：954.

③ 高艳东，祁拓．互联网时代倒卖车票罪的规范解读——有偿抢票服务入罪论．浙江社会科学，2017（11）：48－49.

④ 中国社会科学院语言研究所词典编辑室．现代汉语词典．北京：商务印书馆，2016：266.

产经营罪中的“破坏”等于“妨害”，在互联网领域干扰、影响就是“破坏”①。但是，按照通常的理解，“破坏”和“妨害”无论在手段的侵害性还是后果的严重性上都存在明显的区别，二者不能等同。此外，2013年最高法、最高检《关于办理利用信息网络实施诽谤等刑事案件适用法律若干问题的解释》的相关规定，也存在突破刑法语义边界的嫌疑。按照该解释第1条的规定，仅散布他人捏造的损害他人名誉的事实也属于《刑法》第246条所规定的“捏造事实诽谤他人”。然而，按照刑法概念的语义结构，“捏造事实诽谤他人”当然仅限于捏造虚假信息并且加以散布的行为。而该解释第5条的规定，更是把在网络空间散布虚假信息，起哄闹事，造成公共秩序严重混乱的行为扩张解释为“在公共场所起哄闹事，造成公共场所秩序严重混乱”。在此处，不仅“网络空间”被评价为“公共场所”，而且“公共场所秩序”被直接置换为“公共秩序”，其解释权限的正当性是严重存疑的。

[案例2-1] 刘某福倒卖车票案②

2017年7月，刘某福为了专职帮人抢购车票，先后在网上购买了“heaven”（天堂）“Hero”（无底洞）抢票软件安装在其专门购置的两台SAMA台式电脑上，同时以30元/万个的价格购买“打码”，以2 740元购买“12306”网站实名注册账号935个，再购买一部黑色“苹果”手机、一部白色“华为”手机用于发布广告和接单，在手机和电脑上安装“Teamviewer”远程操作软件。随后，刘某福以“星星车票工作室”的名义，在微信、QQ等网络平台发布收取佣金代抢全国火车票的广告。在收到他人求购车票的信息后，刘某福利用“天堂”“无底洞”抢票软件进行抢票，抢票软件通过消耗“打码”自动破解“12306”网站的登录验证图片、自动移除冲突旅客等方式，实现多账户自动重复登录、自动重复提交订单、自动更改电脑IP地址等功能，从而增大抢票成功的概率。抢票成功后，刘某福将抢票软件发至其邮箱的含有登录账户、密码、订单号等订票信息告知求购者，并要求每张支付50元至200元不等佣金。（佣金标准由刘某福根据车票车次、乘车时段及运行到站等不同情况自行决定。）之后，佣金由求购者通过微信转账或支付宝扫码支付给刘某福；票款或由求购者自己支付，或转交刘某福支付。2018年4月至2019年2月，刘某福通过上述方式，先后为王某、孙某、吕某等人抢购车票3 749张，票面金额1 327 538.50元，非法获利342 420元。

一审南昌铁路运输法院认为，被告人刘某福高价倒卖车票，根据最高人

① 高艳东．破坏生产经营罪包括妨害业务行为——批量恶意注册账号的处理．预防青少年犯罪研究，2016（2）：23－24．

② 参见南昌铁路运输中级法院（2019）赣71刑终8号刑事判决书。

民法院《关于审理倒卖车票刑事案件有关问题的解释》(以下简称《倒卖车票解释》)第 1 条的规定，构成《刑法》第 227 条第 2 款规定的“倒卖车票情节严重”，其行为已构成倒卖车票罪，判处有期徒刑 1 年 6 个月，并处罚金人民币 124 万元。

被告人刘某福的辩护人提出：刘某福利用软件替旅客抢购车票没有影响铁路运输秩序，没有影响其他旅客的购票，不具有刑事危害性；实名制下，刘某福代购车票没有买入、卖出行为，未取得也未转让车票的所有权，不符合倒卖特征；刘某福代购车票、收取佣金系双方自愿，与其他提供劳务获取报酬的行为没有本质区别，是典型的民事代理行为。综上，刘某福的行为不构成倒卖车票罪，依法应宣告无罪。

二审南昌铁路运输中级法院认为：其一，我国铁路运输具有社会公益性质，体现在国家为了国计民生对运输价格的严格管控上，体现在公民的平等购票权上。本案中，刘某福使用抢票软件，通过自动破解“12306”网站的登录验证图片，实现多账户同时登录、多线下单、重复登录不间断刷单、自动移除冲突乘客等功能，取得了在 12306 网站抢票的优势，侵害了其他旅客平等的购票权，扰乱了铁路客运售票秩序。其二，根据《倒卖车票解释》的规定，“倒卖车票罪”是指高价、变相加价非法倒卖车票或者坐席、卧铺签字号及订购车票凭证，情节严重的行为。倒卖车票罪不以车票所有权的转移为犯罪构成要件，比如，最高人民法院法研(2015)29 号《复函》认为，以营利为目的，冒用他人身份信息囤积实名制火车票，只要已支付票款，无论车票是否实际售出，均可以认定为倒卖车票罪既遂。因此，构成倒卖车票罪的关键，一是行为非法，二是高价、变相加价行为，非法囤积后倒卖、不具备代办铁路客票资质为他人代办铁路客票并非法加价牟利的都构成倒卖车票违法犯罪。其三，民事活动应当遵守法律法规，不得损害国家利益和社会公共利益，不得扰乱社会经济秩序。实名制后修订的《铁路法》第 27 条明确禁止倒卖旅客车票，《刑法》第 227 条明确将倒卖车票情节严重的行为入罪，如上所述，刘某福的行为已违反法律的禁止性规定，与其他提供劳务获取报酬的行为有本质区别。综上所述，二审认定刘某福及其辩护人的意见不能成立，上诉人刘某福的行为构成倒卖车票罪，判处有期徒刑 11 个月，并处罚金人民币 124 万元。

本案涉及传统线下犯罪倒卖车票罪与网络技术手段相结合后如何适用的问题。一审和二审法院均认定刘某福的行为构成倒卖车票罪。但是，上述审判理由存在值得商榷之处。其一，法院判决意见对本罪保护法益的理解存在一定偏差。法院实际认为，倒卖车票罪的保护法益是公民的平等购票权。固然，利用抢票软件帮人抢购车票，在一定程度上侵犯了其他公民平等购票的机会和权利。这种行为需要在法治的框架下受到规制。但是，这和倒卖车票罪的规范目标仍然存在明显的差异。倒卖车票罪作为《刑法》分则第三章破坏社会主义市场经济秩序罪第八节扰乱市场秩序罪中的罪名，其侵犯的应当是车票管理秩序。倒卖车票行为往往表现为恶意买入囤积，然后加价出售，该行为会直接扰乱车票市场秩序中的供需关系。买入囤积行为减少了市场上可供流通的车票数量，从而可以借此实现影响、操纵车票销售价格的目的。但是，代人抢票并没有囤积车票，因此不会整体影响车票市场秩序中的供需关系，收取的费用也并非基于对市场价格的操纵，本质上属于一种不正当的劳务对价。

其二，法院判决也没有对刑法构成要件的语义边界保持足够的审慎态度。不论是《刑法》第 227 条的文义表述，还是《倒卖车票解释》，都采用的是“倒卖”这一概念。从罪刑法定原则的要求出发，“倒卖”行为应当作为一个整体加以理解，通常包括先买入后卖出两个组成部分。且不论最高人民法院法研（2015）29 号《复函》的意见是否合理，至少其明确要求本罪具有囤积行为。囤积的基本前提就是买入。所以，问题的关键并不在于判决意见所说的“车票所有权有没有转移”，而是行为人是否实施了买入行为。然而，被告人代人抢票时，购票者始终是被代理人（委托购票者），被告人自身并没有买入相应的车票。尤其是在实名制购买火车票的基本制度背景下，被告人也不可能自己先买入车票，再出卖给他人，被告人抢票时所使用的身份信息也都是来自被代理人。因此，代人抢票的行为不符合“倒卖”这一构成要件。

其次，刑法的活性解释不能违背罪名的规范保护目的。如上所言，刑法解释不应超越概念的可能语义边界，但是这并不意味着只要符合概念字面含义的刑法解释就是妥当的。在许多情形中，目的性的限缩解释不仅可行而且必要。尤其是我国《刑法》的许多罪名设置了兜底性条款，对此应当基于同类解释规则，围绕罪名的规范保护目的来进行限定，否则相关条款就可能沦为口袋罪名。这一点尤为明显地体现在非法经营罪的司法适用中。前文所述的首例刷单炒信入刑案件，法院便是适用非法经营罪的兜底条款“其他严重扰乱市场秩序的非法经营行为”来定罪处罚。然而，本罪所违反的主要是法律、行政法规中对部分物品实行专卖、专营，对部分经营活动实施许可证制度、审批制度等管理措施[①]，而刷单炒信行为主要侵犯的是围绕电商信用评价机制和虚假信誉所产生的一系列复合性法益，重点不是国家的专营许可制度，因此笔者认为该判决违背了非法经营罪的规范保护目的。[②] 与此类似，司法实

① 周光权．刑法各论．3 版．北京：中国人民大学出版社，2016：322.

② 参见本书第 217～218 页。

务中也存在将制作、销售游戏外挂软件行为认定为非法经营罪的做法，这同样背离了本罪的立法主旨。①

最后，刑法的活性解释不应违背可以经过考察确定的立法原意。是否存在以及如何对待立法原意，客观解释论和主观解释论存在截然对立的立场。然而在我国，立法原意往往既非绝对翔实且具体，也并非完全虚无缥缈、无可查证。新法修订过后，立法机关通常会对相关罪名和条款的基本规范保护目的和立法动因予以阐述、说明，此时对相关刑法条文的解释就不应直接与此相抵触。例如，关于《刑法修正案（九）》所增设的帮助信息网络犯罪活动罪，立法机关明确阐明设置该罪的初衷就是因为按照刑法共同犯罪规定追究存在困难，故对各种网络犯罪帮助行为作出专门规定。② 立法部门的相关负责人也就此指出，该罪设立以后，如果帮助行为得到了查处和足够证据的证明，即使被帮助的行为人没有被抓获，全案没有破获，也可以进行独立定罪。③ 在此背景下，尽管该罪在立法技术和法律适用上确实存在诸多争议，但是仍然不宜固守共同犯罪的总论逻辑将独立的分则罪名仅仅理解为单纯的量刑规则。④ 换言之，那些明确可以考证的立法原意，无论立法本身是否科学合理、成熟完善，在解释论上都应当予以充分的尊重。

三、网络时代刑法解释论的外部性

主观解释论与客观解释论之争，实际处理的是语义内涵的决定主体和判断时点问题，即刑法条文和概念的语义究竟是由立法制定之时的立法者来决定，还是由法律适用之时的一般民众观念来主导。然而，这仅仅是刑法解释论中充满争议性的一个观察维度。如果从解释论向诠释学转向的角度来批判性地考察，语言意义的理解并不是一种纯粹领受的过程，而主要是理解主体自我理解的过程，这个理解主体必然会共同进入理解的视阈中。⑤ 与此类似，也有学者主张一种从“法律发现”转向“法律获取”、以司法者为中心的功能主义刑法解释论。⑥ 但是，在这种诠释哲学的抽象性方法论批判之外，网络时

---

① 周光权．刑法公开课：第 1 卷．北京：北京大学出版社，2019：348－349.

② 全国人大常务委员会法制工作委员会刑法室．中华人民共和国刑法修正案（九）解读．北京：中国法制出版社，2015：207－208.

③ 张晓娜．全国人大法工委解读《刑法修正案（九）》涉网络条款．民主与法制时报，2015－11－15（2）.

④ 张明楷．论帮助信息网络犯罪活动罪．政治与法律，2016（2）：5.

⑤ 考夫曼．法律哲学：第二版．刘幸义，等译．北京：法律出版社，2011：111－112.

⑥ 劳东燕．功能主义刑法解释论的方法与立场．政法论坛，2018（2）：25.

代刑法解释的外部性同样迫切地需要受到重视。在网络时代到来以后，社会的格局和形态在发生结构性的变化，仅仅从解释学的内在哲学方法论上寻找突破，而不关注刑法适用的外部因素及其影响，可能还不足以找准网络时代刑法解释论向前发展的方向。

（一）作为解释前提的信息技术原理

在网络犯罪的司法认定中，需要对网络信息技术给予更多的关注。网络犯罪可以从多个维度加以划分①，但是不论哪种类型的网络犯罪，都在不同程度上与网络信息技术具有关联性。在这种背景下，对涉案事实中的信息技术原理具有基本的理解变得非常重要。核心的技术特征，在很多案例中会直接影响被告人的行为定性。例如，在引起热议的快播案中，认定快播公司提供的播放器是仅具有单纯的信息传输功能还是同时具备信息缓存功能，可能会得出罪与非罪层面完全不同的结论。因为，两种不同的技术功能对应着网络服务提供者不同的技术控制可能性，以及由此产生的不同程度的内容管理义务。再如，在评价 P2P 对等网络运营者的刑事责任时，如果不对该对等网络的具体技术构造加以类型划分，刑法评价将有失精确。因为，P2P 对等网络属于集中式还是分散式的内部构造，决定着网络运营者在侵害事实中的不同介入程度，这同样将直接影响其刑事责任的评价。② 在网络时代，技术构造影响行为性质的例子比比皆是，远不止于上述情形。故意还是过失，作为还是不作为，正犯还是共犯，有罪还是无罪，刑法学的极多命题都可能与网络犯罪中的技术原理发生直接联系。当然，不可能期待刑法学者都成为信息网络技术的专家，但是大体理解案件事实中的核心技术原理应当是展开刑法解释的前提。争议性网络犯罪与传统犯罪的重要不同之处之一在于，在事实归纳与规范涵摄的过程中，复杂的技术形态为法律适用罩上了层层迷雾，只有厘清其中的技术构造，行为的类型形象才能逐渐明晰，合理的刑法解释才有可能达成。

（二）作为解释资源的外部规范评价

在互联网冲击、改变、重塑社会主体法律关系的时代背景下，刑法之外

---

① 例如，欧盟委员会 2005 年发布的“集团犯罪情况报告”将网络犯罪分为针对信息和通信技术设施的机密性、完整性、可用性的犯罪，与计算机相关的传统犯罪，内容相关的犯罪，与侵犯知识产权相关的犯罪。索朗热·戈尔纳奥提．网络的力量：网络空间中的犯罪、冲突与安全．王标，等译．北京：北京大学出版社，2018：20.

② 相关研究，可参见杨彩霞．P2P 软件和服务提供商著作权侵害刑事责任探究——以 P2P 技术架构为切入点．政治与法律，2016（3）：42 以下.

的规范评价可以为刑法解释带来具有启发的知识资源。一方面，在信息网络技术被应用于社会生活的过程中，通常会较早在“第一次法”（如民事法）[①]领域积累起较为丰富的法治经验。当相应的行为开始向刑事法领域拓展时，人们有必要系统地研究该问题在“第一次法”领域所处的状况，并对其既有的处理模式及其内在理由进行考察和引介。这不仅有知识传承的考虑，充分尊重和吸收既有的理性思考，而且可避免不同法律领域规范评价上的割裂与冲突。例如，关于信息网络服务提供者的间接责任问题，在知识产权法和侵权法领域，不论是在司法实务中还是在学理研究上都已经展开了极为深入的探讨，其中所达成的基本共识应当引起刑事法学者的重视。再如，前文所提及的刷单炒信行为，在民事法领域、经济法领域如何定性[②]，也可以为刑法解释带来启发。另一方面，随着互联网的不断深入发展，网络法逐渐朝着成为一门独立学科的方向发展，在可能的连接点上，该领域所取得的成果应当作为重要的知识资源被刑法教义学理论体系所吸收。在网络法发展的早期，理论上还存在所谓“马法”之争，网络空间的法律适用被认为无非是各个领域涉网络问题的一种大杂烩，与其探讨所谓网络法，还不如深入发展传统法律原理并将其运用到计算机网络即可。[③] 然而，时至今日，网络法的命题已经得到了广泛认可，其成为独立学科的趋势也越来越强。在这种背景下，该领域所取得的成果应当引起刑法解释学的重视。

[案例 2－2] 吴某涉嫌侵犯公民个人信息案[④]

吴某是一家公司的业务员，听说出售信息能够赚钱，便萌生了下载收集信息卖钱的想法。2020 年 5 月至 7 月，吴某在天眼查、企查查等网站下载公开的各地企业工商登记信息，梳理分类后共出售 1.8 万余条信息，获利 1 万余元。公安机关发现后，于 2020 年 7 月 23 日以涉嫌侵犯公民个人信息罪将吴某传唤。

2020 年 11 月 24 日，该案被移送至江苏省泰州医药高新区检察院审查起诉。检察官审查发现，《民法典》自 2021 年 1 月 1 日起正式施行，给案件带来了变化。检察官认为，公安机关是根据 2017 年最高法、最高检《关于办理侵犯公民个人信息刑事案件适用法律若干问题的解释》（以下简称《个人信息解释》）第 3 条“未经被收集者同意，将合法收集的公民个人信息向他人提供

---

① 梁根林．刑事法网：扩张与限缩．北京：法律出版社，2005：34.

② 叶良芳．刷单炒信行为的规范分析及其治理路径．法学，2018（3）：185.

③ FRANK H EASTERBROOK. Cyberspace and the law of the horse. The University of Chicago Legal Forum，1996：207－208.

④ 卢志坚，白翼轩，田竞．出卖公开的企业信息谋利：检察机关认定行为人不构成犯罪．检察日报，2021－01－20（1）.

的，属于刑法第二百五十三条之一规定的‘提供公民个人信息’”，认定吴某的行为涉嫌侵犯公民个人信息罪。但《民法典》第1036条规定：“处理个人信息，有下列情形之一的，行为人不承担民事责任：……（二）合理处理该自然人自行公开的或者其他已经合法公开的信息，但是该自然人明确拒绝或者处理该信息侵害其重大利益的除外……”根据这一规定，既然没有证据证实吴某出售合法公开信息的行为遭到权利人拒绝或侵害其重大利益，就不应当认定其构成侵犯公民个人信息罪。

2021年1月4日，检察院向公安机关发出《要求说明立案理由通知书》，监督公安机关对吴某作撤案处理。1月7日，公安机关对吴某解除取保候审，并作出撤销案件的决定。

本案涉及处理已公开个人信息的刑事责任问题。在过去的一些类似案例中，行为人借助一定网络技术手段，通过公开的信息渠道（如中国裁判文书网、国家企业信用信息公示系统等）获取个人信息，然后再将这些个人信息出售或提供给他人，往往都被认定构成侵犯公民个人信息罪。基本的理由在于，按照《个人信息解释》第3条第2款的规定，将合法收集的公民个人信息向他人提供，仍需获得被收集者同意。显然，如果这样理解①，那么这一规定对已公开个人信息的处理设置了较为严格的条件，信息处理者面临着较高的刑事法律风险。但是，2021年1月1日开始生效的《民法典》对此作出了不同的处理。按照《民法典》第1036条的规定，合理处理自然人自行公开的或者其他已经合法公开的信息，不承担民事责任，但该自然人明确拒绝或者处理该信息侵害其重大利益的除外。《民法典》的这一规定意味着，合理处理已公开个人信息的行为原则上是免责的，其无须以信息权利人的同意为前提，而只是以信息权利人的明确反对或信息处理行为对重大利益的侵害作为例外。在上述案例中，并没有证据表明存在这些例外情形，因此吴某在民法上不应承担责任。而按照法秩序统一原理的要求，既然吴某的行为在民法上都应免责，就更不宜被认定为违反国家有关规定向他人提供公民个人信息，构成侵犯公民个人信息罪。② 虽然在学理上如何理解《民法典》第1036条的“合理处理”尚无定论，但是检察机关采取存疑有利于犯罪嫌疑人的立场，监督公安机关对吴某作撤案处理是妥当的。本案充分说明，在信息网络犯罪的司法适用过程中，应当同时关注刑法之外相关法律规范可能发挥的影响，协调好二者的关系，如此才能作出真正合理正当的判决。

---

① 严格来说，这里的“合法收集”是否就是指“对已公开个人信息的收集”，还值得研究。

② 喻海松．《民法典》视域下侵犯公民个人信息罪的司法适用．北京航空航天大学学报（社会科学版），2020（6）：7.

（三）作为解释限度的外部环境效应

在信息网络时代，刑法解释也应适度考虑刑法之外的外部环境与外部效应。首先，网络犯罪的刑法解释，在很大程度上会受到外部网络环境的影响和制约。如学者所言，网络犯罪离不开网络环境，网络环境的宽松度是影响刑法解释限度不可忽视的重要因素，而网络时代刑法解释的限度不得不受制于国家的网络治理模式，受制于刑法与其他因素之间此消彼长的关系。① 国家整体的网络管控环境，不仅决定了立法上网络犯罪罪名的基本设置，而且影响着刑法解释的整体倾向。近年来，司法实务中一些争议性网络犯罪判决的形成，很大程度上就是国家整体强化网络管控趋势的一种外化表现。② 如何妥当地处理刑法解释立场与国家网络管控政策之间的关系，是解释者需要认真对待的问题。当然，在很多情形中，笔者更倾向于通过相对限缩的刑法解释与部分过度扩张的刑事立法相抗衡，对个别过于严格的网络刑事管控进行批判性反思，由此在有效控制犯罪、保持刑法谦抑和坚守罪刑法定原则之间找到平衡。

其次，对网络社会的发展趋势、互联网经济与信息产业重要意义的理解，也将影响刑法的解释方案。作为一种相对较新的犯罪形态，网络犯罪的立法以及司法解释变动频繁，且常常采取概括的开放式表述③，而相应的刑事司法实践和理论研究也尚未积累起如传统罪名那样丰富的法教义学共识。因此，即使是在罪刑法定原则所允许的解释边界之内，解释者不同的目标偏向也可能会导向完全对立的解释结论。在这种情况下，依据刑法内部的基本原则（如罪刑法定、罪刑均衡、平等适用等）可能并不足以对解释结论的合理性作出充分评价。此时，通过严厉打击网络犯罪追求一种短期秩序效应，还是通过明确但相对谦抑的法律治理为互联网经济与信息产业预留出空间，是具体个案中刑法解释论不得不思考的问题。例如，在网络中立帮助行为边界的探讨中，学者们已经充分强调了后者的重要性。④ 网络犯罪固然可能带来被信息

---

① 欧阳本祺．论网络时代刑法解释的限度．中国法学，2017（3）：175－176.

② 例如，司法实务中对于违法提供“翻墙”软件的行为，有的按照拒不履行信息网络安全管理义务罪来处罚［参见上海市浦东新区人民法院（2018）沪 0115 刑初 2974 号刑事判决书］，有的按照提供侵入、非法控制计算机信息系统的程序、工具罪来处罚［参见上海市宝山区人民法院（2018）沪 0113 刑初 1606 号刑事判决书，河南省新野县人民法院（2017）豫 1329 刑初 556 号刑事判决书，广东省东莞市第一人民法院（2017）粤 1971 刑初 250 号刑事判决书］，还有的按照非法经营罪［可参见四川省荣县人民法院（2015）荣刑初字第 54 号刑事判决书，广西壮族自治区平南县人民法院（2017）桂 0821 刑初 431 号刑事判决书］来处罚。但是，这些判决在罪名适用的准确性上都存在疑问。

③ 参见本书第 12～13 页。

④ 周光权．网络服务商的刑事责任范围．中国法律评论，2015（2）：178；车浩．谁应为互联网时代的中立行为买单？．中国法律评论，2015（1）：50.

技术急剧放大的法益侵害，但是我们同时不能忽视互联网和信息技术给整个人类社会生活带来的极大便利和发展前景，因此在刑法解释中也应充分注意扩张解释（或缺乏必要目的限缩解释）可能对社会产生的“溢出效果”和“寒蝉效应”。

最后，网络社会的治理是多元的，解释者应当意识到，刑法适用与刑罚启动的必要性并非仅仅取决于案件基本事实与刑法规范的涵摄可能性。在网络社会的治理中，法律仅仅只是其中的一种手段和策略。如莱斯格教授所言，不论是在现实空间还是网络空间，行为规制的方式除了法律之外还包括社会规范、市场和空间架构（architecture）。通过代码来实现的网络空间架构，也可以规制网络空间的行为，而且这被认为是最有效的方式。① 例如，就刷单炒信的规制而言，行业合作机制的建立、大数据技术的运用②，乃至信用评价机制本身的算法架构③，都可以发挥非常重要的作用。因此，在面对网络空间中的失范行为时，刑法学者也应具备更宽阔的视野，在通过其他规制手段（如网络信息技术措施）可以实现法益保护、维护规范效力的场合，不用过于急切地介入法律制裁手段，尤其是刑事处罚。④ 这种刑法的最后手段性特征，不仅是刑事立法配置层面的基本要求，也是司法论层面启动刑法解释与适用所应遵循的基本原则。

四、小　结

网络时代到来以后，刑法的解释论面临着更多的难题。随着信息技术的发展和互联网的不断普及，传统的犯罪形式开始网络化变异，而新型的网络犯罪手段也不断涌现，再加上新设立网络犯罪条文的明确性不足，诸多因素叠加促使人们在网络刑法的语境中重新思考解释论的基本命题。刑法领域主观解释论与客观解释论之争由来已久，主观解释论强调立法原意的重要性，突出了刑法解释的正当性基础；而客观解释论则弱化立法原意的约束，注重当下社会语境中一般民众对刑法概念的理解。僵化的主观解释论过于机械地理解了立法原意，使刑法的适用与社会发展脱节，在快速变革、迭代的网络

---

① LAWRENCE LESSIG. The law of the horse，what cyberlaw might teach. Harvard law review，Vol. 113，No. 2，1999，507－514.

② 参见本书第 226～227 页。

③ YU ZHANG，JING BIAN，WEIXIANG ZHU. Trust fraud：a crucial challenge for China's ecommerce market. Electronic commerce research and applications，12（2013）：303－307.

④ 对此，有学者指出，通过代码能够保护的法益不应求助于刑法。欧阳本祺．论网络时代刑法解释的限度．中国法学，2017（3）：181.

时代尤为不可取。立法原意当然应当充分尊重，但是它只是概括性地阐明相关罪名的立法背景与动因、法益保护目标、规范保护目的，而往往不涉及具体概念的微观理解。立法者的目的在于，通过刑法条文设定一个具有权威性、正当性的规则框架，只要刑法适用不违背基本的立法初衷，在立法者没有特别申明的情况下，并不反对司法者在可能语义范围内对具体概念作出符合社会发展与变迁、契合普通民众理解和预期的刑法解释。在主观解释论与客观解释论的传统内在立场之争以外，网络时代的刑法适用也应当重视刑法解释的外部性。由于网络犯罪常常与信息技术相结合，解释者应当至少对相关的信息技术原理具备基础的了解和认识，如此才能对涉案行为进行准确认定。刑法之外的规范评价，经过妥当的转换，同样可以作为重要的知识资源被刑法教义学体系所吸收。刑法解释的启动及其策略，受整体外部网络环境制约和影响，应当适度考察刑法解释附带可能产生的外部效应，以及刑事处罚以外的多元网络治理模式。

第三章　网络语境中帮助行为正犯化的批判性考察

日新月异的网络技术将散布世界各地的人连接在一起，即时通信变得稀松平常，人类的社会协作机制得以重新改写。同时，随着“万物互联”的理念与技术日趋成熟，网络效应呈现指数级的增长，人类社会正经历着前所未有的急速变革。然而，网络技术是一把双刃剑，它在推动社会进步的同时，也带来了一系列新型的犯罪现象和刑法难题，冲击着传统的刑法理论。其中，共犯理论所面临的挑战尤为突出。一方面，新型的网络技术带来了犯罪参与结构内部的调整甚至异化。犯罪参与者之间的行为模式、作用大小等因素在特定技术架构下正发生着微妙的调整。另一方面，随着信息技术在网络犯罪中的深层渗透，网络犯罪朝着产业化的方向发展，这种制度性的协作关系也在很大程度上挑战了原有的传统共犯理论模式。随着共同犯罪的形式与结构在网络空间里逐渐异化，传统共犯理论在许多情形中往往捉襟见肘，有时无法再如以前那样得出相对稳定的结论，有时则无法真正有效规制那些造成严重法益侵害的行为。

由于网络犯罪中共犯理论所面临的难题逐渐凸显，共犯正犯化的理论命题受到了越来越多的关注，而且在新近的立法中这种理念不断被践行。然而，事实上人们对此并没有太多的共识，围绕共犯正犯化（尤其是帮助行为正犯化）所产生的争议越来越突出。特别是对《刑法修正案（九）》所确立的帮助信息网络犯罪活动罪，学者产生了完全两极化的评价。积极评价的一方认为，以帮助信息网络犯罪活动罪为代表的帮助行为正犯化模式，不仅会为惩治网络犯罪提供更为有力的武器，具有重大实践意义，同时也丰富和发展了共同犯罪处理规则。① 而消极评价的一方则认为，帮助行为正犯化模式仍然存在诸多理论争议，盲目扩大其范围从立法技术上看显得过于草率，不符合现代刑事法治发展的基本精神。② 在这种背景下，系统地梳理帮助行为正犯化命题中

---

① 胡云腾．谈《刑法修正案（九）》的理论与实践创新．中国审判，2015（20）：23.

② 刘艳红．网络犯罪帮助行为正犯化之批判．法商研究，2016（3）：22.

的相关争议，非常有必要。综观目前的讨论，关于帮助行为正犯化的争议可以总结为三个方面的分歧，即内涵边界分歧、理论基础分歧和司法适用分歧。所谓内涵边界分歧，是指人们对帮助行为正犯化的基本含义和存在范围并没有一致看法；所谓理论基础分歧，是指理论上对帮助行为正犯化的思想基础和制度根基存在不同理解；所谓司法适用分歧，则是指学界对帮助行为正犯化的具体法律适用条件存在争议。本章将围绕这三个方面的分歧，以一种批判性的视角冷静地审视目前颇为风行的帮助行为正犯化理念，在清楚划定其概念边界、合理论证其思想基础的前提下，进一步探讨对帮助信息网络犯罪活动罪进行限缩性司法适用的基本路径，以求在网络安全、信息自由和互联网产业发展等多重考虑中求得平衡。

一、帮助行为正犯化的内涵边界

实际上，学者们谈论帮助行为正犯化的语境并不统一，为了更为准确地探讨这一命题，有必要区分刑事立法和司法解释两个层面的帮助行为正犯化。

（一）刑事立法中的帮助行为正犯化

立法论上帮助行为正犯化的概念定性总的来说并无太大争议，多数学者都将《刑法》第 287 条之二所规定的帮助信息网络犯罪活动罪视为帮助行为正犯化（共犯正犯化）的典型例证①，这也构成了学界讨论这一议题的最大公约数。但是，对此张明楷教授提出了很有创意的量刑规则学说，对该罪帮助行为正犯化的定性提出了质疑。他指出，我国《刑法》第 287 之二并不属于所谓的帮助犯正犯化，而只是帮助犯的量刑规则，即该条款并没有将帮助犯提升为正犯，只是对其规定独立的法定刑，从而不再适用刑法总则帮助犯（从犯）的处罚规定。② 可是，这种对量刑规则的理解是值得商榷的。

---

① 于志刚．共犯行为正犯化的立法探索与理论梳理——以“帮助信息网络犯罪活动罪”立法定位为角度的分析．法律科学，2017（3）：83；刘仁文，杨学文．帮助行为正犯化的网络语境——兼及对犯罪参与理论的省思．法律科学，2017（3）：123；刘艳红．网络犯罪帮助行为正犯化之批判．法商研究，2016（3）：18；车浩．刑事立法的法教义学反思——基于《刑法修正案（九）》的分析．法学，2015（10）：12.

② 张明楷．论帮助信息网络犯罪活动罪．政治与法律，2016（2）：5. 此外，黎宏教授持同样的观点。参见：黎宏．论“帮助信息网络犯罪活动罪”的性质及其适用．法律适用，2017（21）：35.

狭义的量刑规则（Strafzumessungsregeln）[①] 的概念来自德国刑法，其一般是指《德国刑法典》中那些区别于加重（或减轻）构成要件的刑罚加重（或减轻）事由，按照《德国刑法典》第 12 条第 3 款的规定其不影响重罪和轻罪的划分。[②] 具体来说，《德国刑法典》分则中的量刑规则常常以笼统的“情节特别严重”（in besonders schweren Fällen）或“情节较轻”（in minder schweren Fällen）的表述出现。[③] 例如《德国刑法典》第 106 条对联邦总统和宪法机关成员的强制罪第 3 款在一般犯罪构成的基础上进一步规定，情节特别严重的，处 1 年以上 10 年以下自由刑。[④] 这种没有被进一步类型化和明确化的单纯刑罚裁量规则，理论上也被称为未具名的刑罚变更事由（unbenannte Strafänderungsgründe）。这里“情节特别严重”的具体认定，由法官根据各种事实进行整体衡量和裁决。[⑤] 而与之相对，具名的刑罚变更事由（benannte Strafänderungsgründe）则明确规定了刑罚变更的行为类型和条件，因此属于构成要件的一种变形，即加重（或减轻）的构成要件。例如，《德国刑法典》第 224 条在第 223 条伤害罪的基础上进一步规定，以下列方式之一伤害他人身体的，处 6 个月以上 10 年以下自由刑：（1）投放毒物或其他危害健康的物质；（2）使用武器或其他危险工具；（3）发动阴险的突然袭击；（4）与他人共同实施伤害行为；（5）以危害生命的手段进行。[⑥] 在这里，如果行为人符合了以上描述，则法官必须在加重（或减轻）的刑罚幅度中进行判决。[⑦]

因此，一般来说，加重（或减轻）构成要件与典型的量刑规则的区别主要表现在两个方面：一是法条表述上的类型化特征[⑧]，二是法官适用规则的义

---

① 之所以强调这里的狭义性，是因为量刑规则本身的范围有不同标准，德国一些学者认为，构成要件要素本身就是一种广义的量刑规则或者预先的量刑规则（antizipierte Strafzumessungsregeln），因为它确定了刑罚的基本幅度以及相应的刑罚上限与下限。Vgl. Eisele，Die Regelbeispielsmethode im Strafrecht，Zugleich ein Beitrag zur Lehre vom Tatbestand，2004，S. 129－130；Kindhäuser，Strafrecht Allgemeiner Teil，7. Hufl.，2015，§8，Rn. 9. 此外，具有很强构成要件特征的范例（Regelbeispiele），德国通说也仍然认为它属于量刑规则。

② 可参见法律辞典网（Rechtslexikon. net）的介绍：[2018－03－15]. http：//www. rechtslexikon. net/d/strafzumessungsregeln/strafzumessungsregeln. htm.

③ 总的来说，在德国刑法学界，这种“情节特别严重”“情节较轻”表述的体系定位存在量刑规则说、构成要件说和混合形式说，而量刑规则说是理论和判例中的主流观点。Vgl. Eisele，Die Regelbeispielsmethode im Strafrecht，Zugleich ein Beitrag zur Lehre vom Tatbestand，2004，S. 143 ff.

④ Vgl. StGB §106 Abs. 3.

⑤ Vgl. Stree/Kinzig，in Schönke/Schröder，Strafgesetzbuch Kommentar，29. Aufl. 2014，Vorbemerkungen zu den §§38 ff，Rn. 53－55.

⑥ Vgl. StGB §224 Abs. 1.

⑦ Vgl. Stree/Kinzig，in Schönke/Schröder，Strafgesetzbuch Kommentar，29. Aufl. 2014，Vorbemerkungen zu den §§38 ff，Rn. 46.

⑧ 需要注意，在德国刑法学界，类型化特征并不是这里决定性的区分标准，因为《德国刑法典》中存在不少范例（Regelbeispiele）规则，其虽然具有类型化特征，但是仍然被视为量刑规则。

务性或强制性。① 但是，按照这两个标准，我国《刑法》第 287 条之二都难以被理解为量刑规则。一方面，该条已经非常明确地描述了行为的具体构成条件，其已完全具有了一般犯罪构成要件的类型化特征。按照立法机关的原意，该条也确实是试图以新的方式解决特定网络违法行为定性和入罪的问题，而不仅仅是为了解决刑罚裁量的规则。② 何况，最高法和最高检也进一步为该条确定了“帮助信息网络犯罪活动罪”的罪名。③ 另一方面，从法律效力上来看，如果行为人的行为符合了该条款的规定，法官当然必须照此定罪处罚，而不能酌情裁量是否适用。与加重构成相区分意义上的量刑规则往往是从属于某一特定罪名的刑罚裁量规范，即某一特定类型行为中的具体情节之考量，我国《刑法》第 287 条之二则是独立的信息网络犯罪帮助行为，并不从属于某一特定罪名。

从实际表述来看，量刑规则论者是希望借此理论工具来限缩网络犯罪帮助行为的处罚范围，维护共犯从属性的基本原则。然而，虽然这种理论出发点是妥当的，但是这种对量刑规则的过度适用同样会造成很大的法不确定性，因为量刑规则毕竟不同于构成要件，法官对其完全具有灵活性、选择性的裁量适用权力。从解释论的立场来看，这种观点直接绕开立法者的原意，把一项明确新设的罪名硬生生地解释为量刑规则，在解释方法上也是不可取的。因此，量刑规则说难以成立，以我国《刑法》第 287 条之二为例，立法论上的帮助行为正犯化确实是难以反驳的事实。

（二）司法解释中的帮助行为正犯化

不少学者认为，我国的刑事司法解释中存在帮助行为正犯化的规定。然而，对于这种司法解释中帮助行为正犯化的范围，学界实际上存在很大分歧。归纳起来，对此存在着广义论、狭义论和否定论三种看法。

1. 广义论过度扩张的反思

按照广义论的观点，我国现行司法解释中的帮助行为正犯化包括三种模式：其一，名为共犯，实际上也要求共犯从属的正犯达到构成犯罪所要求的

---

① Vgl. Jescheck/Weigend, Lehrbuch des Strafrechts, Allgemeiner Teil, 5. Auflage, 1996, S. 271; Roxin, Strafrecht Allgemeiner Teil, Band I, Grundlagen der Aufbau der Verbrechenslehre, 4. Auflage, 2006, § 10 H, Rn. 134; Stree/Kinzig, in Schönke/Schröder, Strafgesetzbuch Kommentar, 29. Aufl. 2014, Vorbemerkungen zu den §§ 38 ff, Rn. 47 - 50; Baumann/Weber/Mitsch, Strafrecht Allgemeiner Teil Lehrbuch, 11. Auflage, 2003, S. 129; Wessels/Beulke, Strafrecht Allgemeiner Teil, Die Straftat und ihr Aufbau, 38. Auflage, SS. 38 - 40.

② 臧铁伟，李寿伟．中华人民共和国刑法修正案（九）：条文说明、立法理由及相关规定．北京：北京大学出版社，2016：206 - 208.

③ 参见最高法、最高检《关于执行〈中华人民共和国刑法〉确定罪名的补充规定（六）》。

罪量。其二，名为共犯，但实际上不需要正犯达到其本身罪量。其三，直接视为独立实行行为，不要求正犯达到其本身罪量。按照这种理解，即使是那些明确规定了"以某罪共犯论处"或"属于某罪共同犯罪"的司法解释，仍然属于帮助行为正犯化的范畴。例如，2005 年"两高"《关于办理赌博刑事案件具体应用法律若干问题的解释》（以下简称《赌博解释》）第 4 条，2010 年"两高一部"《关于办理网络赌博犯罪案件适用法律若干问题的意见》第二部分第 1 款，2010 年"两高"《关于办理利用互联网、移动通讯终端、声讯台制作、复制、出版、贩卖、传播淫秽电子信息刑事案件具体应用法律若干问题的解释（二）》［以下简称《淫秽电子信息解释（二）》］第 7 条，2011 年"两高"《关于办理诈骗刑事案件具体应用法律若干问题的解释》第 7 条，2011 年"两高"《关于办理危害计算机信息系统安全刑事案件应用法律若干问题的解释》（以下简称《危害计算机解释》）第 9 条，2013 年"两高"《关于办理利用信息网络实施诽谤等刑事案件适用法律若干问题的解释》第 8 条等，都属于帮助行为正犯化。①

支撑这种观点极为宽泛地理解帮助行为正犯化的理由主要有以下两个方面：其一，一些司法解释采取了"明知是某犯罪，而为其提供帮助，以某犯罪共犯论处"的表述模式，这种观点的支持者径直将这种表述理解为承认了片面共犯，因而无须双向意思联络，进而得出共犯具有主观独立性的结论。②其二，一些司法解释为帮助行为规定了具体的罪量要素，这种观点据此认为帮助行为取得了独立的定量标准，而不再受制于正犯的罪量要求，即所谓的客观上的共犯行为独立性。而且，这种观点与最高人民法院法官组织编写的司法解释解读相契合。③

然而，这种广义论的观点看起来似乎有理有据，实际上则潜藏着很大的问题。

（1）主观独立性

本书认为，上述观点对片面共犯和共犯主观独立性的解读并不妥当。在此以《赌博解释》第 4 条的规定为例加以说明。该条规定：明知他人实施赌博犯罪活动，而为其提供资金、计算机网络、通讯、费用结算等直接帮助的，以赌博罪的共犯论处。

---

① 于志刚．共犯行为正犯化的立法探索与理论梳理．法律科学，2017（3）：86 以下；郭旨龙．网络犯罪共犯行为的正犯化与定量评价．科技与法律，2014（6）：1027 以下．

② 于志刚．共犯行为正犯化的立法探索与理论梳理．法律科学，2017（3）：86．类似理解也可参见：车浩．刑事立法的法教义学反思——基于《刑法修正案（九）》的分析．法学，2015（10）：13；于冲．网络犯罪帮助行为正犯化的规范解读与理论省思．中国刑事法杂志，2017（1）：82．

③ 李少平．解读最高人民法院司法解释、指导案例（刑事卷）．北京：人民法院出版社，2016：597．

首先，从解释方法论和语义逻辑上看，都不能推导出这一表述就是对片面共犯的肯定。对帮助犯“明知”的强调，并不能从逻辑上必然得出，正犯一方的犯意联络就不再必要。“以赌博罪的共犯论处”这一表述也并不意味着，“明知他人实施赌博”和“为其提供资金、计算机网络、通讯、费用结算等直接帮助”就是帮助者构成共犯的全部条件。在这里，《赌博解释》第 4 条并没有规定，“只要单方明知他人实施赌博活动而为其提供帮助的，就以赌博罪的共犯论处”。是否在理论上承认片面共犯是另外一个层次的问题，但是从解释论上来看，该条规定并没有特别表达出对片面共犯的肯定。因此，不能对这一条文做绝对化的拟制解释。

其次，更重要的一点在于，论者在此处混淆了片面共犯和帮助行为正犯化的概念。因为，即使承认片面共犯，理论上来看它也属于共犯的范畴。片面共犯只是相对放宽共犯认定中正犯一侧主观方面的要求，帮助犯对正犯的从属性并没有任何改变，允许单向的帮助并不代表共犯的所谓独立趋势，此时从帮助犯向正犯的转变也无从谈起。显然，上述观点是将犯意联络的双向性与帮助犯对正犯的从属性混淆起来，进而认为对片面共犯的认可就是帮助行为正犯化的表现和依据。

最后，即使单纯从字面含义来考察，《赌博解释》第 4 条最终的落脚点也是“以赌博罪的共犯论处”。也就是说，在这里这种帮助行为的共犯性质（而不是正犯性质）还是明确地被强调了，这与刑事立法中明确予以帮助行为正犯化的犯罪表述存在明显不同。例如，我国《刑法》第 287 条之二帮助信息网络犯罪活动罪简化后的语义结构是：明知他人利用信息网络犯罪，为其提供技术支持或其他帮助，情节严重的，处 3 年以下有期徒刑或者拘役，并处或单处罚金。该条款已经明确抛弃了“以某罪共犯论处”的表述，并辅之以独立的刑罚幅度，与《赌博解释》第 4 条中仍然保留“以赌博罪共犯论处”的做法是截然不同的。因此，《赌博解释》第 4 条不能体现帮助行为正犯化，它只是对常见多发赌博帮助行为类型的提示性规定。

（2）客观独立性

从司法解释为帮助行为设置具体的罪量要素，也不能推导出所谓的客观上的共犯行为独立性。

首先，从司法解释的权限上来看，根本就不存在所谓帮助行为正犯化的空间。按照全国人大常委会《关于加强法律解释工作的决议》的规定，最高人民法院解释法院审判工作中具体应用法律、法令的问题，最高人民检察院解释属于检察院检察工作中具体应用法律、法令的问题，而关于法律条文本身需要进一步明确界限或补充规定的，则需进行立法解释或立法规定。如果将上述司法解释中为帮助犯独立规定罪量的条款理解为所谓帮助行为正犯化，那实际上就等于主张最高法和最高检直接创造新法。可见，这种理解的合法性基础是非常成问题的。

其次，即使不考虑立法权限，这种理解的实质内涵和内部逻辑也经不起推敲。这种帮助行为正犯化的观点，其核心论点其实是想借此解决司法实践中存在的共犯罪量要素从属性难题。① 按照这种观点的理解，在一些帮助犯与正犯呈现“一对多”关系的共同犯罪中，往往正犯达不到罪量要求，而基于共犯从属性原则那些实际具有很大法益侵害性的帮助犯因此得不到处罚。② 但是，将司法解释特别为共犯规定的罪量理解成为帮助行为正犯化，其后果不仅是完全抛弃共犯从属性原则，破坏共犯的基本原理，而且实际上会使很多并没有太大法益侵害性的行为通通入罪。

其一，尽管上述“一对多”的共犯处罚难题确实存在，但是妥当的解决方案仍然应当是立足于共犯的基本原理加以反思，只要经过合理的理论阐述，上述问题在从属性原则的基本框架中并非不能解决。相反，以此为由完全背离共犯从属性基本原理，不仅在正当性和合法性上没有根据，而且会使共犯的处罚脱离刑法构成要件束缚，处罚范围无边无际。在上述涉及所谓“帮助行为正犯化”的司法解释中，帮助行为往往具有业务性的特征，故其行为方式和类型完全不同于正犯（如提供互联网技术服务、支付结算服务和广告投放服务等），再加之特别规定的罪量要素，如果将这些条文理解为帮助行为正犯化，进而否认其与刑法中构成要件的从属性关联，事实上无异于承认一种“刑法之外的刑法”。

其二，上述司法解释中为共犯特别规定的罪量并不仅限于所谓的“一对多”模式。例如，《危害计算机解释》第 9 条第 1 款第 2 项中规定：明知他人实施《刑法》第 285 条、第 286 条规定的行为，为其提供互联网接入、服务器托管、网络存储空间、通讯传输通道、费用结算、交易服务、广告服务、技术培训、技术支持等帮助，违法所得 5 000 元以上的，应当认定为共同犯罪，依照《刑法》第 285 条、第 286 条规定处罚。在这一规定中，共犯完全可能对应单一的正犯。而问题在于，如果正犯根本没有达到刑法规定的罪量标准，例如虽然存在对计算机信息系统进行修改、干扰的正犯行为（破坏计算机信息系统罪），但是其并没有造成计算机信息系统不能正常运行和严重的后果，那么此时即使共犯违法所得 5 000 元以上，也并不存在真正值得处罚的

---

① 在这里，主要解决的应当是基于从属性原则而产生的入罪问题。至于共犯有时具有比正犯更大的社会危害性（或法益侵害性），则完全不是所谓共犯正犯化的正当理由。因为，我国刑法中规定了主犯、从犯和胁从犯这一作用分类法，在上述情形中，帮助犯完全可以成为主犯在量刑中予以从重处罚，而无须所谓的帮助行为正犯化。对此下文将进一步详述。

② 于志刚．共犯行为正犯化的立法探索与理论梳理．法律科学，2017（3）：84.

行为，因为此时法益的被侵害程度尚未达到需要动用刑法来保护的地步。类似于这一规定的条文还有不少，如果通通都将其理解为所谓帮助行为正犯化，那么刑法处罚边界之宽是不可想象的。要知道，所谓的“一对多”模式虽然并不罕见，但是其并不是网络共同犯罪的全部形式。以此种特殊情形作为基本模型，将所谓的帮助行为正犯化理念推广到司法解释中所有包含帮助犯罪量要素的条款是非常危险的。

其三，即使是在应对上述“一对多”行为结构的处罚难题时，基本立足点仍然应当是在正犯一侧。因为，法益保护的基本连接点仍然在于刑法明文规定的构成要件。在“一对多”行为模式中，之所以共犯的应罚性应当认可，原因恰恰在于多个正犯所侵犯的法益总和较大。因此，共犯的可罚性基础根本上还是来自正犯一端。这一逻辑决定了不能罔顾正犯本身的法益侵害大小，而单单强调共犯本身的量化要件。如果正犯一侧本身就没有或仅有很小的法益侵害，共犯一侧的量化要件再大也并不会造成真正值得动用刑法来处罚的法益侵害。

其四，按照上述“帮助行为正犯化”论者的逻辑进行推导，还有一个问题需要进一步回答。如果正犯已经达到了刑法中的罪量标准，而共犯却没有达到司法解释中规定的共犯罪量标准，该如何处理呢？这事实上涉及司法解释中共犯罪量要素的性质与定位。例如，《淫秽电子信息解释（二）》第 7 条第 1 款第 2 项规定，明知是淫秽网站，以牟利为目的，向其投放广告 20 条以上的，以制作、复制、出版、贩卖、传播淫秽物品牟利罪的共同犯罪处罚。假设正犯已经达到了该罪的罪量入罪标准并构成传播淫秽物品牟利罪，而共犯只是零星地投放了一两条广告，作为共犯的广告投放者是否需要定罪处罚呢？如果对其用刑罚规制是否会造成处罚面太宽的问题？按照帮助行为正犯化论者的逻辑，共犯罪量要素是共犯独立性的标志，据此反向推导则可认为，如果在正犯本来就可以达到其罪量标准的情况下，那么这里的共犯罪量要素似乎就没有意义了。如此一来，以上广告投放者也应定罪处罚。① 但是这样的理解与《淫秽电子信息解释（二）》第 7 条第 1 款第 2 项的字面含义存在明显抵牾。在笔者看来，司法解释中这些为共犯制定罪量要素的规定，一方面是想对共犯中罪量从属性难题的应对提供启发性和提示性的标准和方案，另一方面则是出于刑法谦抑性原则的考虑，通过罪量要素的形式设定共犯的可罚性门槛，限缩共犯处罚范围。事实上，并非所有为正犯提供了帮助的行为不管其实际影响多大都一律值得动用刑罚来处理，只有帮助行为的实质违法性达到了较大的程度才符合宪法所要求的比例性原则以及刑法的最后手段性特

① 于志刚．网络犯罪与中国刑法应对．中国社会科学，2010（3）：125.

征，其逻辑与对正犯设置罪量标准的考量是一致的。因此，按照这种理解，上述广告投放者的行为尚不需要在刑法领域按照共同犯罪来处罚。由此也可以看出，上述论者将这些司法解释中含有共犯罪量的规制理解为共犯正犯化的依据是牵强的。换言之，司法解释中共犯的罪量规定，并不意味着对正犯罪量要求的否定，更不代表共犯开始独立于原本的正犯而形成新的正犯。

2. 狭义论与否定论的思辨

按照狭义论的观点，我国现行司法解释中对实际共犯行为规定"以某犯罪定罪处罚"的条款即为帮助行为正犯化的体现。对此，2010 年"两高"《淫秽电子信息解释（二）》第 3～6 条被视为典型的表现。① 虽然这一观点并不赞同这种司法解释的规定模式，但还是基于体系性解释的立场承认了这 4 个条款确实属于帮助行为正犯化，原因在于该司法解释第 7 条明确不同地规定了"以制作、复制、出版、贩卖、传播淫秽物品牟利罪的共同犯罪处罚"②。与此类似的另外一种体系化解释思路，则通过对比 2004 年"两高"《淫秽电子信息解释（一）》第 7 条与《淫秽电子信息解释（二）》第 6 条的明确差异来加以论证。③

但是，持否定论的学者基于同样的规定，作出了完全相反的解释。例如，陈兴良教授认为，《淫秽电子信息解释（一）》第 7 条与《淫秽电子信息解释（二）》第 6 条的差异不能被理解为所谓的共犯正犯化。此外，陈兴良教授还指出，《淫秽电子信息解释（二）》第 4 条本来就是关于不作为正犯的规定，不应将这种不作为的正犯理解为共犯，然后通过解释再实现所谓的共犯正犯化。④

本书赞同否定论的观点，因为将《淫秽电子信息解释（二）》第 3～6 条视为帮助行为正犯化的依据并不妥当。

首先，《淫秽电子信息解释（二）》第 3 条实际上主要反映的是预备行为实行化的特征。该条规定：利用互联网建立主要用于传播淫秽电子信息的群组，成员达到 30 人以上或造成严重后果的，对建立者、管理者和主要传播者，以传播淫秽物品罪定罪处罚。在这里，"利用互联网建立用于传播淫秽电子信息群组"显然是传播淫秽物品的预备行为，而不是帮助行为。当然，预备行为在实践中也可能表现为帮助行为，因此二者在内涵上具有一定关联性，

---

① 阎二鹏．共犯行为正犯化及其反思．国家检察官学院学报，2013（3）：108.

② 阎二鹏．共犯行为正犯化及其反思．国家检察官学院学报，2013（3）：108；阎二鹏．犯罪的网络异化现象评析及其刑法应对路径．法治研究，2015（3）：52.

③ 于志刚．传统犯罪的网络异化研究．北京：中国检察出版社，2010：369.

④ 陈兴良．快播案一审判决的刑法教义学评判．中外法学，2017（1）：22，27. 此外，该解释第 5 条与第 4 条在表述结构上非常类似，因此同样可以适用这一逻辑。

但是，这一规定的基本着眼点显然还是预备行为，这也正是《刑法》第 287 条之一非法利用信息网络罪普遍被视为预备行为正犯化的原因。[①]

其次，《淫秽电子信息解释（二）》第 4 条和第 5 条并不属于帮助行为正犯化的示例。例如，该解释第 5 条规定，网站建立者、直接负责的管理者明知他人制作、复制、出版、贩卖、传播的是淫秽电子信息，允许或放任他人在自己所有、管理的网站或网页上发布，达到一定罪量标准，以传播淫秽物品罪定罪处罚。网站建立者或管理者对于其运营的网站具有实际的支配控制，如果其明知相关内容为淫秽电子信息仍然允许或放任其发布，理论上就已经基于危险源监督义务而构成了不作为的正犯。[②] 换言之，即使没有该条司法解释，按照刑法不作为犯罪的一般原理，正犯的可罚性同样可以成立。因而，该条司法解释实际上仅仅是对这种不作为正犯性的一种提示性规定，而不应被解读为帮助行为正犯化。

最后，真正可能接近所谓帮助行为正犯化的是《淫秽电子信息解释（二）》第 6 条的规定。该条不仅描述的行为类型是较为常见的帮助行为，而且采用了"以某犯罪定罪处罚"的表述。其后，该条规定的行为也大体上被立法者转化为独立的刑法分则罪名，即帮助信息网络犯罪活动罪。尽管如此，本书还是倾向于将该条款解释为一种共犯提示性规定，理由如下：

其一，如前所述，将实际上的帮助犯一般性地提升为正犯是创设新法的行为，属于立法者的权责范围，由最高法和最高检来进行将会造成司法权对立法权的僭越。[③]

其二，以体系性解释为依据来论证该条属于帮助行为正犯化也站不住脚。首先，我国不同阶段的刑事司法解释纷繁复杂，对类似关联问题的规定本身就可能缺乏通盘考虑。因此，试图从体系性考虑的角度去推断解释者的意图，不免过于理想化。其次，《淫秽电子信息解释（二）》第 7 条规定的是通过投放广告等方式向淫秽网站提供资金或提供费用结算服务，其行为类型属于纯粹的商业活动，它与淫秽信息本身不存在直接的关联，因此也很难想象其可以构成传播淫秽物品的实行行为。所以，该条特别规定"以共同犯罪论处"也是情理之中。但是，《淫秽电子信息解释（二）》第 6 条所规定的提供互联网技术支持的行为则与此不同。例如，其中提供存储空间的行为，与淫秽信

---

① 梁根林．传统犯罪网络化：归责障碍、刑法应对与教义限缩．法学，2017（2）：8；车浩．刑事立法的法教义学反思——基于《刑法修正案（九）》的分析．法学，2015（10）：11.

② 参见本书第 170 页以下。

③ 阎二鹏．共犯行为正犯化及其反思．国家检察官学院学报，2013（3）：109；阎二鹏．犯罪的网络异化现象评析及其刑法应对路径．法治研究，2015（3）：52；刘仁文，杨学文．帮助行为正犯化的网络语境——兼及对犯罪参与理论的省思．法律科学，2017（5）：125.

息发生直接关联，在特定条件下也不排除构成正犯的可能性。因此，该条规定中“以传播淫秽物品牟利罪定罪处罚”这一表述实际上只是一种概括性规定，理论上既可能包含正犯也可能包含共犯，并不是特别地将共犯拟制成正犯处理。即使仅仅从字面含义来理解，“以某犯罪定罪处罚”在语义上也不能与“以某犯罪的正犯定罪处罚”完全等同。在这里，“以某犯罪定罪处罚”的表述宜理解为一种罪名提示的注意性规定，而不是“以某犯罪的正犯定罪处罚”的拟制性规定。

其三，将该条款理解为帮助行为正犯化，看似有助于解决从属性原则所带来的共犯认定难题，但是实际上将造成新的理论分歧，引发司法实践中的不确定性风险。如前所述，如果将该条规定理解为“帮助行为正犯化”，那么当实际的帮助犯没有达到司法解释所规定的罪量标准，但是正犯又满足其罪量要求时，如何处置帮助者的刑事责任就成为问题。帮助行为正犯化论者认为，此时应当将帮助者作为共犯按照共同犯罪的原理来处理，并且批判性地认为，造成这种司法困境的原因在于司法解释同时赋予帮助行为两种性质，一个是共同犯罪中的帮助行为，另一个是单独犯罪中的实行行为，这种“一个行为双重性质”的解释方法必然会导致定罪上“一个行为两次判断”，因而必然会在个案中产生罪与非罪认定上的冲突和矛盾。① 然而，前文的论述已经表明，问题的症结并不在于司法解释关于共犯罪量的规定，而是在于上述论者将这种共犯罪量规定视为帮助行为正犯化的依据，从而导致对帮助行为的认定在正犯与帮助犯的定性上来回摇摆，产生了逻辑上的混乱。

综上所述，《刑法》第 287 条之二帮助信息网络犯罪活动罪确实是立法上帮助行为正犯化的典型代表，无法套用量刑规则理论来加以解释。但是，司法解释中的帮助行为正犯化条款实际上是过度扩张解读的结果，不仅没有合法性依据，进而导致处罚范围的过度扩张，而且会造成共犯基本原理的混乱，对此应当审慎看待。

二、帮助行为正犯化的理论基础

尽管网络语境中帮助行为正犯化的理念在《刑法》第 287 条帮助信息网络犯罪活动罪中得到了践行，但是学界对这种理念的正当性仍然存在相当多的争议，本书在此予以梳理并给出自己的见解。

---

① 于志刚．网络犯罪与中国刑法应对．中国社会科学，2010（3）：125；阎二鹏．共犯行为正犯化及其反思．国家检察官学院学报，2013（3）：109.

（一）中立帮助行为犯罪化

在学界对帮助行为正犯化持批判立场的学者中，一种较为典型的意见认为，我国《刑法》第 287 条之二帮助信息网络犯罪活动罪不当地将不可罚的中立帮助行为犯罪化了。按照这种观点，从客观方面来看，诸如互联网接入、服务器托管、网络存储等技术，以及广告推广、支付结算等服务，都是中立无害的，并不带有任何危害社会的性质。将这类中立帮助行为入罪，可能会与社会存续进步产生紧张关系。① 从主观方面来看，未必的故意和确知的故意都可以被涵盖在中立帮助行为之内②，因此《刑法》第 287 条之二实际上是将典型的不可罚中立帮助行为犯罪化。③ 也就是说，按照这种观点，由于缺乏对中立帮助行为理论的充分考量，以帮助信息网络犯罪活动罪为代表的帮助行为正犯化并没有充分的正当性根据。

然而，本书难以认同这种观点。其一，以上观点倾向于完全从客观方面来认定中立帮助行为的边界④，即使帮助者对他人犯罪行为存在明确认知也并不影响，而这种理解是不妥当的。从客观方面界定中立帮助行为的边界固然重要，但是纯粹的客观说仍然难以具有充分的解释力，因为，如果行为人明确知道正犯实施犯罪行为而仍然给予实质性的帮助，促进其实现犯罪目标，此时其行为的中立性已经严重地被动摇了。如罗克辛教授所言，如果帮助者明确地意识到了正犯的犯罪计划，那么此时其行为就丧失了中性日常交易特征，而具有了法益攻击性。⑤ 反观我国《刑法》中的帮助信息网络犯罪活动罪，其构成要件已经明确限定，帮助者须对他人利用信息网络实施犯罪具有明知并且仍然提供实质性的技术支持和其他帮助行为才可构成犯罪。

其二，从法理逻辑上来说，帮助行为正犯化与中立帮助行为的出罪并不矛盾。因为，帮助行为正犯化的立法只是将那些可罚的帮助行为提升为正犯，没有一并将真正的中立的帮助行为入罪。在没有帮助行为正犯化立法的时候，帮助犯的处罚同样有总则共犯的条文作为依据，而此时人们仍然可以在理论与实践中将中立的帮助行为排除出罪。同理，在刑法分则将帮助行为予以正

---

① 车浩．刑事立法的法教义学反思——基于《刑法修正案（九）》的分析．法学，2015（10）：12－13.

② 类似的立场，参见：车浩．谁应为互联网时代的中立行为买单？．中国法律评论，2015（3）：49.

③ 刘艳红．网络犯罪帮助行为正犯化之批判．法商研究，2016（3）：18－19.

④ 除此之外，陈洪兵教授也持纯粹的客观说。陈洪兵．论中立帮助行为的处罚边界．中国法学，2017（1）：193.

⑤ Vgl. Roxin, Strafrecht Allgemeiner Teil, Band II, Besondere Erscheinungsformen der Straftat, 2003, § 26 III, Rn. 228.

犯化的时候，同样不妨碍将中立帮助行为予以出罪。当然，与此相关联的问题在于，不能对中立帮助行为正犯化的立法做纯粹形式化解释。

其三，以上论者并没有充分注意到帮助信息网络犯罪活动罪中业务行为的特殊性质。事实上，网络服务提供者在网络空间中扮演的绝不是完全中立的角色，不宜将其服务提供行为一概贴上“中性”或“技术中立”的标签。例如，按照德国的通说，当存储服务提供者对其存储内容的违法性具有明确认知时，则其应当对该内容及时予以删除或封锁通道。① 这表明，不同于纯粹的中立帮助者，特定类型的网络服务提供者在特定条件下，扮演着自由市场主体和监督主体的双重形象。②

综上所述，不论是从中立帮助行为本身边界认定的角度，还是从帮助信息网络犯罪活动罪中行为类型的特殊性出发，中立帮助行为理论都不构成真正质疑帮助行为正犯化的可靠依据。更准确地说，该罪主要体现的是可罚帮助行为的正犯化，而不是不可罚中立帮助行为的正犯化。

（二）罪刑均衡的考量

不论是反对抑或支持帮助行为正犯化的学者，罪刑均衡的考量都是重要的理论依据。反对派的学者认为，帮助行为属于从行为，实行行为是主行为，帮助行为的社会危害性小于实行行为，因此帮助行为正犯化违背了罪刑均衡原则。③ 而肯定论者则认为，网络空间中的帮助行为常常以“一对多”的形式存在，与现实空间中的传统共犯不同，其社会危害性远远大于正犯，网络帮助行为的独立性已经常态性地突破了对正犯的从属地位，传统共犯理论无法对其进行有效制裁，因而需要独立地加以正犯化。④ 然而，以上从罪刑均衡的立场论证帮助行为正犯化的观点经不起仔细推敲。

第一，由于帮助犯并没有直接实施构成要件，因此其类型性不法程度确实要低于正犯。⑤ 然而，这种结论仅仅存在于一种一般抽象化的状态中。在司法实践中，各个犯罪参与人的具体情况各不相同，完全可能存在某些帮助犯的实际不法程度高于正犯的现象。也就是说，在司法实践中特定犯罪参与人

---

① Vgl. *Sieber*, Teil 19.1 Allgemeine Probleme des Internetstrafrechts, in *Hoeren/Sieber/Holznagel* (Hrsg.), Multimedia-Recht, 2014, Rn. 61; *Hilgendorf/Valerius*, Computer-und Internetstrafrecht, 2012, Rn. 206 ff; *Malek/Popp*, Strafsachen im Internet, 2. Aufl., 2015, Rn. 86.

② 参见本书第 157 页以下。

③ 陈毅坚，孟莉莉．“共犯正犯化”立法模式正当性评析．中山大学法律评论，2010（2）：299.

④ 于志刚．网络犯罪与中国刑法应对．中国社会科学，2010（3）：125；于志刚．共犯行为正犯化的立法探索与理论梳理．法律科学，2017（3）：84.

⑤ 王华伟．从分立走向融合——犯罪参与模式之比较研究．法学论坛，2017（6）：24.

的具体不法程度取决于案件中各种条件的综合影响，与犯罪参与类型本身并没有必然联系。将犯罪行为实际的社会危害性大小、刑罚处罚力度以及犯罪参与类型混为一谈在方法论上本身就存在问题。

第二，与德国和日本的刑法典不同，我国《刑法》采纳的是一种双层区分制的共犯模式[①]，即同时存在分工分类和作用分类两套标准。在这种模式下，帮助犯实际不法程度比正犯更高的问题完全可以在作用分类标准中得到解决。那些不法程度较高的共犯，完全可能作为主犯处以较重的刑罚。所以，这种所谓的罪刑均衡考量并不是引入帮助行为正犯化模式的充分理由。[②]

第三，作为帮助行为正犯化典型条文的帮助信息网络犯罪活动罪，最高刑罚幅度仅仅是 3 年以下有期徒刑或者拘役，并处或单处罚金。即使按照我国刑法的共犯规则将帮助犯作为从犯处罚，其最终被判处的刑罚也很可能远高于帮助信息网络犯罪活动罪。也就是说，按照新设的帮助行为正犯化罪名，实际帮助犯的处罚反而更低，因此所谓的实现罪刑均衡也就无从说起。

（三）积极的一般预防

在理论上也有学者认为，由德国学者雅科布斯提倡的积极的一般预防是帮助行为正犯化的理由。这种观点认为，共犯的正犯化是出于对严重犯罪的积极预防目的，才将帮助犯罪加以类型化。[③] 然而，这种理解也是不准确的。在德国刑法中，所谓的积极一般预防（positive Generalprävention）是相对于消极的一般预防（negative Generalprävention）而言的。与消极一般预防将刑罚作为一种威慑手段不同，积极的一般预防将刑罚定位于强化大众的法忠诚和信任。也就是说，刑法的目的是保障民众对互相维持行为规范的期待。[④] 按照消极一般预防的观念，在强化规范效力的意义上，对罪犯的处罚使民众看到犯罪行为并不值当，而忠于法律的行为是值得的。[⑤] 由此可见，积极一般预防的核心含义是强调刑法在整个社会语境中的规范属性，重视刑法对人们行为和观念的规范指引作用。我们的社会之所以能够运转，是因为人类作为一个“想象共同体”联结在了一起，法律体系也同样如此。[⑥] 人类如果想要在社会交往中形成一个稳定的世界，那么就必须维持这种尊重规范的期待。[⑦]

---

① 钱叶六．双层区分制下正犯与共犯的区分．法学研究，2012（1）：127.

② 阎二鹏．共犯行为正犯化及其反思．国家检察官学院学报，2013（3）：109.

③ 陈毅坚，孟莉莉．“共犯正犯化”立法模式正当性评析．中山大学法律评论，2010（2）：307.

④ Vgl. Kindhäuser，Strafrecht Allgemeiner Teil，7. Aufl.，2015，§2，Rn. 14.

⑤ Vgl. Rengier，Strafrecht Allgemeiner Teil，9. Aufl.，2017，§3，Rn. 16.

⑥ Vgl. Yuval Noah Harari，Eine kurze Geschichte der Menschheit，2015，S. 41.

⑦ Vgl. Jakobs，Strafrecht Allgemeiner Teil，2. Aufl.，1993，1. Abschn，Rn. 6 ff.

但是，这种积极一般预防的理念与帮助行为正犯化并没有特别的联系。积极的一般预防体现的是对刑法和刑罚目的一般性、整体性的思考，而帮助行为正犯化仅仅是刑事立法中的一种局部现象。在这里，论者似乎是误读了刑罚积极一般预防目的中“积极”这一要素。可以看出，论者将这里的“积极”一词理解为刑法对严重犯罪采取更主动、扩张的方式加以应对。然而，事实上积极一般预防说中的“积极”一词主要是为了与消极一般预防区别开来，其强调的仅仅是对国民行为的积极指引以及规范效力的强化，并没有扩张、前置犯罪范围的意涵。

（四）严而不厉的理论定位

许多年前，储槐植教授即提出了严而不厉的刑法理念①，本书认为，这一刑法思想可以用来较好地解释和论证以《刑法》第 287 条之二为代表的帮助行为正犯化。

1. 严密刑事法网

随着信息社会的纵深发展，网络空间中部分共同犯罪的处罚确实出现了困难，而帮助行为正犯化是对网络时代严密刑事法网这一立法需求的积极回应。

首先，在网络空间里，查明、侦办所有犯罪参与人的工作越来越困难。一方面，借助于互联网技术的使用，网络世界里的共同犯罪极大地突破了地域空间的限制。在现实世界中，多数的共同犯罪仍然发生在一定范围的地域空间里，侦查和确认各个犯罪参与人相对容易。但是，网络犯罪的参加人常常分布在全国各地乃至世界各地，这种地域范围的极大拓展给实践中的侦查办案带来了很大困难。例如，司法实务中常见多发的电信诈骗犯就常常选择在国外作案。此时，网络共同犯罪的处理就常常涉及国际或者区际刑事司法协助的问题，面临不少的实际办案障碍。另一方面，由于网络具有高度的匿名性特征，部分犯罪参与人，尤其是利用互联网信息服务实施犯罪的正犯，在作案后销声匿迹的情况屡见不鲜。共犯对正犯具有从属性，如果在司法实践中正犯无法到案，那么正犯的违法性就难以得到查证，尤其是无法得到刑事程序法上的核查与确认，因此共犯的定罪处罚也存在很大困难。而通过帮助行为正犯化的立法，实际的帮助行为拥有了独立的构成要件，因此其对实际正犯的从属性在很大程度上被弱化了②，其定罪处罚也不再必然受制于实际正犯的侦办，可以有效地降低实践中网络犯罪帮助行为的定罪处罚难度。

---

① 储槐植．严而不厉：为刑法修订设计政策思想．北京大学学报（哲学社会科学版），1989（6）：99.

② 需要指出的是，帮助行为对实际的正犯仍然具有部分的事实从属性，对此下文加以详述。

其次，在网络共同犯罪中，犯罪参与人之间明确、双向的犯意联络越发难以认定。其一，网络共同犯罪中行为主体之间的犯意联络呈现了弱化的趋势。在一些网络服务提供者那里，可能涉及的犯罪行为在外表上看来就是一种业务提供行为，而且网络服务提供者往往同时面向互联网上无数个匿名的服务接受用户，因此其常常不存在明确的犯意外在表露，行为人之间的主观犯意联络也很可能因为行为的业务性因素而弱化乃至难以证明。其二，由于网络犯罪朝着产业化的方向发展，犯罪主体之间的协作配合不再依赖于物理意义上的联络，而是在灰黑产业的分工结构中“心有灵犀”“各司其职”，共同维持网络灰黑产业链的无缝连接与持续运营。在这种黑灰产业的利益链中，“上游”违法行为与“下游”犯罪之间的合作建立在一种产业化的结构性关联之上，在很多时候具体犯罪参与人之间的意思联络可能因此被取代或者难以达到严格的刑法认定标准。① 其三，由于网络空间中的联络更加灵活和容易，出现单向意思联络的机会大大增加。例如，搜索引擎和第三方平台为一些意图实施犯罪的人提供了客观上的帮助，但搜索引擎和第三方平台与犯罪人之间很难说具有明确的共同犯罪故意。② 再如，在网络空间中，违法内容的链接设置者往往并不与违法内容的提供者产生犯意联络，而是单方地通过设置链接的方式促进相关违法内容的传播。③

当然，出于不同的论证理由和依据，我国刑法学界不乏对片面共犯的支持者。④ 但是，我国《刑法》第 25 条明确规定了共同犯罪是指两人以上共同故意犯罪，这还是给片面共犯的论证带来了解释论上的难题，因此在学界也存在相当多的反对性意见。⑤ 尤其是在司法实务中，能否处罚片面共犯更是存在巨大的争议。面对这种局面，立法者实际上通过帮助行为正犯化的立法对此予以了明确回应。这不仅可以化解理论上和实务中对片面帮助行为的纷争以及由此产生的不确定性，同时也为应对网络共同犯罪中犯意联络难以认定的问题提供了解决方案。按照《刑法》第 287 条之二的规定，明知他人利用信息网络实施犯罪，而为其提供互联网接入、服务器托管、网络存储、通讯

---

① 臧铁伟，李寿伟．中华人民共和国刑法修正案（九）：条文说明、立法理由及相关规定．北京：北京大学出版社，2016：207.

② 米铁男．共犯理论在计算机网络犯罪中的困境及其解决方案．暨南学报（哲学社会科学版），2013（10）：54.

③ 杨彩霞．搜索引擎深度链接行为的刑法规制——实然和应然层面的双重思考．东北大学学报（社会科学版），2017（3）：296.

④ 张明楷．刑法学．5 版．北京：法律出版社，2016：435－436；陈兴良．论我国刑法中的片面共犯．法学研究，1985（1）：50；李强．片面共犯肯定论的语义解释根据．法律科学，2016（2）：56.

⑤ 钱毅．我国刑法中不存在片面共犯．中南政法学院学报，1990（4）：79；王志远．我国现行共犯制度下片面共犯理论的尴尬及其反思．法学评论，2006（6）：43.

传输等技术支持，或提供广告推广、支付结算等帮助，情节严重的即可定罪处罚。由于该条规定将事实的帮助行为在刑法分则构成要件中予以正犯化处理，所以其犯罪构成只需单方的“明知”即可，而不再需要双方的明确意思联络。

总的来看，随着共同犯罪在网络空间中的不断蜕变乃至异化，按照原有的刑法框架和共犯理论模型，确实可能存在部分已经达到刑事应罚性标准的帮助行为难以被刑法所规制的情形。而从刑事政策的角度来看，这类行为如果得不到有效规制，便会不断地支持和促进相关犯罪正犯行为的实施，乃至持续性地维持相关网络违法犯罪产业链的运转，引发网络犯罪的不断蔓延与恶化。基于严密刑事法网的考量，以帮助行为正犯化的模式消除相关理论争议带来的司法不确定性风险，填补网络共同犯罪中的刑罚处罚漏洞，便是《刑法》第 287 条之二帮助信息网络犯罪活动罪的基本出发点和正当性根据之所在。

2. 刑罚相对宽缓

本着严而不厉的基本刑法思想，网络语境中帮助行为正犯化的立法在适度扩张犯罪圈的同时也不宜规定过于严厉的刑罚。目前我国《刑法》第 287 条之二帮助信息网络犯罪活动罪可以说基本契合了这一理念，因为其仅规定了较低的刑罚幅度，即 3 年以下有期徒刑或者拘役，并处或者单处罚金。此外，按照该条规定，如果行为同时构成其他犯罪，也须依照处罚较重的规定定罪处罚。这种轻缓的刑罚配置充分表明，立法者并不是想通过该罪的设置来加重处罚那些网络犯罪的帮助行为，也并不是希望借此解决所谓的帮助犯与正犯之间“罪刑均衡”的问题。

然而，理论上有学者认为，为了实现罚当其罪，应当增设“情节特别严重的，处 3 年以上 7 年以下有期徒刑，并处罚金”这一量刑幅度。① 而本书认为，作为帮助行为正犯化代表的帮助信息网络犯罪活动罪无须再次在立法上提升其刑罚幅度。其一，该罪的基本立法定位主要是填补原有刑法分则犯罪构成要件和传统共犯原理在司法实务中所形成的处罚漏洞，而并不是要对网络犯罪的帮助行为予以“严打”。其二，该罪构成要件描述的仍然是事实上的辅助性行为，一般来说其行为不法程度和刑事应罚性本身就明显低于实际的正犯行为。而由于本罪涵盖的帮助对象广泛，为了避免实质帮助犯与实质正犯罪刑的失衡，对本罪规定较低的刑罚幅度也是比较现实的做法。例如，从实践经验来看，不法网络用户常常滥用网络服务提供者所提供的信息服务来

---

① 于志刚．共犯行为正犯化的立法探索与理论梳理——以“帮助信息网络犯罪活动罪”立法定位为角度的分析．法律科学，2017（3）：92.

传播侮辱、诽谤或淫秽信息，而与之相应的侮辱罪、诽谤罪和传播淫秽物品罪都是处罚较轻的犯罪。如果本罪设置的刑罚幅度高于上述这些犯罪，将会出现一种实质帮助犯比实质正犯一般性、类型性处罚更重的错位现象。

由此可见，严而不厉的刑事法思想总体来说可以较好地阐述帮助信息网络犯罪活动罪的立法理念和帮助行为正犯化的理论基础。一方面，这种立法体现出了严密刑事法网的刑事政策取向；另一方面，基于帮助行为辅助性和开放性的特征，其仅仅设置了较为宽缓的刑罚幅度。在当下网络空间安全与自由的艰难平衡中，这种相对折中、保守的理念具有较强的可接受性和妥当性。

三、帮助行为正犯化的教义学限缩解释

我国《刑法》第 287 条之二帮助信息网络犯罪活动罪作为帮助行为正犯化的典型代表，鲜明地体现出了刑罚扩张的趋势，不过其正当性仍然可以在严而不厉的刑法思想中得到合理解释。尽管对扩张刑罚的帮助信息网络犯罪活动罪可以基本予以肯定，但是在该罪的具体司法适用上应当反向采取教义学的限缩解释①，以防止该罪的处罚范围过度扩张。

（一）教义学限缩解释的必要性

1. 部分的事实从属性仍然存在

从形式上来看，既然帮助信息网络犯罪活动罪在刑法分则条文中被明文确立，且在性质上又并非单纯的量刑规则，那么原则上该罪的适用就是独立的，并不从属于其他分则罪名。然而，帮助行为正犯化的特殊内在构造和该罪构成要件行为的特殊性质还是让帮助信息网络犯罪活动罪保留了一定的事实从属性。

一方面，帮助行为正犯化的立法固然使得帮助信息网络犯罪活动行为获得了分则独立的构成要件，但是本质上该行为的内在构造仍然具有辅助性特征。从罪名的演进历史来看，这类罪名通常都是因为相关本源犯罪的帮助犯通过共同犯罪基本原理难以得到妥当处罚，因而逐渐以明确分则立法的形式加以确立的。也就是说，尽管这类帮助行为已经被正犯化，但是事实意义上的帮助行为属性仍然存在。

---

① 完全相反的观点可参见：郭自力，陈文昊．帮助信息网络犯罪活动罪的教义学阐释．通化师范学院学报，2017（1）：68.

另一方面，这里还需要从法益保护原则的角度再次剖析上述事实意义上帮助行为属性的深层内涵。在刑法理论上，法益保护原则不仅在刑事立法过程中对确定刑事处罚边界产生基础性的作用①，而且在对既有犯罪构成要件的教义学解释中发挥指导性的功能。② 当我们在对帮助信息网络犯罪活动罪进行教义学解释之前，首先需要明确如下问题，即该罪构成要件行为的法益侵害到底是什么、从何而来以及程度如何。仅仅依据罪名章节定位（分则第六章第一节）得出该罪保护法益是社会管理秩序的说法，显然过于宽泛。实际上，这里法益侵害的认定，只能回到本源性的正犯犯罪行为，因为如果不看被帮助的行为是什么，"帮助"本身的含义就是抽象而空洞的。具体来说，如果被帮助的行为或对象本身根本没有严重的法益侵害（或紧迫的法益侵害危险），那么这里的帮助行为即使在已经被正犯化的情况下也不可能造成实际的法益侵害。进言之，如果事实的帮助行为在这里缺乏了实质的法益侵害性，那么即使帮助行为正犯化的构成要件已经被形式性地满足，理论上也应当基于法益保护原则的法律解释指导功能，通过目的性限缩解释将这里的构成要件符合性和刑事可罚性予以排除。

[案例 3-1] 侯某某、刘昱某等帮助信息网络犯罪活动案③

2018 年 5 月 28 日，被告人侯某某、刘昱某在台湾地区受人指派，带领被告人刘育某、蔡某某等进入大陆到银行办理银行卡，用于电信网络诈骗等违法犯罪活动。刘育某、蔡某某明知开办的银行卡可能用于电信网络诈骗等犯罪活动，但为了高额回报，依然积极参加。当日下午，上述被告人抵达杭州机场，后乘坐高铁到金华市区并入住酒店。当晚，侯某某、刘昱某告知其他人办理银行卡时谎称系来大陆投资，并交代了注意事项及具体操作细节。5 月 29 日上午，上述被告人在金华多家银行网点共开办了 12 张银行卡，并开通网银功能。2018 年 5 月 14 日至 18 日，被告人侯某某、刘昱某以同样的方式在金华市区和义乌两地办理银行卡，并带回台湾地区。

浙江省金华市婺城区人民法院判决认为：被告人侯某某、刘昱某、蔡某某、刘育某明知开办的银行卡可能用于实施电信网络诈骗等犯罪行为，仍帮助到大陆开办银行卡，情节严重，其行为均已构成帮助信息网络犯罪活动罪。以帮助信息网络犯罪活动罪判处被告人侯某某、刘昱某有期徒刑 1 年 2 个月，

① 罗克信．刑法的任务不是法益保护吗？．樊文，译//陈兴良．刑事法评论，2003（19）：152；张明楷．法益保护与比例原则．中国社会科学，2017（7）：91；张明楷．网络时代的刑事立法．法律科学，2017（3）：79.

② 张明楷．刑法学．5 版．北京：法律出版社，2016：65.

③ 非法利用信息网络罪、帮助信息网络犯罪活动罪典型案例. 人民法院报，2019-10-26（4）.

并处罚金人民币 1 万元；判处被告人蔡某某、刘育某有期徒刑 9 个月，并处罚金人民币 5 000 元。该判决已发生法律效力。

本案是最高法、最高检联合发布的一起典型案例，涉及为他人信息网络犯罪提供银行卡的提供帮助行为的认定。在我国现有的市场环境下，银行卡是进行各项经济活动的基本前提条件之一，因此为他人实施信息网络犯罪提供银行卡支持，在行为类型上属于《刑法》第 287 条之二所规定的帮助信息网络犯罪活动行为。然而如前文所述，从实际法益保护等角度来看，帮助信息网络犯罪活动行为虽然在《刑法》分则中取得了独立的正犯地位，但是仍然具有部分的事实从属性。这意味着，客观上他人至少应当已经着手实施了信息网络犯罪，此时帮助者的刑事可罚性才可以确立。但是，在本案中，似乎看不出被帮助者已经实施了电信诈骗等信息网络犯罪行为。完全不要求被帮助者客观上实施信息网络犯罪，意味着帮助信息网络犯罪活动罪的适用边界大幅扩张，此时刑法是否仍然坚守了谦抑性原则严重存疑，对此司法机关应当审慎对待。

2. 业务提供行为的特殊性

首先，虽然本书并不认为《刑法》第 287 条之二帮助信息网络犯罪活动罪就是将中立帮助行为予以入罪化，但是不可否认的是，该罪名所描述的帮助行为确实具有明显的业务性特征。与所谓的“帮助犯的绝对正犯化”和“帮助犯的相对正犯化”相比，在通常情况下，该罪所描述的构成要件行为在对他人犯罪行为发挥帮助作用时并不具有明确的目的性与计划性。例如，《刑法》第 121 条之一第 1 款规定的资助恐怖活动组织、实施恐怖活动的个人的行为，以及《刑法》第 358 条第 4 款规定的为组织卖淫的人招募人员的行为，通常都是目的明确、计划性强，专门帮助明显犯罪行为而积极主动从事的行为，其一般不会与正当的业务行为重合，因而也不会产生所谓的“不同规范之间的对立关系”①。然而，《刑法》第 287 条之二帮助信息网络犯罪活动罪中所规定的提供互联网接入、服务器托管、网络存储、通讯传输，以及广告推广、支付结算的行为，确实是我们这个社会中被广泛运用、具有巨大社会效益，甚至是不可或缺的基本业务活动。当上述行为涉及刑事责任时，这些服务提供者对于其服务为他人犯罪行为发挥的客观帮助作用往往处于一种被动状态，很多时候甚至只是不希望影响自己的业务运营从而不愿采取相关措施来切断自己所提供的服务带来的客观帮助效果。因此，在该罪的法律适用的过程中还是应当相对从严解释：一方面是因为这种明确的业务性特征使得该

① Vgl. Hassemer，Professionelle Adäquanz，Bankentypisches Verhalten und Beihilfe zur Steuerhinterziehung，wistra，1995 Heft 2，S. 44.

行为的整体不法程度相对较低，另一方面是为了避免刑罚的“溢出效应”对上述业务行为及其相关产业造成“寒蝉效应”。

其次，着眼于网络服务提供者刑事责任的特殊性，帮助信息网络犯罪活动罪的构成要件应当体系化地予以限缩解释。尽管与《刑法》第286条之一拒不履行信息网络安全管理义务罪不同，从法条字面表述上来判断，帮助信息网络犯罪活动罪并不属于网络服务提供者的身份犯，但是该罪构成要件中的技术支持行为，如提供互联网接入、服务器托管、网络存储、通讯传输，事实上一般是由网络服务提供者所实施的。一方面，网络服务提供者刑事责任的认定首先面临类型化的问题。因为，网络服务提供者本身是一个非常宽泛而上位的概念，按照其具体技术性功能的不同，可以细分为接入服务提供者、缓存服务提供者和存储服务提供者等类型，而不论从技术的层面出发还是从学理、规范的角度出发，上述不同类型的网络服务提供者所承担的法律责任范围都应当是有所区分的。[①] 另一方面，网络服务提供者通常并不直接提供违法内容和直接从事犯罪行为，他所承担的往往是一种第三方间接责任，基于实际技术控制可能性和保护信息产业发展等考量，许多国家通常都会在立法[②]、司法层面上限缩网络服务提供者的刑法责任。网络服务提供者的类型化要求和网络服务提供者责任限缩的必要性，共同决定了对帮助信息网络犯罪活动罪的构成要件不宜进行概括性、宽泛性的宽松解释，而应当采取类型化、限缩性的严格解释。

3. 法条表述的开放性

《刑法》第287条之二帮助信息网络犯罪活动罪法条本身表述的开放性，也要求我们对该罪进行目的性的限缩解释。一方面，“帮助”或“支持”的概念本身即缺少行为定型性。从语义学的角度来看，“帮助”只是对他人行为产生促进作用的一种抽象描述，不论以何种具体形式发生，物理的或者心理的、有形的或者无形的、作为的或者不作为的，通通都可能被“帮助”这一概念所涵盖。换言之，“帮助”这一表述从行为定型性的角度来看是相当空洞的，将其作为构成要件中的核心行为要素加以确定，本身与罪刑法定原则的明确性要求就存在深层的内在冲突，这一关键性的反思恰恰是目前流行的“帮助行为正犯化”理念所缺失的。尽管在帮助信息网络犯罪活动罪中立法者明确地列举了具体的技术支持类型和帮助行为类型，然而，该罪的构成要件采用了“……等技术支持”和“……等帮助”的表述，从语义上解读，这显然意味着上述具体行为类型仅仅是提示性列举，而远非帮助行为形态的全部定型。

---

① 参见本书第124页以下。

② 例如，德国的《电信媒体法》第7～10条，美国《通讯规范法》第230条、《数字千年版权法案》第512条。

另一方面，本罪的帮助对象（事实意义上的正犯）范围也极为宽泛。从字面含义来解读，所有利用信息网络实施的犯罪都可涵盖在内。在当下纵深发展、全面覆盖的网络社会中，试问有几项犯罪是不能利用信息网络来实施的呢？而如前所述，帮助行为刑法含义的确定事实上在很大程度上取决于其所帮助的对象。而此处帮助对象漫无边际，这也进一步导致帮助行为本身的涵盖范围无限扩张。综合这两个方面的考虑，面对这种开放式的刑法立法结构，如果不采取妥当的限缩解释加以限定，这一条款很可能会沦为网络语境中新的“口袋罪名”①。

（二）教义学限缩解释的具体展开

1. 帮助对象

按照《刑法》第 287 条之二的表述，帮助信息网络犯罪活动罪的帮助对象是“他人利用信息网络实施犯罪”。在理论上，围绕如何理解这里的“犯罪”产生了较大的分歧。一种扩张性的观点认为，一方面，“犯罪”的含义具有多层次，所以这里的“犯罪”不仅仅包括因为达不到罪量要求而被认定为违法的情形②；另一方面，由于《刑法》第 285 条第 3 款提供侵入、非法控制计算机信息系统的程序、工具罪以及《刑法》第 287 条之一非法利用信息网络罪中的行为对象都是“违法犯罪”，因此帮助信息网络犯罪活动罪的帮助对象也没有理由不包括《刑法》分则完全没有覆盖的违法行为。③ 按照与此不同的观点，如果仅仅将《刑法》第 287 条之二理解为帮助犯的量刑规则，那么依照共犯从属性的基本原理来加以推导，显然这里“他人利用信息网络实施的犯罪”就是指的“正犯”，因而也应当是刑法分则严格意义上的犯罪，其不仅仅不应包括宽泛意义上的违法行为，而且也应当符合刑法分则罪名所规定的罪量要素。正如黎宏教授所言，“成立帮助信息网络犯罪活动罪，必须要受到双重情节严重（罪量——引者注）的限制”。不过，以网络诽谤为例，黎宏教授又认为，前罪达到情节严重的程度，后罪当然达到情节严重的程度；

---

① 有学者主张，“帮助信息网络犯罪活动罪”的立法定位就是一个独立设置的兜底型罪名，属于小小的口袋罪。于志刚．共犯行为正犯化的立法探索与理论梳理——以“帮助信息网络犯罪活动罪”立法定位为角度的分析．法律科学，2017（3）：91. 笔者不能认同这种解读。帮助信息网络犯罪活动罪的立法目的确实在于严密刑事法网，填补处罚漏洞，但是“兜底罪名”或“口袋罪名”的理念明显违反罪刑法定明确性要求，因而不宜将其作为该罪的立法定位。

② 陈洪兵．帮助信息网络犯罪活动罪的限缩解释适用．辽宁大学学报（哲学社会科学版），2018（1）：111.

③ 于志刚．共犯行为正犯化的立法探索与理论梳理——以“帮助信息网络犯罪活动罪”立法定位为角度的分析．法律科学，2017（3）：90. 类似观点参见：刘科．帮助信息网络犯罪活动罪探析——以为网络知识产权犯罪活动提供帮助的犯罪行为为视角．知识产权，2015（12）：50－51.

前罪即便没有达到情节严重的程度，后罪视情况也可独自进行是否达到情节严重的判断。①

在此问题上，2019 年最高法、最高检《办理非法利用信息网络、帮助信息网络犯罪活动等刑事案件适用法律若干问题的解释》（以下简称《网络犯罪解释》）有条件地采纳了相对扩张论的立场。《网络犯罪解释》第 12 条第 2 款规定：实施前款规定的行为（帮助信息网络犯罪活动行为），确因客观条件限制无法查证被帮助对象是否达到犯罪的程度，但相关数额总计达到前款第 2 项至第 4 项规定标准 5 倍以上，或者造成特别严重后果的，应当以帮助信息网络犯罪活动罪追究行为人的刑事责任。此外，《网络犯罪解释》第 13 条还规定，被帮助对象实施的犯罪行为可以确认，但尚未到案、尚未依法裁判或者因未达到刑事责任年龄等原因依法未予追究刑事责任的，不影响帮助信息网络犯罪活动罪的认定。该司法解释的规定意味着，在例外条件下，即使被帮助的行为没有达到刑法规定的罪量要求，在帮助行为的罪量很高时，也可以构成本罪。

笔者认同对帮助对象进行限缩解释的观点。首先，将《刑法》第 287 条之二中的“犯罪”与《刑法》第 285 条第 3 款以及《刑法》第 287 条之一中的“违法犯罪”进行类比，并将其内涵进一步扩展到“违法行为”是不妥当的。一方面，不管是《刑法》第 285 条第 3 款提供侵入、非法控制计算机信息系统的程序、工具罪，还是《刑法》第 287 条之一非法利用信息网络罪，其中的“违法犯罪”并不应简单、粗糙地解释为“违法行为或犯罪”，相反，解释为“违法的犯罪”更为可取。例如，《刑法》第 285 条第 3 款中的相关表述是“明知他人实施侵入、非法控制计算机信息系统的违法犯罪行为”，这里的“违法犯罪”限定于“侵入、非法控制计算机信息系统”，而这种行为显然是《刑法》第 285 条第 1、2 款明文规定的犯罪，而不仅仅是一般性的违法行为。如果对这里的“违法犯罪”进行上述宽泛解释，就违背了文理逻辑，也突破了语义边界，并不可取。另一方面，从所谓处罚的必要性出发，将《刑法》第 287 条之二中的信息网络“犯罪”解释为信息网络“违法行为”，则更是明显地突破了语义射程。“犯罪”的基本依据和边界都是刑法分则明文规定的构成要件，而“违法行为”则并不受其限制，范围极为宽阔，内容也含混不清，将“犯罪”与“违法行为”等同起来，是完全违背罪刑法定原则的，也将直接造成该罪处罚边界无限扩张。

其次，《刑法》第 287 条之二中的“犯罪”仍然应当包含具体犯罪中刑法所规定的罪量要素，如数额较大、情节严重等规定。因为，在我国的刑法语

---

① 黎宏．论“帮助信息网络犯罪活动罪”的性质及其适用．法律适用，2017（21）：38－39.

境中，按照《刑法》第 13 条“但书”的规定，情节显著轻微、危害不大的不是犯罪；而按照分则的规定，只有满足了相应罪名中的罪量要求才构成犯罪。① 而且，在我国的二元制裁体系中，由于刑事处罚与行政处罚的界分主要采用了量的区分方法，因此我国的《治安管理处罚法》与《刑法》在构成要件的行为类型上存在大面积重合，很多时候两种处罚的核心区别恰恰就在于罪量要素的规定。因此，如果认为《刑法》第 287 条之二中的“犯罪”并不包含相应犯罪的罪量要求，那么这里的“犯罪”实际上也就会降格为治安处罚意义上的“违法行为”，进而导致《刑法》第 287 条之二帮助信息网络犯罪活动罪的处罚范围急剧扩张。我们知道，按照共犯理论的基本原则和要求，对于治安管理处罚行为予以帮助的，原则上也只能予以治安管理处罚，而不能直接进行刑罚处罚。虽然在帮助行为正犯化的语境中，从属性原则已经被大幅弱化，但是，从实质性的法益保护角度来看，如果被帮助的行为没有符合罪量要求、法益侵害性较小，那么一般而言正犯化的帮助行为也不可能造成值得动用刑罚予以规制的严重法益侵害。

需要说明的是，由于网络空间的扩散性等特征，共犯与正犯之间所形成的“一对多”② 特殊结构可能会因此出现得更加频繁，而由于多数正犯达不到相关犯罪罪量标准所导致的处罚漏洞问题，也可能会在网络空间中加剧。但是，这一共犯与罪量的交叉命题并非网络语境中所出现的全新难题，在现实空间里早就已经出现了类似的现象与案例，事实上这种情形也可以通过妥当的理论建构来加以应对。③ 相反，如果为了解决这种“一对多”的特殊性处罚难题而将《刑法》第 287 条之二中的“犯罪”一般性地解释为不需要符合罪量要求的“违法行为”，将会造成严重的“以偏概全”的问题，因为，毕竟在网络空间中，共犯与正犯之间同样大量存在“一对一”“多对一”等不同

① 陈洪兵教授认为，刑法中的“犯罪”的含义具有相对性，例如《刑法》第 269 条关于事后抢劫规定中的犯盗窃、诈骗、抢夺“罪”，只要行为人实施了盗窃、诈骗、抢夺行为，未达到数额较大要求也能转化成事后抢劫。陈洪兵．帮助信息网络犯罪活动罪的限缩解释适用．辽宁大学学报（哲学社会科学版），2018（1）：111. 但是，这种理解是不当的。2005 年最高法《关于审理抢劫、抢夺刑事案件适用法律若干问题的意见》明确指出：行为人实施盗窃、诈骗、抢夺行为，未达到“数额较大”，为窝藏赃物、抗拒抓捕或者毁灭罪证而当场使用暴力或以暴力相威胁，情节较轻、危害不大的，一般不以犯罪论处。也就是说，按照司法解释的规定，这里的“犯罪”原则上还是要满足罪量标准，至少也应当是接近“数额较大”的标准。

② 于志刚．网络犯罪与中国刑法应对．中国社会科学，2010（3）：119.

③ 由于该问题较为复杂，需另外仔细剖析，此处暂不详述。相关文献可参见闫二鹏．共犯行为正犯化及其反思．国家检察官学院学报，2013（3）：110；王霖．网络犯罪参与行为刑事责任模式的教义学塑造——共犯归责模式的回归．政治与法律，2016（9）：34；董玉庭．论数额犯中的虚拟共同犯罪问题——以盗窃罪为分析背景．人民检察，2007（20）：39－40；王强，胡娜．罪量要素的价值属性在共犯中的运用．中国刑事法杂志，2012（12）：18.

结构，而在这些结构中将实际正犯的罪量要求免除无疑会不当地扩大处罚边界。

2. 帮助行为

首先，作为帮助信息网络犯罪活动罪实行行为的帮助，应当借助类型化思维加以限定。一方面，按照该罪构成要件的表述，帮助行为只应包括网络技术性支持和商业性帮助两大类别。① 进一步说，这两种基本的行为类型，是帮助信息网络犯罪活动罪构成要件定型化的核心要素。在共犯理论的语境中，帮助行为本身的行为定型性是很弱的。通说认为，对正犯行为的实施予以促进、易化、强化、加速、保障等，都可以被视为帮助行为，而且不论是以物理的或心理的方式予以帮助都不是问题。② 但是，在此处正犯语境中，对已经被正犯化的帮助行为的认定，就不能再采取上述共犯语境中的思路。在这里，定型化的思考必须成为认定《刑法》第287条之二中帮助行为的前提，否则，该罪的构成要件就不可避免地与罪刑法定的明确性要求产生冲突。另一方面，该罪构成要件中的"兜底式"表述，即"……等技术支持"和"……等帮助"，也需要在解释论上予以限缩和明确。从同类解释规则出发应当认为，其他类型的技术性支持和商业性帮助，应当与明确列举的帮助行为具有相当性。

其次，帮助行为本身也应当作实质判断，即只有那些对他人利用信息网络实施的犯罪起到实质促进作用的行为，才可以被归入这里的"帮助"中来。如罗克辛教授所言，对于帮助来说，一个影响构成要件实现意义上的引起性因素虽是必要的，但仍是不充分的。按照客观归责的基本原则，只有当这种因果性的行为贡献提升了被害人的风险以及相应的正犯实现结果的概率时，才可以称之为帮助。③ 虽然笔者并不认为单纯依赖客观归责就可以划定中立帮助行为的边界，但是在对《刑法》第287条之二被正犯化的帮助行为的教义

① 在网络实名制的背景下，银行卡和电话卡成为开展相关商业活动的基本前提条件。因此自2020年10月以来，最高法、最高检、公安部、工信部、中国人民银行等部门联合开展了"断卡"行动，非法向他人提供银行卡、电话卡的行为常被作为帮助信息网络犯罪活动行为予以打击。2021年6月最高法、最高检、公安部联合发布的《关于办理电信网络诈骗等刑事案件适用法律若干问题的意见(二)》第7条规定，为他人利用信息网络实施犯罪而实施下列行为，可以认定为《刑法》第287条之二规定的"帮助"行为：(1) 收购、出售、出租信用卡、银行账户、非银行支付账户、具有支付结算功能的互联网账号密码、网络支付接口、网上银行数字证书的；(2) 收购、出售、出租他人手机卡、流量卡、物联网卡的。

② Vgl. Rengier, Strafrecht Allgemeiner Teil, 9. Aufl., 2017, §45, Rn. 81 ff; Jescheck/Weigend, Lehrbuch des Strafrechts, Allgemeiner Teil, 5. Aufl., 1996, §64 III 2c; Roxin, Strafrecht Allgemeiner Teil, Band II, Besondere Erscheinungsformen der Straftat, 2003, §26 II, Rn. 212.

③ Vgl. Roxin, Strafrecht Allgemeiner Teil, Band II, Besondere Erscheinungsformen der Straftat, 2003, §26 II, Rn. 210-211.

学解释中，应当引入客观归责的相关规则进行实质判断，避免该罪处罚范围的不当扩张。具体来说，应当依照客观归责的基本架构，结合具体的帮助行为形态和功能，先判断帮助行为是否创设了法所不允许的风险，然后再进一步判断帮助行为是否实现了这种法所不允许的风险。

例如，较之于提供存储服务等帮助行为，提供互联网接入的行为是这里最有可能成为问题的。事实上，由于互联网本身的层级架构，接入服务本身就具有多层含义。按照较为通行的观点，我们一般按照 ISO（国际标准化组织）所提出的 OSI（开放式系统互联通信参考模型）七层模型来理解网络的体系结构和数据传输流程，从上至下它们分别是应用层、表示层、会话层、传输层、网络层、数据链路层和物理层。[①] 而接入 access 事实上也可以再进一步区分物理意义上的接入和内容意义上的接入，前者主要处于 OSI 模型的底层，而后者则处于 OSI 模型的上层。[②] 例如，单纯为用户提供基础入网服务的电信公司，主要提供的是一种物理意义上的网络接入，而为具体信息和数据提供链接或传输通道的网络服务提供者，则属于提供内容意义上的接入。在笔者看来，单纯提供物理意义上的基础入网服务并没有为特定的网络犯罪和法益侵害创设法律所不允许的风险，因为这种服务是一种基础性、普遍性的网络业务，属于当代社会日常生活中的基本组成部分，它与特定的网络犯罪和法益侵害并没有值得刑法评价的意义关联。

此外，即使提供的是内容意义上的接入，在一些特殊情形中也需要考虑行为是否实现了法所不允许的风险。例如，齐白教授认为，在行为人的网络服务为违法内容提供了接入通道的情形中，如果即便他履行法律所要求的控制措施，同样的结果仍然会由于其他接入服务提供者而产生时，便不应将构成要件结果归责给该行为。[③] 同样，尽管我国《刑法》第 287 条之二将帮助行

① 当然，另外一种较为流行的标准则是 TCP/IP 的四层体系结构，从上至下它们分别是应用层、运输层、网际层和网络接口层。关于网络体系结构的基本介绍及各层级的含义，可参见：谢希仁．计算机网络．5 版．北京：电子工业出版社，2008：27；Sieber，Verantwortlichkeit im Internet，1999，S. 20 ff.

② 例如，德国学者就明确区分了《电信通讯法》（Telekommunikationsgesetz）和《电信媒体法》（Telemediengesetz）中电信通讯服务的不同含义，前者眼于技术层面，后者则着眼于内容层面。Vgl. Sieber，Verantwortlichkeit im Internet，1999，Rn. 267；Spindler/Schmitz/Geis，TDG Kommentar，2004，S. 24 - 25；Gercke/Brunst，Praxishandbuch Internetstrafrecht，2009，Rn. 574.

③ *Sieber*，Teil 19.1 Allgemeine Probleme des Internetstrafrechts，in *Hoeren/Sieber/Holznagel* (Hrsg.)，Multimedia-Recht，2014，Rn. 73. 需要注意的是，这里 Sieber 教授是在不作为犯的语境中加以讨论的。这种思考不应轻易适用到故意的作为犯中去，因为这很可能倒向假定因果关系的逻辑。假定因果关系与合义务替代行为的关系较为复杂，此处不再展开，相关文献可以参考：车浩．假定因果关系、结果避免可能性与客观归责．法学研究，2009（5）：148 以下；庄劲．客观归责理论的危机与突围——风险变形、合法替代行为与假设的因果关系．清华法学，2015（3）：80 以下.

为予以正犯化，但是以上这些基于客观归责原理所发展出来的实质性判断标准仍然应当予以适用。

值得注意的是，我国部分学者已经开始探索通过客观归责的相关理论来限缩本罪帮助行为的路径，这与通过客观归责理论来认定中立帮助行为的观点是一脉相承的。① 但是，目前的研究反映出对该问题存在一定的误读。

其一，将条件意义上的因果关系作为帮助犯的归责基础，忽略了帮助犯因果关系问题的特殊性。例如，在境外服务器上传侵权作品，境内网站通过深度链接的方式予以链接传播的案例中，有学者认为，即使抽离了深度链接行为，境外服务器上传侵权作品的行为仍然独立构成犯罪，知识产权犯罪行为与损害结果之间的因果联系并不因深度链接行为的存在而改变。② 显然，这种观点实际上认为，帮助犯与正犯一样需要符合“若条件不存在即后果不发生”这一条件因果关系的要求。但是，帮助行为本身只是对正犯行为的实施起到一定的正向影响作用，在许多情况下即使没有这种帮助结果最终仍然足以发生。如果秉承严格的条件因果关系，那么盗窃行为中的望风者、为入室盗窃分子搬梯者等等，都可能因为即使没有上述帮助行为正犯仍然能够最终完成犯罪而不受处罚，而这种结论显然是不正确的。正因如此，德国的主流学说（结果促进理论）认为，只要求帮助犯具有一种因果性的行为贡献即可，即帮助性的行为贡献易化、强化或确保了构成要件的实现，在具体情形中影响了结果即可。③ 而以上试图通过条件因果关系的逻辑来限缩帮助行为范围的观点，显然在基本出发点上有所偏离，这可能导致对帮助行为的限缩适用走向另外一个极端。

其二，与前述问题相关联，不少观点将假定因果关系引入进来，同样可能不当限缩帮助的处罚范围。例如，上述观点进一步认为，如果信息网络服务行为属于可以被替代的条件，没有它正犯仍然可以通过其他途径获得同样

---

① 李冠煜，吕明利．帮助信息网络犯罪活动罪司法适用问题研究——以客观归责方法论为视角．河南财经政法大学学报，2017（2）：67；刘宪权．论信息网络技术滥用行为的刑法责任——以《刑法修正案（九）》相关条款的理解与适用．政法论坛，2015（6）：106；阎二鹏．法教义学视角下帮助行为正犯化的省思——以《中华人民共和国刑法修正案（九）》为视角．社会科学辑刊，2016（4）：78.

② 刘宪权．论信息网络技术滥用行为的刑法责任——以《刑法修正案（九）》相关条款的理解与适用．政法论坛，2015（6）：106.

③ Vgl. Kindhäuser, Strafrecht Allgemeiner Teil, 7. Aufl., 2015, §42, Rn. 10; Roxin, Strafrecht Allgemeiner Teil, Band II, Besondere Erscheinungsformen der Straftat, 2003, §26 I, Rn. 184; Jescheck/Weigend, Lehrbuch des Strafrechts, Allgemeiner Teil, 5. Aufl., 1996, §64 III 2c. 德国的判例走得更远（行为促进理论），其明确指出帮助犯不需要因果关系。但是，学者们认为，这里仅仅是指不需要条件公式意义上的因果关系（conditio-sine-qua-non-Formel），只是对因果关系采取了更狭义的理解，因而实际上与通说并没有太大差别。Vgl. Rengier, AT^9, 2017, §45, Rn. 92-94.

的技术服务，进而造成损害结果，则此时该帮助行为与实行行为不具有刑法上的因果关系。① 类似地，在中立帮助行为的探讨中，也有不少学者试图借助这种假定因果关系的替代逻辑来确定其边界。② 在这里，这些论者实际上混淆了实质促进作用和假定因果逻辑的关系。实质促进作用是指帮助行为对正犯行为起到了一定的正向影响，这包括使其更容易发生、加速其进程、强化其效果等等，判断的对象就是帮助行为本身与正犯之间的事实关联。但是，这并不意味着，应当将其他后续的、潜在的帮助行为纳入进来予以假设性对比考量。为了避免法规范的失效及其带来的社会危机③，假定因果流程通常不能影响实际因果关系的判断，这一原理在帮助犯的场合同样应当严格贯彻。如果在帮助犯的认定中引入这种假定因果关系，很可能造成的后果是帮助犯成立范围急剧限缩。因为，在许多的共同犯罪的实施中，帮助犯虽然起到了实质的促进作用，但是在一个更宽泛的（假定性）视野中其扮演的角色并非完全必不可少的，在没有这种帮助的情况下许多正犯仍然可能借助其他手段最终完成犯罪。④

综上所述，对《刑法》第 287 条之二帮助信息网络犯罪活动罪中帮助行为的教义学解释，不仅应当进行类型化的限定和相当性的限缩解释，而且应进一步结合客观归责的基本原理对其进行实质化的判断。但是，在这种实质化的判断过程中，不应误认为帮助行为与实际法益损害后果之间应当具有严格的条件因果关系，也不应错误地将假定因果关系与客观归责混淆起来。

3. 主观明知

如前所述，在网络语境的共同犯罪中，严格意义上的双向意思联络常常难以确认，这为刑事归责带来了很大问题。而《刑法》第 287 条之二将帮助行为予以正犯化，就在一定程度上缓解了上述难题。按照该条规定，行为人对他人的信息网络犯罪具有单方明知并提供帮助即可构成犯罪。对于明知的

① 刘宪权．论信息网络技术滥用行为的刑法责任——以《刑法修正案（九）》相关条款的理解与适用．政法论坛，2015（6）：106.

② Vgl. Löwe-Krahl, Beteiligung von Bankangestellten an Steuerhinterziehungen ihrer Kunden, wistra, 1995 Heft 6, S. 205; Frisch, Tatbestandsmößiges Verhalten und Zurechnung des Erfolgs, 2012, S. 294. 国内相关文献参见：张伟．中立帮助行为探微．中国刑事法杂志，2010（5）：27；孙万怀、郑梦凌．中立的帮助行为．法学，2016（1）：149；黎宏．论中立的诈骗帮助行为之定性．法律科学，2012（6）：151.

③ 例如，如果承认假定因果流程，那么随意射杀死刑犯人的行为就不受处罚，但这种结论显然不能被接受。同理，也不能因为他人实施犯罪帮助行为，本人的帮助行为就可以不受法规范的制裁。这种假定逻辑最终只会导致以某种既定结局或他人的不法来为自身的不法开脱，这带来的甚至不仅仅是法规范系统的失灵，而是整个社会的道德危机和秩序混乱。

④ Vgl. Pilz, Beihilfe zur Steuerhinterziehung durch neutral Handlungen von Bankmitarbeitern, 2001, S. 146, 147；亦可参见本书第 148 页。

认定，需要通过客观事实的辅助来进行。对此，《网络犯罪解释》第 11 条规定，为他人实施犯罪提供技术支持或者帮助，具有下列情形之一的，可以认定行为人明知他人利用信息网络实施犯罪，但是有相反证据的除外：（1）经监管部门告知后仍然实施有关行为的；（2）接到举报后不履行法定管理职责的；（3）交易价格或者方式明显异常的；（4）提供专门用于违法犯罪的程序、工具或者其他技术支持、帮助的；（5）频繁采用隐蔽上网、加密通信、销毁数据等措施或者使用虚假身份，逃避监管或者规避调查的；（6）为他人逃避监管或者规避调查提供技术支持、帮助的；（7）其他足以认定行为人明知的情形。

尽管最高法、最高检颁布了上述司法解释，但是具体如何理解《刑法》分则中的"明知"，理论上向来存在较大分歧。关键性的一项争议在于，"明知"是否包含"应知"。而"应知"的含义实际上也不明确，理论上有观点从过失的角度来理解，也有观点从"推定知道"的角度来认定。主流的学说以及司法解释的相关规定采取的是后一种理解，因为前一种观点会导致故意与过失的混淆。① 具体就《刑法》第 287 条之二帮助信息网络犯罪活动罪中的"明知"而言，多数学者同样正确地认为，虽然"明知"可以包含"确知"和"应知"，但是"应知"也是指可以通过客观手段推定知道，而不是指过失以及实际并不知道的情形。② 也就是说，帮助信息网络犯罪活动罪只能是故意犯罪，而不应借助"应知"的概念扩张解释为过失犯罪。

此外，可能更加具有争议的问题在于"明知"的主观认识程度以及相关的故意形式。基于不同的故意认定标准和不同维度的语义理解，"明知"所要求的主观认识程度可能有很大不同，相关犯罪既可能被认定为只包含直接故意，又可能被解释为可以涵盖间接故意③，甚至有学者认为"明知"并不一定

---

① 参见最高人民法院《关于审理洗钱罪等刑事案件具体应用法律若干问题的解释》第 1 条；王新．我国刑法中"明知"的含义和认定——基于刑事立法和司法解释的分析．法制与社会发展，2013（1）：70 以下；张明楷．刑法学．5 版．北京：法律出版社，2016：266；陈兴良．刑法分则规定之明知：以表现犯为解释进路．法学家，2013（3）：95；皮勇，黄琰．论刑法中的"应当知道"——兼论刑法边界的扩张．法学评论，2012（1）：53.

② 刘宪权．论信息网络技术滥用行为的刑法责任——以《刑法修正案（九）》相关条款的理解与适用．政法论坛，2015（6）：102 以下．刘科．帮助信息网络犯罪活动罪探析——以为网络知识产权犯罪活动提供帮助的犯罪行为为视角．知识产权，2015（12）：48；李冠煜，吕明利．帮助信息网络犯罪活动罪司法适用问题研究——以客观归责方法论为视角．河南财经政法大学学报，2017（2）：69；阎二鹏．法教义学视角下帮助行为正犯化的省思——以《中华人民共和国刑法修正案（九）》为视角．社会科学辑刊，2016（4）：78；欧阳本祺，王倩．《刑法修正案（九）》新增网络犯罪的法律适用．江苏行政学院学报，2016（4）：128.

③ 陈兴良．刑法分则规定之明知：以表现犯为解释进路．法学家，2013（3）：93－94.

指示着该罪就是故意犯罪。① 这里问题的复杂性一方面在于，“明知”本身具有多义性，既可能被理解为“明确知道”，也可能被理解为“明明知道”，前者是指认识非常清楚、认识程度很高，而后者仅指确实存在认知而已，而不反映认知程度。另一方面，这里事实上还存在主观罪过形式认定基准的问题，因为“明知”的对象可能并不一定就是最终该罪确认罪过形式的关键依据，而这也正是笔者曾主张引入要素分析方法的重要原因。② 尽管上述对“明知”的解读各自都有一定道理，但是仅就《刑法》第 287 条之二帮助信息网络犯罪活动罪中的“明知”而言，应当仅仅被理解为明确的认知，该罪只应是由直接故意构成。原因在于，该罪实行行为具有很强的业务性特征，尤其是对于网络服务提供者来说，如果对他人网络犯罪仅存在可能性认识和间接故意即可能构成犯罪的话，那么这很可能会导致网络服务提供者必须逐个审查其所服务的用户，如此才能规避刑事风险。③ 而这不仅会给网络服务提供者带来过高的运营成本，导致相关信息产业的发展受限，而且与目前已经被广泛承认的基本原则——网络服务提供者对他人违法内容不承担主动监督、调查义务——相冲突。④ 也就是说，基于本罪构成要件行为的业务性特征，尤其是从网络服务提供者刑事归责的特殊性出发，本罪的主观罪过形式也应通过目的性解释限缩为直接故意。

[案例 3－2] 赵甲帮助信息网络犯罪活动案⑤

被告人赵甲经营的网络科技有限公司的主营业务为第三方支付公司网络支付接口代理。赵甲在明知申请支付接口需要提供商户营业执照、法人身份证等五证信息和网络商城备案域名，且明知非法代理的网络支付接口可能被用于犯罪资金走账和洗钱的情况下，仍通过事先购买的企业五证信息和假域名备案在第三方公司申请支付账号，以每个账号收取 2 000 至 3 500 元不等的

① 邹兵建．“明知”未必是“故犯”：论刑法“明知”的罪过形式．中外法学，2015（5）：1358 以下．

② 王华伟．要素分析模式之提倡——罪过形式难题新应．当代法学，2017（5）：77 以下．

③ 有学者从帮助行为的特殊性出发，同样认为此处的主观罪过形态应当限缩于直接故意。阎二鹏．法教义学视角下帮助行为正犯化的省思——以《中华人民共和国刑法修正案（九）》为视角．社会科学辑刊，2016（4）：78.

④ Vgl. Hoffmann，in：Spindler/Schuster，RechtderelektronischenMedien，3. Aufl.，2015，§7，Rn. 33；*Hilgendorf/Valerius*，Computer-und Internetstrafrecht，2012，Rn. 205；*Malek/Popp*，Strafsachen im Internet，2. Aufl.，2015，Rn. 85；涂龙科．网络内容管理义务与网络服务提供者的刑事责任．法学评论，2016（3）：66. 民法领域的观点，可参见：杨立新．《侵权责任法》规定的网络侵权责任的理解与解释．国家检察官学院学报，2010（2）：5；张新宝，任鸿雁．互联网上的侵权责任：《侵权责任法》第 36 条解读．中国人民大学学报，2010（4）：24.

⑤ 非法利用信息网络罪、帮助信息网络犯罪活动罪典型案例．人民法院报，2019－10－26（3）.

接口费将账号卖给他人，并收取该账号入金金额千分之三左右的分润。2016年11月17日，被害人赵乙被骗600万元。其中，被骗资金50万元经他人账户后转入在第三方某股份有限公司开户的某贸易有限公司商户账号内流转，该商户账号由赵甲通过上述方式代理。

浙江省义乌市人民法院判决认为：被告人赵甲明知他人利用信息网络实施犯罪，为其犯罪提供支付结算的帮助，其行为已构成帮助信息网络犯罪活动罪。被告人赵甲到案后如实供述自己的罪行，依法可以从轻处罚。以帮助信息网络犯罪活动罪判处被告人赵甲有期徒刑7个月，并处罚金人民币3 000元。该判决已发生法律效力。

在本案中，帮助信息网络犯罪活动罪中“明知”的认定被把握得相当宽松。虽然被告人赵甲明确地知道申请支付接口需要提供商户营业执照、法人身份证等五证信息和网络商城备案域名，但是其对他人实施的信息网络犯罪并没有明确认知。事实上，被害人赵乙被骗以后，被骗资金几经周转才进入了被告人赵甲代理的支付账号。被告人赵甲对他人是否实施犯罪尚且最多只具有一种可能的认识，更不用说对他人实施犯罪的具体类型的认识了，因此其行为能否达到帮助信息网络犯罪活动罪所要求的“明知”的程度存疑。① 2021年最高法、最高检、公安部《关于办理电信网络诈骗等刑事案件适用法律若干问题的意见（二）》第8条指出，认定《刑法》第287条之二规定的行为人明知他人利用信息网络实施犯罪，应当根据行为人收购、出售、出租前述第7条规定的信用卡、银行账户、非银行支付账户、具有支付结算功能的互联网账号密码、网络支付接口、网上银行数字证书，或者他人手机卡、流量卡、物联网卡等的次数、张数、个数，并结合行为人的认知能力、既往经历、交易对象、与实施信息网络犯罪的行为人的关系、提供技术支持或者帮助的时间和方式、获利情况以及行为人的供述等主客观因素，予以综合认定。可见，对于此类案件，司法解释还是要求对帮助信息网络犯罪活动罪的明知进行整体、全面、审慎的认定。如果普遍地将帮助信息网络犯罪活动罪中的“明知”进行宽松理解，那么未来很多信息网络服务提供业务将会面临相当高的刑事法律风险。

四、小结：帮助行为正犯化的反思与展望

总的来说，面对当下日趋严重的网络犯罪势态，由于网络技术因素的介

① 可参见本书第207页。

入以及网络犯罪朝产业化发展等，帮助行为正犯化的理念确实能够在一定程度上为网络共同犯罪认定的现实难题“松绑”，这无疑具有重要的实践意义。但是，这种刑事理念仍然应当充分明确其内涵边界，细致论证其思想基础，妥当限缩其司法适用。首先，帮助行为正犯化应当定位为一种立法策略，它属于立法者的权限，不能以司法解释的形式任意赋权给司法机关。事实上，我国相关的刑事司法解释中并没有明确的“帮助行为正犯化”条款，它只是学者们对司法解释过度扩张解释的产物。此外，量刑规则论者则不仅偏离了“量刑规则”本来的含义，也违背了立法者原意，可能造成法规范适用的不稳定性。其次，帮助行为正犯化与中立帮助行为理论并不矛盾，其立法考量也并不在于所谓罪刑均衡和一般预防。从《刑法》第 287 条之二帮助信息网络犯罪活动罪的构成要件设计及刑罚幅度配置来看，严密刑事法网和轻缓刑罚处罚的双重考量（严而不厉）才是该罪的思想基础。最后，基于《刑法》第 287 条之二的特殊构造和性质，网络语境中帮助行为正犯化的司法适用应当采取目的性限缩的基本立场，在类型性限定的基础上，以法益侵害为指导原则、以客观归责为解释工具对构成要件进行实质判断。

网络空间中自由与安全之间的平衡非常不易，它犹如灵敏的天平，稍不留神就会向一侧完全倾覆。帮助行为正犯化理念的出发点是解决网络共同犯罪的处罚难题，然而一旦实现方式不当就可能迅速异化为打击范围过度扩张的“口袋条款”。目前来看，以《刑法》第 287 条之二为代表的帮助行为正犯化理念的具体立法仍然不够理想，这主要表现在罪状明确性不足和行为类型性不强两个方面。而学理上对帮助行为正犯化理念的宽泛解读则更是会进一步扩张犯罪圈，可能有导致网络空间中行为自由（尤其是业务行为）萎缩的风险，值得省思。网络空间中逾矩行为的规制如欲走出“一管就死、一放就乱”的怪圈，必须时刻谨慎、细致权衡自由与安全的双重考量。立法论上的扩张已是定局，解释论上的限缩则应当予以平衡，如此才能在日益复杂的外部环境、瞬息万变的技术变革中形成理论张力适应形势发展变化。

第四章 网络语境中的共同犯罪与罪量要素

网络空间中人们的行为结构开始发生形变[①]，这一点非常鲜明地体现在网络共同犯罪之中。与传统的共同犯罪行为模式不同，在网络空间里出现了节点扩散型的共同犯罪形态。较为常见的模式是，以某种服务提供者为中心向外辐射，网络共犯行为同时或连续与大量的用户（实际正犯）发生关联，形成了一种“一对多”的独特犯罪参与结构。[②] 例如，某些网络服务提供者明知其网络服务被许多用户用于传播淫秽内容，却仍然继续提供这类帮助性网络技术服务。由于这类服务提供者通常情况下并不直接提供违法内容或直接实施违法行为，而只是辅助性地提供信息网络服务，因而在这种“一对多”的参与结构中，作为节点的服务提供者从行为性质上来看一般被归入共犯（尤其是帮助犯）的范畴，而直接提供违法内容或从事违法活动的用户才是真正直接实现构成要件意义上的正犯。我国《刑法》分则罪名中广泛地存在罪量要素，而当这些大量存在的罪量要素与上述网络空间中“一对多”犯罪参与模型相互交织时，就可能会产生颇为复杂的共犯处罚难题。只要不将罪量理解为客观处罚条件这样的体系外要素，依照共犯从属性原则的要求，共犯的可罚性以正犯的不法为基础，在正犯尚未达到罪量标准的情况下，共犯的可罚性就是存疑的。在网络空间中，作为实际正犯的网络用户往往只具有较低的不法程度，尚且达不到我国刑法分则设定的罪量标准，此时节点型的共犯也经常面临处罚困境。然而，网络空间里大量的违法行为正是以这样的参与结构发生，放任这种结构性问题恶化显然是不合理的。实际上，这样的问题在现实空间中同样存在，例如，连续多次帮助他人实施盗窃或诈骗行为，而实际正犯通通都没有达到刑法所规定的罪量标准。不过，由于网络通信技术进一步打破了人际沟通中的时空隔阂，即时多维通讯变得稀松平常，因此这种“一对多”的共犯参与模式在网络空间中发生更加频繁。为了更形象地探讨这一问题，来看两则根据真实事件改编的案例：

---

① 关于网络犯罪形变特征的总结，可参见：黄京平．新型网络犯罪认定中的规则判断．中国刑事法杂志，2017（6）：9.

② 于志刚．网络犯罪与中国刑法应对．中国社会科学，2010（3）：119.

［案例 4－1］电工 L 盗窃案

电工 L 利用自己的技术，先后连续帮助 20 户居民非法改动电表，使电表的计量指针变慢，以达到偷电的目的。案发后查明，此 20 户居民每户居民的偷电数额均未达到盗窃罪的最低定罪数额，但 20 户居民偷电数额累计达到 1.8 万元。由于每户偷电业主的偷电行为均没有达到定罪的最低数额标准，因此每个偷电的业主均被公安机关行政处罚。而 L 被某市人民检察院以盗窃罪起诉至某市人民法院，某市人民法院以盗窃罪对 L 定罪处罚，认定盗窃数额为 1.8 万元，即 L 改动电表帮助他人偷电数额之累积。①

［案例 4－2］K 公司传播淫秽物品牟利案

K 公司向公众提供带有 P2P 技术的视频播放软件，用户可以借助该播放器浏览大量他人上传的淫秽视频。事后查明，散布各地的淫秽视频上传者都无法达到传播淫秽物品牟利罪的罪量标准。

在司法实践中，上述类型的案例给共犯的定罪处罚造成了不少困扰。原因在于，按照一种惯常的思路，如果正犯难以受到处罚，共犯自然也不宜入罪。尤其是，网络空间的刑法治理十分倚重于对这种聚合性节点的规制，因为不论从技术、成本还是法律的角度考虑，直接规制大量分散节点的做法都是较为困难的。有鉴于此，有必要从理论上来深入探讨如何解决“一对多”共犯参与模型中的处罚难题。

一、现有解决方案及其局限

面对上述困局，学者已经给出了相当具有启发意义的解决方案，在此予以分析。

（一）径路一：共犯正犯化

为了应对上述共犯从属性原则与罪量要素形成的交叉性难题，有部分学者主张引入共犯正犯化（帮助行为正犯化）的做法。这种观点认为，网络使“一对多”的帮助成为可能，而这种“一对多”的帮助行为可以在很广的范围

① 董玉庭．论数额犯中的虚拟共同犯罪问题——以盗窃罪为分析背景．人民检察，2007（20）：37. 需要指出的是，本案中行为定性属于盗窃还是诈骗可能存在争议。有学者认为这种情况下电力公司对少缴的费用的财产性利益具有处分意识，应构成诈骗罪。［黎宏．电信诈骗中的若干刑法问题．法学，2017（5）：171.］由于该问题并非本章探讨重点，此处不再展开。

内促进多个实行行为，导致帮助行为的社会危害性超越实行行为。按照这种观点，帮助行为的独立性突破了传统的从属地位，为了应对帮助行为人的“主犯化”和“独立化”，司法解释和刑事立法都采纳了共犯正犯化（帮助行为正犯化）的做法。① 换言之，按照这种见解，让共犯直接上升成正犯，干脆绕开共犯对正犯的从属关系，这样便可以解决上述网络共犯与罪量的从属性难题。然而，这种看法经不起仔细推敲。

其一，在解释论的正当性上这种观点站不住脚。一方面，这种观点将诸多司法解释的相关规定宽泛地解读为共犯正犯化（帮助行为正犯化），扭曲了司法解释的权限边界。我国一些关于网络犯罪的刑事司法解释中出现了为共犯独立规定罪量要素的现象，如 2010 年“两高”《关于办理利用互联网、移动通讯终端、声讯台制作、复制、出版、贩卖、传播淫秽电子信息刑事案件具体应用法律若干问题的解释（二）》第 6、7 条，2011 年“两高”《关于办理危害计算机信息系统安全刑事案件应用法律若干问题的解释》第 9 条等。以上论者据此认为，这种为共犯独立规定罪量要素的现象是共犯正犯化的表现，因此这种情况下共犯的刑事责任认定不再以正犯满足相应罪量标准为前提。②然而，只有立法者才有权基于法益保护的需要将帮助行为上升为正犯。上述司法解释为共犯独立规定罪量，并不意味着正犯的罪量要求就被免除，将其理解为“帮助行为正犯化”更无可靠依据，更何况相当多的条款仍然明确采用了“以某罪共犯论处”的表述。另一方面，为了解决罪量从属性的难题，上述观点进一步要求对《刑法》第 287 条之二进行极为扩张的解释③，将该罪中“他人利用信息网络实施犯罪”理解为“他人利用信息网络实施违法行为”，使这里的“犯罪”不仅不受罪量要求限制，甚至可以突破刑法构成要件类型的制约。④ 显然，将“犯罪”解释成“违法行为”已经明显超越了解释论的最大容许边界。

其二，这种观点对共犯从属性原则的实际内涵存在误读，并且轻易推倒传统共犯教义学基本原则，理论根基并不牢靠。在具体案件中，共犯发挥比

---

① 于志刚．网络空间中犯罪帮助行为的制裁体系与完善思路．中国法学，2016（2）：6 以下；于志刚．共犯行为正犯化的立法探索与理论梳理——以“帮助信息网络犯罪活动罪”立法定位为角度的分析．法律科学，2017（3）：84 以下．

② 于志刚．共犯行为正犯化的立法探索与理论梳理．法律科学，2017（3）：86 以下；郭旨龙．网络犯罪共犯行为的正犯化与定量评价．科技与法律，2014（6）：1027 以下；于冲．网络犯罪帮助行为正犯化的规范解读与理论省思．中国刑事法杂志，2017（1）：83 以下．

③ 其他主张扩张解释的观点可参见：时延安．网络规制与犯罪治理．中国刑事法杂志，2017（6）：21；张铁军．帮助信息网络犯罪活动罪的若干司法适用难题疏解．中国刑事法杂志，2017（6）：41.

④ 于志刚．共犯行为正犯化的立法探索与理论梳理．法律科学，2017（3）：90.

正犯更重要的实际作用，具有某种更加不可或缺的事实地位，这些都并非是对共犯从属性的突破，也不是所谓共犯独立性的体现。共犯从属性的真正内涵在于，通过构成要件对正犯的限定来控制共犯的处罚边界。因为，“教唆或帮助任意恶行的行为，当然不能笼统地被禁止和用刑罚来处罚。法律必须更清楚地说明，为何一个人不允许教唆或帮助他人”①。“法治国明确性的要求，只能通过刑法明确处罚的主行为来维持共犯的可罚性。就这一点而言，从属性原则体现了一种保障性构成要件的法治国界限。”② 换言之，共犯从属性并非意味着共犯比正犯发挥了更为从属或次要的实际作用，而是指其对正犯直接实施构成要件的定型性依赖。而上述观点实际上是将正犯的概念混淆为主犯，进而将共犯发挥主要作用的情形含混地描述为共犯独立化和共犯正犯化。主犯更多的是量刑论上的术语，主要考虑参与人发挥的实际作用，而正犯则属于犯罪论的范畴，是依托于直接实现构成要件而确立的概念，二者不可混淆。在实践中，正犯并不一定对应主犯，共犯也不一定对应从犯。以上论者在对共犯从属性产生误读的基础上，主张突破共犯从属性并走向共犯独立性，不仅造成理论术语的定义紊乱，而且可能会削弱构成要件保障机能限定共犯处罚边界的重要功能。

其三，即使在立法上对共犯正犯化予以明确，罪量要素与共犯的从属性难题也仍未解决。例如，《刑法》第 287 条之二帮助信息网络犯罪活动罪便属于“帮助行为正犯化”理念的立法实践，但是在该罪的适用中，被帮助的“信息网络犯罪”是否需要达到罪量标准仍然存在很大疑问。按照通说的观点，符合构成要件类型的行为只有达到《刑法》分则规定的罪量标准才能被称为“犯罪”。如果将这里的“信息网络犯罪”去罪量化，不仅在刑法解释限度上值得批判，而且可能会以偏概全地造成处罚范围不当扩大。因为，被帮助的行为尚未达到刑事可罚的程度，帮助行为又如何能具有可罚性依据呢？在“一对多”的网络犯罪参与模型中尚可对实际共犯的可罚性作出某种论证和诠释，而网络空间中仍然大量存在“一对一”“多对一”等参与形式，此时如果实际正犯的可罚性不足，被正犯化的共犯就失去了刑事处罚的正当性基础。

（二）径路二：从属性原则的重新定位

第二种方案则试图从共犯从属性原理本身来寻找答案。按照这种观点，就共犯从属性原则而言，应当选择最小从属理论，即共犯的成立只要正犯具

---

① Vgl. *Herzberg*, Akzessorietät der Teilnahme und persönliche Merkmale, GA 1991, S. 148.

② Vgl. *Kühl*, Strafrecht Allgemeiner Teil, 7. Aufl., 2012, § 20, Rn. 134.

备构成要件该当性即可，而无须其具备违法性和有责性。如果采取这种立场，在网络共同犯罪的场合，当分散的多个正犯因“量”不足以构成犯罪时，帮助者仍然可以构成帮助犯，因为此时正犯虽然不具备违法性，但却已经具备了构成要件该当性。① 这种观点认为，在网络空间里，正犯仅具备构成要件符合性而无实质违法性的现象已是常态，这对限制从属性理论形成了冲击。最小从属性说将共犯的成立限缩在正犯符合构成要件该当性，并对正犯的违法性与共犯的成立进行切割判断，可以应对正犯合法而共犯违法或正犯违法而共犯合法的违法相对现象。② 这种观点甚至主张，在共犯处罚根据问题上应当回到纯粹的引起说，解除共犯与正犯违法性的隶属，以共犯行为自身为考察中心倡导违法相对性。③ 但是，这种观点不仅在共犯基本理论上存在明显缺陷，而且最终解决不了本章所探讨的问题。

一方面，最小从属说和共犯处罚根据问题上的纯粹引起说都难以成立。就共犯从属性问题而言，理论上一般认为存在最小从属说、限制从属说、极端从属说和最极端从属说四种方案。④ 目前来看，不论是在我国刑法学界还是在德日刑法学界，后两种方案都已经被主流学说抛弃，有限的争论仅存在于最小从属说和限制从属说之间。对此，德国学界的通说是限制从属说（Limitierte Akzessorietät），即共犯的可罚性以正犯具备构成要件该当性和违法性为前提，但无须正犯具备有责性。⑤ 笔者也认同这种立场，因为最小从属说潜存着不当扩大共犯处罚范围的风险。按照最小从属说的观点，即使正犯属于正当化行为，共犯也可以具有可罚性，这显然并不合理。⑥ 如此一来，共犯的不法评价已经相当程度地独立于正犯不法的认定了。也正是在这个意义上，认为最小从属说实际上接近于共犯独立说是富有见地的。⑦ 理论上也有反对性的意见以利用合法行为（正当防卫行为）等情形作为例子来反驳限制从属说⑧，

---

① 阎二鹏．共犯行为正犯化及其反思．国家检察官学院学报，2013（3）：110.

② 王霖．网络犯罪参与行为刑事责任模式的教义学塑造——共犯归责模式的回归．政治与法律，2016（9）：38.

③ 王霖．网络共犯归责模式新构——以改良纯粹惹起说为视角．西部法学评论，2017（1）：98.

④ 陈兴良．规范刑法学．2 版：上册．北京：中国人民大学出版社，2008：223.

⑤ Vgl. *Rengier*, Strafrecht Allgemeiner Teil, 9. Aufl., 2017, §45, Rn. 13; *Roxin*, Strafrecht, Allgemeiner Teil, Band II: Besondere Erscheinungsformen der Straftat, 2003, §26, Rn. 4; *Kindhäuser*, Strafrecht Allgemeiner Teil, 7. Aufl., 2015, §38, Rn. 19; *Kühl*, Strafrecht Allgemeiner Teil, 7. Auf., 2012, §20, Rn. 135.

⑥ 钱叶六．共犯与正犯关系论．中外法学，2013（4）：772.

⑦ 福田平，大塚仁．日本刑法总论讲义．李乔，文石，周世铮，译．沈阳：辽宁人民出版社，1986：164.

⑧ 西田典之．日本刑法总论：第 2 版．王昭武，刘明祥，译．北京：法律出版社，2013：357；周啸天．最小从属性说的提倡：以对合法行为的利用为中心．法律科学，2015（6）：77.

但是这种情形实际上要么可以按照间接正犯的原理来解决，要么由于正当防卫的存在阻却违法，共犯行为本身就没有值得处罚的刑事不法。就刑事不法的程度而言，在共同犯罪问题上，只有当正犯达到刑事违法性的程度时，共犯才可能按照从属性原则具有刑事可罚性。如果正犯仅具有一般的违法性，那么共犯也不可能达到刑事违法性的程度。[①] 而纯粹引起说则走得更远，因为这种观点导致共犯不法的认定完全是结果导向的[②]，它会使共犯处罚范围因脱离正犯构成要件行为的束缚而过度扩张，而在义务犯的场合又过度限缩。[③]

另一方面，着眼于罪量要素的体系定位，这种思路也没有真正“对症下药”地解决问题。就罪量要素的体系定位而言，在理论上主要存在客观处罚条件说[④]、可罚的违法性说[⑤]以及构成要件说三种基本立场。[⑥] 但总的来看，由于罪量要素直接地决定着行为不法程度的大小，关系到犯罪应罚性的阈值，因此，在我国目前的刑法框架下，多数派的观点认为，构成要件既有质的一面，也有量的一面，应将罪量要素定位于构成要件该当性阶层，而不是违法性阶层。[⑦] 鉴于我国刑法中罪量要素明文规定于罪状表述之中，且理论上一般认为违法性阶层主要做正当化的消极判断，所以构成要件说具有相当的合理性。按照这样一种主流的罪量体系定位，即使采取最小从属性说，共犯的可罚性仍然应当以正犯达到罪量标准为前提，因此也没能真正解决上述难题。退一步说，不论将罪量要素定位于哪个阶层，如果不将其纳入共犯从属性范围之内，那么都可能会出现正犯仅是违法行为而共犯构成犯罪的不合理现象。

---

① Vgl. *Günther*，Strafrechtswidrigkeit und Strafunrechtsausschluss：Studien zur Rechtswidrigkeit als Straftatmerkmal und zur Funktion der Rechtfertigungsgründe im Strafrecht，1983，S. 390.

② Vgl. *Kindhäuser*，Strafrecht Allgemeiner Teil，7. Aufl.，2015，§38，Rn. 12.

③ Vgl. *Roxin*，Strafrecht，Allgemeiner Teil，Band II：Besondere Erscheinungsformen der Straftat，2003，§26，Rn. 13-15.

④ 陈兴良．刑法的明确性问题：以《刑法》第225条第4款规定为例的分析．中国法学，2011（4）：119；陈兴良．本体刑法学．2版．北京：中国人民大学出版社，2011：343；熊琦．德国刑法问题研究．台北：元照出版公司，2009：98-99；陈兴良．刑法教义学与刑事政策的关系：从李斯特鸿沟到罗克辛贯通——中国语境下的展开．中外法学，2013（5）：1003.

⑤ 刘为波．可罚的违法性理论——兼论我国犯罪概念中的“但书”规定//陈兴良．刑事法评论：第10卷．北京：中国政法大学出版社，2002：94以下；刘士心．论可罚的违法性．中国刑事法杂志，2009（3）：24.

⑥ 梁根林．但书、罪量与扒窃入罪．法学研究，2013（2）：138；刘艳红．情节犯新论．现代法学，2002（5）：78；王莹．情节犯之情节的犯罪论体系性定位．法学研究，2012（3）：136以下；王强．罪量因素：构成要件要素抑或处罚条件？．法学家，2012（5）：36.

⑦ 梁根林．但书、罪量与扒窃入罪．法学研究，2013（2）：138；刘艳红．情节犯新论．现代法学，2002（5）：78；王莹．情节犯之情节的犯罪论体系定位．法学研究，2012（3）：136；陈少青．罪量与可罚性．中国刑事法杂志，2017（1）：52.

（三）径路三：罪量要素与共犯体系分离

第三种观点虽然没有特别地探讨网络共同犯罪的议题，但是指向了本章所讨论的核心问题，即共同犯罪与罪量要素的关系。这种观点在对罪量要素性质进行分析的基础上，试图将罪量要素从共犯参与体系中剥离，以此来解决共同犯罪中罪量要素的从属性难题。按照这种见解，罪体相当于犯罪构成客观要件，表明侵害法益的质，而罪量则是表明行为法益侵害程度的数量要件，前者表征个罪行为类型化，限定公权力介入界域，属于罪刑法定的基本要求，而后者则是对不同程度同类行为的公权力处置上的分工，二者并非处在同一层次的要素。这种差异意味着，对共犯理论而言，二者必须舍弃其一，即舍弃将罪量要素同时作为判断共犯成立与否的内容。① 但是，这种观点实际上并未取得逻辑上的自洽。

固然，罪体要素与罪量要素存在指向性上的差别，即前者构成不法类型，后者标示不法程度，但是二者也具有非常明显的共同点，即都具有不法相关性。这一点论者也是认同的。而且，对于达到应罚性标准的不法成立而言，罪体和罪量互相补充、缺一不可。如前文所言，国内外的学界大都认为，共犯的不法以正犯的不法为前提，而这里的不法不仅要满足构成要件该当性征表的形式违法，而且要符合第二阶层所判断的实质违法。然而，为何罪体要素和罪量要素的上述差异就必然要求将罪量要素从正犯不法的判断中抽离出来，进而对正犯不法的判断仅做形式化处理？这一点论者并没有给出充分的论证。而事实上，这种将表征实质不法程度的罪量要素从共犯体系中剥离的做法，与最小从属说殊途同归。它最终可能导致的逻辑后果就是，正犯属于一般违法行为或行政违法行为，但是共犯可能构成犯罪。虽然正犯构成要件发挥了类型性的限制机能和保障机能，但是对正犯不法程度要求的放弃，会在另外一个维度上造成罪刑法定原则的危机。

（四）径路四：虚拟共同犯罪

第四种观点着眼于本章开篇处介绍的案例一来展开讨论，虽然并非在网络共同犯罪的语境中展开，但是同样瞄准了共同犯罪与罪量要素的关系这一核心问题。这种观点首先肯定了数额犯中数额累计计算的合理性，并将行为的连续性作为限定性的条件加以确立。具体就电工窃电案来说，电工与各个业主之间虽然是共同窃电行为，但是却并非共同犯罪，因为对于数额犯的共同犯罪来说，共同行为也必须达到定罪的数额标准。然而，虽然电工与每个

---

① 王强，胡娜．罪量要素的价值属性在共犯中的运用．中国刑事法杂志，2012（12）：15.

业主均不成立共同犯罪，如果不考虑每个业主真实的自然人身份，可以把20个不同业主虚拟成一个非真实的自然人主体X。如此一来，电工与X共同窃电20次，数额累计计算即可构成盗窃罪。这就是“虚拟共同犯罪”的构想。而之所以能够作出这种虚拟设定，根本原因在于此时法益侵害并无本质区别。①

可以说，这种观点相当具有想象力和启发性，但是其不足之处也非常明显。其一，对共同犯罪作出这种虚拟设定的理由站不住脚。如学者所言，法益侵害事实的确不会因为行为主体不同、主体的多寡而有所不同，但是也绝不可能以此为依据将多个行为主体虚拟为一个主体。② 其二，就论者所依赖的连续犯法理来说，具体犯罪对象是否同一并不重要。在司法实践中，连续犯常常针对不同主体，例如对某小区的多户居民连续实施盗窃，对路过的行人连续实施抢劫等。如此看来，将不同业主拟制成相同的非真实主体X就没有太大意义。其三，共犯行为何以能够进行整体性评价、进而实现数额累计计算，以及这种做法是否导致共犯从属性原则被推翻，这些关键性的问题尚没有得到充分阐述。

综上所述，以上几种解决方案虽然都不无启发，但是始终没有很好地兼顾结论的妥当性和论证的合理性。

二、新的思考方向

（一）问题的根源

如前文所述，一般认为，我们所面临的核心难题在于，在网络语境中“一对多”犯罪参与模式下，因正犯达不到罪量标准而导致共犯处罚困难。换言之，这里似乎存在共犯应然当罚性和理论推导之不可罚性之间的矛盾。然而，纵观上述研究，在思考方向上存在诸多值得反思之处。

实际上，既有研究不自觉地对“一对多”共犯行为进行了过度分割性的判断。固然，共犯不法以正犯不法为基础，因此单个正犯不法和共犯的从属性关联是思考的起点，但是，这并不是思考的终点，不能因此忽略该种犯罪参与模式中共犯行为本身的特殊性质和结构。具体来说，从单个正犯不法出发，每一次局部被拆解的共犯参与行为确实没有达到刑事可罚的程度，然而，不应忽略的是，共犯实际上在一定的时间范围内基于同样的主观心态多次、反

① 董玉庭．论数额犯中的虚拟共同犯罪问题——以盗窃罪为分析背景．人民检察，2007（20）：38-40．

② 王强，胡娜．罪量要素的价值属性在共犯中的运用．中国刑事法杂志，2012（12）：18．

复地实施了这种轻微违法帮助行为，而这一事实是共犯从属性认定之外更加关键的考察对象。如果眼光仅仅囿于局部被拆解的共犯参与行为对个体正犯的从属关系，那么实际上陷入了刑法评价中“只见树木，不见森林”的境地。

由于前述原因，诸多学者都将目光聚焦在从属性原则之上，由此对其进行解释论甚至立法论上的改造，这不但偏离了问题本身，还给传统共犯理论带来不必要的冲击。在“一对多”共犯参与模式中，局部来看，由于单个正犯行为尚未达到罪量标准，并不具备值得动用刑罚的刑事不法，被拆解的单个共犯行为自然也不具有刑事可罚性。在这个范畴内，共犯从属性原则的机理和效力与一般犯罪参与模式的情形并无二致。这里共犯可罚性的关键争议其实在于，同一主观犯意支配下多次、反复甚至同时实施的同类违法帮助行为能否作为犯罪处理，问题并不在于从属性原则本身。在局部的共犯正犯关系上，从属性原则仍然依托正犯构成要件行为的保障机能妥当地发挥着限定共犯处罚范围的作用。相反，如果不当地将从属性原则作为“病灶”处理，否定通说主张的限制从属说、修正引起说而改采最小从属说、纯粹引起说，则会导致一般性的正犯、共犯关系失序，引发正犯没有刑事不法而共犯却具有刑事不法的现象，造成共犯处罚边界的不当扩张。试图直接否定共犯从属性原则的共犯正犯化思路则在这个错误的逻辑上走得更远。即使在“一对多”的独特犯罪参与模式中，局部性共犯行为对正犯行为的基本从属关系也并未改变。所谓“共犯比正犯具有更大社会危害性”的说法实际上偷换了概念，因为这里不当地将多次、反复、并发实施共犯行为的共犯与仅实施单次行为的正犯放在了一个比较范畴中。而且，如前所述，这种观点还将作用分类法中的影响力标准悄然置入正犯、共犯区分之中。在这些误读的基础上否定共犯从属性原则，造成了传统共犯教义学理论内部的混乱。

综上，本章认为，寻找“一对多”共犯行为处罚难题的答案应当回归这种参与模式的事实特征本身，注重对同一主观犯意支配下多次、反复、并发性共犯行为的整体性刑法评价，而不应将目光局限在局部拆分的共犯参与关系中，更不宜轻易地推翻原有共犯教义学理论的基本原理。

（二）“数额累计计算”的启示

实际上，多个同类、尚未达到刑法罪量标准的轻微违法行为能否合并评价为犯罪的问题在理论上早有探讨，这集中体现在数额犯中关于“数额累计计算”的争论，这一点已经在前文径路四中有所涉及。①

① “数额累计计算”问题，既涉及单个行为没有达到罪量标准的情形，也涉及单个行为已经达到罪量标准的情况，而且以上两种情况完全可能以混合形式出现。为了切中主题，下文主要探讨第一种情形。

"数额累计计算"的做法，在我国的刑事立法、司法解释中已经得到了相当程度的认可。在立法上的实践始于1988年全国人大常委会通过的《关于惩治走私罪的补充规定》和《关于惩治贪污罪贿赂罪的补充规定》，其中分别规定："对多次走私未经处理的，按照累计走私货物、物品的价额处罚"；"对多次贪污未经处理的，按照累计贪污数额处罚"。其后，全国人大常委会于1990年和1992年分别在《关于禁毒的决定》和《关于惩治偷税、抗税犯罪的补充规定》中对走私、贩卖、运输、制造毒品的行为和偷税行为确立了同样的规则。目前，我国《刑法》第153条第3款、第201条第3款、第347条第7款、第383条第2款延续了这样的规定。① 在司法解释中，"数额累计计算"的规则也得到适用，这尤其体现在理论上的营业犯（gewerbsmäßige Begehung）或职业犯（geschäftsmäßige Begehung）② 之中。例如，2001年"两高"《关于办理生产、销售伪劣商品刑事案件具体应用法律若干问题的解释》第2条第4款规定，多次实施生产、销售伪劣产品行为，未经处理的，伪劣产品的销售金额或者货值金额累计计算。再如，2004年"两高"《关于办理侵犯知识产权刑事案件具体应用法律若干问题的解释》第12条规定，多次实施侵犯知识产权行为，未经行政处理或者刑事处罚的，非法经营数额、违法所得数额或者销售金额累计计算。

尽管"数额累计计算"规则在立法和司法实践中被相当程度地采用，但是理论上仍然存在较大争议。首先，关于这种做法是否具有正当性，就存在两种截然不同的观点。虽然多数学者有条件地肯定了这种规则，但是也有学者犀利地指出，这种做法体现出刑法的扩张和重刑倾向，背离刑法谦抑性。③ 其次，就其适用范围而言，学界的共识则更少。有的学者认为"数额累计计算"规则应当以立法明文规定为限④，不宜予以普适化，那些旨在进一步扩大其适用范围的司法解释应当减速、慎行。⑤ 而另外一些学者则主张将其上升为数额犯的一般性处理规则⑥，甚至进一步拓宽到"多次实施违法行为入罪化"的层面。⑦ 再次，就"数额累计计算"的适用条件来说，多数观点都认为并不

---

① 陈航．累计数额刑事处罚制度研究．云南大学学报（法学版），2007（6）：29－30.

② 所谓营业犯，是指通过反复实施某一犯罪行为来创造持续收入来源的犯罪。所谓职业犯，是指将反复实施的犯罪行为作为其经济或职业活动的一部分。二者都属于集合犯的下位概念。Vgl. *Roxin*, Strafrecht, Allgemeiner Teil, Band II: Besondere Erscheinungsformen der Straftat, 2003, § 33, Rn. 275; *Welzel*, Das deutsche Strafrecht: Eine systematische Darstellung, 3. Aufl., 1954, S. 163.

③ 张小虎．多次行为的理论定性与立法存疑．法学杂志，2006（3）：36.

④ 叶良芳．刑法中数额的性质及其计算．云南大学学报（法学版），2006（4）：29.

⑤ 陈航．累计数额刑事处罚制度研究．云南大学学报（法学版），2007（6）：32.

⑥ 朱铁军．犯罪数额累计问题研究．法治研究，2009（10）：76.

⑦ 李恩民．多次违法行为构成犯罪初探．人民检察，1999（2）：12.

要求每次行为都已达到犯罪罪量标准。但是，有的学者主张系列行为必须符合徐行犯（接续犯）和集合犯的条件，而连续犯则不能适用这一规则①；而有的学者则认为连续犯也可以包含在适用范围之内，甚至有观点主张可以完全突破连续犯的关联性限制。② 最后，就“数额累计计算”的理论基础来说，有的观点诉诸一种“社会危害性量的积累”或“社会危害性量变、质变统一”的思想。③ 而反对性的意见则认为，一个行为的性质总是在特定的时空条件下被界定的，即在行为时依行为时法来决定，如果某种行为不符合集合犯、徐行犯等特殊一罪形态性质，则不能在事后将这些违法行为“追认”为犯罪。④

可见，对“数额累计计算”的问题，学界远未达成广泛共识。而且，即使是支撑肯定说的那些论据和概念，如集合犯、连续犯，也在理论和实践中遭遇了许多的诘难。例如，就连续犯而言，该概念的认可度可谓一路下滑。日本曾在 1947 年删除了连续犯的规定⑤，德国 1994 年联邦最高法院的判决也将以往判例确认的连续犯思想予以推翻⑥，而我国台湾地区在 2005 年也将连续犯以一罪论处的规则予以删除。⑦ 理论上也认为，连续犯作为一罪处理本来就没有牢靠的思想基础，一方面在多个法益严重受损的情形中可能处罚过轻，另一方面可能因为追诉时效的延长对被告人造成不利后果。基于大体类似的理由，集合犯的行为也在德国帝国法院判例中被拆分处理，而不再被统一视为法律上的行为单数。⑧

但是，这并不代表连续犯和集合犯思想已经完全过时。在日本学界，虽然立法废除了相关条款，但是在理论和判决中连续犯的法理仍然在相当宽的范围内得到认可，因为完全不承认连续犯或将所有的连续犯都作为并和罪处理会带来诉讼程序上的麻烦。⑨ 在德国，虽然连续犯（fortgesetzte Handlung）的概念逐渐被否认，但是系列型犯罪行为（Serienstraftaten）的处置仍然是不

① 陈航．累计数额刑事处罚制度研究．云南大学学报（法学版），2007（6）：33.

② 王飞跃．论一罪累计数量处罚制度的合理性．法律科学，2009（4）：142－143.

③ 朱铁军．犯罪数额累计问题研究．法治研究，2009（10）：76；李恩民．多次违法行为构成犯罪初探．人民检察，1999（2）：12；王飞跃．论一罪累计数量处罚制度的合理性．法律科学，2009（4）：140.

④ 同①32.

⑤ 西田典之．日本刑法总论：第 2 版．王昭武，刘明祥，译．北京：法律出版社，2013：378.

⑥ Vgl. BGHSt 40，165.

⑦ 林山田．刑法通论：下册．北京：北京大学出版社，2012：225.

⑧ Vgl. RGSt 61，147；*Roxin*，Strafrecht，Allgemeiner Teil，Band II：Besondere Erscheinungsformen der Straftat，2003，§33，Rn. 256 ff，276 ff. 我国学者的类似看法，参见：庄劲．论连续犯概念之废除——兼论同种数罪的并罚模式．求索，2007（1）：92；杨彩霞．论连续犯概念的存废——以法律效果为视角．中国地质大学学报（社会科学版），2003（6）：82.

⑨ 张明楷．罪数论与竞合论探究．法商研究，2016（1）：119；福田平，大塚仁．日本刑法总论讲义．李乔，文石，周世铮，译．沈阳：辽宁人民出版社，1986：191.

得不面对的问题。因此，这只意味着问题的转移，而并不代表问题的解决。① 对此，理论上和实务中主要有三种方式来予以填补：其一，通过建构宽松的评价整体来扩张适用构成要件的行为单数（tatbestandliche Handlungseinheit）。其二，扩张自然行为单数（natürliche Handlungseinheit）的适用范围。其三，在量刑层面对消极结果予以修正。② 而就集合犯而言，日本刑法学界仍然将其作为包括一罪的一种重要类型普遍予以承认。在德国，虽然集合犯在判例上曾被否定，但是理论上对此也不乏批判的见解。如威尔泽尔认为，这种判例观点没有认识到，在行为单数之外，还存在犯罪生活方式的单数，这根植于一种并非理论创造而是法律明确承认的生活事实。比如，《德国刑法典》分则罪名中多次出现了"营业性地"（gewerbsmäßig）这一表述。因此，这种判决与法律的字面表述和内在含义都是冲突的。③

笔者认为，在具体的案件中，依托于连续犯、集合犯的基本原理，结合特定犯罪构成要件的具体语义结构，在一定时间跨度内基于同一行为决意所进行的多个连续、反复行为仍然可能被整体性地评价为一个构成要件行为单数（tatbestandliche Handlungseinheit），在此基础上审慎展开"数额累计计算"则是务实可行的。同样的案件事实，属于一个整体还是多个部分，被评价为一个行为还是多个行为，虽然是思考竞合论问题的逻辑起点，但是从来都难有定论。不同的结论完全取决于我们采取何种观察视角和尺度。因为，人的行为总是由一连串的作为或不作为构成，按照何种标准来拆解这一过程形成行为单数或行为复数，是这里的关键问题。④ 虽然具体案件情况各不相同，但是大体上可以区分为自然性的视角（natürliche Betrachtungsweise）和规范性的观点。⑤ 例如，判例和主流学说主张一种所谓的自然的生活观念（natürliche Lebensauffassung）标准，不过也有不同意见认为应将具体被损害的法定构成要件的意义作为标准。⑥ 但是，不论如何，行为单数和行为复数的区分绝不仅仅在于生理性的身体动作。⑦ 因为，刑法行为不是自然科学意义上

---

① Vgl. *Fischer*, Strafgesetzbuch, 61. Aufl., 2014, Vor § 52, Rn. 51.

② Vgl. *Wessels/Beulke/Satzger*, Strafrecht Allgemeiner Teil, 43. Aufl., 2013, Rn. 774.

③ Vgl. *Welzel*, Das deutsche Strafrecht: Eine systematische Darstellung, 3. Aufl., 1954, SS. 163 - 164; *Hippel*, Deutsches Strafrecht, Band 2, 1971, S. 547.

④ Vgl. *Jescheck/Weigend*, Lehrbuch des Strafrechts, Allgemeiner Teil, 5. Aufl., 1996, S. 710.

⑤ 柯耀程．刑法竞合论．北京：中国人民大学出版社，2008：67.

⑥ Vgl. *Kühl*, Strafrecht Allgemeiner Teil, 6. Aufl., 2008, § 21, Rn. 6; *Jescheck/Weigend*, Lehrbuch des Strafrechts, Allgemeiner Teil, 5. Aufl., 1996, S. 711.

⑦ Vgl. *Sternberg-Lieben/Bosch*, in *Schönke/Schröder* Strafgesetzbuch, 29. Auflage 2014, Vorbemerkungen zu den §§ 52 ff, Rn. 10; *Jescheck/Weigend*, Lehrbuch des Strafrechts, Allgemeiner Teil, 5. Aufl., 1996, S. 710.

而是社会意义关联上的概念。① 如学者所言，构成要件行为单数的认定只能是采取一种规范性的判断标准，即我们同意将事件过程作为一个整体而不是分开来处理。而对于这种整体处理，经历的统一性就发挥了重要的作用，如时间的连续性、情境的相同性、行为决意的同一性以及价值评价的观点。② 对一定时空范围内基于同一主观犯意连续性、反复性、并发性实施的行为，如果采取过于事实化、物理化的立场，可能会导致行为评价的碎片化，有时甚至会出现量刑失衡的现象。有学者指出，早期的见解常倾向于从事实层面区分行为单复数，因而始终难以提供一套令人信服的论据，近年来见解多渐从事实认定转向规范判断的基准。③ 因此，结合案件具体情形④，对具备上述特征的系列性行为进行规范性评价不仅是可行的，而且是必要的。

尤其是在当下互联网全面覆盖的社会语境中，网络信息技术的介入使得虚拟空间中行为的多次性、反复性、并发性变得轻而易举，这越发凸显了规范性的评价思路的重要价值。例如，现实世界中的诈骗行为，由于时空条件的限制多以一对一的形式进行。而在网络空间中，不法分子借助网络信息技术能够以极低成本生成、复制、传播诈骗信息，极大地拓展可能受害群体的范围，轻松实现以“一对多”形式出现的违法犯罪。此时，如果仍然固守形式化、事实化的构成要件行为单数判断标准，不仅会背离社会大众对犯罪行为的一般理解与认知，而且会给司法实践中的定罪量刑带来无穷无尽的困扰。仍然以网络诈骗为例，不法分子常常借助信息通讯技术同时或者在一定连续性的时间范围内实施成千上万个诈骗行为，如果将这种不法事实依次、逐个拆分予以分别认定和处理，这对司法机关而言绝对是不可承受之重。显然，只有对构成要件行为单数予以规范化、拓展性理解才能找到出路。行为单数就好比数学中的基本度量单位，不同规格的采用取决于人类社会生活的具体语境与场景，它并不绝对，需要人们基于特定的目标设定作出规范性的评价和选择。在一个万物互联、边界消隐、无限扩展、无限复制的网络空间里，对构成要件行为单数的认定尺度进行一定程度的扩张是刑法回应社会的一种合理表现。

而就集合犯而言，特定构成要件的表述本身就预设了行为的多次性和反

---

① Vgl. *Kühl*, in *Lackner/Kühl*, Strafgesetzbuch Kommentar, 28. Aufl., 2014, Vorbemerkung zu den §§52 ff, Rn. 4.

② Vgl. *Puppe*, in *Kindhäuser/Neumann/Paeffgen*, Nomos Kommentar, 4. Aufl., 2013, §52, Rn. 17.

③ 柯耀程．刑法竞合论．北京：中国人民大学出版社，2008：68.

④ 例如，在德国刑法理论中，一般会对高度人身法益进行更为独立性的判断，而对非人身法益，尤其是可量化的财产性法益则进行更整体性的判断。Vgl. *Puppe*, in *Kindhäuser/Neumann/Paeffgen*, Nomos Kommentar, 4. Aufl., 2013, §52, Rn. 17.

复性，这种行为特征本身就被构成要件的语义射程所涵盖。以营业犯为例，在多数情况下，行为的多次性和反复性本身就是业务运营的基本条件。计划内行为的反复实施，是行为人进行犯罪的基本动因之一。比如，司法实践中生产、销售假冒、伪劣商品的行为大都是反复实施、持续进行的，因为单次、独个的行为很难为不法分子带来可观的收益。再如，传播淫秽物品牟利者，也往往依赖于在一定时间幅度内、对多个受众主体反复实施传播行为，才可能达到营利目的。这类犯罪不但在实际行为模式中体现出连续性、多次性特征，而且其规范构成要件多采取相对概括性、开放性的表述，从而为行为的上述事实特征预留了解释论上的充足空间。正因如此，在日本刑法学界，贩卖猥亵图画罪也被理解为包含着性质上反复实施的多次行为，即使是在多次贩卖的场合，也仅是包括地成立一罪而已。[①] 数次有偿散发淫秽物品，也仅以有偿散发罪一罪来处罚。[②]

所以，在以上场合，虽然局部意义上存在多个可拆解的事实性行为，但是在规范评价上仍然是一个构成要件的行为单数。而在构成要件行为单数的基础上，数额累计就具有了相当的合理性。[③] 因为，虽然形式上这类行为具有一定复数性的特征，但是在规范判断上仍然属于一个整体，对其进行整合评价当属合理。在规范性判断的行为单数内部，连续举止的同质性（构成要件的类型性特征）是不法叠加的基础（公约数），而行为单数的整体性特征则为这种不法叠加提供了基本的框架。与连续犯作为一罪处理可能造成处罚过轻的指摘相对，数额累计计算可能造成的结果是处罚过重。因为连续犯的量刑限定在一个同类犯罪的刑罚幅度之内，而其刑罚框架在立法时未必充分预留了与这种多次、连续型犯罪法益侵害相当的刑罚力度。与之相反，数额累计造成的后果不仅可能将治安违法处罚行为上升到刑事犯罪行为，也可能将基本的构成要件行为上升为加重的犯罪构成要件行为。不过，在具体时空和主客观条件的限定下，由于连续、反复行为整体上仍可评价为行为单数，这种行为内部的整体判断和数额累计可以免于上述理论非议。

---

① 山口厚．刑法总论：第2版．付立庆，译．北京：中国人民大学出版社，2011：381.

② 西田典之．日本刑法总论：第2版．王昭武，刘明祥，译．北京：法律出版社，2013：377. 我国刑法学界相同的看法，参见：高铭暄，马克昌．刑法学．8版．北京：北京大学出版社，高等教育出版社，2017：191-192.

③ 实际上，《德国刑法典》第248条中"价值轻微"的判断，也承认这种行为单数上的累计计算。Vgl. Kindhäuser, in Kindhäuser/Neumann/Paeffgen, Nomos Kommentar, Strafgesetzbuch, 4. Aufl., 2013, §248 a, Rn. 6; Eser/Bosch, in Schönke/Schröder Strafgesetzbuch, 29. Aufl., 2014, §248a, Rn. 11-14.

（三）共犯不法叠加理论的构想

如前文所述，网络语境中“一对多”共犯参与模式的处罚难题之症结，并不在于共犯从属性原则本身，也不在于罪量要素的体系定位，而是在于如何评价一定时间范围内同一主观犯意支配下实施的多次、连续违法共犯行为。秉承上述“数额累计计算”问题中所获得的启示，可以在本章所探讨的问题中寻找新的思路。

笔者认为，竞合论中行为单数内部整体评价的思想，同样适用于共犯领域，这样一种做法笔者暂且称其为“共犯不法叠加理论”。虽然共犯对正犯具有从属性，但是，无疑共犯本身同样涉及行为单数、行为复数（或一罪与数罪）的判断。在日本刑法学界，关于共犯罪数的认定，曾出现过正犯行为标准说与共犯行为标准说的对立。前者认为，共犯本身是缺乏特征性的行动，不是独立的行为，所以共犯的罪数只能从属于正犯的罪数，共犯的罪数只能以正犯的行为为标准；而后者认为，应将共犯的罪数与正犯的罪数区别开来，共犯罪数应以共犯自身行为为标准。① 例如，甘添贵教授认为，日本刑法学界通说及司法实务基于共犯从属性说之立场，几均认为共犯之罪数应与正犯一致，而以正犯之罪数作为认定之标准。因此，帮助犯以一个帮助行为帮助数人实施数个犯罪者，成立数个帮助罪。② 但是，相反的见解认为，正犯行为标准说的理论前提是极端的共犯从属性理论，历来被批判为“共犯从属性论的夸张”，忽视了共犯行为的独立地位，违反了现代刑法的个人责任原则，因此共犯罪数判断的基准应当是共犯行为。③ 此外，早期日本的判例采取正犯行为标准说，但是，日本的最高裁判所在 1982 年一起帮助走私的案件中④认为，帮助犯的罪数应该就帮助行为本身来认定。对此判例转向及其背后的共犯罪数认定立场，山口厚、西田典之、松宫孝明、大谷实等教授也都予以认同。⑤显然，在日本理论界与实务界，通说早已经转向了共犯行为标准说。在德国

---

① 袁建伟．论共犯罪数的判断．法学评论，2012（3）：37.

② 甘添贵．罪数理论之研究．北京：中国人民大学出版社，2008：179.

③ 参见袁建伟．论共犯罪数的判断．法学评论，2012（3）：38.

④ 在该案中，正犯走私进口兴奋剂，共犯将正犯的现金换成银行保付支票，以此提供帮助，但是正犯事实上分两次走私了进口兴奋剂。

⑤ 西田典之．日本刑法总论：第 2 版．王昭武，刘明祥，译．北京：法律出版社，2013：381；松宫孝明．刑法总论讲义：第 4 版补正版．钱叶六，译．北京：中国人民大学出版社，2013：250；山口厚．刑法总论：第 2 版．付立庆，译．北京：中国人民大学出版社，2011：385；大谷实．刑法总论．黎宏，译．北京：法律出版社，2003：368.

刑法学界，判例[①]和理论也大都认为，共犯行为单数、行为复数（或一罪与数罪）的判断应当以共犯的行为为基准。例如，金德霍伊泽尔教授就认为，如果只存在一个教唆或帮助行为，那么不管正犯实施了一个或多个独立的正犯行为，共犯都只能基于一个共犯参与行为受到处罚。[②] 普珀教授也指出，帮助犯通过一个帮助行为同时对许多不同正犯予以帮助，以及教唆犯或者间接正犯通过一个指示使不同的主体实施不同的犯罪，都只是一个行为。[③]

笔者认为，共犯行为单数、行为复数（或一罪与数罪）的认定基准，与共犯从属性原则是两个不同层面的问题，不应混淆。共犯从属性原则旨在通过正犯对共犯的制约来明确共犯的不法来源，划定共犯的成立界限，防止共犯可罚边界过度扩张。共犯从属性原则设想和处理的是抽象一般意义上的正犯、共犯关系，是基础（最低限度）可罚性层面所探讨的问题，而行为单数与行为复数，以及一罪与数罪的区分则是更为后置性的议题，它主要关乎行为或罪的数量认定。因此，共犯行为单数与行为复数，以及一罪与数罪的判断不能直接从共犯从属性原则中导出，而是应当依据共犯自身事实性的行为特征，同时结合规范性的视角来进行。与正犯类似，同样都是犯罪参与人，那些判断行为单数和行为复数以及一罪与数罪的规则同样适用于共犯。因此，如果共犯在同一主观犯意的主导下，同时或者在一段特定的时间内连续、反复实施同样的构成要件行为，就可以借助连续犯或集合犯的内在法理，结合相应构成要件的具体特征和实际情形，规范性地将其认定为行为单数。在此基础上，作为一个规范性的整体，共犯行为单数内部多次事实行为的不法程度便可以实现叠加，不法含量（罪量）可以进行汇总性判断。通过共犯不法叠加，如果共犯达到了刑法相关罪名所要求的罪量标准，那么他便具有了充足的可罚性。从质的方面来看，正犯构成要件该当性的判断，以及共犯主、客观构成条件的认定，满足了共犯刑事应罚性的基本类型和性质条件。从量的方面来看，共犯行为单数内部不法的叠加，在犯罪定性的基础上进一步充足了共犯行为定量的应罚性。在这种模式下，共犯帮助（或教唆）了足量的正犯不法，其行为的性质和程度与一般情况下从属于正犯（罪质和罪量）的共犯是完全一致的。

在本章的案例 4－1 中，如果电工 L 是在一段较短的时间内基于同样的主

---

① Vgl. BGH NJW 1995, 1166. 在该案中，被告人为逃税提供的帮助行为，被视为一罪评价的标准。BGH NStZ 1993, 584. 在该案中，被告人的丈夫多次骚扰和性侵其继女，但是作为母亲的被告人在知情的情况下放任了这种行为。法院认为，尽管正犯实施了多个独立的犯罪，但是属于不作为帮助犯的被告人应认定为一罪。

② Vgl. *Kindhäuser*, Strafrecht Allgemeiner Teil, 7. Aufl., 2015, § 47, Rn. 30.

③ Vgl. *Puppe*, in *Kindhäuser/Neumann/Paeffgen*, Nomos Kommentar, 4. Aufl., 2013, § 52, Rn. 17.

观犯意对多户居民实施帮助窃电行为，那么这种连续行为仍然可以（按照德日不同的刑法语境）评价为构成要件上的行为单数或是包括的一罪。在此基础上，L 的行为属于一个规范判断的整体，因此可以实现不法程度叠加，他既满足了盗窃罪帮助犯的定性条件，也达到了盗窃罪所要求的不法定量标准（累计帮助盗窃 1.8 万元）。而在案例 4－2 中，K 公司出于牟利的目的，为网络空间中传播淫秽物品的行为持续提供技术支持，实际上属于集合犯的范畴。回到《刑法》第 383 条构成要件，“以牟利为目的，传播淫秽物品”的表述实际上为一段时间内的连续（或持续）行为预留了解释空间。一方面，传播行为着眼于淫秽信息在一段时间内的持续散布状态，单次、短暂的行为往往无法达到这种效果。另一方面，牟利型传播犯具有较为典型的营业犯特征。从现实经验来看，如果行为人将帮助传播淫秽信息作为营利的手段，那么牟利目的的达成常常有赖于反复实施传播行为。因此，K 公司及其主要负责人明知自己提供的 P2P 播放器被他人用于传播淫秽信息，仍然在一段时间内不间断地提供该项网络技术作为支持，也可以理解为构成要件上的行为单数或包括一罪。在此基础上，K 公司及其主要负责人所帮助的正犯的不法含量可以实现叠加，并进一步判断是否达到刑法所规定的罪量标准。

对于笔者的这种构想，一种可能的质疑会认为笔者实际上承认了“没有正犯的共犯”。因为，毕竟在这种情况下正犯由于没有达到罪量标准而不能作为犯罪处罚，相反共犯却被作为犯罪处理。但是，“没有正犯的共犯”问题主要源自采取纯粹惹起说的共犯处罚根据立场以及相应的违法相对性观点，因其对共犯从属性原则过度弱化甚至推翻，而受到理论上的诘难。而笔者的观点并没有陷入这种理论逻辑之中。笔者仍然坚持共犯限制从属性理论的通说立场，在局部的犯罪参与关系之中，共犯的处罚仍然要求以正犯具备构成要件该当性和违法性为前提。在“一对多”的特殊犯罪参与模式中，共犯最终的可罚性不仅取决于一般意义上共犯正犯从属关系的认定，更进一步依赖于共犯行为单数的规范判断。换言之，在这里虽然形式上存在“没有正犯的共犯”，但它是由共犯行为在行为单数、行为复数（或一罪与数罪）的规范判断中造成的，而一般意义上共犯与正犯之间的关系并没有被改变。更进一步说，这两种情形中的“行为”概念都是不一样的。“没有正犯的共犯”语境中的行为，是一般意义上的构成要件行为，它是依照构成要件对行为是否该当进行的最低限度的判断，而行为单数中的行为则融入了竞合论（或罪数论）中更进一步的规范性判断。① 也正因如此，竞合论上的行为比犯罪论上的行为要进

① 柯耀程．刑法竞合论．北京：中国人民大学出版社，2008：69.

行更宽泛的解释。[①] 所以，这种“一对多”情境中的共犯行为，已经不是那种一般意义上正犯共犯关系中的行为，而是在竞合论的语境中被进一步“加工”过的概念，其并未对原有共识性的共犯理论形成真正的冲击。

随着信息社会的到来，网络空间中的共犯行为发生了相当程度的变异。虽然从犯罪参与的局部视角出发，正犯行为与共犯行为之间的关系并未发生根本变化，但是，借助于信息通讯技术和网络空间的多重特性，共犯行为的并发性、多向性、延展性显著增强，因此，共犯的实际整体行为常常溢出“一对一”的正犯、共犯关系框架，形成“一对多”的特殊犯罪参与格局。尽管这种模式在现实世界同样存在，但无疑在网络空间会出现得更加普遍与频繁。此时，对共犯行为的行为单数、复数或罪数评价，就不能仅仅着眼于单个正犯、以一种碎片化的眼光来审视。在认定局部性正犯、共犯关系的基础上，应从更宏观的视野来整体评价共犯行为，充分考虑其外在客观行为的并发性、同时性和连续性，以及内在主观犯意的同一性。网络时代共犯行为的刑法评价，同样应当在注重其事实特质的基础上，进一步采取更为规范性的视角在竞合论（或罪数论）的语境中加以判断，如此才能应对信息技术和虚拟空间对物理特性和犯罪形态的冲击乃至颠覆，避免单纯物理性、事实性行为评价造成刑法结论的碎片化乃至脱离司法实践的诉求和网络语境中人们的一般观念，也为共同犯罪与罪量要素的交叉性难题寻找一条新的理论出路。

三、小　结

网络时代的到来，给人们的生活带来了天翻地覆的变化，具体到犯罪与刑罚的语境中，共同犯罪的参与模式也深受影响。网络空间中的共犯借助于信息通讯技术，具有了更强的犯罪能动性，因此“一对多”的特殊共犯行为模式更加频繁地出现。而由于我国刑法分则罪名中广泛地存在罪量要素，当大量分散的正犯无法达到罪量标准时，共犯的处罚也就成了难题。

然而，目前学界的四种解决方案都存在一定程度的不足。首先，共犯正犯化的思路并没有真正合理地解决上述问题。将共犯正犯化的思路拓展到司法解释中，这已经突破了司法机关解释法律的权限。而立法上的共犯正犯化，不仅误读了共犯从属性原则的真正含义，而且仍未回应实际正犯是否需要达到罪量标准的问题。其次，最小从属性说背离了通说的观点，主张即使正犯

① Vgl. von Heintschel-Heinegg, in Münchener Kommentar zum StGB, 3. Aufl., 2016, § 52, Rn. 12.

没有达到刑法所要求的不法程度要求也可以处罚共犯，这很可能会导致共犯的处罚范围不当扩张。更何况，目前学界多数观点都认为罪量属于构成要件该当性阶层的要素，即使采取最小从属性说也不能解决共犯与罪量产生的交叉性难题。再次，主张将罪量要素从共犯认定中剥离出来的观点，无法达到逻辑自洽。因为将不法相关的罪量要素从共犯体系中分离，事实上与最小从属性说殊途同归，所以具有类似的缺陷。最后，虚拟共同犯罪说虽然颇具想象力，但是仍没有为“虚拟共同犯罪”这一构想提出充分且合乎逻辑的理论依据。

网络语境中共同犯罪与罪量要素共同造成的“一对多”共犯处罚难题，其症结实际上并不在于共犯从属性原则和罪量要素体系定位等传统理论议题。在这里，应当首先回归共犯的事实性行为特征予以整体观察，充分注意其主观犯意的同一性以及客观行为的连续性、反复性和并发性，而不是仅仅着眼于局部的正犯、共犯关系，使看待问题的视角变得碎片化。立法和司法实践中长期存在的“数额累计计算”做法，在限定的条件下具有一定的合理性和可行性。借助于连续犯和集合犯的法理，结合案件具体情况以及特定犯罪构成要件的语义结构，在一定的时间范围内，在同一主观犯意支配下作出的多个连续、反复或并发行为可以作为一个整体被规范性地评价为行为单数。以此为基础，可以合理地实现一定范围内的数额累计计算。而这种做法可以为“一对多”共犯处罚难题提供有益启发。共犯行为在罪数论或竞合论上的认定，应当以共犯自身行为为基准，而不是依照共犯从属性原则直接从正犯行为导出。因此，上述竞合论的行为单数认定规则（或罪数论的罪数认定规则）同样适用于共犯。在一定的时间跨度内，当共犯基于同一主观犯意，连续、反复、并发性地实施同类行为时，同样可以借助连续犯或集合犯的法理，从规范性的视角出发将其整体性地评价为行为单数。在此整体性评价的基础上，便可以进行共犯不法程度（罪量）的叠加。如果达到相应犯罪罪量标准，那么共犯的可罚性便在定性与定量两个层面都得以奠定。这样一种共犯行为单数的规范性判断立场，是应对网络空间中共犯行为因技术介入而产生变异所作出的刑法理论反应。信息通讯技术打破了共犯行为在时间和空间层面的诸多物理限制，共犯行为因而具有强烈的弥散性、连续性和并发性特征，此时对共犯行为单数的判断采取更为规范性、扩展性的视角势在必行，否则，共犯行为将会因为过度碎片化的刑法评价而陷入处罚困境之中。

第五章　德国网络平台责任的嬗变与启示

中国的信息化进程虽然相对起步较晚，但是近年来获得了飞跃性的发展。随着中国互联网技术的不断进步，中国的互联网普及率和网民数量急剧增加。截至 2021 年 12 月，根据中国互联网信息中心（CNNIC）发布的数据，中国网民数量达到了 10.32 亿，网站数 418 万，域名数达到 3 593 万。① 随着互联网社会的不断演进，网络服务提供者这一新兴主体逐渐扮演了越来越重要的角色。在 20 世纪 90 年代以前，互联网主要是由政府或者相关机构来运营。从 1993 年开始，由美国政府资助的 NSFNET（美国国家科学基金网，曾经是美国互联网的主要组成部分）逐渐被若干个商用的因特网主干网替代，而政府机构不再负责因特网的运营，由此网络服务提供者便大量涌现出来。② 网络服务提供者在网络用户与互联网之间扮演着沟通桥梁的作用。因此，网络用户要想使用互联网，必须和网络服务提供者发生联系。可见，网络服务提供者已经发展为网络社会中非常重要的主体类型之一。随着网络服务提供者主体地位的不断提高，对其法律责任研究的重要性也凸显出来。

与此同时，随着信息社会的深度发展和互联网技术的广泛运用，人类社会迎来了平台革命。网络平台时代的到来，极大地改变了人类社会的经济组织形式，也重新形塑了人们的生活协作模式。与传统管道型企业所创造的线性价值链不同，平台结构型企业创造出了复杂的平台价值矩阵，借助规模化逐步消除守门人角色③，在商业领域极为迅速地“攻城略地”。然而，在网络平台给我们带来诸多生活便利、创造新型就业岗位、促进信息沟通的同时，网络平台的责任也引发了越来越多的争议。著名网络社交平台脸书（Facebook）公司因为数据泄露丑闻，市值蒸发百亿，并且陷入公众的信任危机；百度作为搜索平台，为相关病症关键词设置了莆田系医院的链接，其后魏则西的死亡也将这家网络公司推向了舆论的风口浪尖；作为国内打车软件的龙

---

① 中国互联网络信息中心．第 49 次中国互联网络发展状况统计报告：1，12.

② 谢希仁．计算机网络．5 版．北京：电子工业出版社，2008：4.

③ 杰奥夫雷·G. 帕克，马歇尔·W. 范·埃尔斯泰恩，桑基特·保罗·邱达利．平台革命：改变世界的商业模式．志鹏，译．北京：机械工业出版社，2018：6 以下.

头，滴滴出行公司也因为使用该软件的司机性侵、杀害乘客的案件而被迫整改。因此，作为网络服务提供者的一种重要类型，网络平台提供者的法律责任问题受到了越来越多的关注。2018 年 8 月 31 日，历经 5 年 4 审的《电子商务法》终于通过。但是，就电子商务平台提供者的责任而言，核心法律条款仍然保持了高度的开放性。其中，《电子商务法》第 38 条第 2 款就是最鲜明的例证。该条中的责任经历了“连带责任”——“相应补充责任”——“相应责任”的转变，充分体现了各方利益之间的博弈与平衡。

尽管争议非常之大，但是我国相关立法不断强化网络服务提供者和网络平台提供者的责任是基本的趋势。值得注意的是，近年来，德国的立法也体现了同样的趋势，并且引起了较大争议。法治发展程度较高的德国如何设计网络服务提供者和网络平台提供者①的责任框架，为何以及如何强化这种责任，是比较法中值得研究的问题。本章将着眼于此，对德国网络服务提供者法律责任的发展脉络和动态加以梳理，探讨其中的分歧，以求为我国网络服务提供者法律责任的思考提供一些助益。

一、制度初创：《电信服务法》与信息产业保护

1997 年 8 月 1 日，德国《电信服务法》正式生效，这标志着德国在网络服务提供者（包括平台提供者）责任模式的立法建构上迈出了极为重要的第一步。

（一）基本内容

《电信服务法》（Teledienstegesetz，一般简称为 TDG）是一揽子立法规划《信息与通讯服务法》（Informations-und Kommunikationsdienste-Gesetz，一般简称为 IuKDG）中的第一部法律。《电信服务法》仅有 6 条规定，其中第 5 条设立了电信服务提供者的责任，这一核心条款奠定了长久以来德国法中网络服务提供者责任体系的雏形框架。

《电信服务法》第 5 条：

1. 服务提供者对于自己所提供的内容，按照一般的法律承担责任。

2. 对于他人提供的内容，只有当服务提供者对这些内容具有认识，并且阻止提供这些内容在技术上是可能的且具有可期待性，他才承担责任。

① 较之于网络平台提供者，网络服务提供者是更为上位的概念。二者常常互相关联，密不可分。因此，网络平台提供者的责任往往被放在网络服务提供者的责任框架中来探讨。本章第一、二部分关于德国《电信服务法》和《电信媒体法》的内容，主要介绍网络服务提供者的责任模式，第三部分关于德国《网络执行法》的内容则主要围绕平台服务提供者的责任展开。

3. 对于他人提供的内容，如果服务提供者仅仅提供了接入通道，则不承担责任。基于用户请求而自动、短暂提供他人内容，视为接入通道提供行为。

4. 如果服务提供者在维护通讯秘密过程中，按照《电信通讯法》第 85 条的规定，对违法内容具有了认识，并且对其进行封锁在技术上是可能且可期待的，那么按照一般法律所产生的封锁违法内容的义务不受影响。

（二）立法背景

20 世纪 90 年代后期，信息产业、互联网经济在西方国家逐渐兴起，这一背景成为理解《电信服务法》的关键因素。随着信息经济的崛起，在网络运营中扮演基础性角色的服务提供者的法律责任成为关键性的问题。在《电信服务法》通过以前，学者们已经就此议题展开了激烈的探讨，而在德国的 CompuServe 案件进一步牵涉到了服务提供者的刑事责任，引起了国际性的关注，这更是使得一种具有法律明确性的立法解决方案成为必要。

在《电信服务法》的法律草案说明中可以清楚地看到，信息技术变革、新经济的发展、市场竞争力的维护成为论证立法动议的关键词。立法草案充分考虑了信息和通讯技术带来的深刻变革和人类向信息社会的转变。在此背景下，信息经济和信息服务成为经济的重要分支，并且具有巨大的增长潜力和动能，也可能带来优质和具有前景的工作岗位。因此，信息和通讯技术带来的信息经济发展成为一种独立的经济利益，它在国内和国际的位置竞争中具有越来越重要的意义。① 有鉴于此，德国的立法者希望通过明确的立法，消除市场力量在新的信息通讯服务领域自由发展的障碍，为电子信息通信服务的不同使用可能性，建立一套统一的经济性框架条件，这一点被开宗明义地规定在《电信服务法》第 1 条之中。

（三）立法评价

整体来说，《电信服务法》的通过得到了德国学界的积极评价。该法首要的优点在于，在（网络）服务提供者的责任设置上提出了先创性的规则框架，开了这一领域规则之治的先河。例如，有学者虽然对具体规则的可行性存有疑问，但是整体肯定了这一立法，认为它在欧洲范围内首先对这一责任问题作出了回应。②《电信服务法》为服务提供者创立了法的确定性，而这种法的

---

① Vgl. BT-Drs. 13/7385, S. 16.

② Vgl. *Bortloff*, Neue Urteile in Europa betreffend die Frage der Verantwortlichkeit von Online-Diensten, ZUM Heft 3, 1997, S. 169, 175; *Wimmer*, Die Verantwortlichkeit des Online-Providers nach dem neuen Multimediarecht-zugleich ein Überblick über die Entwicklung der Rechtsprechung seit dem 1. 8. 1997, ZUM Heft 6, 1999, S. 443.

确定性是信息社会发展的一个重要条件。① 有学者甚至指出，尽管过去立法者常常因为制定过于复杂、晦涩的法律而被指责，但是显然《电信服务法》克服了这一问题。通过不多的几个条款，立法者就在极为复杂的教义学丛林中开辟出了一条道路。② 而且，从更高的层次来看，面对国际范围内对电子商务越发强化的探讨，德国的法律框架是有益的，它为这个领域国际性的法律定位设立了一个良好的出发基点③；它为承载不同功能的网络服务提供者的责任，奠定了一个清楚而具有说服力的构想，不仅被欧盟层面的指令所吸收，而且能够成为欧洲的典范。④

在该法所具有的立法先创性优点之外，立法者还非常妥当地对各方利益进行了平衡，创设了一个较为均衡的责任结构，这使得《电信服务法》奠定了之后不断演进的立法进程中网络服务提供者和平台提供者以免责为导向的基本责任框架。《电信服务法》的立法材料表明，该法试图为信息和通讯服务的蓬勃发展提供一个可靠的基础，在自由竞争、正当用户利益、公共秩序利益之间求得一个平衡。立法材料指出，扩展的个人通讯可能性，以及其他经济上被认可的形式，在信息和通讯服务中都应当予以考虑；运行良好的竞争应当被保障，用户的需求应当被重视，公共利益应当被维护；而只有当信息社会道路上的障碍被清除时，德国才能在国际竞争中立足，才能充分利用增长和就业机会。⑤ 出于对自由竞争、用户利益、公共秩序的均衡考虑，立法者为服务提供者创设了一套条件性的保护免责机制，既充分保障新兴信息经济的发展空间和法律稳定性，同时又设置必要的限制条件，不过度放纵其野蛮、失序生长。在《电信服务法》第 5 条架构的责任框架中，内容提供者以外的服务提供者仅在满足特定条件时才承担责任。纯粹的接入提供者对他人内容不承担责任；非自有内容的提供者，也只在对内容具有明确认识的前提下才承担责任。这种限缩型责任架构的出发点在于，网络上的沟通本身并不构成一个危险源，这被认为是具有说服力的。⑥ 精明的读者一定能够发现，这里实

① Vgl. *Moritz*，§5 TDG im deutschen Recht-die wissenschaftliche Diskussion ist eröffnet，MMR Heft 12，1998，S. 625；*Schaefer/Rasch/Braun*，Zur Verantwortlichkeit von Online-Diensten und Zugangsvermittlern für fremde urheberrechtsverletzende Inhalte，ZUM Heft 6，1998，S. 451 - 452.

② Vgl. *Spindler*，Dogmatische Strukturen der Verantwortlichkeit der Diensteanbieter nach TDG und MDStV，MMR Heft 12，1998，S. 639.

③ Vgl. *Engel-Flechsig*，Das Informations-und Kommunikationsdienstegesetz des Bundes und der Mediendienstestaatsvertrag der Bundesländer，ZUM Heft 4，1997，S. 239.

④ Vgl. *Sieber*，Die rechtliche Verantwortlichkeit im Internet，Grundlagen，Ziele und Auslegung von §5 TDG und §5 MDStV，MMR-Beilage Heft 2，1999，S. 31.

⑤ Vgl. BT-Drs. 13/7385，S. 16.

⑥ Vgl. *Koch*，Zivilrechtliche Anbieterhaftung für Inhalte in Kommunikationsnetzen，CR Heft 4，1997，S. 201.

际上已经描述了之后被人们所熟知的“通知删除”规则的基本模型。①

此外，《电信服务法》实际上在立法层面开启了服务提供者类型化的进程。《电信服务法》第5条第1～3款分别针对不同情形服务提供者的责任作出了规定：第1款适用于自己提供内容的服务提供者，第2款适用于他人提供内容的服务提供者，第3款适用于纯粹提供接入通道的服务提供者。这种分类处置的责任条款，实际上对服务提供者的类型化作出了初步探索。尽管有个别学者对这种区分处置的做法抱有疑义②，但是多数学者还是肯定了这种类型化立法模式。例如，有学者按照这一条文将提供者区分为内容提供者（content provider）、服务提供者（service provider）和接入提供者（access provider）。③ 此外，还有学者跳脱出实定法的限制，以控制可能性为标准将网络服务提供者划分为网络提供者（network-provider）、接入提供者（access-provider）和存储提供者（host-service-provider）。④ 今天，这种类型化的思路已经被各国学者充分认可，由此足以看出《电信服务法》在这方面所具有的划时代意义。

二、体系成熟：《电信媒体法》与法律结构协调

2007年德国通过了《电信媒体法》（Telemediengesetz，简称为TMG），以此取代原来的《电信服务法》，后者由此完成了它的历史使命。

（一）基本内容

《电信媒体法》第7条（基本原则）⑤：

1. 服务提供者对自己提供的内容按照一般性的法律来承担责任。

2. 第8～10条意义上的服务提供者，没有义务监督其所传输和存储的信息，也没有义务根据提示违法活动的情形去调查这些信息。按照一般法律产

① Vgl. *Sieber*, Die Verantwortlichkeit von Internet-Providern im Rechtsvergleich, ZUM Heft 3, 1999, S. 201.

② Vgl. *Altenhain*, Die gebilligte Verbreitung mißbilligter Inhalte-Auslegung und Kritik des §5 Teledienstegesetz, AfP Heft 5, 1998, S. 464.

③ Vgl. *Wimmer*, Die Verantwortlichkeit des Online-Providers nach dem neuen Multimediarecht-zugleich ein Überblick über die Entwicklung der Rechtsprechung seit dem 1.8.1997, ZUM Heft 6, 1999, S. 439.

④ Vgl. *Sieber*, Die Verantwortlichkeit von Internet-Providern im Rechtsvergleich, ZUM Heft 3, 1999, S. 197.

⑤ Vgl. §§7-10 Telemediengesetz. 篇幅所限，此处是对法条主体内容的摘录，没有包括所有条款。下文同样如此。

生的删除或封锁信息的义务，在按照本法第 8～10 条不承担责任的情形中不受影响。

第 8 条（信息传输）：

1. 服务提供者为他人信息在通讯网络上进行传输，或者为其提供接入通道，对该信息不承当责任，只要其

（1）没有发起这一传输；

（2）没有选择信息接收者；

（3）没有选择和改变传输信息。

2. 如果服务提供者与用户故意共同实施违法行为，那么第一款无法得到适用。

3. 前两款的规定也适用于通过无线局域网为用户提供互联网接入的服务提供者。

第 9 条（为了加速信息传输的缓存）：

1. 对自动性和限时性的缓存，如果其仅仅服务于更为有效传输信息目标，服务提供者只要满足以下条件则不承担责任：

（1）没有更改信息；

（2）遵守信息接入的要求；

（3）遵守（被广泛认可和适用的行业标准所确认的）信息更新规则；

（4）不损害（被广泛认可和适用的行业标准所确认的）数据收集技术的合理使用；

（5）一旦获知该信息在信息源头被删除或者其接入通道被封锁，以及法院或管理机构发布了删除或封锁的命令，立即删除存储的内容或封锁其接入通道。

2. 第 8 条第 2 款同样适用。

第 10 条（信息存储）：

对为用户存储的信息，只要满足以下条件，服务提供者不承担责任：

（1）对违法行为或违法信息没有认识，并且在损害赔偿请求的情形中没有认识到明显存在违法行为和违法信息的事实或情形；

（2）一旦获得了这些认识，立即删除这些信息或封锁其接入通道。

如果用户隶属于服务提供者或受其监督，第一款规定不适用。

（二）立法背景

虽然《电信媒体法》于 2007 年施行，但是，该法中关于网络服务提供者的核心责任条款第 7～10 条的内容，在修改后的《电信服务法》中已经奠定。1997 年《电信服务法》通过以后，在欧洲范围内产生了积极的示范效应，它

进一步影响到了之后欧盟层面的立法。1998 年，美国通过了《数字千年版权法案》，在全球范围内产生了影响。2001 年，欧盟吸收了前二者的经验，通过了更为完善和体系化的《电子商务指令》（通常简称为 ECRL）。由于《电子商务指令》是欧盟层面的指令，德国具有将其转换为国内法的义务，因此这反过来促成了《电信服务法》的修改。修改后的《电信服务法》，在网络服务提供者责任条款方面的规定与《电子商务指令》基本趋同。原本单一的责任条款被进一步细分为四个具体条款，对网络服务提供者的责任进行了更为细致和体系化的展开。而这四个条款，被《电信媒体法》"照单全收"，这一网络服务提供者的责任体系由此沿用至今。

除了受《电子商务指令》的影响之外，《电信媒体法》颁行的另一个重要原因在于实现国内法的进一步整合。早在 1997 年，在德国联邦层面的《电信服务法》颁布时，州的层面同时通过了《媒体服务国家条约》（Mediendienste-Staatsvertrag，通常简称为 MDStV），二者主要的责任条款和表述几乎如出一辙，核心的区别除了立法层级不同外，主要就是规制的服务对象不同。《电信服务法》第 3 条规定该法适用于电信服务（Teledienste），而《媒体服务国家条约》第 3 条则规定该条约适用于媒体服务（Mediendienste）。然而，在法律文献中已经多次表明，《电信媒体法》中的"电信服务"和《媒体服务国家条约》中的"媒体服务"之间的区分是不清楚的。二者之间的区分难题，降低了法律的确定性。[①] 尤其是随着信息技术的发展，电信和媒体之间的融合逐渐加深，对二者进行区分是不切实际的，多数学者都呼吁应当尽快消除二者之间的不一致。[②] 为了回应这些质疑，适应信息服务的融合性发展趋势，德国的立法者决定通过一部统一的《电信媒体法》，通过"电信媒体"这一概念来整合"电信服务"和"媒体服务"，以此来统一规制上述不同类型的网络信息服务，简化法律适用。[③]

（三）基本评价

《电信媒体法》可以说是网络服务提供者责任体系建构的集大成者。与

---

① Vgl. Bonin/Köster, Internet im Lichte neuer Gesetze, ZUM Heft 11, 1997, S. 828.

② Vgl. Waldenberger, Teledienste, Mediendienste und die "Verantwortlichkeit" ihrer Anbieter, MMR Heft 3, 1998, S. 124, 129; *von Heyl*, Teledienste und Mediendienste nach Teledienstegesetz und Mediendienste-Staatsvertrag, ZUM Heft 2, 1998, S. 120; *Engel-Flechsig*, Das Informations-und Kommunikationsdienstegesetz des Bundes und der Mediendienstestaatsvertrag der Bundesländer, ZUM Heft 4, 1997, S. 239; *Sieber*, Die rechtliche Verantwortlichkeit im Internet, Grundlagen, Ziele und Auslegung von § 5 TDG und § 5 MDStV, MMR-Beilage Heft 2, 1999, S. 4, 10; *Hilgendorf/Valerius*, Computer-und Internetstrafrecht, 2. Aufl., 2012, S. 16, Rn. 53 – 55.

③ Vgl. BT-Drs. 16/3078, S. 11.

1997 年《电信服务法》第 5 条所确立的责任条文不同，《电信媒体法》对网络服务提供者的责任规定更加类型化、体系化、具体化。首先，在《电信服务法》中，服务提供者的类型区分尚不够清楚，而《电信媒体法》中内容提供者、接入提供者、缓存提供者和存储提供者的四分模式已经非常成熟。其次，《电信媒体法》以事实的控制可能性为标准，形成了不同的责任层次，为网络服务提供者构建了一般原则与具体规则相结合的一整套责任体系。最后，在具体免责条件的设置上，《电信媒体法》更加明确和具体。①

虽然《电信媒体法》意味着德国网络服务提供者责任体系趋于完善，但却很难说它是完美的。由于其在一些责任条款的具体运用上表述模糊，学界的争议较大。例如，在第 7 条"基本原则"的第 2 款中，第 1 句整体性地规定了服务提供者对其传输和存储的信息不负有监督和调查义务，但是第 2 句又规定，按照一般法律产生的删除或封锁信息的义务，在按照本法第 8～10 条不承担责任的情形中也不受影响。这里"按照一般法律产生的删除或封锁信息的义务"非常模糊，容易与第 1 句所确定的基本原则相冲突。② 再如，与美国《数字千年版权法案》不同，修改后的德国《电信服务法》和目前的《电信媒体法》仍然没有就 P2P 网络运营者、搜索引擎（信息定位工具）运营者、链接设置者的责任作出规定。立法者认为，相关的问题非常复杂，最好先密切关注经济上和判决中的进一步发展，一般性的原则尽量留待欧盟层面解决。③ 然而，上述类型的服务提供者及其责任认定问题在实践中十分常见，司法者只能比照甚至类推适用现有的责任框架来解决这类争议，这也制造了诸多法的不确定性。

三、争议再起：《网络执行法》与平台责任强化

2017 年，德国议会通过了争议极大的《网络执行法》（Netzwerkdurchsetzungsgesetz，简称 NetzDG），明显强化了作为网络服务提供者类型之一的网络平台的责任，立法的天平从强调自由开始向保障安全一端倾斜，为平台提供者增设了一系列义务和处罚条款。

① 关于《电信媒体法》中网络服务提供者责任规定之特点的详细探讨，可参见本书第 128 页以下。

② Vgl. *Hoffmann*，in：*Spindler/Schuster*，Recht der elektronischen Medien，3. Aufl.，2015，TMG § 7，Rn. 40.

③ Vgl. BT-Drs. 14/6098，S. 37.

（一）基本内容

《网络执行法》第 2 条第 1 款：报告义务

社交网络提供者有义务，每季度制作一份处置平台违法内容投诉情况的德语报告，同时最晚在季度结束一个月之内在联邦司法部公告以及自己的主页上发布。在自己主页上发布的报告必须清晰可见、直接可达、持续有效。

第 3 条：有关违法内容投诉的处理

1. 社交网络提供者必须建立有效和透明的违法内容投诉处置程序。提供者必须为用户提供一个清晰可见、直接可达、持续有效的违法内容投诉的传递程序。

2. 这一程序必须确保，社交网络提供者（1）及时了解投诉，检查这些内容是否违法，并及时删除这些内容或封锁其接入通道；

（2）在收到投诉后，在 24 小时内删除明显违法的内容或封锁其接入通道；如果社交网络与主管的刑事追诉机关为删除和封锁明显违法内容商定了一个更长的时间除外。

（3）在收到投诉后，在 7 天内删除其他违法内容或封锁其接入通道；

（4）在删除的情形中，保护用于证明目的的内容，并且为了这一目标将其在国内保存十周；

（5）每个决定都应及时通知投诉人和用户，并且对决定予以论证；

（6）对存在于平台之上违法内容的全部复制件，同样应及时删除或封锁。

3. 这一程序必须规定，每个投诉及其相关救济措施都应在国内记录在案。

4. 对投诉的处理必须由社交网络的领导层通过月度的管控来监督。在处理投诉的过程中出现的机构性障碍，必须及时清除。受委托处理投诉的人员，必须由社交网络的领导层定期（至少半年一次）提供以德语进行的培训和指导。

5. 这一程序可以由第 4 条提及的管理机构所委托的部门来监督。

第 4 条：罚款规定

1. 故意或过失实施以下行为，属于违反秩序行为：

（1）违反第 2 条第 1 款第 1 句的规定，没有，或者没有正确地、完整地、及时地制作报告；没有，或者没有正确地、完整地、以规定的方式、及时地公布报告；

（2）违反第 3 条第 1 款第 1 句的规定，没有，或者没有正确地、完整地建立违法内容投诉处置程序；

（3）违反第 3 条第 1 款第 2 句的规定，没有，或者没有正确地提供该规定提及的程序；

(4) 违反第 3 条第 4 款第 1 句的规定，没有，或者没有正确地监督投诉处置；

(5) 违反第 3 条第 4 款第 2 句的规定，没有，或者没有正确地清除机构性障碍；

(6) 违反第 3 条第 4 款第 3 句的规定，没有，或者没有及时地提供培训和指导；

2. 以上违反秩序行为可以处以不超过 500 万欧元的罚款。《违反秩序法》第 30 条第 2 款第 3 句的规定在此援引适用。①

(二) 立法背景

《网络执行法》的立法理由主要体现为以下两个方面：其一，加强对网络仇恨犯罪和其他刑事违法内容的打击。所谓仇恨犯罪（Hasskriminalität），是指按照人种、宗教、国籍、民族、性取向、精神或身体障碍、性别、年龄等因素进行选择、攻击的暴力行为。② 立法材料认为，目前网络（尤其是社交网络）中充斥了大量的仇恨犯罪内容，网络的交谈文化变得具有攻击性、侵害性，人们很容易因为各种原因受到诽谤。由于仇恨犯罪和其他刑事违法内容未能得到有效打击和追诉，自由、开放的民主社会中的共同安宁生活面临着巨大的危险。因此，以美国大选为鉴③，在德国也应当重视对社交网络虚假新闻（fake news）的打击，改善社交网络中的法律执行，及时删除那些刑事违法的内容。④ 尤其是自近年德国陷入难民危机以来，大批来自中东与北非的难民涌入德国而无法真正融入德国社会，难民治安事件时有发生，挑动公众敏感神经，引发德国社会舆论撕裂，乃至德国右翼势力逐渐抬头，以德国选择党（AfD）为代表的右翼保守政党“登堂入室”成为议会第三大党。这些因素进一步加剧了网络仇恨言论的持续发酵，也成为这部争议性法律出台的宏观社会背景。

其二，强化社交网络平台运营者的义务和责任。鉴于网络辩论文化变得具有攻击性，且常常充满仇恨，政府和立法者对网络平台提供者的态度正在悄然发生变化。立法材料指出，针对不断泛滥的仇恨犯罪和刑事违法内容的传播，德国联邦司法和消费者保护部早在 2015 年就会同网络运营者和社会代

---

① 按照《违反秩序法》第 30 条（对法人和协会的罚款）第 2 款第 3 句，如果其他法律援引本规定，则该法律中规定构成要件的最高罚款额度翻十倍。这意味着，对法人的罚款最高可达 5 000 万欧元。

② Vgl. *Schneider*, Hasskriminalität: eine neue kriminologische Deliktskategorie, JZ Heft 10, 2003, S. 498.

③ 西方的许多媒体都认为，美国 2016 年总统大选受到了社交网络中假消息的影响。

④ Vgl. BT-Drs. 18/12356, S. 1, 11.

表建立了特别行动组。参与其中的企业也承诺，采取积极措施改善仇恨犯罪和刑事违法内容的处置。然而，一项来自名为“青少年保护”的网站所进行的调查报告显示，普通用户对仇恨犯罪和其他刑事违法内容提出的投诉一直就没有被社交网络平台及时、充分地处理过。虽然在 YouTube 上有 90%的刑事可罚内容被删除，但是这一比例在 Facebook 上只有 39%，在 Twitter 上竟然仅有 1%。立法材料还指出，社交网络的透明度也不够，关于平台违法内容处置清理的信息公开状况并不让人满意。① 正是在这样的背景下，德国的立法者希望通过强化网络平台服务提供者违法内容的处置义务和相应责任来遏制网络环境恶化的趋势。

（三）评价

然而，这部已经生效的《网络执行法》受到了整体性和近乎一致的猛烈批判和否定。② 不论是德国的实务界还是理论界，大都对这部法律持负面评价。从现有文献来看，批评主要体现在（但并不限于）以下几个方面。

首先，《网络执行法》所依据的前提事实存有疑问。一方面，“青少年保护”网站所做的这项调查，对其数据基础以及调查方法都没有进一步的详细阐述。③ 另一方面，作为《网络执行法》必要性的唯一认识基础，该报告仅仅调查了 2 项犯罪（德国《刑法典》第 86a 条使用违宪组织的标志和第 130 条煽动民众）涉及的违法内容的情况。然而，《网络执行法》第 1 条第 3 款规定，该法所指的违法内容涉及 20 余个德国刑法的罪名。④ 换言之，关于 90%以上的被该法规制的刑事违法内容在社交网络中的现状、频度、增长情况都缺少牢靠的认识。⑤ 换言之，立法者制定法律时所假定的基本事实状况就不清楚，网络违法内容是否真的已经泛滥到需要如此激进修改法律的地步让人怀疑。

其次，《网络执行法》在立法权限的正当性上存在问题。立法材料指出，由于和青少年保护的需要相关，《网络执行法》的立法权限来源于《德国基本法》第 74 条第 1 款第 11 项（经济法律）和第 74 条第 1 款第 7 项（公共救

① Vgl. BT-Drs. 18/12356，SS. 1 - 2，11.

② Vgl. *Nolte*，Hate-Speech，Fake-News，das “Netzwerkdurchsetzungsgesetz” und Vielfaltsicherung durch Suchmaschinen，ZUM Heft 7，2017，S. 554. 为数极少整体性肯定这部法律，并且为其合宪性辩护的观点，Vgl. *Schwartmann*，Verantwortlichkeit Sozialer Netzwerke nach dem Netzwerkdurchsetzungsgesetz，GRUR-Prax Heft 14，2017，S. 317 ff.

③ Vgl. *Koreng*，Entwurf eines Netzwerkdurchsetzungsgesetzes：Neue Wege im Kampf gegen “Hate Speech”？GRUR-Prax Heft 9，2017，S. 203.

④ 这些罪名分别是《德国刑法典》第 86，86a，89a，90，90a，90b，91，100a，111，126，129 - 129b，130，131，140，166，184b，184d，185 - 187，241，269 条。

⑤ Vgl. *Liesching*，in *Spindler/Schmitz*，Telemediengesetz mit Netzwerkdurchsetzungsgesetz Kommentar，2. Aufl.，2018，NetzDG，§1，Rn. 6.

济)。《网络执行法》的保护目的在于"对抗社交网络讨论文化的粗野化",以及青少年的媒体保护,促进儿童和青少年的健康发展。① 然而,许多学者指出,《网络执行法》没有经济利益上的目标,更多涉及的是社交网络上违法内容传播的删除。② 社交网络中的交流属于《德国基本法》第 5 条第 1 款第 1、2 句所保护的言论自由的内容,将其归入第 74 条第 1 款第 11 项经济法的范畴违反了基本法上的立法权限定位。③《网络执行法》通过删除内容的方式,逾越了《青少年保护法》中接入的相对性限制,同时排除了成年人的接入,因而从"公共救济"中来推导是值得怀疑的。而且,相同内容的青少年保护规则已经存在于《青少年保护法》中,《网络执行法》的引入会带来规范上的重合和立法上的割裂。④

再次,《网络执行法》与《电信媒体法》中确定网络服务提供者(包括平台提供者)责任的条款存在冲突。《网络执行法》的立法材料指出,删除违法内容的合规义务的出发点在于《电信媒体法》第 10 条中为服务提供者确立的责任规则。⑤ 然而,《网络执行法》第 3 条所规定的及时注意和检查义务已经逾越了《电信媒体法》第 10 条的规定,因为后者仅仅要求服务提供者在对违法内容获得实际和明确的认知后及时采取行动。由于《网络执行法》第 4 条对不够迅速的认知获取行为规定了罚款,所以这里实际上建立了一种"应当知道"的义务,而这与《电信媒体法》第 10 条包括欧盟《电子商务指令》第 14 条的免责规范都产生了抵牾。⑥ 而且,《网络执行法》规定的 24 小时和 7 天的删除时限,已经明显偏离了《电子商务指令》所设定的规则。⑦ 更何况,按照《网络执行法》的规定,这里时限计算的起点是提供者获知投诉时,而

① Vgl. BT-Drs. 18/12356, S. 13.

② Vgl. *Nolte*, Hate-Speech, Fake-News, das "Netzwerkdurchsetzungsgesetz" und Vielfaltsicherung durch Suchmaschinen, ZUM Heft 7, 2017, S. 561; *Wimmers/Heymann*, Zum Referentententwurf eines Netzwerkdurchsetzungsgesetzes (NetzDG) -eine kritische Stellungnahme, AfP Heft 2, 2017, S. 97.

③ Vgl. *Gersdorf*, Hate Speech in sozialen Netzwerken, Verfassungswidrigkeit des NetzDG-Entwurfs und grundrechtliche Einordnung der Anbieter sozialer Netzwerke, MMR Heft 7, 2017, S. 439.

④ Vgl. *Liesching*, in *Spindler/Schmitz*, Telemediengesetz mit Netzwerkdurchsetzungsgesetz Kommentar, 2. Aufl., 2018, NetzDG, § 1, Rn. 10; *Koreng*, Entwurf eines Netzwerkdurchsetzungsgesetzes: Neue Wege im Kampf gegen "Hate Speech"? GRUR-Prax Heft 9, 2017, S. 204.

⑤ Vgl. BT-Drs. 18/12356, S. 12.

⑥ Vgl. *Liesching*, Die Durchsetzung von Verfassungs-und Europarecht gegen das NetzDG, Überblick über die wesentlichen Kritikpunkte, MMR Heft 1, 2018, S. 29.

⑦ Vgl. *Wimmers/Heymann*, Zum Referententwurf eines Netzwerkdurchsetzungsgesetzes (NetzDG) -eine kritische Stellungnahme, AfP Heft 2, 2017, S. 95.

不是认识到违法内容之时。①

从次，《网络执行法》在立法目标的合理性上遭到了强烈质疑。许多学者指出，《网络执行法》会导致一种“刑法的私有化”（Privatisierung des Strafrechts），因为，违反《网络执行法》第 1 条第 3 款涉及的刑法构成要件行为的追诉，本来应当由刑事司法机关来负责。② 决定一个行为的刑事可罚性，不仅是一种国家性的任务，而且属于司法保留的范围。《网络执行法》实际上是通过罚款的形式将检查、删除违法内容的义务转移给平台运营者。同时，这也会使得受害人将他们的诉求转而诉诸平台中介。③ 违法内容的处置以违法内容的判断为前提，因此可以预见，在这一过程中，刑事违法性认定的权力实际上部分地被赋予私有化的网络社交平台了。

最后，也是最为让人诟病的一点，《网络执行法》造成了对受宪法保护的一系列基本权利的侵犯。从规则的法律后果方面来看，对普通用户来说，《网络执行法》所设定的违法内容删除规则会对《德国基本法》所保护的言论自由和信息自由构成很大威胁。因为通过《网络执行法》的实施，许多有价值的言论和表达会被平台运营者删除。这里实际上创设了一种“在存疑案件中进行删除”的体系，因为从经济角度考虑，不当删除内容的成本相比于高额罚款而言显然是次要的，这就在社交网络中造成了一种寒蝉效应（Chilling Effect/Einschüchterungseffekte）。④ 而且，国家规定删除义务，可能会导致平台运营者与用户的关系变得紧张，这可能并不弱于限制言论自由的影响。⑤ 对平台运营者来说，其媒体自由（Medienfreiheit）受到了侵害，因为硬性和

---

① Vgl. *Spindler*, Der Regierungsentwurf zum Netzwerkdurchsetzungsgesetz-europarechtswidrig? ZUM Heft 6, 2017, S. 479.

② Vgl. *Liesching*, in *Spindler/Schmitz*, Telemediengesetz mit Netzwerkdurchsetzungsgesetz Kommentar, 2. Aufl., 2018, NetzDG, §1, Rn. 8.

③ Vgl. *Wimmers/Heymann*, Zum Referententwurf eines Netzwerkdurchsetzungsgesetzes (NetzDG) -eine kritische Stellungnahme, AfP Heft 2, 2017, S. 98.

④ Vgl. *Liesching*, Die Durchsetzung von Verfassungs-und Europarecht gegen das NetzDG, Überblick über die wesentlichen Kritikpunkte, MMR Heft 1, 2018, S. 27; *Wimmers/Heymann*, Zum Referententwurf eines Netzwerkdurchsetzungsgesetzes (NetzDG) -eine kritische Stellungnahme, AfP Heft 2, 2017, S. 99; *Koreng*, Entwurf eines Netzwerkdurchsetzungsgesetzes: Neue Wege im Kampf gegen “Hate Speech”? GRUR-Prax Heft 9, 2017, S. 204; *Guggenberger*, Das Netzwerkdurchsetzungsgesetz in der Anwendung, NJW Heft 36, 2017, S. 2581; *Papier*, Rechtsstaatlichkeit und Grundrechtsschutz in der digitalen Gesellschaft, NJW Heft 42, 2017, S. 3030; *Nolte*, Hate-Speech, Fake-News, das “Netzwerkdurchsetzungsgesetz” und Vielfaltsicherung durch Suchmaschinen, ZUM Heft 7, 2017, S. 558.

⑤ Vgl. *Frenzel*, Aktuelles Gesetzgebungsvorhaben: Verbesserung der Rechtsdurchsetzung in sozialen Netzwerken (NetzDG), JuS Heft 5, 2017, S. 415.

过度的检查义务被强加给社交平台运营者①；而从公法规制的角度来看，这里平台运营者的经营自由（Gewerbefreiheit）也受到了不当影响。②

与此相关，许多学者指出，《网络执行法》的规则表述存在与宪法所要求的法律明确性原则的冲突。何为“违法内容”本身就并不清楚，《网络执行法》的语义表述和立法材料的说明就存在一定出入，前者仅指内容，而后者则将其扩展到行为。③ 而“明显违法的内容”这一概念中的“明显”则更是难以把握，与明确性要求产生了抵牾。④ 更严重的是，按照《网络执行法》的字面意思，第 4 条的罚则并没有覆盖违反第 3 条第 2、3 款义务的行为，但是立法材料将其囊括在处罚范围之内⑤，这显然破坏了规范接受者的行为预期。⑥

四、对我国的启示

以上梳理了德国网络平台责任的三个发展阶段。《电信服务法》出台于上个世纪末的最后几年，彼时正是作为新兴事物的信息产业和互联网经济准备起飞的时点。这一时代背景决定了对信息产业和媒体自由的重点保护是该法的最大特色。因此，可以清晰地看到，《电信服务法》的责任架构一开始就着眼于一种免责体系的创设，而非一种义务模式的建构。德国《电信服务法》的出台在欧洲乃至世界范围内都产生了重要影响，它与美国的《数字千年版权法案》共同为网络服务提供者的法律责任模式确立了开创性的典范。这两部法案推进了欧盟《电子商务指令》的出台，而这一指令反过来又促成了德国《电信服务法》的大幅修改，并最终形成了沿用至今的《电信媒体法》。在此过程中，网络经济和信息产业方兴未艾、蓬勃发展，《电信服务法》《电信媒体法》无疑为网络服务提供者（以及平台服务提供者）及其所代表的信息产业的成长提供了统一、明确、开放的法律和制度环境。然而，互联网经济和信息产业发展到今天，网络社会生态已经发生了非常深刻的变革，网络空

① Vgl. *Gersdorf*，Hate Speech in sozialen Netzwerken，Verfassungswidrigkeit des NetzDG-Entwurfs und grundrechtliche Einordnung der Anbieter sozialer Netzwerke，MMR Heft 7，2017，S. 439

② Vgl. *Köbler*，Fake News，Hassbotschaft und Co. -ein zivilprozessualer Gegenvorschlag zum NetzDG，AfP Heft 4，2017，S. 283.

③ Vgl. BT-Drs. 18/12356，S. 19.

④ Vgl. *Liesching*，Was sind “rechtswidrige Inhalte” im Sinne des Netzwerkdurchsetzungsgesetzes?，ZUM Heft 11，2017，S. 810，813.

⑤ Vgl. BT-Drs. 18/12356，S. 25.

⑥ Vgl. *Wimmers/Heymann*，Zum Referentenentwurf eines Netzwerkdurchsetzungsgesetzes（NetzDG）-eine kritische Stellungnahme，AfP Heft 2，2017，S. 101.

间中滋生的违法、失序现象与当初已不可同日而语，在许多人看来这类问题不仅扰乱网络秩序、败坏网络交谈文化，甚至已威胁到民主制度这一社会基础，因而促成了法律规制模式的转向。上述德国网络平台责任的深刻转变过程触发了以下几点启示与思考。

（一）合理强化平台规制

伴随互联网经济的不断发展与壮大，网络平台的性质与特征逐渐产生了深刻转变。在互联网经济发展的初级阶段，网络平台的运营者常常以单纯提供技术的中立身份出现。彼时，互联网经济及其重要代表网络服务提供者（包括平台提供者）属于充满希望的新生事物，而且往往拥有的资金非常有限，技术尚存在许多障碍，因而理所当然地被国家重点扶持，这一点体现在法律领域就是法律免责模式的保护。在判例中，美国索尼案所确立的技术中立原则（或曰实质性非侵权用途原则）①，以及德国 CompuServe 案最终作出的无罪判决②，是这一阶段性特征的鲜明写照。

时过境迁，二十年后再度审视这一命题时我们首先会惊叹，信息社会到来的速度之快，信息产业和互联网经济的发展规模之大，网络对社会方方面面的渗透之深，远远超出许多人的想象。二十年前，世界企业五百强榜单中，完全是由来自石油、能源、房地产、零售等基础、传统行业的企业占据；二十年后，榜单上不断挤入了一些互联网企业，而它们几乎都属于平台型企业，如美国的 Facebook、Google、Amazon，中国的阿里、腾讯和京东。而且，在那些充满潜力、代表未来经济希望的独角兽公司中，互联网企业占到了更高的比例。换言之，较之于二十年前，经济产业格局已经发生了质的转变，信息产业和互联网经济所具有的体量和实力已经极大地增长，这一点不仅通过诸多统计数字体现出来，而且是人们在日常生活中能够切身感受到的。网络服务提供者尤其是大型平台提供者所拥有的资金、技术、人力资源已经发展到一个前所未有的规模。例如，滴滴公司的顺风车业务出现了司机侵犯乘客的事件后，滴滴公司允诺三倍补偿，这也从侧面反映出平台企业在经济实力方面的强大。

与此同时，平台企业的绝对中立性主张已经越来越难得到人们的认同。

---

① 王迁．“索尼案”二十年祭——回顾、反思与启示．科技与法律，2004（4）：59以下．然而，随着信息技术（尤其是P2P这种争议性技术）的发展，技术中立原则在 Napster 案，Grokster 案等重要案例中被不断修正。参见见王迁．新型 P2P 技术对传统版权间接侵权责任理论的挑战．电子知识产权，2011（10）：136.

② Vgl. Verbreitung pornografischer Inhalte im Internet-Freispruch im Compu Serve-Prozess, ZUM Heft 3，2000，S. 247 ff.

不论是从技术架构，还是从盈利模式上来看，纯粹作为中立性中介身份来从事经营活动的平台已越来越少。即使是提供媒体播放器的快播公司，虽然曾一度提出“技术无罪”的辩解，事后的证据也表明，它的营业模式远非提供一个完全中立的媒体播放器那么简单，它还相应地在全国架构了多台服务器为提供了视频文件的缓存服务，而且在明知存在大量违法内容的情况下不及时采取措施予以删除。而对于电子商务平台来说，平台经营者对商务经营者的信息登记、记录、报告等义务已经被明确写入了新通过的《电子商务法》第 27 至 31 条之中。在此之前，修订后的《食品安全法》第 62 条也已对网络食品交易第三方平台提供者作了类似的规定。换言之，对于绝大多数的平台运营者来说，中立性在不断限缩，介入性在逐渐加强。

伴随经营体量和经济实力的迅速扩大，网络平台运营者的身份特征和法律形象也在逐渐转变。越来越多的有识之士认识到，今天的平台提供者具有了复杂而非单一的身份特征。在刑事责任领域，学者们注意到网络服务提供者在一定条件下，同时具有市场经营主体和监督主体的双重法律形象。① 而这种身份的复杂性、复合性，加剧了构建法律责任模式的困难。德国学者指出，社交平台在媒体法律规制上的困难源于目前其媒体角色定位上的不确定性。例如，不论是社交平台，还是搜索引擎的运营者，都类似于一个仅仅提供信息接入通道的“数据化小亭”（digitaler Kiosk），这些信息是由他人生成和选择的；但是与此同时，社交平台又作为“守门人”，因为它们通过算法对信息进行了选择，在此意义上 Facebook 类似于出版和广播领域的传统媒体；不过，它们又并没有进行编辑性的选择，这种选择程序只是以每个用户可能的偏好为导向来设立的。② 社交网络不仅为用户构建了一个中立的技术基础设施，而且将其与以分享、传播内容为导向的商业模式和技术功能特征多元而深入地融合在一起。技术构成、用户行为以及结合二者的商业模式，三者之间的复杂关系使得平台提供者的责任很难廓清。③

与网络平台身份去中立化、复杂化趋势相伴而来的，是平台控制力的明显增强。由于平台提供者在社会中扮演了越来越不可或缺的角色，掌握了极大的社会资源，在此语境中一种有别于传统公权力的事实性权力已经成形。以电商平台为例，阿里巴巴制定了一系列的平台交易规则和行为规范，如果

---

① 梁根林．传统犯罪网络化：归责障碍、刑法应对与教义限缩．法学，2017（2）：11；可参见本书第 157 页。

② Vgl. *Drexl*, Bedrohung der Meinungsvielfalt duch Algorithmen, Wie weit reichen die Mittel der Medienregulierung, ZUM Heft 7, 2017, S. 536.

③ Vgl. *Eifert*, Rechenschaftspflichten für soziale Netzwerke und Suchmaschinen, Zur Veränderung des Umgangs von Recht und Politik mit dem Internet, NJW Heft 20, 2017, S. 1450.

经营主体不遵守这些规则，那么可能面临诸如信用降权、甚至下架等一系列程度不同的惩罚性措施。这种规则的制定和执行形成了实际的权力行使[①]，有学者称其为“私权力”[②]。正是基于这种观察，有德国学者指出，网络媒介形成权力（Macht）是不可避免的，其甚至认为，《网络执行法》的问题恰恰不是平台责任过宽而是不够宽，删除决定权不应当取消，而是应当成为一种公开性的法律义务。[③] 权力总是伴随着制约和责任，从这个意义上来看，完全放任网络平台成为法外之地或不承担相应的义务已经不再可能。

不论是德国《电信服务法》《电子商务指令》还是《电信媒体法》所创设的平台（网络服务提供者）责任体系，都是特定社会背景、特定技术条件、特定经济环境下作出的利益平衡。如今，信息产业演化到了全新的发展阶段，它不再是新生、孱弱、需要被格外保护的经济形式，甚至在很大程度上挤压了传统经济的生存空间。与此同时，网络平台具有了前所未有的经济、技术和社会优势，而不法分子借助平台更加便捷、低成本甚至链条化、产业化地实施违法行为。由此观之，《网络执行法》不仅仅是对仇恨言论这一具体社会问题的政治反应，也体现了在政治和法律层面对待互联网整体态度所发生的改变。[④] 可以说，在产业格局深度变革、网络主体力量对比翻转的当下，对原有平台责任规则背后的利益平衡关系进行再平衡势在必行。

（二）谨慎探索义务范围

虽然《网络执行法》为网络社交平台提供者创设了一系列义务，但是，如果与中国近年来所推进的立法相比较，其仍然是相当谨慎和保守的。首先，《网络执行法》并没有将新设的义务“一刀切”地附加给所有平台提供者。一方面，这部法律只适用于社交平台，仅仅是网络平台提供者的一个分支。直白地说，该法主要是针对网络违法内容的处置来规划的，打击面并不算太宽泛。另一方面，该法第 1 条第 2 款规定，如果社交网络在本国的注册用户少于 200 万，那么运营者可以免于第 2、3 条所规定的义务。事实上，德国境内用户规模达到 200 万以上的网络社交平台屈指可数。可见，德国的立法者在这里引入了分类处置、区分对待的思路。不过，德国学界也有观点认为，这

---

① 对平台提供者权力的深入剖析，可参见：薛虹．论电子商务第三方交易平台——权力、责任和问责三重奏．上海师范大学学报（哲学社会科学版），2014（5）：40 以下.

② 周辉．平台责任与私权力．电子知识产权，2015（6）：39－40.

③ Vgl. *Eifert*, Rechenschaftspflichten für soziale Netzwerke und Suchmaschinen, Zur Veränderung des Umgangs von Recht und Politik mit dem Internet, NJW Heft 20, 2017, S. 1451.

④ Vgl. *Eifert*, Rechenschaftspflichten für soziale Netzwerke und Suchmaschinen, Zur Veränderung des Umgangs von Recht und Politik mit dem Internet, NJW Heft 20, 2017, S. 1450.

种做法违背了平等原则。[①] 而且，以用户数量作为分类处置的标准也并不妥当。因为，互联网时代盛行免费经济，用户的数量并不是平台资源和实力的准确衡量指标，拥有相对较少用户的平台却具有更大营收规模的情况完全可能存在。[②] 笔者认为，尽管在具体分类标准上可以再探讨，但是这种分类处置的基本方向是必要且可行的，因为那些规模和体量都较小的网络平台由于资金、技术、人员等资源相对有限，相应地对平台第三方行为和内容的管控能力就相对薄弱。而大型的网络平台基于其雄厚的资金、技术和广泛的受众基础，事实上形成了基础性的流量入口，守门人的角色尤为突出，具有了较高的实际支配地位，形成了事实性的权力，二者不可同日而语。

应当注意，实际上这里的区分是在存储服务提供者和社交平台提供者这一下位身份类型中的再次细分，因为《网络执行法》的立法草案已经清楚地说明，该法律所规定的合规义务来源的出发点在于《电信媒体法》第 10 条关于存储服务提供者（hosting provider）的责任规则。[③] 换言之，《网络执行法》仅是对极小范围内的平台运营者（小部分的经营体量极大的存储服务提供者）强化了违法内容管控的义务和责任。由《电信服务法》奠定并由《电子商务指令》和《电信媒体法》进一步发展完善的网络服务提供者免责体系并没有被根本性动摇。至少如立法材料所声称的那样，《网络执行法》仍然属于网络服务提供者责任体系框架内的产物，仍然维护了网络服务提供者责任的体系性和一体性。

此外，尽管《网络执行法》从多个维度强化了平台运营者的法律义务和责任，而且在条文具体表述上饱受争议，受到了明确性方面的违宪非议，但是整体来评价，该法对义务的描述仍然是相对明确和具体的。这些义务包括事前创设违法内容处置程序，事中根据投诉及时删除违法内容，事后对处置情况的监督和通报等。相比而言，近年我国法律中为网络服务提供者设定的义务仍未达到这样明确的程度。例如，在《刑法修正案（九）》增设的拒不履行信息网络安全管理义务罪中，何为“法律、行政法规规定的信息网络安全管理义务”并没有得到进一步的明确化，而且这是比行政处罚更为严苛的刑罚条款。再如，《食品安全法》第 62 条规定，网络食品交易第三方平台提供者应当对入网食品经营者进行实名登记，明确其食品安全管理责任；依法应当取得许可证的，还应当审查其许可证。这里的“实名”登记和“审查”许

---

① Vgl. *Liesching*, in *Spindler/Schmitz*, Telemediengesetz mit Netzwerkdurchsetzungsgesetz Kommentar, 2. Aufl., 2018, NetzDG, § 1, Rn. 37.

② Vgl. *Liesching*, in *Spindler/Schmitz*, Telemediengesetz mit Netzwerkdurchsetzungsgesetz Kommentar, 2. Aufl., NetzDG, 2018, § 1, Rn. 38.

③ Vgl. BT-Drs. 18/12356, S. 12.

可证具体是指何种含义，是对相关信息做形式审查还是实质审查，并不清楚。而更成问题的是，国家食品药品监督管理总局 2016 年制定的《网络食品安全违法行为查处办法》第 10 条进一步规定，网络食品交易第三方平台提供者应当建立入网食品生产经营者审查登记、食品安全自查、食品安全违法行为制止及报告、严重违法行为平台服务停止、食品安全投诉举报处理等制度，并在网络平台上公开。这一部门规章中的“食品安全自查”“违法行为制止及报告”“严重违法行为平台服务停止”等要求，显然已经大大超越了上位法《食品安全法》所设定的义务范围。而且，这实际上已经要求网络平台提供者承担主动监控、调查义务，这与世界范围内普遍认可的做法是背道而驰的。①

[案例 5－1] 李某某拒不履行信息网络安全管理义务案②

被告人李某某 2014 年 8 月在远特（北京）通信技术有限公司工作，是该公司的高级运营总监，2019 年 3 月离职。2018 年 9 月，山东亚飞达信息科技股份有限公司董事长任某（另案处理）为实现盗取回收卡上绑定的用户个人微信账号，向远特（北京）通信技术有限公司董事长王某（另案处理）要求将用户停机 3 个月后被回收的卡进行重新制卡后发送给亚飞达信息科技股份有限公司，王某对此予以同意，并安排李某某负责与亚飞达信息科技股份有限公司对接相关的具体事项。2018 年 9 月，李某某将三四万张行业卡交给亚飞达信息科技股份有限公司挑卡，亚飞达信息科技股份有限公司从中挑出 4 000 张带有公民个人微信的卡号并要求远特（北京）通信技术有限公司进行制卡。于是，李某某便根据任某挑选的回收卡安排人员进行制卡和发卡工作。亚飞达信息科技股份有限公司在拿到该批回收卡后，将该批回收卡违规实名在济南甲午新能源科技有限公司、济南仕通信息科技有限公司名下，并将回收卡卖给昆明黑兔子工作室的林某某（另案处理）用于盗取回收卡上绑定的用户微信账号，导致回收卡上绑定的微信号被大量盗取。

经查，2016 年 12 月 21 日，远特（北京）通信技术有限公司因违反《电话用户真实身份信息登记规定》第 6 条被辽宁省通信管理局处以 3 万元罚款，并责令立即改正。2017 年 1 月 10 日工业和信息化部网络安全管理局在《关于电话用户真实身份信息登记违规行为的通报》中，对抽查远特（北京）通信技术有限公司部分网点违反实名制问题进行了通报，提出立即进行整改并严格落实电话用户登记工作的有关规定。2017 年 2 月 21 日工业和信息化部办公厅《关于防范打击通信信息诈骗工作专项督导检查情况的通报》中对远特（北京）通信技术有限公司检查存在的“电话实名工作落实情况”问题进行了

---

① 赵鹏．超越平台责任：网络食品交易规制模式之反思．华东政法大学学报，2017（1）：63 以下．

② 云南省昆明市盘龙区人民法院（2020）云 0103 刑初 1206 号刑事判决书．

通报，并要求进行整改。以上相关部门的处罚及责令改正情况均与违反实名制规定有关。

被告人李某某负有查验、评估、审核行业卡使用情况的职责，在明知违反实名制管理规定的情况下，仍然将大量带有公民个人信息的回收卡交给亚飞达信息科技股份有限公司，违反用户实名制进行挑卡，造成严重后果，且在两年内经监管部门多次责令改正而拒不改正。2020 年 7 月 14 日，经工业和信息化部网络安全管理局出具《关于涉及远特（北京）通信技术有限公司相关咨询的复函》证实，远特（北京）通信技术有限公司将绑定个人微信号的移动电话卡回收制作成行业卡销售给其他公司，未落实行业卡短信功能限制要求，未认真履行行业用户安全评估责任，违反了电话用户实名制、行业卡安全管理等相关规定。

法院判决认为，被告人李某某无视国家法律，作为网络服务提供管理者，拒不履行信息网络安全管理义务，经监管部门责令采取改正措施而拒不改正，其行为已构成拒不履行信息网络安全管理义务罪，判处有期徒刑 1 年零 3 个月，并处罚金 5 000 元。

本案是全国第一起电信运营商被认定构成拒不履行信息网络安全管理义务罪的案件，因此在业内产生了较大的影响。而且，本案属于一起案中案。公安机关首先侦破了一起案值金额 30 万元的网络电信诈骗案，然后顺势追查了向电信网络诈骗犯罪嫌疑人出售涉案虚拟账号的 7 名犯罪嫌疑人。此后，公安部将该案列为“净网 2019”专项行动挂牌督办案件，云南省公安厅也成立“3·15”专案组。在此基础上，公安部门进一步查办了向上述不法分子提供手机电话卡的电信运营商及其代理商。① 从本案可以看出，我国信息网络犯罪确实呈现了链条化、产业化的发展态势。

但是，从判决说理的角度来分析，本案尚存在一些不明确之处。不论是判决意见还是相关新闻报道，都强调本案是我国电信运营商因手机卡实名制监管不到位，造成严重后果而获刑的全国第一起判例。2019 年《网络犯罪解释》第 6 条第 1 项规定，网络服务提供者拒不履行信息网络安全管理义务，对绝大多数用户日志未留存或者未落实真实身份信息认证义务的，属于本罪“有其他严重情节”。这一规定实际上将网络服务提供者落实实名制的义务纳入了拒不履行信息网络安全管理义务罪之中。暂且不论这一规定是否合理，本案能否按照这一条款来定罪量刑并不清楚。

裁判文书显示，2016 年 12 月至 2017 年 2 月，远特（北京）通信技术有

① 相关报道参见：全国首起电信运营商拒不履行信息网络安全管理义务案在昆宣判．[2021－08－15]．https：//www.rmfz.org.cn/contents/861/476665.html.

限公司因违反《电话用户真实身份信息登记规定》第6条的规定[①]，即未落实用户入网实名要求，被有关部门责令整改。但是，法院判决之所以认定被告人构成拒不履行信息网络安全管理义务罪，似乎主要是因为远特（北京）通信技术有限公司董事长王某应山东飞亚达信息科技股份有限公司董事长任某的要求，将用户停机3个月后被回收的卡进行重新制卡后发送给亚飞达信息科技股份有限公司。在此过程中，被告人李某某按照王某的安排，具体负责将三四万张行业卡交给亚飞达信息科技股份有限公司挑卡，并根据任某挑选的回收卡安排人员进行制卡和发卡工作，最终导致回收卡上绑定的微信号被大量盗取，造成用户信息泄露。

显然，上述行为的可罚性主要并不在于违反落实实名制的义务，现有证据也无法证明，远特（北京）通信技术有限公司"对绝大多数用户未落实真实身份信息认证义务"。上述行为真正的可罚性在于，被告人将含有个人信息的大量回收卡非法提供给他人。这样一种行为，实际上属于违反国家有关规定，将在提供服务过程中获得的公民个人信息间接地出售或提供给他人，在类型上更接近于侵犯公民个人信息罪。如果行为人王某和李某某明知山东飞亚达信息科技股份有限公司利用这些电话卡实施信息网络犯罪，仍然予以提供，则可能构成帮助信息网络犯罪活动罪。法院判决在论证被告人构成拒不履行信息网络安全管理义务罪时，并没有清楚地阐述被告人具体违反了何种信息网络安全管理义务，造成了该罪规定的何种严重后果，适用的是《网络犯罪解释》的哪一款规定。总之，本案为何可以定性为拒不履行信息网络安全管理义务罪，还有诸多有待澄清说明之处。

最后，《网络执行法》尽管为社交网络运营者不履行义务的行为设置了巨额的罚款，但是行为定性上仍然是秩序违反行为，属于行政处罚而非刑事处罚。可见，与我国大幅修改刑法相关条文，为网络服务提供者设置统括性义务和独立罪名的做法相比，德国的立法者仍然是相当谨慎的。而且，从我国《刑法》第286条之一的表述来看，这里的"信息网络安全网络安全管理义务"显然并不仅限于违法内容的删除义务，其语义涵盖范围极为宽阔。而反观德国法律体系，不论是《电信服务法》还是《电信媒体法》，都被定位为一种"横截面规则"（Querschnittsregelung）[②]，对诸多部门法律领域都有统摄

---

① 《电话用户真实身份信息登记规定》第6条规定：电信业务经营者为用户办理入网手续时，应当要求用户出示有效证件、提供真实身份信息，用户应当予以配合。用户委托他人办理入网手续的，电信业务经营者应当要求受托人出示用户和受托人的有效证件，并提供用户和受托人的真实身份信息。

② Vgl. *Spindler*, Dogmatische Strukturen der Verantwortlichkeit der Diensteanbieter nach TDG und MDStV, MMR Heft 12, 1998, S. 643; *Wimmer*, Die Verantwortlichkeit des Online-Providers nach dem neuen Multimediarecht-zugleich ein Überblick über die Entwicklung der Rechtsprechung seit dem 1. 8. 1997, ZUM Heft 6, 1999, S. 443.

效力，因而可以对按照原有刑法条款所认定的平台提供者的刑事责任发挥很大的限缩机能。两相对比，我国刑事立法对平台提供者义务和责任的扩张是否走得过急、范围过宽仍然需要进一步评估。而从我国现有司法实践来看，拒不履行信息网络安全管理义务罪适用极为稀少，实际上有沦为“象征性立法”的趋势。

网络平台本身具有多样性，从技术属性上来看，内容提供者、接入提供者、缓存提供者、存储提供者都可能构成网络平台。从经营内容上看，也存在社交平台、电商平台、餐饮平台、打车平台等各种不同的形式。网络平台本身的多样性决定，不宜对平台提供者设定过于笼统、“一刀切”式的责任规则。相反，在信息技术变革极为迅速的当下，类型化的分化处置模式是应当遵循的基本思路。同时，处罚措施的设置也应当尽量谨慎，过于激进的义务扩张应当避免，而让内容缺乏充分明确性的刑法规则“一马当先”的做法则更是值得深刻省思。

（三）全面考虑附带效应

面对乱象丛生的网络空间现状，对日益壮大且扮演更重要社会角色的网络平台进行相应法律规制，科以适度强化的义务，无疑是合理的。而且，由于网络平台属于网络空间的关键节点、信息交流的瓶颈，如果从技术功能的角度来考虑，对其予以规制无疑在效率上是非常有吸引力的。① 但是，权利义务关系的调整，往往是牵一发而动全身的工作，在考虑目标设定实现的同时，还需要统筹考虑可能带来的附随效应。事实上，对强化互联网上违法内容的管控这一目标，学者大多并不反对。因此，《网络执行法》所追求的立法目标，还是得到了多数德国学者的肯定。然而，尽管合规模式的引入是必要的，但是立法者必须尽量避免那些威胁到自由交流的效应。《网络执行法》的立法者忽视了在这种模式制定中考虑基本权利性的兼容问题，事实上导致了对言论自由的过度限制，逾越了规制的目标。② 为了有效对抗互联网上尤其是社交网络中的仇恨言论、虚假新闻，人们不应忽视，这里涉及多种基础性自由的复杂权衡，不应仓促、草率决定。③ 平台运营者、用户、执法机关处在一种复杂互动关系之中，而信息产业发展、公共利益、网络空间秩序也互相影响联

---

① Vgl. *Eifert*, Rechenschaftspflichten für soziale Netzwerke und Suchmaschinen, Zur Veränderung des Umgangs von Recht und Politik mit dem Internet, NJW Heft 20, 2017, S. 1450.

② Vgl. *Holznagel*, Das Compliance-System des Entwurfs des Netzwerkdurchsetzungsgesetzes, Eine kritische Bestandsaufnahme aus internationaler Sicht, ZUM Heft 8/9, 2017, S. 622.

③ Vgl. *Spindler*, Der Regierungsentwurf zum Netzwerkdurchsetzungsgesetz-europarechtswidrig? ZUM Heft 6, 2017, S. 487.

动，提升平台运营者的义务和责任需要统筹考虑以上各方主张和诉求，努力达成各方利益相对平衡。单方面强化社交平台运营者的内容管理义务和违法成本，很可能会导致运营者将这种法律风险成本以损害公民言论自由的形式进行转嫁。而删除违法内容义务以确定违法内容性质为前提，这就间接地将刑事违法内容的判断权力部分赋予了私人企业，导致了所谓的“刑法私有化”现象，这也是德国立法者没有给予统筹考虑的。而且，虽然说信息经济和互联网产业已经走出了初生、脆弱的成长期，但是它仍然代表着人类经济发展的基本走向，而且越来越成为经济增长的重要引擎，莽撞地对其进行过度规制可能带来边界模糊与过载的内容审查和难以承受的运营成本，不利于其继续蓬勃发展，甚至会在一定程度上制约国家未来的国际竞争力。这种利益平衡、统筹兼顾的思维已经在我国《电子商务法》艰难的立法过程中初步体现出来，在未来更多部门法的立法实践中也应当予以采纳。

第六章　网络服务提供者的刑事责任比较研究
——功能类型区分之提倡

网络服务提供者的法律责任问题在民事侵权法领域已经得到了较为深入的探讨①，但是在刑事犯罪领域的研究则刚刚开始。网络服务提供者的刑事责任认定不仅是众多网络服务提供者深深忧虑的现实问题，也是刑法学者应当进行深入研究的重大理论与实务命题。对这一问题，目前较为具有代表性的观点主要试图通过中立帮助行为理论来进行解释，这无疑具有重要的启发意义。② 然而，这一理论对确定网络服务提供者刑事责任认定的适用范围非常有限。因此，目前学界对网络服务提供者刑事责任问题的争论仍然十分激烈，网络服务提供者的刑事义务边界和刑事责任界限仍然没有定论。

笔者认为，造成该问题巨大争议的一个重要原因在于我国立法和理论中网络服务提供者类型化的缺失。现有的理论观点和司法实践都是一般性、概括性地直接探讨网络服务提供者的刑事责任问题，忽视了网络服务提供者内部不同主体类型的划分以及不同类型所对应的不同义务程度和责任边界。康德曾言，没有类型的概念是空洞的，没有概念的类型是盲目的。③ 这一名言深刻地揭示了类型在法律适用过程中极为重要的作用。我国目前这种笼统而概括的做法，导致网络服务提供者刑事责任认定非常粗疏。然而，这一前提性的理论议题仍然没有得到学界的重视，我们有必要对此进行全面和系统的梳理与反思。下文中，笔者将对德国和欧盟网络服务提供者刑事责任的类型化

---

① 吴汉东．论网络服务提供者的著作权侵权责任．中国法学，2011（2）；蔡唱．网络服务提供者侵权责任规则的反思与重构．法商研究，2013（2）；徐伟．网络服务提供者连带责任之质疑．法学，2012（5）；刘文杰．网络服务提供者的安全保障义务．中外法学，2012（2）；鲁春雅．网络服务提供者侵权责任的类型化解读．政治与法律，2011（4）.

② 周光权．网络服务商的刑事责任范围．中国法律评论，2015（6）；车浩．谁应为互联网时代的中立行为买单？．中国法律评论，2015（5）；陈洪兵．中立的帮助行为．中外法学，2008（6）；陈洪兵．网络中立行为的可罚性探究——以 P2P 服务提供商的行为评价为中心．东北大学学报（社会科学版），2009（3）.

③ 阿图尔·考夫曼．类型与事物本质——兼论类型理论．吴从周，译．台北：学林文化事业有限公司，1999：43.

作出详细介绍，以求为中国解决这一问题提供理论借鉴。

一、德国与欧盟功能性区分与义务类型化[①]

（一）功能性区分与义务类型化的原因

区分网络服务提供者之作为与不作为以及不作为的义务来源和边界，是网络服务提供者责任问题中最为核心的问题。[②] 作为与不作为的区分是刑法总论中由来已久的理论命题，本章在此不加以具体叙述。摆在我们面前最为棘手的问题，其实是如何来确定网络服务提供者的监管和控制义务。这一问题的解决，首先便有赖于网络服务提供者（internet service provider）概念的界定。然而，网络服务提供者概念本身的宽泛性，决定了我们需要对其进行功能性的区分和义务的类型化。

在计算机领域内，网络服务提供者这一概念非常宽泛。有的学者主张，广域网中的子网经营者便是网络服务提供者（商）。[③] 还有的学者认为，Internet 由一系列主干、提供者网络和用户网络组成，主干和提供者网络被称为 Internet 服务提供商。[④] 甚至有学者将网络服务提供者分为三级，并认为一旦某个用户能够接入因特网，那么他就能够被称为一个 ISP。[⑤] 在德国和欧盟的法律领域[⑥]，网络服务提供者这一概念的涵盖范围同样非常宽泛。例如，1997 年德国联邦议院通过的《电信服务法》（Teledienstegesetz/TDG）[⑦] 第 3 条规定，服务提供者是指提供电信服务或介绍利用途径的自然人、法人或团体。[⑧]

---

① 恳请读者注意，本章所言的欧盟法律规定是指欧洲议会和欧洲理事会通过的欧盟共同体法律规定，而并非各个欧盟成员国本国的法律。

② Vgl. Sieber，Strafrecht Verantwortlichkeit für den Datenverkehr in internationalen Computernetzen，JZ Heft 10，1996，S. 499 ff；Sieber，Teil 19. 1 Allgemeine Prosleme des Internetstrafrechls，in Hoeren/Sieber/Holznagel（Hrsg.），Multimedia-Recht，2014，Rn. 20ff.

③ ANDREW S TANENBAUM，DAVID J WETHERALL. 计算机网络 . 5 版 . 严伟，潘爱民，译 . 北京：清华大学出版社，2012：20.

④ BEHROUZ A FOROUZAN，FIROUZ MOSHARRAF. 计算机网络教程：自顶向上方法 . 张建忠，等译 . 北京：机械工业出版社，2013：5.

⑤ 谢希仁 . 计算机网络 . 5 版 . 北京：电子工业出版社，2008：5 - 6.

⑥ 由于欧洲议会和欧洲理事会通过的《电子商务指令》(Directive on Electronic Commerce 2000/31/EC）对特定成员国具有立法指导意义，而德国修订后的《电信服务法》（Teledienstegesetz）和《电信媒体法》(Telemediengesetz）也都基本承袭了这一指令，因此，本章对欧盟与德国的相关立法一并进行了介绍。

⑦ 参见本书第 101 页以下。

⑧ Vgl. Teledienstegesetz，1997，§ 3.

2000年欧盟通过的《电子商务指令》(Directive on Electronic Commerce) 第2条b款规定，服务提供者是指提供信息社会服务的任何自然人或法人。① 2007年德国通过了《电信媒体法》(Telemediengesetz/TMG)②，其基本沿袭了2001年欧盟《电子商务指令》对于网络服务提供者责任的规定。该法第2条规定，服务提供者是指提供自有的或者第三方电信服务，或介绍利用途径的自然人、法人或团体，或者有影响力地控制了被提供的视听媒体服务内容选择和设计的自然人或法人。

由此可见，网络服务提供者在立法中的一般性定义仅仅是划定了以各种形式提供网络服务的主体的基本边界。首先，网络服务的内容较为宽泛，没有固定的形式限制。例如，德国《电信服务法》第2条规定，该法案的所有条款适用于一切利用信号、图像、声音等数据而提供的通过电信传输的电子信息和通讯服务。③ 德国《电信媒体法》第1条则规定法案适用于所有的电子信息和交流服务。其次，提供网络服务的形式既可以是直接的也可以是间接的。例如，德国《电信服务法》第3条将介绍利用途径囊括在服务提供的范畴之内，而德国《电信媒体法》第2条则将对被提供的视听媒体服务的选择和设计起到实际影响作用的行为也收纳进来。再次，无论是德国还是欧盟的规定，服务提供者的主体都呈现多元化形态，既可以是自然人，也可以是法人或者团体组织；既可以是商业性的，也可以是公共性的网络服务提供。因此，德国学者曾经还讨论过，为信息利用提供渠道的公司、学校、图书馆、咖啡馆能否成为刑法中的网络服务提供者。目前德国学界一般认为，这些主体与网络服务提供者的区别在于，它们处于网络之外而不是网络的一部分，它们并没有真正地为网络服务提供渠道，而是只为这种渠道的利用提

① See Directive 2000/31/EC of The European Parliament and of the Council of 8 June 2000, on certain legal aspects of information society services, in particular electronic commerce, in the Internal Market, Article 2 (b), (c). (以下简称为 Directive on electronic commerce 2000/31/EC) 此外，2001年11月，26个欧盟成员国以及美国、加拿大、日本和南非等30个国家的政府官员在布达佩斯所共同签署了《网络犯罪公约》。该《公约》第1条c款规定"服务提供商"是指：1) 任何通过计算机系统向其服务的用户提供通讯能力的公共或私人实体。2) 拥有或保存任何其他上述通信服务或上述服务的用户计算机数据的实体。See Convention of Cybercrime, Article 1 (c), Budapest, 2001.

② 该法是作为《电子商务交易统一法案》(Elektronischer-Geschäftsverkehr-Vereinheitlichungs-gesetz，简称为 ElGVG) 的一部分于2007年通过的。《电子商务交易统一法案》同时包括《青少年保护法》的变更、《接入控制服务保护法》的变更、《数字签名法》的变更等内容。

③ 该条第2款更是明确指出，第1款意义上的电信服务特别指：1) 私人交往方面的服务项目 (如电信银行业务、数据交流) 等；2) 提供信息手段的服务，只要其主要目的不是提供给编辑人员去影响舆论的 (数据服务，如交通、天气、环境和股市数据，转播商品和劳务供应的信息等)；3) 利用互联网络或其他网络的服务项目；4) 利用电信游戏的服务项目；5) 通过数据库提供的、可以直接订货的商品和劳务服务项目。Vgl. Teledienstegesetz, 1997, §2.

供了便利。①

因此，这种概念的宽泛性意味着“网络服务提供者”只是一个顶层的概念统称，以此为基础直接进行责任的界定必然是有失粗疏的。网络服务提供者概念的宽泛性和统称性，决定了需要对其进行进一步的类型化，以此才能完成网络服务提供者责任的精确界定。

（二）功能性区分与义务类型化的路径与模式

在对网络服务提供者进行类型化之前，首先需要确定类型化的标准。由于网络服务的专业性，以技术为基础的功能性区分无疑是最为合适的标准。正如齐白教授所言：“当评价网络服务提供者的责任时，任何法律探讨都必须首先对服务提供者行为的技术可能性进行分析。当考虑控制的可能性时，技术性的分析表明网络基础设施的责任人必须根据其功能进行类型化。”② 德国刑法学界认为，网络服务提供者的类型化区分，不应当根据人事的或者抽象的地位来区分，而是应当根据具体的功能性活动来区分。③ 在互联网刑法的研究中，互联网技术分析是展开规范研究的前提。如果没有对互联网运行原理的基本理解，那么规范研究不仅会陷入路径盲目，而且会导致其结论与现实世界背道而驰。德国与欧盟对于网络服务提供者的类型区分都明确地采用了这一技术性标准④，以下笔者将详细对此进行阐述。

德国1997年《电信服务法》较早对网络服务提供者的类型化区分作出了规定。该法第5条区分了自己提供内容、他人提供内容两种基本情况。同时，在他人提供内容的情形中，又再次区分了通道提供和自动缓存的两种情形。而且，按照该条文的表述，通道服务提供者和自动缓存服务提供者仅仅在明确限定的条件下才承担责任。⑤

而2000年欧盟通过的《电子商务指令》则对网络服务提供者采取了更为

---

① Vgl. Hilgendorf/Frank/Valerius, Computer-und Internetstrafrecht, Ein Grundriss, 2012, SS. 58-59.

② See Sieber, Responsibility of Internet-Providers-A Comparative Legal Study with Recommendations for Future Legal Policy, The Computer Law and Security Report, Vol. 15, no. 5, 1999, p. 292.

③ Vgl. Hilgendorf/Frank/Valerius, Computer-und Internetstrafrecht, Ein Grundriss, 2005, S. 79; Kessler, Zur strafrechtlichen Verantwortlichkeit von Zugangsprovidern in Deutschland und der Umsetzung der E-Commerce-Richtlinie in Europa, 2003, S. 42ff. Vgl. Heger, in Lackner/Kühl, StGB Kommentar, 28. Aufl., 2014, § 184, Rn. 7.

④ Vgl. Malek/Popp, Strafsachen im Internet, 2. Aufl., 2015, S. 20.

⑤ 该条文的具体规定，可参见本书前文第101～102页。需要说明的是，该法分别在2000年6月、2001年12月、2006年11月经历了三次修改，修改后的法律在内容上基本与下文提及的《电子商务指令》变得一致。Vgl. 27. Juni 2000 BGBl. I, S. 907; 14. Dezember 2001 BGBl. I, S. 3721; 10. November 2006 BGBl. I, S. 2585.

细致的分类。该指令的第12～14条精确区分了纯粹传输（mere conduit）服务、缓存（caching）服务和宿主（hosting）服务这三种不同类型的网络服务提供形式。①

第12条“纯粹传输服务”第1款规定：若所提供的信息社会服务包括在通讯网络中传输由服务接受者提供的信息，或者为通讯网络提供接入服务，成员国应当确保服务提供者不对所传输的信息承担责任，条件是服务提供者：(a) 不是首先进行传输的一方；(b) 对传输的接受者不做选择；以及 (c) 对传输的信息不做选择或更改。

第13条“缓存”规定：(1) 若所提供的信息社会服务包括在通讯网络中传输由服务接受者提供的信息，只要对信息的存储是为了使根据其他服务接受者的要求而上传的信息能够被更加有效地传输给他们，成员国应当确保服务提供者不因对信息的自动、中间性和暂时的存储而承担责任，条件是：(a) 提供者没有更改信息；(b) 提供者遵守了获得信息的条件；(c) 提供者遵守了更新信息的规则，该规则以一种被产业界广泛认可和使用的方式确定；(d) 提供者不干预（为获得有关信息使用的数据）而对（得到产业界广泛认可和使用的）技术的合法使用；以及 (e) 提供者在得知处于原始传输来源的信息已在网络上被移除，或者获得该信息的途径已被阻止，或者法院或行政机关已下令进行上述移除或阻止获得的行为的事实后，迅速地移除或阻止他人获得其存储的信息。

第14条“宿主服务”规定：(1) 若提供的信息社会服务包括存储由服务接受者提供的信息，成员国应当确保服务提供者不因根据接受服务者的要求存储信息而承担责任，条件是：(a) 提供者对违法活动或违法信息不知情，并且就损害赔偿而言，提供者对显然存在违法活动或违法信息的事实或者情况毫不知情；或者 (b) 提供者一旦获得或者知晓相关信息，就马上移除了信息或者阻止他人获得此种信息。(2) 如果服务接受者是在提供者的授权或控制之下进行活动，则本条第1款不适用。

此后，2007年德国通过的《电信媒体法》基本承袭了《电信服务法》和《电子商务指令》的内容。② 在该法中，立法者明确区分了四种类型的网络服务提供者，即第7条（Allgemeine Grundsätze）规定的内容服务提供者，第8条（Durchleitung von Informationen）规定的信息传输服务提供者或通道服务提供者，第9条（Zwischenspeicherung zur beschleunigten Übermittlung von Informationen）规定的临时性、自动性缓存服务提供者，第10条（Spei-

① Directive on Electronic Commerce 2000/31/EC，Article 12－14. 由于篇幅所限，这里省略了第12条第2、3款，第13条第2款和第14条第3款的内容。

② Vgl. Telemediengesetz，2007，§7－10.

cherung von Informationen）规定的存储服务提供者。① 该法规定的网络服务提供者的责任限制条件，基本与《电子商务指令》一致。②

通过以上的介绍，我们可以总结出德国和欧盟关于网络服务提供者责任规定的特点。

1. 体系化与层次化的责任模式

首先，德国与欧盟的规定呈现了网络服务提供者体系化的责任原则。这些具体的规定背后都拥有一个共同的核心原则："在互联网中，一个服务提供者离特定信息越近，他对于这些信息所应当承担的法律责任也越早。"③ 换言之，服务提供者与信息的紧密程度成了判定其责任程度的核心标准。这一原则，虽然并没有明确地被规定在《电信服务法》、《电子商务指令》和《电信媒体法》中，但是其实际上贯穿于这些法案的具体条文中。例如，从前文介绍的责任性规定中可以看出，从纯粹的传输服务、接入服务提供者，到缓存服务提供者，再到宿主服务提供者，最后到内容提供者，其承担的责任逐渐提升，相应的免责条件也越来越严格。这种体系化的责任规定，其基础建立在不同网络服务提供者所实现的不同技术性功能区分之上，这使得不同的网络服务提供者能够承担一种真正与其自身行为性质相符合程度的责任。

其次，德国与欧盟的规定体现出了层次化的责任结构。德国对于网络服务提供者的责任规定以特别性立法的形式存在。因此，对于网络服务提供者而言，存在刑法和特别法两套可供适用的规范。对于这两套责任规范之间的关系，德国学界存在不同的观点。

第一种观点被称为"预先过滤"模式，该观点认为关于网络服务提供者的特别责任条款与刑法中的条款形成了一种两阶层递进的关系，特别责任条款应当先于刑法中的条款被适用，以实现一种责任初步审查的功能。这种观点的根源在于德国的立法材料中明确地阐述了"预先过滤"（Vorfilter）这一用语和基本思想。④

---

① 理论上也有观点将第 8 条和第 9 条的主体类型都视为接入服务提供者，这属于一种三分法的观点。但是多数观点都主张了四分法的类型结构。Vgl. Hoeren，Internet-und Kommunikationsrecht，Praxis Lehrbuch，2. Aufl.，2012，S. 415，416.

② 一个不同之处在于，《电信媒体法》第 8 条第 2 款另外规定，如果网络服务提供者故意与服务使用者共同实施违法行为，则第 8 条第 1 款不再适用。

③ Vgl. Hilgendorf/Frank/Valerius，Computer-und Internetstrafrecht，Ein Grundriss，2005，S. 82.

④ Vgl. Deutscher Bundestag，Gesetzentwurf der Bundesregierung，Entwurf eines Gesetzes zur Regelung der Rahmenbedingungen für Informations-und Kommunikationsdienste，Drucksache 13/7385，S. 51；Entwurf eines Gesetzes über rechtliche Rahmenbedingungen für den elektronischen Geschäftsverkehr，Drucksache 14/6098，S，23. Vgl. Sieber，Teil 19. 1 Allgemeine Probleme des Internetstrafrecht，in Hoeren/Sieber/Holznagel（Hrsg.），Multimedia-Recht，2014，Rn. 14.

第二种观点被称为“融合模式”，该观点认为应当将关于网络服务提供者的特别责任条款与刑法中的条款结合起来适用。根据融合模式，这些责任原则应当与每个犯罪行为的审查结合起来。然而，对于这一模式，没有统一的体系性定位。有的观点认为，这一模式应当发生在有责性阶层，另外的观点则认为应当在特定义务的客观解释中加以适用，也有观点则认为应当在构成要件该当性阶层来应用。① 这一观点实际上是建立在对“预先过滤”的批判分析之上的。这种观点认为，这种责任规则难以在每个法律领域都直接适用，因为特定法律领域的基准点是缺失的，这些基准点对于构成要件要素的解释是不可或缺的。而且，过滤模式可能会导致某些要素被重复审查。因此，一个纯粹的过滤模式是没有意义的。立法者所使用的“过滤模式”这一概念，仅仅是一幅描述了责任原则作用方式图景，而并没有说明这里的法教义学结构。② 还有的观点认为，“预先过滤”模式会导致从属性责任（如共犯、认识错误的情形）认定时的问题。③

一直以来“预先过滤”模式由于有立法材料的支撑，而且能够实现责任的阶层递进式认定，所以得到了更多的“偏爱”④。但是，目前越来越多的观点都开始支持将特别责任条款内化于刑法构成要件的解释之中，并且这种观点逐渐得到了法院判决的支持。⑤ 在笔者看来，虽然两种模式看似对立，但是在实际后果上并没有太大差别。在“融合模式”中，虽然特别责任规定与刑法构成要件被结合适用，但是实际上两套责任规范仍然具有各自独立的意义，特别责任规范中限制责任的功能仍然是独立于刑法规范本身的。因此，不论是“过滤模式”还是“融合模式”，我们都能在其中看到一种层次化的责任结构。这种层次化的责任结构，对于实现网络服务提供者刑事责任的精确和合理设定，无疑具有极为重要的功能。而且，按照这种双重性、阶层性的规范体系，在对较为概括的刑法条款适用之前，特别法律中的条款实际上预先完

① Vgl. Hilgendorf/Frank/Valerius，Computer-und Internetstrafrecht，Ein Grundriss，2005，S. 82；Vgl. Spindler/Schmitz/Geis，Teledienstegesetz，Teledienstedatenschutzgesetz，Signaturgesetz Kommentar，2004，S. 141，142. 目前，多数的观点都否认了将其放在有责性阶层来审查的观点，因为这会给共犯的认定带来困难。Vgl. Spindler/Schuster，Recht der elektronischen Medien Kommentar，3. Aufl.，2014，S. 2004.

② Vgl. Hilgendorf/Frank/Valerius，Computer-und Internetstrafrecht，Ein Grundriss，2005，S. 82.

③ Vgl. Spindler/Schmitz/Geis，Teledienstegesetz，Teledienstedatenschutzgesetz，Signaturgesetz Kommentar，2004，S. 142.

④ Vgl. Malek/Popp，Strafsachen im Internet，2. Aufl.，2015，S. 21；Matthies，Providerhaftung für Online-Inhalte，Eine vergleichende Untersuchung zur Rechtslage in Deutschland，Österreich und England，2004，SS. 41－42.

⑤ Spindler/Schuster，Recht der elektronischen Medien Kommentar，3. Aufl.，2014，S. 2004.

成了网络服务提供者类型化的工作，这对于核心刑法的精确适用起到了极为重要的促进作用。

2. 负面清单和概括规定相结合

从规定形式上来看，德国和欧盟对网络服务提供者责任的规定既有具体而详细的清单式罗列，又有概括性的一般规定。例如，在具体的责任限制条件之外，2001 年修改后的《电信服务法》第 8 条、《电子商务指令》第 15 条以及《电信媒体法》第 7 条，都概括性地规定了网络服务提供者并不承担监督其传输和存储的信息的一般性义务，也不承担主动收集表明违法活动的事实或情况的一般性义务。这样一种清单罗列与概括规定的形式，使得责任认定规范能够尽可能地涵盖所有情形，不至于造成责任认定法律依据上的空白。这里的概括性规定是以尽可能详细地罗列具体规定为前提的，因此其不但对于法的安定性的实现没有冲击，而且恰恰起到了一种辅助的作用。

3. 旗帜鲜明的责任限制立场

这里极为重要的一点是：德国和欧盟对网络服务提供者的规定，旗帜鲜明地采取了责任限制性的立场。仅仅从这些规定的字面表述即可看出，其总体倾向是明确地限制责任范围。正如前文所述，这些规定在明确地排除了网络服务提供者一般性的监督控制义务的同时，非常清晰地对各种类型的网络服务提供者规定了具体的免责条件。根据这些规定，纯粹的网络接入服务提供者只要不是故意与第三方共谋实施违法犯罪，无须承担任何责任。而缓存服务提供者和存储服务提供者，在不知情的情况下，以及在知情后及时采取删除和封锁措施的情况下，一般也不承担责任。

之所以采取这种立场，最重要的原因便在于对言论自由和信息自由的重视。正如齐白教授所言："信息自由交流不仅对于经济发展具有重要作用，而且它首先代表了一种关于个人信息自由的关键性宪法价值。"① 《德国基本法》第 5 条第 1 款规定："人人享有以语言、文字和图画自由表达、传播其言论的权利并无阻碍地以通常途径了解信息权利。保障新闻出版自由和广播、电视、电影的报道自由。对此不得进行审查。"这种对言论自由、媒体自由和传播自由的强调，目的在于使个体公民能够不受国家影响而保持自由。这种沟通的自由才使得多元的、民主的社会成为可能。②

从技术控制可能性的角度而言，网络服务提供者的刑法责任也应当受到限制。尤其是对于纯粹传输服务提供者和接入服务提供者而言，要求其对自

---

① SIEBER. Control possibilities for the prevention of criminal content in computer networks. The computer law and security report. Vol. 15, no. 2, 1999: 91.

② Vgl. Hilgendorf/Frank/Valerius, Computer-und Internetstrafrecht, Ein Grundriss, 2005, S. 4 ff.

己所传输的信息进行监控，首先便存在技术上的难题。“原则上，网络提供者和网络接入服务提供者不可能控制和封锁在互联网上传输的内容。从技术的角度而言，其原因首先在于互联网上传输信息的海量性、数据的加密（这仅仅通过不同的算法就已实现）以及对传输内容进行即时控制的不可能性。”① 因此，从技术合理性和可行性的角度来说，“对于互联网上违法内容的控制，主要是在数据传输的开端（即用户端）和数据传输的末端（即数据存储端，在这里数据一般以不加密的形式存储）才有可能。”② 此外，我们还需要考虑过于深入的技术控制手段可能造成对公民基本权利的侵犯。“一种真正有效的信息‘过滤’手段需要一种完全的控制机制和最终的加密禁令，这不仅意味着对电子通讯私密性的公然侵犯，而且意味着对公民的完全监督，这在一个宪法性民主国家是不可想象的。”③ 而且，从刑事政策与对抗犯罪的策略角度而言，过高地对网络服务提供者科以监控义务和法律责任，一方面可能会造成网络服务提供者和网络用户之间相互监督和敌视的紧张关系④，另一方会造成国家与网络服务提供者之间形成一种疏远甚至排斥的对立关系。要真正有效地打击互联网犯罪，司法机关、网络服务提供者和网络用户都应当互相理解各自所面临的难题，应当认识到三者共同的利益，进而互相合作而不是相互对立。⑤

可见，德国和欧盟关于网络服务提供者的责任规定，实际上是在对多种利益和因素进行权衡之后作出的。在这里，其不仅考虑了对抗互联网违法内容的安全需要，也着重地考虑了监控违法内容的技术可行性和合理性，同时格外地强调了信息自由和媒体自由的宝贵价值。可以说，德国和欧盟的规定，在网络信息自由与网络安全二者之间找到了一个妥当的平衡点。当然，这种法律利益的权衡，必须通过类型化的规定形式才能得以充分体现。类型化的规定，使得网络服务提供者这一宽泛的概念内部实现再次有序整合，为网络服务提供者的责任精确化提供了可能。可以说，网络服务提供者的类型化区分，是实现精确责任原则的基本载体。

---

① SIEBER. Responsibility of internet-providers：a comparative legal study with recommendations for future legal policy. The computer law and security report. Vol. 15，no. 5，1999：292；SIEBER. Control possibilities for the prevention of criminal content in computer networks. The computer law and security report：Vol. 15，no. 5，1999：171 ff.

② SIEBER. Control possibilities for the prevention of criminal content in computer networks. The computer law and security report. Vol. 15，no. 5，1999：168.

③ SIEBER. Responsibility of internet-providers：a comparative legal study with recommendations for future legal policy. The computer law and security report. Vol. 15，no. 5，1999：292.

④ 车浩．谁应为互联网时代的中立行为买单？．中国法律评论，2015（1）：50.

⑤ Vgl. Sieber，Aufbruch in das neue Jahrtausend-Für eine neue Kultur der Verantwortlichkeit im Internet，Editorial，MultiMedia und Recht Heft 12，1999，S. 690.

二、我国类型化的缺陷与重构

从20世纪90年代中期开始，我国就陆续制定了一系列规制网络的法律、法规和部门规章。例如，2000年国务院发布的《互联网信息服务管理办法》（2011年修订），2004年国家广播电影电视总局发布的《互联网等信息网络传播视听节目管理办法》（已失效），2005年公安部发布的《互联网安全保护技术措施规定》（2015年修订），2007年国家广播电影电视总局、信息产业部发布的《互联网视听节目服务管理规定》（2015年修订），2011年文化部通过的《互联网文化管理暂行规定》，2012年全国人大常委会通过的《关于加强网络信息保护的决定》，以及《刑法修正案（九）》都对网络服务提供者的责任作出了不同程度的规定。然而，综观所有这些法律、法规和部门规章中关于网络服务提供者的规定，其类型性、体系性、明确性都是较弱的。

（一）类型化的缺失与偏差

我国的法律规范对网络服务提供者的概念定义不明确，类型化缺失。在2005年以前的诸多网络规制法律中，几乎难以找到直接对网络服务提供者进行定义的条款。《互联网安全保护技术措施规定》第18条第1款规定："本规定所称互联网服务提供者，是指向用户提供互联网接入服务、互联网数据中心服务、互联网信息服务和互联网上网服务的单位。"这一条款明确区分了互联网接入服务、数据中心服务、互联网信息服务和互联网上网服务四种服务类型，并对不同类型服务提供者的义务作出了一定程度的区别性规定，值得充分肯定。但是，这一分类的科学性仍然值得反思。我国目前所称的互联网接入服务一般就是指将个人用户或单位用户的计算机接入互联网的服务，目前主要存在共用电话交换网接入（PSTN），综合业务数字网接入（ISDN），非对称数字用户线路接入（ADSL）、光纤接入（FDDI）和数字数据网接入（DDN）等方式。从我国《互联网接入服务规范》和《中华人民共和国电信条例》有关规定的表述中也可以看出，我国目前使用的互联网接入服务的概念主要是在电信业务意义上而言的。而德国和欧盟法律中接入服务所包括的"提供互联网接入通道"和"纯粹的信息传输"显然涵盖范围更宽。

而互联网上网服务的定义则并不明确，在《互联网安全保护技术措施规定》中也并没有给出定义。《互联网上网服务营业场所管理条例》第2条规定："本条例所称互联网上网服务营业场所，是指通过计算机等装置向公众提供互联网上网服务的网吧、电脑休闲室等营业性场所。学校、图书馆等单位内部附设的为特定对象获取资料、信息提供上网服务的场所，应当遵守有关法律、法规，不适用本条例。”根据该条例的规定，互联网上网服务主要指的是由网吧、电脑休闲室等营业机构提供的使用电脑上网的服务。实际上，提供这种所谓“上网服务”的主体难以成为真正意义上的网络服务提供者。因为，网吧或者电脑休闲室的经营者实际上本身并没有从技术上为其他计算机用户提供接入互联网的服务，恰恰相反，这些经营者本身就是互联网接入服务的接受者。他们提供的服务，仅仅是将自己可以接入的网络及计算机设备在特定时段内以租借的形式提供给他人使用而已。因此，这些经营者本身“并没有真正地为网络服务提供渠道，而是只为这种渠道的利用提供了便利”①。可见，互联网上网服务提供者这一概念，难以成为网络服务提供者的一种成熟类型。

互联网数据中心服务，则实际上是一种更为宽泛的综合服务类型，其服务范围包括提供高速接入、主机托管、场地出租、虚拟专用网、电子商务、网站设计以及负载均衡、全球流量均衡、Web 高速缓存、网络存储等各项管理业务。② 一般来讲，互联网数据中心是一个独立的系统，它应该包含服务子系统、资源子系统、网络子系统、机房基础设施子系统、管理子系统和安全子系统六个逻辑功能部分。③ 可见，互联网数据中心服务并没有一个明确的服务边界，其是一种综合性、全面性的网络服务，其服务边界在不断拓展，与互联网接入、存储服务都存在极大重合。

此外，互联网信息服务的概念也非常模糊。《互联网信息服务管理办法》第 2 条第 2 款规定：本办法所称互联网信息服务，是指通过互联网向上网用户提供信息的服务活动。“向上网用户提供信息”这一概念实在是太宽泛了，不论是以间接的方式还是以直接的方式，任何一种网络信息传播的行为都可以称得上是一种信息提供行为。此外，提供的信息是否既包括自有的信息也包括第三方的信息，并不清楚。

整体而言，《互联网安全保护技术措施规定》中网络服务提供者的定义在类型化区分的效果上是不理想的。一方面，这些下位类型之间互相重叠，有的类型甚至完全可以包含其他的类型。另一方面，这些类型的区分标准实际上是以经营模式为中心的，而不是围绕技术功能模式来展开。由于经营方式

---

① Vgl. Hilgendorf/Frank/Valerius，Computer-und Internetstrafrecht，Ein Grundriss，2005，S. 80.

② 刘衡萍．互联网数据中心．现代电信科技，2001 (2)：24－26；沈军．互联网数据中心的网络建设．电信科学，2001 (8)：54.

③ 郭亮，高巍．互联网数据中心总体框架及其发展研究．电信网技术，2012 (6)：6－7. 互联网数据中心的运营系统涵盖了网络层、物理层、资源层、业务层以及运营管理层五大板块。钟聪睿．互联网数据中心 IDC 运营系统建设的发展．电子制作，2015 (14).

的多变与复杂性，下位类型之间交叉与重叠就不可避免。更为重要的是，这种类型化的区分，目前也几乎没有被法律规范评价所采用。

2015年通过的《刑法修正案（九）》也存在类似的问题。新增的《刑法》第286条之一拒不履行信息网络安全管理义务罪规定："网络服务提供者不履行法律、行政法规规定的信息网络安全管理义务，经监管部门通知采取改正措施而拒不改正，有下列情形之一的，处三年以下有期徒刑、拘役或者管制，并处或者单处罚金：（一）致使违法信息大量传播的；（二）致使用户信息泄露，造成严重后果的；（三）致使刑事案件证据灭失，情节严重的；（四）有其他严重情节的。"第287条之二帮助信息网络犯罪活动罪规定："明知他人利用信息网络实施犯罪，为其犯罪提供互联网接入、服务器托管、网络存储、通讯传输等技术支持，或者提供广告推广、支付结算等帮助，情节严重的，处三年以下有期徒刑或者拘役，并处或者单处罚金。"

第286条之一拒不履行信息网络安全管理义务罪虽然明确采用了网络服务提供者这一概念，但究竟什么是网络服务提供者并不明确。同时，网络服务提供者这一抽象概念之下没有具体的功能类型来加以支撑。正如前文所述，网络服务提供者的类型化标准应当由其技术功能特征来决定。而该罪名中仅仅规定了四种结果类型，这显然并不能契合网络服务提供者本身的特征。而第287条之二的帮助信息网络犯罪活动罪，虽然提出了"互联网接入""服务器托管""网络存储""通讯传输""广告推广""支付结算"等概念，但是并没有对这些不同的服务类型明确轻重不同、繁简有别的具体构成条件，同时该罪还对这些不同类型的服务"一刀切"地规定了同样的处罚后果。我们知道，"类型有利于提升法律适用的操作性，其在抽象而宽泛的概念与具体而狭窄的事实之间提供了一个进一步操作化的'平台'，其可以被理解为对概念的降维，在中观的层次上为宏观的概念与微观的事实架起了桥梁"①。然而，我国刑法构成要件这种"一刀切"的规定，一方面会导致本身认定标准的模糊，另一方面存在违反比例性原则的嫌疑。

此外，多部法律法规以"经营性与非经营性"为标准对网络服务提供者进行了分类。例如，《互联网信息服务管理办法》第3条规定："互联网信息服务分为经营性和非经营性两类。经营性互联网信息服务，是指通过互联网向上网用户有偿提供信息或者网页制作等服务活动。非经营性互联网信息服务，是指通过互联网向上网用户无偿提供具有公开性、共享性信息的服务活动。"经营性和非经营性网络服务提供者的区分固然具有一定意义，但是这一

---

① 王华伟．类比推理辩证考：原理、难题和语境．北京化工大学学报（社会科学版），2013（4）：13.

分类的理论和实务价值都在不断下降：其一，随着自媒体的兴起，网络服务的提供变得越来越个人化、自主化、平民化。非经营性的网络服务提供者扮演了越来越重要的角色，在许多法律关系中其地位与经营性的网络服务提供者差别已经没有那么明显，这导致区分经营性与非经营性网络服务提供者的意义大大削弱。其二，经营性与非经营性的区分在一些特殊的场合越发难以进行。“网络建构了新社会形态，而网络化逻辑的扩散实质地改变了生产、经验、权力与文化过程中的操作和结果。”① 在网络社会中，人类的生产、生活模式发生了极大变化，“经营”这一概念本身面临着重新定位的宿命。例如，许多网络服务提供者往往向上网用户无偿提供各种信息服务，而从其他新的渠道谋求长线赢利。② 在这种情形中，何种行为属于经营行为就比较难以认定。

值得注意的是，为了明确刑法中网络服务提供者的概念，确定拒不履行信息网络安全管理义务罪的适用范围，最高法、最高检于2019年发布的《网络犯罪解释》第1条对此作出了界定。按照这一规定，提供下列服务的单位和个人，应当认定为刑法第二百八十六条之一第一款规定的‘网络服务提供者’：1）网络接入、域名注册解析等信息网络接入、计算、存储、传输服务；2）信息发布、搜索引擎、即时通讯、网络支付、网络预约、网络购物、网络游戏、网络直播、网站建设、安全防护、广告推广、应用商店等信息网络应用服务；3）利用信息网络提供的电子政务、通信、能源、交通、水利、金融、教育、医疗等公共服务。由上可见，司法解释对网络服务提供者的定义实际上几乎无所不包，从技术功能、服务类型、适用领域等多个角度进行了总结性描述。但是，过于多元的标准，也可能导致网络服务提供者的范围泛化，无法有效限定刑事责任主体边界。

（二）责任扩张模式与一般性的义务

经过梳理我国的互联网法律规范可以发现，其实我国存在相当多涉及网络服务提供者责任的规定。《互联网信息服务管理办法》第15条第7款、《中华人民共和国电信条例》第57条第7款、《互联网等信息网络传播视听节目管理办法》（已失效）第19条第7款、《互联网视听节目服务管理规定》第16条第7款、《互联网文化管理暂行规定》第16条第7款，都类似地规定互联网服务提供者不能制作、复制、发布、传播含有宣扬淫秽、色情、赌博、暴

① 曼纽尔·卡斯特．网络社会的崛起．夏铸九，王志弘，等译．北京：社会科学文献出版社，2001：569.

② 凯文·凯利曾指出：“免费比利润重要。当资源变得充裕，慷慨可以孕育财富。追求免费，提前迎接无可避免的价格滑落，而且运用唯一真正的稀有资源——人们的注意力。”凯文·凯利．网络经济的十种策略．萧华敬，任平，译．广州：广州出版社，2000：71.

力、凶杀、恐怖或者教唆犯罪的信息。然而，综观我国关于网络服务提供者的责任规定，其在基本目标定位、体系性与明确性上存在诸多不足。

一方面，我国现存的法律法规对网络服务提供者规定了一种一般性、积极性的监管义务。例如，《互联网信息服务管理办法》第 13 条规定："互联网信息服务提供者应当向上网用户提供良好的服务，并保证所提供的信息内容合法。"《互联网安全保护技术措施规定》第 3 条规定："互联网服务提供者、联网使用单位负责落实互联网安全保护技术措施，并保障互联网安全保护技术措施功能的正常发挥。"2012 年全国人大常委会《关于加强网络信息保护的决定》第 5 条更是明确规定："网络服务提供者应当加强对其用户发布的信息的管理，发现法律、法规禁止发布或者传输的信息的，应当立即停止传输该信息，采取消除等处置措施，保存有关记录，并向有关主管部门报告。"从现有规范的字面表述即可明显看出，立法者要求网络服务提供者发挥一种积极的、主动的监管作用，而同时几乎没有对其免责的情形和条件作出任何规定。这意味着，按照现有法律规定，网络服务提供者实际上承担了一种相当沉重的监控义务。

另一方面，这种一般性和积极性的责任规范是非常不明确的。① 多数的法律规范仅仅是概括性地要求网络服务提供者保证所提供的服务不能含有违法信息，而其对于具体应当如何监控以及监控义务的程度和边界并没有作出详细的规定。此外，这些责任条款极其缺乏体系性。现有规定散见于多部法律、行政法规和部门规章之中，其内容多有重叠之处，其责任程度也尺度不一。这种缺乏体系化的责任规范，既让司法者难以抉择，也让网络服务提供者无所适从。

整体而言，这样一种缺乏类型性、体系性、明确性的责任规范，可能会导致网络服务提供者在不知所措中触犯了法律红线，也会在无形之中压制网络服务提供者自由经营的空间，从而使得网络用户自由沟通信息的权利受到影响。正如车浩教授所担心的那样："要求企业履行网络警察的义务，这样一个社会分工的错位，最终可能会阻碍甚至窒息整个互联网行业的发展。"②

[案例 6-1] 胡某拒不履行信息网络安全管理义务案③

2015 年 7 月至 2016 年 12 月 30 日间，胡某为非法牟利，租用国内、国外

① 刘仁文教授对此问题同样表示了担忧，他认为《刑法》第 286 条之一中规定的"信息网络安全管理义务"的范畴不够明确。刘仁文，张慧．刑法修正案（九）草案有关网络犯罪规定的完善建议．人民法院报，2015-08-12（6）．

② 车浩．谁应为互联网时代的中立行为买单？．中国法律评论，2015（1）：50．

③ 参见上海市浦东新区人民法院（2018）沪 0115 刑初 2974 号刑事判决书。与本案类似的案件，可以参见湖北省荆州市荆州区人民法院（2018）鄂 1003 刑初 150 号刑事判决书。

服务器，自行制作并出租“土行孙”“四十二”翻墙软件，为境内2 000余名网络用户非法提供境外互联网接入服务。2016年3月、2016年6月上海市公安局浦东分局先后两次约谈胡某，并要求其停止联网服务。2016年10月20日，上海市公安局浦东分局对胡某利用上海丝洱网络科技有限公司擅自建立其他信道进行国际联网的行为，作出责令停止联网、警告、并处罚款人民币15 000元，没收违法所得人民币40 445.06元的行政处罚。胡某拒不改正，于2016年10月至2016年12月30日，继续出租“土行孙”翻墙软件，违法所得共计人民币236 167元。经鉴定，“土行孙”翻墙软件采用了gotunnel程序，可以实现代理功能，适用本地计算机通过境外代理服务器访问境外网站。

法院认为，胡某非法提供国际联网代理服务，拒不履行法律、行政法规规定的信息网络安全管理义务，经监管部门责令采取改正措施后拒不改正，情节严重，其行为已构成拒不履行信息网络安全管理义务罪，判处拘役6个月，缓刑6个月，罚金人民币3万元。

本案涉及非法提供翻墙软件的刑事责任。对于这一问题，目前理论上并没有达成共识。实践中有的不作为犯罪处理，有的认定为提供侵入、非法控制计算机信息系统的程序、工具罪，有的认定为非法经营罪，有的认定为拒不履行信息网络安全管理义务罪。本案即采取了最后一种立场。但是，这样一种理解可能过度扩张了网络服务提供者信息网络安全管理义务的内容。如前所述，按照全国人大法工委相关负责人的解读，网络服务提供者的安全管理义务主要是落实信息网络安全管理制度和安全保护技术措施，收到通知后及时删除或封锁违法信息，对网上信息和网络日志信息记录进行备份和留存。而上述非法提供国际联网代理服务的行为，在行为形式上体现为积极的作为，在内容上也与本罪构成要件中的结果要件，即违法信息大量传播、用户信息泄露、刑事案件证据灭失等，不相匹配。实际上，提供翻墙软件的行为虽然违反了我国相关部门网络接入的管理制度，但是其并不必然会导致违法内容的传播，该种行为不宜直接评价为对刑法中信息网络安全管理义务的违反。这种司法实务中的宽泛化理解，与本罪中核心构成要件“信息网络安全管理义务”的不明确性也有关系。

（三）功能性类型区分之提倡

需要指出的是，我国民法（尤其是知识产权法）学界对网络服务提供者的类型化以及其民事责任的研究已经相对深入。在这一点上，我国知识产权学者较多地受到了美国法的影响。美国1998年《数字千年版权法案》（Digital Millennium Copyright Act）第512条对网络服务提供者的类型（包括数据传输、系统缓存、基于用户要求的网络存储和信息定位工具）和相应免责条件作出了较为详尽的规定，这种免责条款及其例外被归纳为“避风港原则”和“红旗原则”①。在我国，国务院 2006 年通过的《信息网络传播权保护条例》第20～23 条也作了类似的规定，对网络接入和传输服务提供者、自动存储服务提供者、存储服务提供者、搜索和链接服务提供者的免责条件进行了详细规定。在此基础上，我国知识产权学者对避风港原则和红旗原则等问题进行了较为深入的研究。②

然而，《信息网络传播权保护条例》是一部主要集中解决网络空间知识产权保护问题的行政法规，其规定能否以及如何适用于刑事法领域仍然有待进一步研究。更为遗憾的是，该条例中所包含的这种类型化思维以及责任限制性立场，并没有得到我国的刑事立法和刑事司法机关的重视。

在刑事法学领域，许多刑事法学者仍然在网络服务提供者这一整体性概念层面探讨其刑事责任问题，没有注意到不同功能类型的网络服务提供者应当对应不同刑事责任的重要意义。没有这样一种类型化思维作为前提，我们就无法对网络服务提供者的刑事责任认定路径产生正确认识。例如，目前我国刑法学界常常用中立帮助行为理论来理解网络服务提供者的刑事责任，但是如果不将网络服务提供者的功能性类型化区分作为前提，这样一种观点是很难站得住脚的。陈洪兵教授曾认为，网络接入行为、网络平台提供行为，以及 P2P 软件提供行为，都属中立的业务行为，都不应当承担帮助犯的刑事责任。③ 周光权教授也认为，为他人提供互联网接入、服务器托管、网络存储、通讯传输等技术支持的网络服务商，属于网络连接服务商或网络平台服务提供商，都具有中立性，不应承担责任。④ 笔者认为，对于接入服务提供者而言，中立帮助行为理论尚存在一定的适用空间。因为，接入服务提供者仅仅提供信息传输和接入服务，其技术的中立性较为明显，因此一般认为其承

① See 17 U. S. Code §512.

② 刘家瑞．论我国网络服务商的避风港规则——兼评“十一大唱片公司诉雅虎案”．知识产权，2009（2）：13 以下；王迁．视频分享网站著作权侵权问题研究．法商研究，2008（4）：42 以下；王迁．超越“红旗标准”——评首例互联网电视著作权侵权案．中国版权，2011（6）：36 以下；王迁．《信息网络传播权保护条例》中“避风港”归责的效力．法学，2010（6）：128 以下；吴汉东．论网络服务提供者的著作权侵权责任．中国法学，2011（2）：40 以下；等等.

③ 陈洪兵．网络中立行为的可罚性探究——以 P2P 服务提供商的行为评价为中心．东北大学学报（社会科学版），2009（3）：259，262－263；陈洪兵．中立的帮助行为．中外法学，2008（6）：956－957.

④ 周光权．网络服务商的刑事责任范围．中国法律评论，2015（2）：177. 此外，目前刑法学界许多学者在运用中立帮助行为理论来认定网络服务提供者刑法责任时，都没有明确地将网络服务提供者的类型化作为前提加以说明。车浩．谁应为互联网时代的中立行为买单？．中国法律评论，2015（1）：49 以下；赵远．浅析网络犯罪中网络服务提供者的刑事责任．法制日报，2014－07－23（11）.

担的对互联网上违法内容的监控义务非常低。但是，对于缓存服务提供者和存储服务提供者（他们都可以以网络平台的形式出现），由于他们对自己管理的存储空间具有较强的技术支配力，因此当他们认识到违法内容存在时便具有了删除和封锁的义务。[①] 此时，如果他们仍然没有采取措施，便可能构成相应的犯罪，中立帮助行为理论显然难得适用。

在前文中，笔者对于我国网络服务提供者相关立法规定提出了批判性的反思，但是这与笔者所坚持的法教义学立场仍然是不矛盾的。对现有立法框架所存在的问题深入反思，是为了更好地对现有法律规范有针对性地进行解释。一方面，法律类型性、体系性与明确性不强带来了法的不安定性；另一方面，这并不妨碍我们在学理上充分塑造类型化的体系，用互联网教义学理论来充实现有较为概括的法律框架。换言之，应当将网络服务提供者功能性类型区分作为一种法教义学资源引入现有的刑法学体系，以更好地实现对法律的解释与适用。

在刑法学界，有学者提出了网络连线服务商（IAP）（internet access provider）和网络内容提供服务商（ICP）（internet content provider）的二分法。[②] 立法机关在对拒不履行信息网络安全管理义务罪的理解与适用中也明确提到，网络服务提供者根据其提供的服务内容，可以分为互联网接入服务提供者和互联网内容服务提供者。[③] 还有的学者提出了接入服务提供者（IAP）、网络内容提供者（ICP）、网络平台提供者（IPP）的三分法。[④] 笔者认为，无论是二分法还是三分法，都存在值得完善之处。二分法的基本类型是合理的，但是其显然忽略了存储服务提供者这一越来越重要的网络服务提供者类型。许多学者都指出，个人计算机引领了第一次 IT 浪潮，互联网络把孤立的主机通过网络互联起来引领了第二次 IT 浪潮，而网络存储将引领以数据存储为中心的第三次 IT 浪潮。[⑤] 可见，互联网存储服务在网络服务提供领域将会扮演越来越重要的角色，网络存储服务提供者是网络服务提供者不可或缺的重要主体类型之一。而对于目前的三分法，一方面其存在网络存储服务提供者类

---

① Vgl. Telemediengesetz，2007，§9，10；See 17 U. S. Code §512，(b)，(c).

② 彭文华．网络服务商之刑事责任探讨．佛山科学技术学院学报（社会科学版），2004（3）：55.

③ 全国人大常委会法制工作委员会刑法室．中华人民共和国刑法修正案（九）解读．北京：中国法制出版社，2015：191.

④ 杨彩霞．网络不作为犯罪新论．求索，2007（2）：96－97；陈洪兵．网络中立行为的可罚性探究——以 P2P 服务提供商的行为评价为中心．东北大学学报（社会科学版），2009（3）：258；皮勇．网络服务提供者的刑事责任问题．光明日报，2005－06－28（理论版）.

⑤ 陈凯，白英彩．网络存储技术及其发展趋势．电子学报，2002（12A）：1928；韩德志．网络存储技术及其进展．计算机应用研究，2005（7）：5.

型缺失的问题；另一方面，网络平台提供者这一类型并不适合作为单独的类型加以确立。网络平台提供者既有可能仅仅提供接入通道，也有可能提供内容，还有可能提供存储空间。“平台”一词是一个非常宽泛而多义的概念，其可能扮演着多重技术功能的角色，所以并不适合作为基础性的主体类型来加以确立。

笔者认为，德国和欧盟法律中以技术为划分标准形成的四分法主体类型（内容提供者、接入服务提供者、缓存服务提供者、存储服务提供者）及其相应的免责标准值得我们借鉴。这种类型化的四分模型，从技术合理性与可能性出发，定位于限制网络服务提供者的责任边界，力求为信息自由与媒体自由谋取充足的空间和明确的边界，能够在网络安全与自由保障之间找到一个妥当的平衡点。即便我国目前的法律规范中缺少合理的网络服务提供者类型以及相应的具有体系性和明确性的义务规范，我们仍然可以在理论上借鉴德国与欧盟的经验，在现有的较为概括的法律责任框架中，构建起一套精确的理论体系。

三、小　结

造成我国网络服务提供者刑事责任边界不确定性的重要原因之一，在于目前网络服务提供者类型化规定和理念的缺失。网络服务提供者这一概念本身是极为宽泛的，如不对其进行进一步的类型化区分，其责任认定必然难以精确。在诸多的类型化标准中，以技术功能作为区分标准是较好的选择。德国和欧盟的四分法（内容提供者、网络接入服务提供者、缓存服务提供者、存储服务提供者），为我们提供了有益的借鉴。这种四分法，不仅划分出了四种层次分明的主体类型，更为其划定了明确的责任边界，在网络安全与信息自由、媒体自由之间找到了一个较好的平衡点。反观我国目前的相关法律规范，仍然缺乏一套合理的、体系的和明确的类型化区分模式。这种类型化模式的欠缺，导致了网络服务提供者刑事责任认定的模糊，而且这种模糊性往往最终导致刑事责任的扩张。我们应当积极借鉴吸收德国与欧盟的有益经验，用互联网教义学理论来充实我国目前宽泛的法律框架。

然而，在目前关于网络服务提供者刑事责任的理论探讨中，非常遗憾，我们仍然没有看到较多关于网络服务提供者功能类型定位的探讨。没有这样一种类型化定位，网络服务提供者刑事责任的认定路径势必没法有效展开，刑事责任认定的精准性和科学性都会受到影响。功能性类型区分的深层内涵在于，其充分考虑了不同网络服务提供者主体类型的不同技术特征和控制可能性，以此为基础我们才能形成对不同网络服务提供者相应作为义务及其责任程度的合理期待。在可以预见的未来，越来越多关于网络服务提供者刑事责任认定的难题会涌现出来，我们目前面临着立法粗疏与理论空白的双重困境。网络服务提供者的功能性类型化，应当是我们应对这一难题的必经之路。

第七章　网络服务提供者的刑事责任认定路径——兼评快播案的相关争议

快播案引发了社会各界的广泛关注与讨论。成立于2007年的快播科技公司，运用具有争议的网络技术和营销手段，在短短几年内迅速扩大了其市场占有率。其开发的播放器和资源发布软件，被许多人认为导致了影视作品的版权侵害和淫秽物品的网上传播。2013年12月，国家版权局对快播公司作出了“著作权行政处罚决定书”。2014年4月，北京市公安部门对快播公司涉嫌传播淫秽色情信息行为进行了刑事立案调查，并于同年9月移送检察机关审查起诉。2016年1月7日，北京市海淀区人民法院开庭审理该案，控辩审三方在庭审中的发言引发了公众的热议。对此，政府的有关部门也旗帜鲜明地表明了立场。例如，国家互联网信息办公室发言人姜军在2016年1月10日就快播案发表谈话说，“所有利用网络技术开展服务的网站，都应当对其传播的内容承担法律责任，这是中国互联网发展和治理的根本原则”①。其后，《人民日报》再次刊载文章称，“司法裁判的关键在于技术背后的责任和意图，技术本身并不是谁的‘免罪牌’”②。2016年9月13日，北京市海淀区人民法院一审宣判：被告人王某等四人和快播公司犯传播淫秽物品牟利罪，判处3年6个月到3年不等的有期徒刑以及罚金。③ 2016年12月15日，北京市第一中级人民法院维持一审判决，本案审理最终落下帷幕。但是，理论上围绕本案的讨论远未停止。

[案例7-1] 快播公司传播淫秽物品牟利案④

被告单位快播公司自2007年12月成立以来，基于流媒体播放技术，通

---

① 所有网站都应当对传播内容承担法律责任——国家网信办发言人就“快播”案发表谈话．人民日报同，2016-01-11（4）.

② 李斌．守护技术创新的初心．人民日报，2016-01-12（4）. 该文还援引了美国《数字千年版权法案》以及“避风港原则”和“红旗原则”来论证快播负责人所具有的责任。

③ 快播案一审宣判 王欣获刑3年半罚金100万．［2016-11-03］. http：//news. xinhuanet. com/legal/2016-09/13/c _ 129279108. htm.

④ 本案详情参见：北京市第一中级人民法院（2016）京01刑终592号刑事裁定书。

过向国际互联网发布免费的 Qvod（即播放器软件或客户端软件）媒体服务器安装程序（QSI，即视频资源拥有者使用的媒体资源发布及管理软件）和快播播放器软件的方式，为网络用户提供网络视频服务。其间，被告单位快播公司及其直接负责的主管人员被告人王某、吴某、张某某、牛某某以牟利为目的，在明知上述 Qvod 媒体服务器安装程序及快播播放器被网络用户用于发布、搜索、下载、播放淫秽视频的情况下，仍予以放任，导致大量淫秽视频在国际互联网上传播。

2013 年 11 月 18 日，北京市海淀区文化委员会从位于海淀区的北京网联光通技术有限公司查获快播公司托管的服务器四台。后北京市公安局从其中三台服务器里提取了 29 841 个视频文件进行鉴定，认定其中属于淫秽视频的文件为 21 251 个。

公诉机关认为，被告单位快播公司及被告人王某、吴某、张某某、牛某某以牟利为目的，传播淫秽物品，其行为均构成传播淫秽物品牟利罪。

法院经审理认为：快播公司以牟利为目的，拒不履行监管和阻止义务，放任其网络系统被用于大量传播淫秽视频，间接获取巨额非法利益，其行为构成传播淫秽物品牟利罪，情节严重，应依法惩处。王某、张某某、吴某、牛某某均应作为直接负责的主管人员承担相应刑事责任。综上，法院判决快播公司犯传播淫秽物品牟利罪，判处罚金 1 000 万元；王某、张某某、吴某、牛某某犯传播淫秽物品牟利罪，分别判处有期徒刑 3 年 6 个月、3 年 3 个月、3 年 3 个月、3 年，并处罚金数额分别为 100 万元、50 万元、30 万元、20 万元。

在刑法学界，关于网络服务提供者刑法责任问题的探讨迅速升温，许多学者纷纷对此发表见解。然而与官方主流媒体立场不同，许多学者否定了快播公司及其负责人的刑事责任。事实上，快播案只是网络服务提供者刑法责任问题的一个剪影，在可以预见的未来，会有更多类似案件进入公众视野并进入审判程序。因此，究竟应当遵循怎样的刑法逻辑思维来认定这类案件，成为一个重要的理论命题。

在目前限缩（甚至否定）网络服务提供者刑事责任的立场中，“中立帮助行为理论”成了一个极为重要的理论依据。[①] 此前，该理论在刑法学界并没有受到特别的重视，仅有个别学者对此作出了较为深入的研究。快播案发生以

① 周光权．网络服务商的刑事责任范围．中国法律评论，2015（6）；车浩．谁应为互联网时代的中立行为买单？．中国法律评论，2015（5）；陈洪兵．网络中立行为的可罚性探究——以 P2P 服务提供商的行为评价为中心．东北大学学报（社会科学版），2009（3）；陈洪兵．中立的帮助行为．中外法学，2008（6）；刘艳红．网络中立帮助行为可罚性的流变及批判——以德日的理论和实务为比较基准．法学评论，2016（5）；等等．

后，这一理论似乎迅速找到了一个在实践中适用的合理空间，因而也逐渐被越来越多的学者所关注。然而，以下几个问题目前似乎仍然没有得到充分的展开：（1）中立帮助行为的理论基础是什么？（2）该理论的适用空间与限度是什么？（3）网络服务提供者的刑事责任认定能否（以及在多大程度上）适用这一理论？（4）网络服务提供者的刑事责任的认定应当遵循何种路径？笔者将在本章中对这些问题逐一进行回答，并结合快播案的相关争议做出评析。

一、中立帮助行为理论的适用与局限

（一）德国中立帮助行为理论述评

在德国刑法理论中，中立帮助行为理论是一个极富争议的概念。哈塞默教授指出："中立帮助行为（neutrale Handlungen）是指符合帮助犯不法要件的一般条件，但是最终没有客观帮助不法的行为。中立帮助行为自身具日常性、一般性的行为意义，其在社会性上不需要进一步阐释。"① 按照这一定义，许多行为都可以被归入中立帮助行为之列。1985 年德国联邦最高法院在一份判决中具体分析了企业内部员工与业主的紧密合作能否被评价为逃税的帮助行为。在该案中，联邦最高法院将员工的行为描述为一种外部性的中立行为（äußerlich neutrale Handlungen）。② 与此类似的例子还有很多，例如出租车司机明知他人要实施非法侵入住宅行为或者贩毒行为，仍然为犯罪行为提供驾驶服务；一位顾客明知一名手工匠不缴税，仍然委托其提供服务③；某人虽然明知他所服务的公司是违反环境保护法的，但是仍然承担该公司的销售业务④；甚至，一位热爱自然的人精心地培育着他的花，尽管他知道他臭名昭著的邻居是一个婚姻骗子，会偷摘他的花朵进行更多的诈骗行为。⑤

由上可知，中立帮助行为的核心定义在于其"职业性"、"日常性"和

---

① Vgl. Hassemer，Professionelle Adäquanz，Bankentypisches Verhalten und Beihilfe zur Steuerhinterziehung，wistra Heft 2，1995，S. 42.

② Vgl. Wohlleben，Beihilfe durch äußerlich neutrale Handlungen，1996，S. 3.

③ Vgl. Roxin，in Jähnke/Laufhütte/Odersky，Strafgesetzbuch，Leipziger Kommentar，11. Aufl.，2003，§ 27，Rn. 16.

④ Vgl. Meyer-Arndt，Beihilfe durch neutral Handlungen? Wistra Heft 8，1989，S. 281.

⑤ Vgl. Jakobs，Strafrecht Allgemeiner Teil，2. Aufl.，1991，24. Abschn，Rn. 13；更多相关案例 Vgl. BGHSt，46，2001，S. 107ff；Roxin，Strafrecht Allgemeiner Teil，Band II，Besondere Erscheinungsformen der Straftat，2003，§ 26. Rn. 218，247 ff；Trappe，Harmlose Gehilfenschaft? Eine Studie über Grund und Grenzen der Gehilfenschaft，1995，S. 4 ff；Rackow，Neutrale Handlungen als Problem des Strafrechts，2007，S. 281ff.

"中立性"。但是，由于中立帮助行为的这些属性都非常宽泛，因此学者们的观点存在较大差异在所难免。但是，"总体而言，绝大多数理论上的观点都是朝着限制帮助犯成立范围的基本方向努力的，如果我们不理解这一点，便会迷失在充满各种不同观点的理论泥潭中"①。为了便于读者更好地理解中立帮助行为理论的基本状况，笔者在此简单介绍几种具有代表性的观点。②

整体来看，在德国刑法学界，中立帮助行为理论的各种观点基本上可以被归类为主观说、客观说和折中说三类。③ 主观说认为应当根据帮助者内心的意愿来划定行为可罚的界限；客观说则致力于从客观的促进作用来寻求区分标准；而折中说一方面根据主观标准将间接故意的情形排除出罪，另一方面要求符合客观限制性的标准。④

1. 主观说

较为具有代表性的主观说认为："帮助者对正犯物理性的影响是不够的，正犯必须意识到并且最终接受了他与帮助者之间的团结性（Sodarisierung）。""同时，帮助者也必须具有与正犯团结一致实现犯罪行为的故意。"⑤ 然而，纯粹的主观说基本上已经被学者们摒弃。首先，主观说完全按照内心的意愿来认定中立帮助行为的边界，这是与行为刑法的基本立场相冲突的。例如，哈塞默教授曾指出："当下中立帮助行为的核心问题在于，只有主观构成要件对可罚性起着关键性的作用，而客观构成要件对于不法排除没有一个清楚的教义学基础。只要行为人拥有了相关的认识和意志因素，一个行为的可罚性便确定了。……法治国的刑法是行为刑法，因此归责的重点原则上应当立足于客观方面，否则可能会有靠近思想刑法的风险。"⑥ 我们知道，按照中立帮助行为的基本定义，帮助者对正犯的犯罪计划往往是有所认知的，虽然这种认知的程度在具体的案例中存在差别。因此，如果采取纯粹主观说，中立帮助行为的大部分情形都会被纳入帮助犯的处罚范围之中。当然，这一范围可能

① Vgl. Schild，in Kindhäuser/Neumann/Paeffgen，Nomos Kommentar，Strafgesetzbuch，4. Aufl.，2013，§27，Rn. 11.

② 本章的写作初衷并不在于全面而详细地介绍中立帮助行为理论，因此仅作概述。更多关于该理论的介绍，Vgl. Wohlleben，Beihilfe durch äußerlich neutrale Handlungen，1996；Rackow，Neutrale Handlungen als Problem des Strafrechts，2007；Pilz，Beihilfe zur Steuerhinterziehung durch neutral Handlungen von Bankmitarbeitern，2001.

③ 陈洪兵．中立行为的帮助．北京：法律出版社，2010：73 以下.

④ Vgl. Heine/Weiβe，in Schönke/Schröder，Strafgesetzbuch，29. Aufl.，2014，§27，Rn. 12.

⑤ Vgl. Trappe，Harmlose Gehilfenschaft? Eine Studie über Grund und Grenzen der Gehilfenschaft，1995，S. 97，161 ff.

⑥ Vgl. Hassemer，Professionelle Adäquanz，Bankentypisches Verhalten und Beihilfe zur Steuerhinterziehung，Wistra Heft 2，1995，S. 43；Weigend，Grenzen strafbarer Beihilfe，in Eser（Hrsg.），Festschrift für Haruo Nishihara zum 70. Geburtstag，1998，SS. 199，200.

会随着对所谓“团结性”（Sodarisierung）的严格理解而限缩，但是这一抽象概念显然是不具有可操作性的。此外，纯粹的主观说在证据认定上也存在难题。在司法实践中，帮助故意的证据认定存在巨大的困难，这将导致难以承担的证明责任。而且，这一认定程序也是过于模糊和苍白的。①

2. 客观说

与主观说相对，客观说主要立足于对中立帮助行为的客观特性来划定其与帮助犯之间的界限。在这一范畴内，德国刑法学界产生了极为多样的观点，以下仅列举几种具有代表性的观点略加评述。

舒曼教授提出了客观的不法团结性理论。他指出，只有当实施促进行为的人与主行为“团结”在一起共同实施行为时，促进行为实施者的刑事责任才能例外性地成立，因为这种团结性的行为带来了一种对法效力的社会心理性的危险。② 但是，这种观点受到了不法论立场上的批判。尼德迈尔教授指出，如果认为帮助者使得正犯具有了损害法益的能力，这本身就使得法和平受到了最强烈的动摇，那么这种理论在将重心从结果无价值转向行为无价值的路上就走得太远了。仅仅团结性还不能奠定参与人的刑罚基础，因为这可能会使人们忽略参与行为与结果之间的因果关系要求。③ 换言之，虽然舒曼教授的理论立足于不法论来限缩帮助犯的范围，但是，其不法论立场打上了较为浓厚的行为无价值论的印记④，帮助犯的范围仍然可能失之宽泛。

哈塞默教授则提出了职业相当性说。他认为，传统的归责理论在排除中立帮助行为时，在阶层体系定位上太靠后了，应当在客观行为要件这一环节就将中立帮助行为排除出去。因此，哈塞默教授以社会相当性理论为依据，提出了职业相当性理论（Professionelle Adäquanz）。他认为在中立帮助行为中，同时存在一种构建不法的刑法规范和一种排除不法的刑法外部规范，应当协调两种不同规范之间的对立关系。⑤ 然而，正如学者们对社会相当性理论的批判一样，哈塞默教授的“职业相当性”观点也因过于模糊而受到指责，

---

① Vgl. Hassemer，Professionelle Adäquanz，Bankentypisches Verhalten und Beihilfe zur Steuerhinterziehung，Wistra Heft 2，1995，S. 43.

② Vgl. Schumann，Strafrechtliches Handlungsunrecht und das Prinzip der Selbstverantwortung der Anderen，1986，S. 57，50.

③ Vgl. Niedermair，Beihilfe durch neutrale Handlungen? ZStW，Band 107，Heft 3，1995，S. 513.

④ 陈洪兵教授甚至认为这是基本立场性错误。陈洪兵．中立行为的帮助．北京：法律出版社，2010：95.

⑤ Vgl. Hassemer，Professionelle Adäquanz，Bankentypisches Verhalten und Beihilfe zur Steuerhinterziehung，Wistra Heft 2，1995，S. 44.

因为到底什么是这里的职业相当性并不清楚。[①] 例如，奥托教授指出，到底哪些行为方式能够被归入这种职业相当性之中是存在问题的。[②] 罗克辛教授也同样认为，Hassemer 教授的观点没有提出真正的认定标准。[③]

雅各布斯教授提出了溯及禁止理论（Regreßverbot），该说认为，参与人的行为如果是无害的和日常性的，其仅仅是被他人的犯罪计划以一种具有危害性的方式所扭曲，那么该参与人并不负刑事责任。[④] 他认为，当参与人的行为与实行行为是相互独立的，并且参与人的行为在没有实行行为时具有独立意义时，参与人与实行人之间是存在距离的，因此参与人的行为不具有实现构成要件的意义，实行人的行为不能回溯到参与人身上。[⑤] 按照雅各布斯教授的观点，在帮助者明知行为人将要实施犯罪行为仍然提供帮助的场合（例如明知他人想用面包来实施投毒行为，或者明知他人想用螺丝刀来实施非法侵入住宅行为时），帮助者也是不应处罚的。因为雅各布斯教授认为，在存在极大差异的选择时，为了实现人与人之间信息和物品的顺畅交换，需要将各自不同的目的追求以及行为意义隔离开来。[⑥] 然而，这一观点遭到了许多学者的批判。因为，在行为人明知他人将实施犯罪行为时，其客观促进作用和主观的促进心态都不能否认，此时不能认为他还是简单地在追求自己的特定目标（如经济利益）。[⑦]

普珀教授在探讨溯及禁止问题时也提及了外来帮助行为，当然其内容与雅各布斯教授并不相同。普珀教授认为，溯及禁止的关键问题在于主行为的发展阶段。[⑧] 对此，普珀教授区分了两种不同的情形。她认为，如果犯罪实行行为还不是迫在眉睫的，那么将工具交给犯罪实行人的行为便是允许的。因

---

① Vgl. Pilz, Beihilfe zur Steuerhinterziehung durch neutral Handlungen von Bankmitarbeitern, 2001, S. 79.

② Vgl. Otto, "Vorgeleistete Strafvereitelung" durch berufstypische oder alltägliche Verhaltensweisen als Beihilfe, in Eser/Schittenhelm/Schumann (Hrsg.), Festschrift für Theodor Lenckner zum 70. Geburtstag, 1998, S. 203.

③ Vgl. Roxin, Strafrecht Allgemeiner Teil, Band II, Besondere Erscheinungsformen der Straftat, 2003, §26, Rn. 233. 而且，帮助者在明知行为人要实施犯罪行为的情况下，仍然给予实质性帮助，此时为何一种所谓的刑法外部规范能够优先于刑法规范？这一问题在哈塞默教授的观点中并没有得到很好的回答。

④ Vgl. Jakobs, Strafrecht Allgemeiner Teil, 2. Aufl., 1991, 24. Abschn., Rn. 13.

⑤ Vgl. Jakobs, Strafrecht Allgemeiner Teil, 2. Aufl., 1991, 24. Abschn., Rn. 15.

⑥ Vgl. Jakobs, Strafrecht Allgemeiner Teil, 2. Aufl., 1991, 24. Abschn., Rn. 17.

⑦ Vgl. Niedermair, Beihilfe durch neutrale Handlungen? ZStW, Band 107, Heft 3, 1995, S. 511, 512; Roxin, Strafrecht Allgemeiner Teil, Band II, Besondere Erscheinungsformen der Straftat, 2003, §26. Rn. 228; Pilz, Beihilfe zur Steuerhinterziehung durch neutral Handlungen von Bankmitarbeitern, 2001, SS. 116, 117.

⑧ Vgl. Rackow, Neutrale Handlungen als Problem des Strafrechts, 2007, S. 158 ff.

为此时实行人能够轻而易举地以其他方式得到该工具。如果犯罪实行行为已经迫在眉睫，那么该行为便不再被允许。此时帮助者十分确切地知道他是在帮助实行人。① 可见，实际上普珀教授主要是按照主行为构成要件实施的程度来区分中立帮助行为，这一观点也受到了质疑。罗克辛教授认为，这种接近构成要件行为的标准，难以说明为何中立帮助行为不具有可罚性。罗克辛教授还认为，即使在接近构成要件的场合，实行人的行为也并不依赖于帮助者。②

此外还有学者从客观归责的角度来阐述自己的观点。例如，勒韦-克拉尔教授从假定因果关系理论的角度出发，认为中立帮助行为出罪的理由并不在于参与行为的中立性，也不在于对相关规范的遵守，关键性的标准在于客观归责视野中的假定因果流程。帮助者的行为与真正的构成要件行为相隔较远，而且很容易被获取，因此没有制造法所不允许的风险。③ 弗里施教授也指出，如果行为人本来就可以实现犯罪行为，或者说帮助者的参与并没有促进行为的实现，那么这里就不存在风险提高。④ 然而，“很多行为都是可以由行为人自己完成的，或者可以通过其他的帮助者来实现，按照以上观点将会导致很多立法者本来想要处罚的行为被出罪了”⑤。还有学者认为，假设的因果流程可能会最终导致纯粹的功利主义，这将使被害人一方与行为人和帮助人一方之间的需求满足不平等。⑥

3. 主客观结合说

主客观结合说同时从客观与主观两个方面来考察中立帮助行为的成立范围。其中，罗克辛教授的观点就是较为具有代表性的例子。罗克辛教授不仅在客观方面要求帮助行为具有因果性且具有可归责性⑦，也在主观方面运用“信赖原则”（Vertrauensgrundsatz）来限缩帮助犯的范围。他指出，根据信

---

① Vgl. Pnppe, in Kindhäuser/Neumann/Paeffgen, Strafgesetzbuch, 4. Aufl., 2013, Vorbemerkungen zu §§13, Rn 173, 174.

② Vgl. Roxin, Strafrecht Allgemeiner Teil, Band II, Besondere Erscheinungsformen der Straftat, 2003, §26, Rn. 238. 此外，Puppe 教授的论述中实际上体现了假定因果关系的立场，这一点同样受到了学者们的批判，具体论述请见下文。Vgl. Rackow, Neutrale Handlungen als Problem des Strafrechts, 2007, S. 159.

③ Vgl. Löwe-Krahl, Beteiligung von Bankangestellten an Steuerhinterziehungen ihrer Kunden, Wistra Heft 6, 1995, S. 205.

④ Vgl. Frisch, Tatbestandsmäßiges Verhalten und Zurechnung des Erfolgs, 2012, S. 294.

⑤ Vgl. Pilz, Beihilfe zur Steuerhinterziehung durch neutral Handlungen von Bankmitarbeitern, 2001, S. 146, 147.

⑥ Vgl. Rackow, Neutrale Handlungen als Problem des Strafrechts, 2007, S. 159.

⑦ Vgl. Roxin, Strafrecht Allgemeiner Teil, Band II, Besondere Erscheinungsformen der Straftat, 2003, §26, Rn. 183 ff.

赖原则，每个人都可以信赖他人不会故意实施犯罪，因此，根据以信赖原则为基础的允许的风险，如果行为人仅仅是认识到自己的行为可能被用于犯罪，那么行为人客观构成要件的归责就被排除了。① 罗克辛教授的观点也受到了许多批评。有学者认为，这种通过一般故意和未必故意来区分的观点走向了思想刑法②；还有的学者则对信赖原则本身提出了质疑，认为信赖原则仅仅是对特定情形中人们日常交往中风险允许的一种描述，而并不能从中有效地推导出清楚的行为标准，因此在中立帮助行为的探讨中以此为依据也是存在问题的。③

在德国刑法学界，关于中立帮助行为的讨论目前仍然没有形成统一的观点。在笔者看来，之所以德国刑法学界关于该问题长期无法达成共识，原因之一在于中立帮助行为本身概念的不确定性。“中立性”“职业性”“日常性”这几个中立帮助行为的核心特征，涵盖了极为宽泛的内容。④ 因此，在中立帮助行为的概念之下，存在各种各样的“案例组”。有的案例发生在个体业主经营的领域，有的案例发生在公司企业内部，还有的发生在日常生活领域，与商业性质无关。同时，有的案例发生在法益侵害较为迫切的场合，有的案例则发生在法益侵害相对较为宽缓的场合。这种概念内部的巨大类型化差异，使得罗克辛教授、普珀教授等学者实际上都或直接或间接地采纳了分类讨论的方法。因此，总体而言，结合具体案件类型的情况进行具体分析是较为可行的思路。

此外，中立帮助行为理论背后涉及极强的价值判断，这也是在该问题上形成各种不同观点的原因。中立帮助行为理论归根结底是要判断，到底哪些客观上的帮助行为基于其职业性、日常性和中立性能够被公众和社会所接受、容忍，这涉及对公民行为的不同期待。可以想象，在一个社会连带主义、共同体主义色彩较强的社会（或者观点）中，中立帮助行为成立的范围是较窄的。因为，在这样的背景下，社会期待公民不是仅仅选择性地关注个人性的法律关系（如营业行为），其也应当尽可能地考虑公共性的法律关系（如尽量避免为他人犯罪行为提供事实上的帮助）。相反，在一个更为个体化、自由化的社会（或者观点）中，则可能出现与此相对的结论。如此观之，在一个多元开放的社会中，由于对公民行为的期待和定位不同，中立帮助行为理论的

---

① Vgl. Roxin, Strafrecht Allgemeiner Teil, Band II, Besondere Erscheinungsformen der Straftat, 2003, § 26, Rn. 241.

② Vgl. Tag, Beihilfe durch neutrales Verhalten, JR Heft 2, 1997, S. 51.

③ Vgl. Rackow, Neutrale Handlungen als Problem des Strafrechts, 2007, S. 200.

④ 近期刘艳红教授提出了类似的观点，请参见：刘艳红．网络中立帮助行为可罚性的流变及批判——以德日的理论和实务为比较基准．法学评论，2016（5）：46.

争议是无法避免的。因此，中立帮助行为的界定与适用也应当区分具体案例语境与社会语境。

从具体观点上来说，笔者较为赞同罗克辛教授的折中观点，即当帮助者的客观行为确实有力地促进了正犯行为，同时在主观心态上当其已经明确认识到实行人的犯罪计划后仍然给予帮助，则这类行为可能被纳入帮助犯的处罚范围之中。① 这一观点并不属于所谓的思想刑法。一方面，此时对帮助者的处罚仍然是以其客观帮助行为为基础的，另一方面，正如罗克辛教授所言，“一个行为的特征是由其服务的目的来确定的，大多数帮助行为如果不考虑其目的，都是中性的行为”②。“如果帮助者明确地意识到了实行人的犯罪计划，那么此时其行为就丧失了中性日常交易特征，而具有了法益攻击性”③。事实上，客观与主观的区分主要是作为一种思考方式发挥作用，就行为性质本身而言，主观与客观是难以绝对分离的。④ 两个外表看似一样的客观行为，由于主观心态的差别，整个行为事实上的不法性质与程度已经完全不一样了。

虽然德国刑法学界关于中立帮助行为的理论争鸣和学术文献非常丰富，但是单独利用该理论来理解网络服务提供者刑事责任的文献并不多见。例如，有学者在论述接入服务提供者的刑事责任时提道：“纯粹为数据传输提供通讯媒介的行为，一般不会跨越法律上的危险界限，而是只能被理解为一种具有社会相当性的中立行为。”⑤ 还有学者指出，那些客观上促进了主行为实施的网络运营者和接入服务提供者，他们的构成要件行为通过诸如被允许的风险等理论被排除，这种“中立行为”原则来说在构成要件意义上是不重要的。⑥

① 当然，该行为最终是否应当被处罚，还要进行客观归责，以及违法性和有责性阶层的其他判断。

② Vgl. Roxin，Strafrecht Allgemeiner Teil，Band II，Besondere Erscheinungsformen der Straftat，2003，§26，Rn. 231.

③ Vgl. Roxin，Strafrecht Allgemeiner Teil，Band II，Besondere Erscheinungsformen der Straftat，2003，§26，Rn. 228.

④ 近来我国也有学者主张完全的客观说，并且综合地借鉴了前文中所介绍的假定因果流程、实行行为紧迫程度等观点。[孙万怀，郑梦凌．中立的帮助行为．法学，2016（1）：149.] 但是，这种观点显然难以避免前文所提到的德国刑法理论中的相关诘难。在此以假定因果流程为例简单加以说明。例如，行为人杀死了将被执行死刑的罪犯，我们不能因为“即使没有该行为罪犯仍然会被处死”而否定对行为人的归责。同样，在即使没有帮助者的帮助，行为人仍然能够实施犯罪的场合，我们也不能直接否定帮助者的归责。因为如果依此标准，现实生活中会有太多的共犯不能被处理。例如，如果没有望风者的帮助，直接实施盗窃的人实际上也能完成盗窃行为，在这种场合下，将望风者出罪显然是不合理的。对假定因果流程观点的否定，Vgl. Roxin，Strafrecht Allgemeiner Teil，Band II，Besondere Erscheinungsformen der Straftat，2003，§26，Rn. 213.

⑤ Vgl. Heliosch，Verfassungsrechtliche Anforderungen an Sperrmaßnahmen von kinderpornographischen Inhalten im Internet，2012，S. 123.

⑥ Vgl. Eichhorn，Internetrecht，Ein Wegweiser für Nutzer und Web-Verantwortliche，2007，S. 82.

但是，这些观点都只是只言片语地提及中立帮助行为理论。值得注意的是，近来德国刑法学界有学者采用了中立帮助行为理论系统地阐述网盘服务提供者（Sharehoster）的刑事责任。这种观点认为，由于网盘服务提供者并没有控制存储信息提供者，而且根据德国《电信媒体法》不存在这种主动监控义务，所以当这种服务被他人用来实施犯罪行为时，在很多网盘服务提供的案件中都存在一种中立性帮助的情形。着眼于网盘服务提供者所提供的网络容量对信息社会的社会有用性，网盘服务提供者的责任在这一概念下原则上应当归入中立帮助行为。①

事实上，从刑事责任认定的路径来看，网络服务提供者既可能构成相关犯罪的正犯，也可能构成相关犯罪的共犯。有学者指出，实际上在德国刑法学界对于网络服务提供行为到底应该归入正犯还是共犯领域来加以探讨是有争议的。初步分析，许多网络服务提供行为看起来只能作为帮助行为。但是，对相关构成要件进行较为宽松的解释，也能使其行为涵摄到诸如“传播”“使获得”等概念中来。② 但是，从目前德国相关的文献来看，单独从中立帮助行为理论的视角来研究网络服务提供者刑法责任的观点是相对较少的，而中立帮助行为的典型例子仍然主要局限在那些传统的职业领域。例如，齐白教授虽然也提及了《电信服务法》第 5 条涉及社会相当性和典型性职业行为的问题，但是他仅仅是为了论证《电信服务法》第 5 条应当在构成要件阶层来讨论，并没有特别地在共犯的视野中加以详细论述。③

对此，一种可能的原因在于德国《电信服务法》这一特别法律的迅速通过。例如，库德里希指出，随着《电信服务法》的迅速生效，这一特别性法律导致中立性、职业性的支持行为没有得到广泛讨论。④ 学说史上也有个别学者曾提到，《电信服务法》第 5 条第 1 款的规定应当被理解为“电信服务内容犯”的正犯，而第 5 条第 2 款的规定应当被理解为共犯（尤其是帮助犯）。⑤ 但是，这一观点明显存在问题。例如施平德勒认为，不论基于《电信服务法》

① Vgl. Bode，Das Providerprivileg aus §§7，10 TMG als gesetzliche Regelung der Beihilfe durch “neutrale” Handlungen，Band 127，Heft 4，2015，S. 946，947.

② Vgl. Kudlich，Die Unterstützung fremder Straftaten durch berufsbedingtes Verhalten，2004，S. 502.

③ Vgl. Sieber，Verantwortlichkeit im Internet：Technische Kontrollmöglichkeiten und multimediarechtliche Regelungen. Zugleich eine Kommentierung von §5 TDG und §5 MDStV，1999，S. 117，Rn. 240.

④ Vgl. Kudlich，Die Unterstützung fremder Straftaten durch berufsbedingtes Verhalten，2004，S. 502.

⑤ Vgl. Vassilaki，Strafrechtliche Verantwortlichkeit der Diensteanbieter nach dem TDG，Eine Untersuchung unter besonderer Berücksichtigung der Einordnung des §5 TDG im Strafrechtssystem，MMR Heft 12，1998，S. 630 ff. 《电信服务法》第 5 条可参见本书第 100 页。

第 5 条第 2 款的立法理由还是字面含义，都无法得出该条款应当被理解为共犯的结论。立法者更多的是想对由于第三人而形成的法益损害的免责情形作出规定，因此这一条款并没有与共犯参与形式挂钩。① 整体而言，我们可以较为明显地看到，在《电信服务法》第 5 条通过之后，学者们研究的重心主要偏向了对该条中所规定的网络服务提供者免责情形的解读，尤其是与此相关的不作为理论及义务来源等问题。②

（二）我国中立帮助行为理论的主张与意义

反观中国刑法学界，目前一些具有代表性的观点都主张适用中立帮助行为理论来理解网络服务提供者的刑事责任问题。例如，车浩教授指出："与这里讨论的法条、司法解释以及类似快播案紧密相关的，是刑法理论上的中立帮助行为的问题。"③ "在教义学内部绝大多数学者主张，应该对中立行为的处罚进行限制。理由在于：如果把各种日常行为千篇一律、机械地视作抽象的帮助犯，这会导致刑罚范围不可接受的过度延伸。"④ 周光权教授也指出，"中立行为人通常对正犯的行为有认识（至少有间接故意），客观上对造成结果的正犯行为起到了促进和推动作用的场合……各种刑法理论……都试图寻找不将中立行为作为帮助犯处罚的依据"⑤。

事实上，中国刑法学界的这一理论倾向早在快播案发生的若干年前就已经存在了。陈洪兵教授很早就指出："网络接入服务商明知他人申请开通网络的目的是建立黄色网址仍为其办理网络接入服务，或者提供 P2P 技术服务的网络平台商预料到会员会利用此服务侵犯他人著作权仍然提供此服务，这一行为属于德国、日本刑法理论近十年来所广泛讨论的中立帮助行为的典型设例之一。"⑥ 同时陈洪兵教授还认为，无论是网络接入行为，还是网络平台提供行为，以及提供 P2P 软件的行为，都属中立的业务行为，一般都不应当承

---

① Spindler，Dogmatische Strukturen der Verantwortlichkeit der Diensteanbieter nach TDG und MDStV，MMR Heft12，1998，S. 641.

② 体现这一现象的文献可以参见，Lenckner/Perron，in Schönke/Schröder，Strafgesetzbuch Kommentar，26. Aufl. 2001，§184，Rn. 66h. Kudlich 教授还提出，这种共犯与正犯的区分在这里不必继续深入，因为这最终并不存在特别性的问题。Vgl. Kudlich，Die Unterstützung fremder Straftaten durch berufsbedingtes Verhalten，2004，S. 502.

③ 车浩．谁应为互联网时代的中立行为买单？．中国法律评论，2015（1）：49.

④ 车浩．刑事立法的法教义学反思——基于《刑法修正案（九）》的分析．法学，2015（10）：12.

⑤ 周光权．网络服务商的刑事责任范围．中国法律评论，2015（2）：175.

⑥ 陈洪兵．中立的帮助行为．中外法学，2008（6）：931.

担帮助犯的刑事责任。[①] 然而，这一观点是值得商榷的。一方面，正如前文所言，至少在德国刑法学界，专门利用中立帮助行为理论来理解网络服务提供者刑事责任的讨论远称不上广泛，相关的典型例设也较为少见。例如，在德国曾轰动一时的CompuServe案中，初级法院和州法院在判决中论证了共同正犯、帮助犯以及不作为义务等问题，但是并没有提及中立帮助行为。[②] 另一方面，如果帮助者明知实行人的犯罪计划和行为仍然提供帮助，目前有越来越多的观点都不赞成将其归入中立帮助行为而出罪，因为这种明知他人实施犯罪而提供帮助的行为在许多案件中将会使帮助者丧失其所谓的"中立性"[③]。更为重要的是，陈洪兵教授将接入行为、网络平台提供行为[④]通通纳入中立帮助行为，不但忽视了中立帮助行为理论与网络服务提供者刑事责任的语境差异，而且忽视了网络服务提供者内部不同类型之间的性质差异。

事实上，笔者并不反对采用中立帮助行为理论来理解网络服务提供者刑事责任问题，因为，在当下中国刑法语境下，这一理论对限缩网络服务提供者宽泛的刑事责任具有重要意义。在《刑法修正案（九）》通过之前，我国没有关于网络服务提供者刑事责任的专门立法。最高法和最高检在2004年9月发布的《关于办理利用互联网、移动通讯终端、声讯台制作、复制、出版、贩卖、传播淫秽电子信息刑事案件具体应用法律若干问题的解释》第7条规定：明知他人实施制作、复制、出版、贩卖、传播淫秽电子信息犯罪，为其提供互联网接入、服务器托管、网络存储空间、通讯传输通道、费用结算等帮助的，以共同犯罪论处。按照这一司法解释，几乎所有网络服务提供者都

---

① 陈洪兵．网络中立行为的可罚性探究——以P2P服务提供商的行为评价为中心．东北大学学报（社会科学版），2009（3）：259，262－263.

② 在本案中，CompuServe德国子公司为用户提供连接到母公司的服务，其后调查机关在母公司的新闻组（类似于论坛）中发现了儿童色情等违法内容，子公司在接到通知后及时报告母公司进行封锁（违法内容存储于母公司服务器中，子公司没有能力进行封锁）。其后，该公司在提供了有助于封锁这些违法内容的"儿童保护软件"后，解除了封锁。但是，后来调查机构发现，通过子公司的接入服务还是可以读取到含有"硬"色情内容。被告子公司被德国检察机关以《德国刑法典》第184条传播淫秽物品罪起诉。Vgl. AG München："CompuServe"-Urteil，MMR Heft 8，1998，S. 429；Verbreitung pornografischer Inhalte im Internet-Freispruch im CompuServe-Prozess，ZUM Heft 3，2000，S. 247.

③ 值得注意的是，刘宪权教授虽然也试图采用中立帮助行为理论来阐述网络服务提供者的刑事责任，但是他得出了截然相反的结论。他指出："提供信息网络技术支持、帮助本身是一种中性业务行为。但是，在经济生活与经营活动中，如果从事具体业务的市场主体明知他人实施犯罪活动，而仍然为其提供业务或者服务助力，其业务行为与犯罪活动的成立与实施就具有了密切关联，这种中性业务行为应该具有刑事可罚性特征。"刘宪权．论信息网络技术滥用行为的刑事责任——《刑法修正案（九）》相关条款的理解与适用．政法论坛，2015（6）：98.

④ 但是，笔者认为，网络平台服务提供者这一分类并不准确。因为，网络平台提供者并不是以网络服务提供者具体功能为标准划分出来的精确概念。网络平台服务提供者既可能是内容提供者或者缓存服务提供者，或者存储服务提供者，还可能是通讯小组的建立者等。参见本书第139页。

可以按照相关犯罪的共同犯罪来处理。

然而，最高法和最高检 2010 年《关于办理利用互联网、移动通讯终端、声讯台制作、复制、出版、贩卖、传播淫秽电子信息刑事案件具体应用法律若干问题的解释（二）》第 6 条规定：电信业务经营者、互联网信息服务提供者明知是淫秽网站，为其提供互联网接入、服务器托管、网络存储空间、通讯传输通道、代收费等服务，并收取服务费，对直接负责的主管人员和其他直接责任人员，以传播淫秽物品牟利罪定罪处罚。[①] 按照这一规定，网络服务提供者不再是以相关犯罪的共犯来处罚，而是直接按照正犯来处罚，这意味着网络服务提供者刑事责任的边界大大拓展了。

而《刑法修正案（九）》新增的第 286 条之一和第 287 条之二则以立法的形式明确将这类网络服务提供者的行为正犯化，这意味着网络服务提供者刑事责任的边界再次被拓宽。[②] 纵观我国现有的法律和司法解释，网络服务提供者的法律责任框架具有明显的扩张性，这和德国与欧盟的相关立法存在极大差异。

德国和欧盟对网络服务提供者的规定，旗帜鲜明地采取了责任限制性的立场。德国 1997 年《电信服务法》第 5 条明确规定，网络服务提供者对网络接入服务以及自动性、短时间性的缓存行为原则上不承担责任。[③] 2000 年欧盟通过的《电子商务指令》第 12～14 条更是进一步细化了接入服务提供者、缓存服务提供者、存储服务提供者不承担责任的具体规定。[④] 此后，2007 年德国通过的《电信媒体法》第 8～10 条承袭了《电信服务法》和《电子商务指令》的内容，具体而详细地规定了三种不同类型的网络服务提供者具体而不同的免责条件。[⑤] 此外，需要强调的是，修改后的《电信服务法》第 8 条、《电子商务指令》第 15 条以及《电信媒体法》第 7 条，都明确强调了网络服务提供者并不一般性地具有监督其传输和存储信息的义务，也不一般性地承担主动收集证明违法活动的事实或情况的义务。[⑥] 德国与欧盟的立法采取这种限制网络服务提供者责任的立场，是出于多方面的考虑。这既包括对宪法所

---

① 该《解释》第 5 条对网站建立者及其直接负责的管理者作了同样的“共犯正犯化”的规定。

② 对于这种扩张性立法的发展及其弊端，请参见：刘艳红．网络中立帮助行为可罚性的流变及批判——以德日的理论和实务为比较基准．法学评论，2016（5）：46 以下．

③ 该条文的具体内容，Vgl. Teledienstegesetz，1997，§5.

④ Directive on electronic commerce 2000/31/EC，Article 12－14.

⑤ Vgl. Telemediengesetz，2007，§8－10.

⑥ Vgl. Teledienstegesetz，2001，§8；Directive on electronic commerce 2000/31/EC，Article 15；Telemediengesetz，2007，§7.

强调的言论自由和信息自由的重视①，对公民不受监视和审查权利的保护②，也考虑了不同网络服务提供者技术控制的可能性③，还考虑了刑事政策视野下对抗网络犯罪的策略问题。④

反观我国目前的法律法规和部门规章，网络服务提供者往往被一般性地赋予主动审查其所提供网络服务的义务，这使得网络服务提供者承受了巨大的压力，其经营发展和创新活动都可能受到压制，这显然对我国蓬勃发展的互联网产业和公民的信息自由是不利的。正是在这样的背景下，中立帮助行为理论强调了网络服务提供者一般性经营活动主体的地位，重视这种中立性技术行为在经济运行过程中的作用，也着重对不同利益、不同风险进行了权衡和比较。从结论上来看，该理论可以大大地限缩网络服务提供者刑事责任的不当扩张。

（三）网络服务提供者刑事责任的特殊语境

虽然笔者赞同引入中立帮助行为来解释网络服务提供者的刑事责任，但是笔者认为该理论在此处适用的范围是有限的。

1. 网络服务提供者共同犯罪的异化

互联网正在极大地改变着我们生活，也对传统刑法理论形成了一定的冲击。尤其是在共犯理论领域，这一问题逐渐凸显出来。

首先，在网络空间里，犯罪现象呈现主体多元化、分散化的趋势，正犯与共犯之间的界限越发模糊。例如，在P2P（peer to peer）对等网络中，不再存在集中式的媒体服务器，每一个普通的对等网络用户实际都发挥着小型媒体服务器的功能，所有的文件在各个普通的对等网络用户之间互相传输。⑤因此，如果淫秽视频在这种“去中心化”的P2P对等网络中传播，那么单个对等网络用户到底是正犯还是共犯，抑或根本就不属于犯罪参与者，就难以认定。因为，多数的单个对等网络用户并没有提供初始的淫秽视频（文件在传播过程中不断复制），而且没有主动向他人传输淫秽视频的行为。然而，所

---

① SIEBER. Control possibilities for the prevention of criminal content in computer networks. The computer law and security report. Vol. 15，no. 5，1999：91.

② SIEBER. Responsibility of internet-providers-a comparative legal study with recommendations for future legal policy. The computer law and security report，Vol. 15，no. 5，1999：292.

③ 同①168.

④ Vgl. Sieber，Aufbruch in das neue Jahrtausend-Für eine neue Kultur der Verantwortlichkeit im Internet，Editorial，MultiMedia und Recht Heft 12，1999，S. 690.

⑤ 谢希仁．计算机网络．5版．北京：电子工业出版社，2008：373；ANDREW S TANENBAUM，DAVID J WETHERALL. 计算机网络：第5版．严伟，潘爱民，译．北京：清华大学出版社，2012：579.

有对等网络用户都是较为紧密地结合在一起的，文件能否顺畅下载依赖其他不特定用户的共享，只有这样，整个 P2P 网络才能有效地运转起来。[①] 因此，在这一网络中，对于淫秽视频传播这一构成要件结果而言，已经很难分清楚到底谁是正犯谁是共犯。

其次，网络空间里的行为模式与现实社会中的行为模式存在一定差异。例如，在前文介绍的 P2P 网络中，事实上传播行为不再具有主动性和具象性。只需要一部分 P2P 网络用户开启共享模式，那么网络中不确定多数的用户们便能够自由地从其他用户那里下载到淫秽视频。现实生活中的“传播行为”往往表现为散布、分发、宣传等具体而主动的行为，而在 P2P 对等网络中“传播”的行为形态与此相去甚远。

最后，网络空间中单个主体的不法程度通常较低，而且难以进行评估，往往难以达到我国刑法确定的罪量标准。例如，1998 年最高法《关于审理非法出版物刑事案件具体应用法律若干问题的解释》第 8、10 条，2004 年最高法、最高检《关于办理利用互联网、移动通讯终端、声讯台制作、复制、出版、贩卖、传播淫秽电子信息刑事案件具体应用法律若干问题的解释》第 1、2、3 条，2010 年最高法、最高检《关于办理利用互联网、移动通讯终端、声讯台制作、复制、出版、贩卖、传播淫秽电子信息刑事案件具体应用法律若干问题的解释（二）》第 1、2、4 条等条文，都明确规定了制作、复制、出版、贩卖、传播淫秽物品牟利罪和传播淫秽物品罪的具体入罪罪量标准。而在网络空间里，绝大多数单个的行为主体达不到这些标准。但是，这些散布在各地的行为人通过诸如 P2P 这样的网络技术连接起来后，就可能会在整体上导致淫秽视频的快速传播。在绝大多数情况下，这些单个不法程度较低的行为最终不得不被排除在犯罪处罚范围之外。事实上，从刑事政策的角度来看，将网络中成千上万、数不胜数的行为人都纳入刑法处罚的范围，显然也不是一种明智的选择。

按照主流观点，共犯从属性原理是共同犯罪中的一项核心原则。如果正犯尚且不能成立，共犯便失去了存在的基础。因此，考察网络服务提供者刑事责任，当直接实施犯罪（如传播淫秽物品）的正犯的认定困难重重时，将

---

① 根据 P2P 网络的原理，越多的用户积极地参与分享，整个网络就会越活跃。那些只想从系统中获取资源而没有实物贡献的节点被称为搭便车（free-rider）或吸血鬼（leecher），如果这样的用户太多，那么系统将无法正常工作。ANDREW S TANENBAUM，DAVID J WETHERALL. 计算机网络：第 5 版. 严伟，潘爱民，译. 北京：清华大学出版社，2012：581.

网络服务提供者仅仅定位为共犯的理论路径显然难以畅通。①

在犯罪构成主观方面，网络服务提供者与中立帮助行为者也存在区别。在中立帮助行为的典型例设中，帮助者往往不同程度地知晓正犯的犯罪计划和犯罪行为。因此，从形式上来看，中立帮助行为常常是符合帮助犯（共同犯罪）的基本构成要件的。② 而网络服务提供者在多数情况下对于服务接受者的犯罪计划与犯罪行为并不知情。由于网络上传输信息的海量性和行为的匿名性，网络服务提供者往往同时面对互联网上无数个匿名的服务接受者，所以在一般情况下网络服务提供者对服务接受者的特殊犯罪计划和行为并没有认知。例如，有学者正确地指出，搜索引擎和第三方平台为一些意图实施犯罪的人提供了客观上的帮助，但搜索引擎和第三方平台与犯罪人之间很难说具有明确的共同犯罪故意。③ 因此，网络服务提供者的行为在很多情况下并不符合帮助犯的基本构成要件，这也构成了适用中立帮助行为理论的一个障碍。

综上所述，网络服务提供者的刑事责任认定与中立帮助行为理论适用的语境存在重要的差异，二者仅在有限的案例中存在交集。司法实践中我们面对的问题常常是网络服务提供者根本就构不成共犯，而不是如何从共同犯罪中剥离出部分不可罚的“中立帮助行为”。从这一点来看，“中立帮助行为理论”存在一定程度的理论构建与现实问题的“失焦”。因此，中立帮助行为理论虽然是限缩网络服务提供者宽泛刑事责任的重要理论资源，但是其适用范围是相当有限的。

2. 网络服务提供者的双重法律形象

在共同犯罪的语境差异之外，网络服务提供者本身的特殊属性也决定了中立帮助行为理论适用范围的有限性。中立帮助行为主要的特点是中立性、职业性和日常性，这三个特征实际上主要诠释了中立帮助行为在自由市场中一般经营者的主体形象。这种形象的内核其实是私法（民法）语境中规范秩序的体现，而中立帮助行为的出罪实际上就是这种私法规范与刑法规范相互协调的结果。例如，Hassemer 教授指出，那些具有中立性的，被社会所接受的，以及符合规则的职业行为，并不需要在刑法分析和判决之前隐藏自己，因为它们并没有使刑法无效，而是补充、勾勒了刑法，并使刑法进一步具体

---

① 此外还有学者曾指出，网络犯罪的直接实施者往往不在法律的管辖范围之内，因为这些个体大都难以追踪，即使找到这些个体，他们往往也没有能力赔偿其所造成的损失。因此，我们有必要把网络服务提供者放到责任链条之中来。DOUG LICHTMAN，ERIC POSNER. Holding internet service providers accountable. Supreme Court economic review. Vol. 14（2006）：222.

② 事实上，在帮助者对正犯的行为几乎没有认识的情况下，本来就不可能构成犯罪，所以根本就用不着讨论中立帮助行为。

③ 米铁男．共犯理论在计算机网络犯罪中的困境及其解决方案．暨南学报（哲学社会科学版），2013（10）：54.

化，而没有违反刑法的禁止规范。①

与此不同的是，特定类型的网络服务提供者同时扮演着自由市场交易主体和（特定条件下）监督主体的双重角色。

对缓存服务提供者和宿主服务提供者而言，如果其对非法内容具有明确的认知，此时其对已知数据的控制和封锁在技术上是可能的并且是被期待的。根据国际范围内越来越通行的“通知和删除”规则，缓存服务提供者和宿主服务提供者具有删除和封锁违法内容的义务。② 例如，美国的《数字千年版权法案》第512条c款对于宿主服务提供者明确规定了“通知删除程序”（Notice and Takedown）。按照该条的规定，原则上服务提供者对于其所储存的内容产生的版权侵权不承担金钱救济、禁令救济或者其他衡平法的救济责任，前提是其对于侵权行为没有确切的明知。一旦其获得了这种认知，或者得到了相关通知，那么服务提供者必须迅速采取措施删除和封锁侵权内容。③ 欧盟《电子商务指令》第13、14条和德国《电信媒体法》（TMG）第9、10条也承袭了这一规定。④ 在我国，国务院2006年通过的《信息网络传播权保护条例》第22条也作了类似的规定。

通知删除程序实际上意味着，一旦缓存服务提供者和宿主服务提供者明确知晓了（或者被通知了）违法内容的存在，在具有技术可行性的前提下，其便具有了删除或封锁违法内容义务。显然，这与中立帮助行为理论的逻辑是完全不同的。因为，在中立帮助行为的案例中，许多理论（尤其是客观说的观点）认为，即便帮助者对犯罪实行人的犯罪计划是明知的，在一定条件下其仍然不应当被处罚。笔者认为，这种通知删除程序所包含的义务，实际上是网络服务提供者（特定条件下⑤）监管主体形象的体现。这种（特定条件下的）监管主体形象及其义务（即通知删除程序）之所以被许多国家广泛认可，有其深刻的现实基础。

首先，相对于单个的互联网用户来说，网络服务提供者往往掌握了先进的网络技术，具备较为雄厚的资金，而且拥有固定的专业技术团队，因此，

---

① Vgl. Hassemer, Professionelle Adäquanz, Bankentypisches Verhalten und Beihilfe zur Steuerhinterziehung, Wistra Heft 2, 1995, S. 85.

② See Sieber, Responsibility of Internet-Providers-A Comparative Legal Study with Recommendations for Future Legal Policy, The Computer Law and Security Report, Vol. 15, no. 5, 1999, pp. 292, 295.

③ See 17 U. S. Code § 512, (c). 此外，该法案对缓存服务提供者也做了类似的规定。See 17 U. S. Code § 512, (b).

④ Vgl. Telemediengesetz, 2007, § 9－10; Directive on Electronic Commerce 2000/31/EC, Article 13－14.

⑤ 我们应当充分注意这种监管主体地位形成的限制条件，否则将会对网络服务提供者科以过高的义务和责任。

网络服务提供者对于其所支配的局部网络空间具有一定程度的事实性的控制能力。例如，许多网络存储服务提供者实际上对于其所管理的存储空间具有排他性的控制。齐白教授指出："对于代理缓存服务提供者和宿主服务提供者而言，他们将相关内容置于其存储空间中并供他人使用，所以当他们具体地知道违法数据时，这里的事实控制就应当被肯定。因为，为用户准备和管理储存空间的运营者对违法内容知情后，原则上有能力移除这些存储的内容，或者封锁其通道。"①

其次，如果没有网络服务提供者的支持和配合，对抗网络犯罪和维护网络安全的目标则无法实现。即使在极为强调信息和媒体自由价值的美国，也有学者明确地指出网络服务提供者应当承担适当的责任，以更好地应对互联网上的犯罪行为。例如，有学者指出，虽然让 ISP 承担有限的责任能够促进技术的发展，增强信息的利用程度，防止有效信息被拦截，但是，这并不意味着就应当让 ISP 完全免于责任，相反，应当规定适当的责任以使 ISP 采取有效预防措施。② 网络世界是一个虚拟和匿名的空间，在这里对犯罪的预防与对抗更加依赖于网络技术的支持和主要网络空间主体的参与。正如齐白教授所言："为了更加有效地打击互联网犯罪，司法机关应当与互联网行业更好地合作，而不是相互对立。司法机关必须理解控制互联网所带来的技术难题，而互联网行业也应该在数据私密保护法律的背景下支持法律实施机关对抗互联网犯罪。"③

再次，随着互联网技术的飞速发展，对特定网络服务提供者参与互联网对抗犯罪的安全防控措施的要求越来越高了。例如，随着近年来云计算技术的迅猛发展，云服务提供者逐渐出现。云服务系统的脆弱性以及数据本身的价值，使得云服务系统中的风险是极高的，因此对安全的要求就更高了。④ 此时，网络系统中安全的维护也非常依赖于云服务提供者的安全措施。⑤ 在云计算技术的发展过程中，安全问题是一个十分关键的议题，例如云存储服务提

① Vgl. Sieber, Teil 19.1 Allgerneine Probleme des Internetstrafrechts, in Hoeren/Sieber/Holznagel (Hrsg.), Multimedia-Recht, 2014, Rn. 44.

② DOUG LICHTMAN, ERIC POSNER. Holding internet service providers accountable. Supreme Court ecomomic review. Vol. 14 (2006): 226.

③ Vgl. Sieber, Aufbruch in das neue Jahrtausend-Für eine neue Kultur der Verantwortlichkeit im Internet, Editorial, MMR, Heft 12, 1999, S. 690.

④ S SUBASHINI, KAVITHA. A survey on security issues in service delivery models of cloud computing. Journal of network and computer applications 34, 2011: 9.

⑤ MICHAEL ARMBRUST, etc. A view of cloud computing. Communications of the ACM, Vol. 53 No. 4: 55.

供者需要采取许多措施来保障其存储服务的保密性、完整性和可用性。① 因此，在云服务系统中，网络服务提供者需要更加深入地介入其系统的管理，让网络服务提供者完全处于中立状态是不可想象的。

最后，虽然许多国家对于网络服务提供者整体采取了一种限制性责任的立场，但是，在某些特定情形下网络服务提供者仍然被赋予了较高的义务。例如，美国1998年通过的《性侵儿童保护法》第604条对网络服务提供者明确规定了有关儿童色情内容的主动报告义务。该条文规定，向公众提供电子通讯服务或远程计算机服务的网络服务提供者在知道相关儿童色情内容的情况后，应当尽快向主管检察机关报告。否则，第一次故意不报告将会被处以最高5万美元的罚款，第二次不报告将会被处以最高10万美元的罚款。② 由于儿童色情内容的特殊性，出于对儿童的重点保护，网络服务提供者一般性的权利义务边界在此被局部地调整了。事实上，也有数据表明网络服务提供者确实已经主动报告了相关内容，参与到了这项网络犯罪的对抗活动中来。③ 可以说，在这些特殊领域，对网络服务提供者科以适当的配合义务也是合理和有效的。

综上所述，(特定类型的）网络服务提供者同时具有自由市场经营主体和（特定条件下）监管主体的双重形象，这决定了其不可能完全是中立性的，因此网络服务提供者的特殊属性使得中立帮助行为理论的适用空间进一步被压缩了。

(四)“技术中立”与“避风港”原则在刑法中的理解与适用

在对网络服务提供者双重法律形象进行阐述的基础上，还需对近来被热烈讨论的“技术中立”和“避风港”原则问题加以说明。快播案的一审判决也明确对此问题作出了回应，认为其难以据此作为该案中的责任豁免事由。④ 这一立场对许多业内人士的批评与质疑作出了明确回应，其基本结论也值得肯定。

1.“技术中立”的适用与限制

一方面，“技术中立”的思想在刑法中具有一定的适用空间。如陈兴良教授所言，技术中立是1984年美国联邦最高法院在环球电影制片公司案中确立

---

① L M KAUFMAN. Data security in the world of cloud computing. IEEE Security & Privacy, 2009 Volume 7, Issue: 4: 62.

② Protection of Children from Sexual Predators Act of 1998, Article 604, 42 USC § 227.

③ MCCABE. The role of internet service providers in cases of child pornography and child prostitution. Social science computer review, Volume 26 (2), 2008: 249.

④ 海淀法院就被告单位快播公司、被告人王欣等传播淫秽物品牟利案作出一审判决. [2016-11-03]. http://bjhdfy.chinacourt.org/public/detail.php?id=4343.

的一个法律原则，即如果产品可能被广泛用于合法的、不受争议的用途，能够具有实质性的非侵权用途，即使制造商和销售商知道其设备可能被用于侵权，也不能推定其故意帮助他人侵权并构成帮助侵权。① 显然，这一原则出现并主要适用于民事法律（尤其是知识产权法）领域。但是，在美国的司法实践中，将这种民事法律（尤其是知识产权法）领域的免责事由合理地运用到刑法领域的做法并不罕见。例如，美国 1996 年《通讯规范法》第 230（e）条规定了网络服务提供者对第三方违法内容的免责条件，而在其后 Voicenet Communications v. Corbett、People v. Gourlay、Doe v. America Online、Dart v. Craigslist、Doe v. Bates 等案件中②，都或间接或直接地考虑了将该条款适用于刑事免责的可能性。笔者认为，将这种民事法律领域的免责原则纳入刑法的解释中来，不仅能够丰富我们对我网络服务提供者出罪问题的思考维度，从深层次原因来看，更是法秩序统一原理的要求。如果一个在民事法律领域被免责的行为，在刑法领域反倒被科以刑罚，这会造成不同法律秩序之间的混乱，从规范指引的角度来看国民也可能对此陷入无所适从的境地。

另一方面，“技术中立”思想在刑法中的适用条件应当严格把握。事实上，近三十年来，“技术中立”思想在版权法领域也处在一个不断变化、调整的过程中。如王迁教授所言，“索尼案”所确立的“技术中立”基本规则本身就有潜在缺陷，其仅仅将产品能够具有一种潜在的实质性非侵权用途作为制造商和销售商免责的充分条件，这种宽松的要求为故意设计一种主要用途在于侵权、却具有至少一种潜在合法用途的产品打开了方便之门。正因为此，其后“索尼案”所确立的“技术中立”标准通过 1992 年的《家庭录音法》和 1998 年的《数字千年版权法案》得到了部分的修正，还不断受到了 P2P 等新技术带来的严重冲击。③ 这种“技术中立”原则的变迁以及限缩对刑事法学者的启示在于，不能“原旨主义”地把握“技术中立”原则，而是应当结合当下社会的发展情况综合、整体全面地提炼“技术中立”的合理内涵。而具体到快播案中，快播公司所提供的一系列综合性服务，以其媒体播放器为基本载体，实际上同时还包含了 P2P 服务、缓存服务（甚至搜索服务）等多项内容，而这些内容中都不同程度地涉及了快播公司的介入、影响因素。这显然

① 陈兴良．在技术与法律之间：评快播案一审判决．人民法院报，2016-09-14；王迁．“索尼案”二十年祭——回顾、反思与启示．科技与法律，2004（4）：62.

② SHAHRZAD T RADBOD. Craigslist-a case for criminal liability for online service providers. Berkeley technology law journal，Volume 25，Issue 1，2010：612-613；LAWRENCE G WALTERS. Shooting the messenger：an analysis of theories of criminal liability used against adult-themed online service providers. Stanford law & policy review，Volume 23，Issue 1，2012：186-190.

③ 王迁．“索尼案”二十年祭——回顾、反思与启示．科技与法律，2004（4）：62 以下；梁志文．云计算、技术中立与版权责任．法学，2011（3）：87-89.

与“索尼案”中单纯提供具有多种优化录制功能的“Bebamax”录像机的行为不可同日而语，其中立性已经大大地被削弱了。①

2. “避风港”原则的适用与限制

与“技术中立”原则同理，作为网络服务提供者责任限制原则的“避风港”原则同样应当在刑法理论中占据一席之地。“避风港”原则产生于1998年《数字千年版权法案》第202条（《美国法典》第17编第512条）的规定。该条详细规定了网络接入服务提供者、缓存服务提供者、存储服务提供者以及信息定位工具提供者免于承担赔偿责任的情形，这种免责条件就是通常所言的“避风港”规则。② 与“技术中立”原则同理，“避风港”原则作为民事赔偿责任领域的免责事由，基于法秩序统一性的要求，也应当具有刑事免责的效果。事实上，这一做法已经被普遍地接受。2000年欧共体通过的《电子商务指令》(Directive on Electronic Commerce)，2007年德国通过了《电信媒体法》，实际上在一定程度上都效仿了《数字千年版权法案》的这一规定。同时，德国学界也普遍认为，《电信媒体法》(以及之前的《电信服务法》)中规定的网络服务提供者责任条款能够覆盖所有法律领域。换言之，当网络服务提供者所实施的特定行为按照该法不承担责任时，这意味着他既不承担民法责任、行政法责任，也不承担刑事责任。③ 而且在德国的CompuServe案中，讨论网络服务提供者刑事责任的核心法律依据之一也是《电信服务法》第5条的免责条款。④

但是，同样需要注意的是，我们应当全面把握“避风港”原则的构成条件和限制条件，而不是片面地抽取有利于网络服务提供者刑事责任的部分。在快播案的一审判决中，法院也特别地提到了这一点。判决认为，“避风港”原则保护的对象是合法的作品、表演、录音录像制品，而淫秽视频内容违法，属于依法禁止提供的对象，不属于信息网络传播权保护的范围，当然不适用著作权法意义上的“避风港”规则。⑤ 但是，事实上，“避风港”原则的本质是“涉及网络内容所产生责任的限制”条款。换言之，“避风港”原则的落脚

---

① 应该指出的是，法院一审判决通过“技术提供者”和“技术使用者”这对概念来否定“技术中立”的适用，虽然在结论上较为妥当，但是论证逻辑似乎并不十分具有说服力。整体来说，快播公司仍然属于“技术提供者”，之所以否定该原则的适用是因为其所提供技术的中立性已经大大被削弱了。

② 王迁.《信息网络传播权保护条例》中“避风港”规则的效力.法学，2010 (6)：128.

③ Vgl. Hilgendorf/Frank/Valerius，Computer-und Internetstrafrecht，Ein Grundriss，2005，SS. 80，81.

④ Vgl. AG München：“CompuServe”-Urteil，MMR，Heft 8，1998，S. 429；Verbreitung pornografischer Inhalte im Internet-Freispruch im CompuServe-Prozess，ZUM，Heft 3，2000，S. 247.

⑤ 海淀法院就被告单位快播公司、被告人王欣等传播淫秽物品牟利案作出一审判决［2016-11-03］. http：//bjhdfy. chinacourt. org/public/detail. php?id=4343.

点不在于仅仅保护合法的作品、表演、录音录像制品，而是在于限缩网络服务提供者对其所传输、缓存、存储的第三方内容所可能承担的侵权责任。

“快播案”之所以不宜适用“避风港”原则，关键原因在于其不符合“避风港”原则的基本构成条件，相反，其恰恰应当适用与“避风港”原则对立的“红旗”原则。“红旗”原则来源于美国国会对《数字千年版权法案》的报告，是指当网络服务提供者意识到了那些能够从中明显发现侵权行为的事实（“红旗”），此时如果网络服务提供者不采取措施就会丧失享受责任限制的资格。这一法案作出这样的限制规定，就是为了提高免责难度，防止“鸵鸟政策”的实施者逃避责任。① 在快播案中，如果控方提供的证据足以证明快播公司已经意识到了在其控制的缓存服务器内存在淫秽视频，那么此时快播公司就应当马上采取措施移除或封锁这些违法内容。正是在这一点上，“避风港”原则对快播公司是不适用的。

二、网络服务提供者刑事责任认定路径

如前文所述，在中国现有的法律框架下，中立帮助行为理论对于限缩网络服务提供者可能承担的宽泛刑事责任具有重要意义。由于网络共同犯罪的异化和网络服务提供者的双重法律属性，中立帮助行为理论的适用空间实际上是有限的。较之于西方国家限缩网络服务提供者法律责任的基本立法趋势，《刑法修正案（九）》所采取的“共犯正犯化”扩张立法模式值得检讨。② 从法教义学的基本立场出发，对于已经通过立法正犯化的犯罪，或许立足于对该法律的妥当解释，合理地限缩网络服务提供者刑事责任范围，以求实现“刑法修正的法教义学限缩”③ 是更为现实的做法。不同于中立帮助行为理论这一共犯的研究思路，从正犯的角度来考察网络服务提供者刑事责任合理边界的路径应当引起学界重视。一般而言，对网络服务提供者责任的认定路径应当从以下几个方面逐步展开。④

---

① 王迁．超越“红旗标准”——评首例互联网电视著作权侵权案．中国版权，2011（6）：36.

② 车浩．刑事立法的法教义学反思——基于《刑法修正案（九）》的分析．法学，2015（10）：12-13；刘艳红．网络犯罪帮助行为正犯化之批判．法商研究，2016（3）：20.

③ 参见梁根林．刑法修正：维度、策略、评价与限缩．法学研究，2016（6）.

④ 齐白教授指出，作为与不作为的区分，刑法保证人义务的来源，行为可能性、结果归责可能性和合理性等等，是互联网刑法领域非法内容答责性中的几个核心问题。Vgl. Sieber，Teil 19.1 Allgemeine Probleme des Internetstrafrechts，in Hoeren/Sieber/Holznagel（Hrsg.），Multimedia-Recht，2014，Rn. 17.

（一）作为与不作为之区分

在具体考察网络服务提供者行为时，首先应当确定其行为形式属于积极的作为还是消极的不作为。因为，在刑法教义学理论中，作为与不作为的认定遵循着各自不同的理论路径和模式。而作为与不作为的区分向来是刑法教义学理论中的难题，在德国刑法学界主要存在两派观点：一派观点主张按照“可谴责性的重点”这一标准来区分，即考察法律上的谴责主要指向的是行为的哪一方面；另一派观点则主张按照“能量投入说”来进行区分，即考察主动的能量投入行为是否与结果之间存在客观归责的关系来判断是否属于作为行为。[①] 按照不同的认定标准，在某些极为个别的案例中会存在不同的结论，但是多数情形中两种理论方案得出的结论是一致的，对此笔者不再详述。

对于网络服务提供者而言，其行为在多数情况下都应当被定义为不作为。[②] 其原因在于，“网络服务提供者提供合法的和具有社会妥当性的通讯连接，或者提供存储空间的行为不能被谴责。这些行为具有很高的社会效用，是人们高度期望的，有时甚至是被国家所促进的。因此，原则上网络服务提供者是因其对适当控制措施的不作为而受到谴责”[③]。换言之，网络服务提供者通常性地提供网络服务的积极作为行为，并不是刑法评价的重点。评价的重点主要在于：当根据相关法律和刑法基本原理网络服务提供者具有一定的监督、封锁和删除义务时，网络服务提供者没有采取相应的措施来阻止结果发生。

对此，有学者表达了不同的观点。例如，毛玲玲教授认为：“以不作为犯罪理论来支持控罪将陷入‘不作为义务来源’的理论泥淖：依据不作为传统理论框架，因无法说明‘不作为义务来源’而无法提供充分的论证；如果因一罪适用而突破‘不作为义务来源’的传统理论框架，将后患无穷。”[④] 然而，这一结论是值得商榷的。论证网络服务提供者不作为义务的来源确实并非易事，但是这恰恰是学者应当努力的方向。相反，这种观点从作为的角度来论

---

① Vgl. Roxin，Strafrecht Allgemeiner Teil，Band II，Besondere Erscheinungsformen der Straftat，2003，§ 31，Rn. 75 ff.

② Vgl. Sieber，Verantwortlichkeit im Internet：Technische Kontrollmöglichkeiten und multimediarechtliche Regelungen，Zugleich eine Kommentierung von § 5 TDG und § 5 MDStV，1999，S. 117；Lenckner/Perron，in Schönke/Schröder，Strafgesetzbuch Kommentar，26. Aufl.，2001，§ 184，Rn. 66h；Hilgendorf，Grundfälle zum Computerstrafrecht，JuS Heft 4，1997，S. 330.

③ Vgl. Sieber，Teil 19.1 Allgemeine Probleme des Internetstrafrechts，in Hoeren/Sieber/Holznagel（Hrsg.），Multimedia-Recht，2014，Rn. 22.

④ 毛玲玲．传播淫秽物品罪中“传播”行为的性质认定——“快播案”相关问题的刑事法理评析．东方法学，2016（2）：72.

证网络服务提供者刑事责任是不合理的。因为，在第三方滥用网络服务提供者所提供的服务从事犯罪的场合，网络服务提供者本身并没有直接实施犯罪行为。如果一定要将网络服务提供者的行为强行地在作为的方向上展开论证，最终结果就是解释的过度扩张。

例如，有观点在快播案的评论中指出："'传播'不是具体的动作，而是动态过程模式，因此中间环节的受众也可以是传播者。……即使快播不是原始视频的提供者，不是观看者，不是播放者，也不具有阻止观看、阻止播放的义务，从其是否使信息实现了多数受众的分享（共享）过程看，它的行为性质符合'传播'行为的本义。"① 事实上，由于汉语词义的灵活性，"传播"可以在两种含义上来理解，一种是"具体的传播行为"，另一种是"传播的状态或结果"。在传播淫秽物品牟利罪的犯罪构成要件中，传播应当是在第一种意义上来理解的。"对传播发挥作用，并不等于就是传播行为"②。如果将刑法构成要件中的"传播"理解为一种事实状态，那么在淫秽物品传播的整个宽泛流程里，所有与此相关的主体都可能成为传播淫秽物品的正犯，这显然不当地扩张了该罪构成要件的辐射范围。

此外还需注意，判断网络服务提供者的行为方式属于作为还是不作为，应当建立在以技术为基础的功能分析之上，否则也可能对行为形式产生误判。例如，张明楷教授在快播案的评论中指出，快播公司拉拽淫秽视频文件存储在缓存服务器之后，就有义务防止用户观看该视频文件，但快播同时向用户提供缓存服务器里的淫秽视频文件，所以该案属于以作为和不作为结合的方式传播淫秽物品。③ 然而，这一观点在基础技术性事实的理解上存在一定偏差。快播公司服务器中的缓存视频文件，是服务器为了让播放更为顺畅而自动产生的，这也符合网络空间中普遍采用的缓存技术本身的目标。显然，这里并不存在快播公司所谓的"拉拽"淫秽视频行为。因此，张明楷教授以这种假设的"拉拽"来论证快播公司实施了积极作为形式的"传播"是难以成立的。此外，网络"缓存"技术的功能本身就在于建立一种临时的"数据调取库"，从而使用户免除从数据源重新调取数据的麻烦，提高信息传输效率。在技术原理上来说，当数据已经被缓存以后，在数据读取路径上，后续的数据调取者会默认地从"缓存"中来调取数据。换言之，后续数据读取依照的是一种基于网络技术原理自动产生的路径，而并非快播公司主动性地"向用

① 毛玲玲．传播淫秽物品罪中"传播"行为的性质认定——"快播案"相关问题的刑事法理评析．东方法学，2016（2）：69.

② 车浩．法律无需掌声 也不能嘲弄．[2016－05－19]．http：//www.law.pku.edu.cn/xwzx/pl/16871.htm.

③ 张明楷．快播案定罪量刑的简要分析．人民法院报，2016－09－14（3）.

户提供缓存服务器里的淫秽视频文件”。因此，从技术原理的角度来看，快播公司并不存在传播淫秽物品的积极作为行为，张明楷教授所言的“作为与不作为相结合”的观点也难以成立。

当然，在较为特殊的情形中，网络服务提供者的行为也可能构成作为行为。例如，当一个接入服务提供者通过另外的行为选择了其所传输的数据或者其接收者，或者改变了所传输的数据，或者与非法内容的运营者合谋合作，以及在论坛运营者主动接纳第三方内容，包括积极设置链接等情形下，都可能构成积极的作为行为。①

（二）作为义务来源的辨析

从理论上来说，确定不作为犯的作为义务，一般有四种来源，即法律明文规定的义务，职务或业务上的义务，先行行为引起的义务，基于法律行为承担的义务。但是，正如罗克辛所言：“形式的法义务理论在今天已经不再站得住脚，必须被司法判决所抛弃，因为它不能再为司法实践提供有支撑力的理由。”② 目前德国较为通行的是二分法的实质义务来源理论。如金德霍伊泽尔认为：“保证人地位具有两种不同形式的任务内容：一种是针对某一特定危险的保证，其内容乃是监督这一危险，避免其造成结果（所谓监督者保证人地位/Überwachergarantenstellung）；另一种是保证某一特定利益或数个利益不遭受任意的危险（所谓保护者保证人地位/Beschützergarantenstellung）。”③

然而，目前我国关于网络服务提供者义务来源的认识，实际还停留在形式义务理论的阶段。司法人员往往是直接、简单地援引载有网络服务提供者义务的相关法律条文，并没有深入保证人义务的实质根据中去。将现有法律、行政法规、部门规范中的义务直接当成此处网络服务提供者的义务来源并不合适。一方面，从理论上来说，将法律规定直接作为义务来源的形式主义保证人义务认定方法已经被摒弃。④ 刑法中不作为义务来源的最终确立，仍然有待于更加实质性的判断和论证，而不能简单地从法律中进行“摘取”。另一方面，从我国目前的现实状况来看，这种直接以相关法律作为网络服务提供者义务来源的做法更不可取。因为，我国目前关于网络服务提供者责任与义务的规定非常宽泛，直接以法律作为义务来源的根据无疑会过度扩张对网络服

① Vgl. Sieber, Teil 19.1 Allgemeine Probleme des Internetstrafrechts, in Hoeren/Sieber/Holznagel (Hrsg.), Multimedia-Recht, 2014, Rn. 25 - 26.

② Vgl. Roxin, Strafrecht Allgemeiner Teil, Band II, Besondere Erscheinungsformen der Straftat, 2003, § 32, Rn. 10.

③ Vgl. Kindhäuser, Strafrecht Allgemeiner Teil, 7. Aufl., 2015, § 36, Rn. 23 - 25.

④ Vgl. Roxin, Strafrecht Allgemeiner Teil, Band II, Besondere Erscheinungsformen der Straftat, 2003, § 32, Rn. 11.

务提供者的处罚范围。与德国、美国等国家的限缩模式不同，我国目前关于网络服务提供者责任的义务性规定，实际上采取了一种积极扩张的模式。例如，我国现有的《互联网信息服务管理办法》《中华人民共和国电信条例》《互联网等信息网络传播视听节目管理办法》《互联网视听节目服务管理规定》《互联网安全保护技术措施规定》《关于加强网络信息保护的决定》等法律法规，都一般性地涉及了网络服务提供者不得制作、复制、发布、传播含有散布淫秽、色情、赌博、暴力、凶杀、恐怖或者教唆犯罪信息的义务。有的条文甚至要求网络服务提供者保障其提供的信息内容合法。在这样的背景下，形式的作为义务理论更应当被否定。笔者认为，网络服务提供者不作为义务来源的认定，应当注意以下两个方面的问题。

1. 以网络服务提供者的类型化为前提

在我国目前的相关研究里，网络服务提供者的类型化这一命题仍然没有引起充分的重视。事实上，网络服务提供者是一个宽泛的概念，根据其功能特征可以进一步划分为多项差异较大的主体类型。如果不对网络服务提供者的具体类型加以分类讨论，网络服务提供者的刑法责任认定将会失去其基本的精确性。① 按照德国和欧盟目前的规定，网络服务提供者被进一步类型化为内容提供者（content-provider）、接入服务提供者（access-provider）、缓存服务提供者（caching-provider）和存储服务提供者（host-provider）。② 除此之外，对于链接设置者、搜索引擎运营者是否能够适用这四种基本类型的相关规定，仍然存在争议。③ 这些不同的主体类型，实施的具体功能不同，承担刑法义务和责任的条件和强度也差别较大。这样一种模式，考虑到了不同类型网络服务提供者在功能上和监控可能性上的差异，为网络服务提供者合理而精确的责任模式认定奠定了更为坚实的基础。虽然我国现存的法律法规并没有类似明确的类型化规定，但是至少我们在理论上（甚至在立法上）引入这种分类模式是必要的。

具体来说，按照德国《电信媒体法》的规定④，内容服务提供者与一般的刑法责任主体并没有任何区别，其需要对其所提供的内容承担完全的责任。而接入服务提供者由于其主要提供一种纯粹的传输服务，所以只要其没有首先进行传输，没有选择接收者，没有对其所传输的内容作出更改和控制，没

---

① 参见本书第 138 页。

② Vgl. Telemediengesetz，2007，§ 8－10. Directive on electronic commerce 2000/31/EC，Article 12－14.

③ Vgl. Hilgendorf/Frank/Valerius，Computer-und Internetstrafrecht，Ein Grundriss，2005，SS. 91－92.

④ Vgl. Telemediengesetz，2007，§ 7－10.

有事前与他人合谋而实施违法行为，那么其原则上不因其所传输和接入的内容而承担责任。

但是，对于缓存服务提供者[①]而言，则需要进一步具体分析。在德国和欧盟关于网络服务提供者责任的法律中，区分了两种类型的缓存服务。第一种缓存被归入接入服务提供者这一类型之中。比如，2007 年德国《电信媒体法》第 8 条第 2 款规定：自动性和短暂的信息缓存，同样适用第 1 款接入服务提供者的规定，只要其仅仅是为了实现通讯网络中的传输，而且这些信息的存储时间不长于通常信息传输所需要的时间。第二种缓存形成独立的网络服务提供者主体类型，被规定在 2007 年德国《电信媒体法》第 9 条。该条规定的缓存服务提供者是指提供自动性、限时性的缓存者，并且这种缓存仅仅服务于基于用户请求的外来信息以便更加有效地传输。对于这种独立类型的缓存服务提供者，其免责事由与限制条款与存储服务提供者具有类似性，即当缓存服务提供者认识到或被通知存在违法内容时，即负有删除和封锁该违法内容的义务。如果不及时履行这项义务，则需要承担相应的责任。

之所以第一种缓存形式被纳入接入服务提供者这一类型之中，原因在于这种形式的缓存服务在技术层面和功能层面上的差异属性。正如齐白教授曾言："从控制可能性的角度来划分，缓存服务器的提供者属于宿主服务提供者。因为代理缓存服务器不仅被用于传输数据，而且被用于存储数据。但是，由于代理缓存服务器的作用仅仅涉及技术上有必要时的短暂内容存储，以此来加速传输的速度和降低成本，因此这种活动在功能上应当被认定为接入服务提供。"[②] 可见，第一种形式的缓存实际上并没有形成独立的缓存存储主体地位，其附属并服务于接入提供和信息传输服务。

由于两种缓存在法律字面表述中的差别是很小的，而二者又具有完全不同的法律类型归属，因此有必要对此进行区分。德国刑法学界给出了许多对这两种不同缓存特征的描述。有学者认为，第一种缓存是接入提供服务框架中的缓存，而第二种缓存一般是指借助于代理缓存服务器帮助的缓存业务。[③]也有观点认为，正如立法材料中所指出的那样，第一种缓存中的拷贝文件仅

---

① 存储服务提供者的规定与一般缓存服务提供者的基本相似，因此下文中不再单独赘述。

② Sieber, Responsibility of Internet-Providers—A Comparative Legal Study with Recommendations for Future Legal Policy, The Computer Law and Security Report, Vol. 15, no. 5, 1999, pp. 295, 308; Sieber, Control possibilities for the prevention of criminal content in computer networks, The Computer Law and Security Report, Vol. 15, no. 5, 1999, p. 92.

③ Vgl. Hilgendorf/Frank/Valerius, Computer-und Internetstrafrecht, Ein Grundriss, 2005, S. 90.

仅是服务于信息传输的目的，而且用户没有直接的通道接触到这些缓存文件。① 此外也有观点指出，第一种缓存涉及的是通过特定用户连接的具体的缓存存储，而不是一般性的信息存储，因此网络用户的具体请求或者信息的传输，是构成第一种缓存的要求。例如，电子邮件交流中的缓存就是第一种缓存的主要适用情形之一。② 最后，非常重要的一点在于，立法理由和主流观点特别强调了第一种缓存时间的短暂性，并指出其只限于服务传输所必要的时间内，这种存储最多只能被允许维持数小时。③ 纵观以上结论可以发现，对于这一问题德国刑法学界似乎并没有定论，而且随着网络技术的迅速发展，某些观点可能也已不再妥当。笔者认为，由于互联网技术发展极为迅速，而且不同缓存的内在机理也不可一概而论，故不同缓存服务提供者对缓存内容的事实控制可能性也存在较大差异，因此，以上种种视角并非是完全互相排斥的，其不应当是区分两种缓存的单一标准。整合上述标准中至今尚且合理的成分，结合具体个案情况进而综合地加以判断可能是更为务实的选择。

在快播案一审判决中法院查明，快播公司的中心调度服务器在站长与用户、用户与用户之间搭建了一个视频文件传输的平台。并且，为提高热点视频下载速度，快播公司通过自有或与运营商合作的方式，在全国各地不同运营商处设置缓存服务器 1 000 余台，事实上搭建了一个以缓存调度服务器为核心的平台。通过这些事实我们可以认为，在整个围绕快播播放器（及其内含的 P2P 技术）及其庞大缓存服务器群组形成的资源网络中，不宜再将这种大规模、长时间的缓存提供行为拟制为纯粹的接入服务提供行为。因此，整体而言，快播公司被定位为缓存服务提供者是恰当的。④

---

① Vgl. BT-Drucks. 14/6098，S. 24；Eisele，in Schönke/Schröder，Strafgesetzbuch Kommentar，29. Aufl.，2014，§184，Rn. 88.

② Vgl. Spindler/Schmitz/Geis，Teledienstegesetz，Teledienstedatenschutzgesetz，Signaturgesetz Kommentar，2004，S. 189.

③ Vgl. BT-Drucks. 13/7385，S. 20；Hilgendorf/Frank/Valerius，Computer-und Internetstrafrecht，Ein Grundriss，2012，S. 68；Malek/Popp，Strafsachen im Internet，2. Aufl.，2015，S. 29. 类似强调时间重要性的观点：vgl. Spindler/Schmitz/Geis，Teledienstegesetz，Teledienstedatenschutzgesetz，Signaturgesetz Kommentar，2004，S. 189；Abel，Praxiskommentare，Telemediengesetz，Telekommunikationsgesetz und TKÜV，2007，S. 58. 但是，齐白教授持相反的立场，他主张对这里的时间条件做宽松的解释，因为他认为这里的数据存储时间长度原则上不是通过固定的时间间隔来确定的，而是由服务器的容量来确定，当服务器容量不足时，新的内容就会替代旧的内容。Vgl. Sieber，Die rechtliche Verantwortlichkeit im Internet-Grundlagen，Ziele und Auslegung von §5 TDG und §5 MDStV，MMR Beilage，，MMR-Beilage Heft 2，1999，S. 24.

④ 陈兴良教授认为，快播公司属于宿主服务提供者，但是从快播公司所提供的具体服务类型来看，定位为缓存服务提供者可能更为精确。陈兴良．在技术与法律之间：评快播案一审判决．人民法院报，2016-09-14.

2. 作为监督者的保证人地位

如前文所言，理论上存在作为监督者的保证人地位和作为保护者的保证人地位两种类型。然而，网络服务提供者作为保护者的保证人地位显然是难以成立的。[①] 正如车浩教授所言，认为“在用户开始使用快播但还没有传播淫秽视频之前，文化市场的管理秩序和良好的社会风尚，就处在了一种像快饿死的小孩一般脆弱无助的状况，这恐怕不仅说理吃力，文化市场的管理者也不会同意”[②]。由于“网络服务提供者不能被认定为保护者”这一道理是显而易见的，因此，下文主要探讨作为监督者的保证人地位。

监督者保证人地位的成立首先需要存在一个危险源。对此，车浩教授率先作出了精到的研究。车浩教授首先排除了将用户作为危险源的可能性，这无疑是正确的。其后，车浩教授进一步指出，由于存在用户发布、下载和播放淫秽视频的行为，所以快播提供技术平台的先行行为不构成危险源。[③] 笔者认同这一观点。一方面，我们无法忽略用户发布、下载和播放淫秽视频的行为对淫秽视频产生的直接而显著的影响，这削弱了快播提供技术平台的先行行为构成真正危险源的基础。另一方面，“如果某人通过合法行为造成了他人犯罪行为的危险，而且没有阻止其发生，或者没有避开其结果，该人并不是保证人。对通讯和存储所进行的合法而具有社会普遍性的启用，并不是违法性的先前行为”[④]。在带邻居小孩进入深水区游泳的案例中，行为人本不应该带小孩进入深水区，因此对于小孩陷入危险这一事实而言行为人存在一个值得否定评价的前行为。而与之不同的是，网络服务提供者往往提供的是一种具有社会相当性的服务，其不但具有社会普遍性，而且具有广泛的社会有益性。

但是，在被车浩教授所否认的两种危险源之外，笔者认为，由于在网络上传输或存储的信息可能包含违法内容，可能形成在自己控制领域内对危险物品加以监护的义务。[⑤] 例如，“计算机网络或者互联网中公共可用的存储空间（如信息通讯平台或者云服务）能够形成一个危险源，因为其为非法内容的匿名传播和其他犯罪行为（例如分布式拒绝服务攻击/DDoS 攻击）提供了

---

① Vgl. Conradi/Schlömer, Die Strafbarkeit der Internet-Provider, NStZ Heft 10, 1996, S. 473.

② 车浩．法律无需掌声 也不能嘲弄．[2016-05-19]. http://www.law.pku.edu.cn/xwzx/pl/16871.htm.

③ 同②.

④ Vgl. Sieber, Teil 19.1 Allgemeine Probleme des Internetstrafrechts, in Hoeren/Sieber/Holznagel (Hrsg.), Multimedia-Recht, 2014, Rn. 37.

⑤ Vgl. Roxin, Strafrecht Allgemeiner Teil, Band II, Besondere Erscheinungsformen der Straftat, 2003, § 32, Rn. 107 ff.

机会”①。在这里，关于网络服务提供者基于危险源监督而形成不作为义务的问题，有两点需要加以强调。

第一，接入服务提供者原则上无法形成基于危险源监督的保证人地位，只有缓存服务提供者和存储服务提供者才有可能。目前，德国的《电信媒体法》、欧盟的《电子商务指令》对接入服务提供者的免责事由中都没有涉及主观要件与通知删除程序。因此，德国的主流学说都认为，纯粹的接入服务提供者就算在对违法内容存在一定认知的情形下仍然能够被免责。② 即使是产生了“避风港原则”与“红旗原则”的《数字千年版权法案》，其对于提供传输、接入、连接服务的网络服务提供者的免责条件也同样没有涉及主观要件和通知删除程序。③

这一现象的深层原因首先在于，从海量的信息中识别刑事违法内容本来就非常困难，当涉及第三方服务器内容的控制时，这种困难的程度将会进一步增加许多倍。况且，当第三方服务器上的内容被查明为刑事违法内容时，如果没有授权接入服务提供者也无法进行删除，其最多只可能对第三方服务器的接入通道进行封锁，或者发布相应的通知。实时传输信息的海量性，防火墙的障碍，不同网络协议的兼容性问题，以及数据加密等问题，都会使得接入服务提供者的控制面临很大的困难。④ 因此，“接入服务提供者原则上不具有这种事实支配，因为他们不能控制具体的信息，而是仅仅能进行极其有限的控制”⑤。正是因为这一技术性的前提，德国的法律规定和理论学说基本上都认为，仅仅提供接入或通道行为并不产生保证人地位。⑥

① Vgl. Sieber, Teil 19.1 Allgemeine Probleme des Internetstrafrechts, in Hoeren/Sieber/Holznagel (Hrsg.), Multimedia-Recht, 2014, Rn. 43.

② Vgl. Hörnle, Pornographische Schriften im Internet: Die Verbotsnormen im deutschen Strafrecht und ihre Reichweite, NJW Heft 14, 2002, S. 1011; Sieber, Teil 19.1 Allgemeine Probleme des Internetstrafrechts, in Hoeren/Sieber/Holznagel (Hrsg.), Multimedia-Recht, 2014, Rn. 45; Eisele, in Schönke/Schröder, Strafgesetzbuch Kommentar, 29. Aufl., 2014, § 184, Rn. 89; Malek/Popp, Strafsachen im Internet, 2. Aufl., 2015, SS. 28 – 29; Fischer, Strafgesetzbuch, 61. Aufl., 2014, § 184, Rn. 29. 对此，作为极少数派的希尔根多夫教授持相反的观点，他认为如果接入服务提供者明确地知道存在违法内容，也能够形成保证人地位。Vgl. Hilgendorf/Frank/Valerius, Computer- und Internetstrafrecht, Ein Grundriss, 2012, S. 66. 当然，按照德国《电信媒体法》第 8 条第 1 款第 2 段的规定，如果接入服务提供者故意地与用户共同实施违法行为是不能免责的。Vgl. Telemediengesetz, 2007, § 8 (1).

③ See 17 U. S. Code § 512, (a).

④ See Sieber, Control Possibilities for the Prevention of Criminal Content in Computer Networks, The Computer Law and Security Report, Vol. 15, no. 5, 1999, p. 171 ff.

⑤ Vgl. Sieber, Teil 19.1 Allgemeine Probleme des Internetstrafrechts, in Hoeren/Sieber/Holznagel (Hrsg.), Multimedia-Recht, 2014, Rn. 45.

⑥ Vgl. Conradi/Schlömer, Die Strafbarkeit der Internet-Provider, NStZ Heft 10, 1996, S. 474.

因此，技术控制的可能性是形成网络服务提供者保证人义务的前提。但是，笔者进一步认为，技术控制可能性应当再次区分为事实的控制可能性和规范的控制可能性，前者是纯粹基于网络技术作出的评估，而后者是基于法律规范评价得出的结论。在控制可能性的规范评价中，我们应当适当考量企业的监控成本，考量行业的普遍做法，考量网络空间安全管理义务在不同主体（如司法机关、行政执法机关、网络服务提供者、网络用户等）之间的责任分工与协作，以及信息自由与媒体自由的合理空间。在认定网络服务提供者刑事责任时，应当将这种事实的控制可能性与规范的控制可能性结合起来，否则不但会给网络服务提供者施加过大的压力，进而抑制整个行业的发展，而且可能会人为撕裂本应存在于网络服务提供者与执法机关之间共同对抗网络违法犯罪的良好合作关系。

在快播案的第一次庭审中，控方曾质问被告人明知控制不了淫秽视频为何不转型，这在一定程度反映了控方过度地关注了事实的控制可能性，而忽略了规范的控制可能性。所幸，这一点在第一审判决中得到了改善。一审判决的论证，并不是完全受限于事实的控制可能性，而是综合考虑了经营成本和行业普遍做法。①

第二，缓存服务提供者和存储服务提供者因危险源监督而形成保证人地位，需要以主观明知违法内容存在为前提。

网络存储空间具有一定的封闭性与排他性，与之类似的问题是关于住宅所有人或管理人对住宅的管理在多大程度上能够构成危险源监督。对于这一问题，德国法院的判决与理论研究逐渐从起初的肯定保证人义务走向了否定保证人义务这一结论。当然，当存在某些特殊情节时，保证人地位也是可以成立的。② 将这一结论运用于网络服务提供者也是妥当的。换言之，仅仅提供存储空间的行为，原则上并不能直接形成刑法上基于他人违法行为而成立的不作为义务。从技术层面来说，许多存储空间的封闭性只是相对的，存储服务接受者及其存储内容流动性相当大，且常常具有匿名性。此时，如果对存储服务提供者科以过高的要求，将会极大地抑制存储服务提供者的发展。因此，不论是美国的《数字千年版权法》，还是欧盟的《电子商务指令》和德国的《电信媒体法》，都否定了一般情况下存储服务提供者（及缓存服务提供

---

① 快播涉黄案公开庭审全程文字实录．[2016－11－06]．http：//tech.qq.com/a/20160108/062986.htm；海淀法院就被告单位快播公司、被告人王欣等传播淫秽物品牟利案作出一审判决．[2016－11－06]．http：//bjhdfy.chinacourt.org/public/detail.php?id=4343.

② Vgl. Roxin，Strafrecht Allgemeiner Teil，Band II，Besondere Erscheinungsformen der Straftat，2003，§32，Rn. 115 ff.

者）对其存储内容的监督和调查义务。①

但是，当网络存储服务和缓存服务提供者知晓了违法内容的存在时，删除和封锁的义务便例外地出现了。② 从技术的角度而言，如果计算机系统中某些数据被查明了属于刑事违法信息，那么删除或者封锁这些信息通常不会产生任何问题，因为我们能够通过一些程序对存储在服务器里的内容选择性地加以处理。③ 从刑事政策角度而言，这也能够在网络空间的安全与网络服务提供者的自由运营与发展之间找到一个平衡。一方面，对网络服务提供者科以过重的义务会压制其自由发展，同时造成空间信息自由的萎缩，另一方面，如前文所阐述的那样④，网络空间的治理（尤其是对网络犯罪的防治）如果没有网络服务提供者这一重要的主体参与势必难以进行，同时也会过于放纵网络服务提供者逃避责任。这也正是美国的立法者在《数字千年版权法案》中设计一个与"避风港"原则相对的"红旗"原则的初衷。⑤

在快播案中，根据已经提交的证据，快播公司对于其服务器内存在淫秽视频应当是知晓的。因为，已有证据表明其员工和主要负责人都知晓淫秽视频的存在，而且存在淫秽视频这一客观事实已经由相关执法部门明确告知并要求其整改。在这种情况下，快播公司应当立即采取有效措施来过滤和封锁淫秽视频，这是其作为网络服务提供者，在维护整个网络空间安全和有序运行过程中应当承担的合理义务。

需要着重注意的是，虽然此次法院判决关于快播公司安全监管义务认定的结论是基本妥当的，但是不宜认为，这个判决即确认了网络服务提供者应具有一般性、积极性和广泛性的安全审查义务。有关机关当然可以督促网络服务提供者事前采取必要的监控手段，例如安装必要的过滤软件等措施。但是，网络服务提供者法律责任层面的义务，应当是产生于对违法内容的认知之后。不论是德国的《电信服务法》还是欧盟的《电子商务指令》，以及美国的《数字千年版权法案》，都采取了这样的限制性立场。换言之，对于网络服务提供者的法律责任而言，世界通行的做法都不是立足于让网络服务提供者承担一种积极而主动的监控和调查义务，而更多的是一种相对消极的配合义务。

---

① Vgl. Spindler, Das Gesetz zum elektronischen Geschäftsverkehr-Verantwortlichkeit der Diensteanbieter und Herkunftslandprinzip, NJW Heft 13, 2002, S. 922.

② Vgl. Telemediengesetz, 2007, §9, 10; Vgl. Sieber, Teil 19.1 Allgemeine Probleme des Internetstrafrechts, in Hoeren/Sieber/Holznagel (Hrsg.), Multimedia-Recht, 2014, Rn. 49; Spindler/Schuster, Recht der elektronischen Medien Kommentar, 3. Aufl., 2014, S. 2032 ff.

③ SIEBER. Control possibilities for the prevention of criminal content in computer networks. The computer law and security report. Vol. 15, no. 5, 1999: 169.

④ 请参见前文"网络服务提供者的双重法律形象"一节。

⑤ 王迁．超越"红旗标准"——评首例互联网电视著作权侵权案．中国版权，2011 (6): 36.

三、小　结

随着信息社会的深入发展，网络空间逐渐成为人们生活中不可或缺的组成部分。由于快播案所引发的广泛社会关注，网络服务提供者的刑事责任问题逐渐受到了学者们的重视。目前，许多学者都主张引入中立帮助行为理论来理解网络服务提供者的刑事责任。与德国、欧盟等限缩性的法律责任模式不同，我国现有法律、法规和部门规章对网络服务提供者规定了较为严格且全面的法律义务与责任，这给网络服务技术的蓬勃发展造成很大的压力，同时也可能压缩网络空间中的信息自由。正是在这样的背景下，中立帮助行为理论作为一种限缩帮助犯成立范围的学说，无疑对合理限缩我国网络服务提供者过于宽泛的刑事责任范围具有重要意义。

然而，网络空间与现实社会存在诸多特性差别，这导致了网络空间中共同犯罪的异化现象。在第三方用户滥用网络服务提供者所提供服务的某些场合，正犯与共犯的区别变得模糊，正犯的行为模式也与现实社会里的有所不同，这意味着此时正犯的认定往往十分困难。因此，从共犯从属性这一基本原则出发，中立帮助行为这一共犯理论的可适用空间就被压缩了。此外，与一般的市场经营主体不同，在特定的条件下，特定的网络服务提供者同时扮演着自由市场交易主体和自我控制领域监督主体的双重角色。因此，特定情形中的特定网络服务提供者并不完全是中立性的，这使得中立帮助行为理论的适用范围进一步被限缩。

网络服务提供者本身具有实施不同功能的多种下属类型，如内容提供者、接入服务提供者、代理缓存服务提供者和存储服务提供者等。不同类型的网络服务提供者所服务的目标和控制可能性存在较大差异，因此不能“一刀切”地把某一理论直接套用其上。更为合理的做法是将进一步的理论建构建立在网络服务提供者类型性区分的基础之上。

在中立帮助行为这一共犯理论路径之外，我们应当更多地从正犯角度来探索认定网络服务提供者刑事责任的路径。事实上，在快播案的一审中，检方就是从正犯的角度来提起公诉的，这事实上也提醒我们在理论上应当反思网络服务提供者刑法责任的认定路径。沿着这一思路出发，以网络服务提供者的类型化为基础，作为与不作为的区分、不作为的义务来源等问题应当成为研究的重点。通过借鉴德国与欧盟的比较法经验，笔者认为网络接入服务提供者原则上难以形成保证人地位。同时，代理缓存服务提供者和存储服务提供者在明确知晓存在违法内容的情况下，能够基于对危险源的监督义务而形成一定范围内的保证人地位。

我国目前对网络服务提供者责任的立法在整体趋势上属于一种责任扩张模式，这实际上与国际范围内限制网络服务提供者刑事责任的趋势是背道而驰的。在立法论的批判与反思之外，摆在刑法学者面前最为紧迫的问题是如何理性分析与借鉴既有互联网刑法教义学理论，在现存的法律框架中合理地限缩网络服务提供者刑事责任，为网络技术的创新与发展以及信息自由争取合理的空间。在这一点上，我国互联网刑法的教义学理论建构仍然任重而道远。

第八章　避风港原则的刑法教义学理论建构

避风港原则是我国版权法和民事侵权法领域被广泛探讨的问题，它的主旨在于为网络服务提供者划定一个承担侵权责任的边界。在较早期的文献中，学者们便已经开始从比较法的角度对美国《数字千年版权法案》中的避风港原则以及相关的重要判例进行深入介绍。2006 年，在我国国务院颁布的《信息网络传播权保护条例》中，避风港原则的相关规则被明确确立。2009 年《侵权责任法》通过，该法第 36 条实际上在更宽的范围内再次确认了这一基本原则。随着这些相关民事法律规范的施行，避风港原则在民法领域的适用得到了更加深入和全面的探讨。[①] 但是，在刑法领域，直到近年引起社会广泛讨论的快播案才将网络服务提供者的刑事责任问题推到了前台。从目前的情况来看，不论是理论界还是实务界，对网络服务提供者刑事责任的边界及认定规则并没有统一看法。与此同时，2015 年通过的《刑法修正案（九）》新增加了第 286 条之一拒不履行信息网络安全管理义务罪和第 287 条之二帮助信息网络犯罪活动罪，由此网络服务提供者的刑法责任进一步呈现出扩张化、提前化的趋势。

然而，对于常常以信息技术革新者形象出现的网络服务提供者，一味强调其网络安全管理义务，不仅会给网络服务提供者带来沉重的负担，也可能阻碍网络技术的发展。[②] 事实上，以美国、德国为代表的许多西方国家都建立了一套自成体系的网络服务提供者免责模式。反观我国的情况，虽然在民事法律领域的立法规定和理论探讨都就此问题作出了回应，但是在刑事法律领域网络服务提供者的免责事由不仅在立法上处于空白状态，在理论上也缺乏全面性、体系性的深度研究，这造成了一种网络服务提供者刑事责任问题上

---

① 薛虹．再论网络服务提供者的版权侵权责任．科技与法律，2000（1）：52 以下；刘家瑞．论我国网络服务商的避风港规则——兼评“十一大唱片公司诉雅虎案”．知识产权，2009（2）：13 以下；王迁．《信息网络传播权保护条例》中避风港规则的效力．法学，2010（6）：128 以下；王利明．论网络侵权中的通知规则．北方法学，2014（2）：34 以下．

② 刘艳红．网络犯罪帮助行为正犯化之批判．法商研究，2016（3）：22；车浩．谁应为互联网时代的中立行为买单?．中国法律评论，2015（1）：50．

的结构性缺陷。这种结构性缺陷引发的直接后果在于，网络服务提供者可能在现有的法律框架内承担了过重的刑事法律风险。

随着信息技术的不断进步和网络空间的纵深发展，一种封闭的刑法体系已经完全无法应对现实中的犯罪问题。互联网刑法中所要解决的网络服务提供者的刑法责任问题，在传统刑法体系的框架之上，还需要特别地考虑网络空间里的诸多因素，例如网络服务提供者本身的技术特征，网络服务提供者对第三方内容和行为的技术控制可能性，控制措施可能对信息自由和个人隐私带来的侵害，乃至为了合理对抗网络犯罪所进行的责任分工等。换言之，网络服务提供者责任边界的确定依赖于一系列传统刑法理论之外的事实性与规范性要素的统合评价。因此，在处理网络服务提供者刑法责任这一具有跨学科性质的问题时，传统的刑法教义学体系必须保持开放姿态，吸收民法、网络法等领域的理论资源，如此才能实现刑法规范评价与网络空间基本运行规律的统一与协调。避风港原则就是综合考虑以上诸多因素之后得出的一种权衡性法律结论，但是对于它能否以及如何在刑事领域适用的研究，长期没有得到学界的充分重视。正是在这样的背景下，如何使产生并发展于民事法领域、旨在合理限缩网络服务提供者侵权责任的避风港原则与刑事责任的界定相协调，如何从避风港原则的比较法经验中提炼和总结限定网络服务提供者刑事责任的教义学知识资源，成为亟须加以探讨的问题。

一、避风港原则刑法适用的比较考察

避风港原则发源于美国的司法实践，且以成文法（《数字千年版权法案》）的形式在美国被确定下来，后者创设了该规则体系的基本模型，在世界范围内产生了深远的影响。此外，早在美国的《数字千年版权法案》正式颁布以前，德国就通过了《电信服务法》，开创性地对网络服务提供者的责任进行了类型化限缩，为欧洲各国提供了立法上的典范。因此，要想清晰地梳理避风港原则的基本内涵和发展脉络，美国法和德国法的实践无疑是极为重要的研究对象。

（一）美国法的实践

1. 渊源与基本内容

早在避风港原则出现以前，限制间接侵权责任的思想就已经在“技术中立”原则中被讨论。[①] 1984 年，在著名的索尼案中，美国联邦最高法院确立了“实质性非侵权用途”原则，即如果产品可能被广泛用于合法的、不受争议的用途，能够具有实质性的非侵权用途，即使制造商和销售商知道其设备可能被用于侵权，也不能推定其故意帮助他人侵权并构成帮助侵权。[②] 1995 年，在著名的 Stratton Oakmont，Inc. v. Prodigy Services 一案中，Prodigy Services 公司的一位用户在其电子布告栏上发表了诽谤 Stratton Oakmont 公司董事长的言论，其后 Stratton Oakmont 公司起诉作为网络服务提供者的 Prodigy Services 公司和那位无法查明的留言者构成诽谤。法院最后认定该案中的网络服务提供者应为其用户在其所提供的虚拟布告栏上的评论承担责任。法院认为，由于网络服务提供者已经安装了监督布告栏上内容的软件，因此他不再仅仅是内容的分发者，而是属于内容的发布者。[③] 这一判决造成了一种非常荒谬的局面，即网络服务提供者采取的技术监督措施反倒加重了自身的法律风险。以此案件为契机，1996 年，为了避免让网络服务提供者承担过重的法律责任以及由此可能造成的寒蝉效应，美国国会通过了《通讯端正法》。[④] 该法第 230 条（c）款第（1）项规定：交互计算机服务的提供者或使用者，不应被作为其他信息内容提供者所提供信息的出版者或发言者对待。第（2）项对民事责任的豁免作出规定：交互计算机服务的提供者或使用者 a）出于善意对他认为属于淫秽、猥亵、肮脏、暴力、骚扰或其他令人反感的内容进行封锁，不论这些内容是否受宪法保护；或 b）为内容提供者或他人提供技术手段来封锁以上内容的，不承担责任。这些限缩网络服务提供者责任范围的判例规则与责任规范事实上已经为避风港原则奠定了基础。

1998 年美国的《数字千年版权法案》第 202 条（《美国法典》第 17 编第 512 条）更为详细和系统地规定了网络接入服务提供者、缓存服务提供者、存

---

① 有学者认为，索尼案确认的技术中立原则就是之后避风港原则的法理基础。参见张宏斌．对避风港原则的解读——基于“技术中立”和“意志要件”的法理基础．[2019－08－05]．http：//www. glo. com. cn/content/details_13_755. html.

② 王迁．“索尼案”二十年祭——回顾、反思与启示．科技与法律，2004（4）：62；张今．版权法上“技术中立”的反思与评价．知识产权，2008（1）；陈兴良．在技术与法律之间：评快播案一审判决．人民法院报，2016－09－14（3）.

③ Stratton Oakmont，Inc. v. Prodigy Services Co.，1995 WL 323710，1，4（N. Y. Sup. Ct. 1995）.

④ LAWRENCE G WALTERS. Shooting the messenger：an analysis of theories of criminal liability used against adult-themed online service provider. Stanford law & policy review，Vol. 23，No. 1，2012：183；SHAHRZAD T RADBOD. Craigslist-a case for criminal liability for online service providers. *Berkeley technology law journal*，Vol. 25，No. 1，2010：595. 此外，也有学者将该法名称译为《通讯正派法案》，参见：周学峰，李平．网络平台治理与法律责任．北京：中国法制出版社，2018：48.

储服务提供者以及信息定位工具提供者免于承担救济和侵权责任的情形，这便是避风港原则的由来。按照该条规定，提供传输、路由或连接服务的网络服务提供者（接入服务提供者 access provider），只要满足以下五项条件就对其传输的内容不承担金钱救济和禁令救济等救济义务以及版权侵权等责任：a）内容的传输不是由他所发动；b）这种服务是通过自动的技术流程所运行；c）其没有选择内容的接收者；d）没有复制该内容提供给内容接收者之外的他人，也没有复制该内容超出合理时限地提供给内容接收者；e）没有修改内容。

而提供中间性临时存储的缓存服务提供者（caching provider）在符合以下三项条件时同样不承担以上提及的义务和责任：a）内容本身是由他人提供的；b）信息是由内容提供者通过系统或网络向他人传输的；c）存储是基于自动的技术程序运行，并且服务于用户对内容的访问。

按照用户要求提供存储的存储服务提供者（hosting provider），如果满足以下三项条件，也不承担同上的义务和责任：a）对他人的侵权内容或侵权行为没有确实的认知，也没有意识到那些侵权行为显而易见的事实或情况。一旦获得这种认知，立即删除这些内容或封锁其通道。b）在网络服务提供者有权利和能力控制侵权活动的案件中，没有接受直接归咎于侵权行为的经济利益。c）一旦被通知侵权情况，立即删除这些内容或封锁其通道。此外，为内容提供引用或链接的信息定位工具（information location tools）服务提供者，免责条件与存储服务提供者基本一致。①

2. 刑事领域的适用

在 1997 年的 Zeran v. America Online，Inc. 一案中，《通讯端正法》第一次被作为免责事由引入。该案中，原告 Zeran 认为 America Online 公司没有及时清除其布告栏上的诽谤言论，应当承担过失责任。但是法院还是认为交互计算机服务提供者接受大量的帖文，无法轻易地对其加以及时调查，所以基于《通讯端正法》第 230 条予以免责。② 法院的这一决定开启了《通讯端正法》第 230 条被广泛适用的历程。③ 由于美国《数字千年版权法案》第 512 条所确立的避风港原则主要适用于版权法律领域，而相反《通讯端正法》第 230 条具有一个非常广阔的适用范围，因此，后者实际成为网络服务提供者刑事

① U. S. Code § 512 Limitations on liability relating to material online. 请读者注意，以上关于网络服务提供者的责任规则是笔者的简略总结，由于篇幅所限，无法将所有规则的细节全面呈现，下文德国法律规则的介绍同样如此。

② Zeran v. America Online，Inc.，129 F. 3d 327，328（4th Cir. 1997）.

③ See Shahrzad T. Radbod，Craigslist-A Case for Criminal Liability for Online Service Providers，Berkeley Technology Law Journal，Vol. 25，No. 1，2010，p. 601.

责任认定中的核心条款。[①] 但是，《通讯端正法》第 230 条在刑法领域的适用存在不小的障碍。原因在于，第 230 条的（e）款直接地限定了该条的适用范围。《通讯端正法》第 230 条（e）款第（1）项规定：该条的解释适用不能破坏本章第 223 条或第 231 条，第 18 章第 71 条（关于淫秽内容）或第 110 条（关于对儿童的性剥削）或者任何其他联邦刑事法律的执行。该条（e）款第（3）项规定：该条的解释适用不能阻碍任何州实施任何与本条相协调的州法律。在任何与本条相协调的州或地方法律中，没有理由采取行动也不能施加责任。[②] 这两项规定意味着，如果网络服务提供者触犯到了联邦刑事法律规定的罪名，或者涉及那些与本条相一致的州刑事法律所规定的罪名，那么第 230 条（c）款的免责事由就不能适用。

在 2006 年的 Voicenet Communications v. Corbett 中开始真正涉及了《通讯端正法》第 230 条的刑法适用问题。在该案中，原告 Voicenet Communications 公司是提供多种计算机和互联网服务的网络服务提供者，而被告则是法律执行机关。基于可能存在儿童淫秽内容的线索，被告搜查了原告的财产并且没收了相关的计算机设备和文件。原告起诉被告侵犯了自己的多项宪法性权利，同时也侵犯了《通讯端正法》第 230 条所赋予自己的免责权限。[③] 虽然该诉讼原告最终以失败告终，但是在该案判决中法院明确否定了被告所提出的《通讯端正法》只具有民事免责效力的主张。法院指出，按照《通讯端正法》第 230 条的语义，这里的免责并不仅限于民法，从第 230 条（e）款整体解读，这里的免责事由只是不适用于联邦刑法以及与本条不协调的州刑法。[④]

在 2009 年 People v. Gourlay 案中，男孩 Justin Berry 从 13 岁开始通过摄像头在网络上传播自己的淫秽图像，他还创建了网站来进行这一活动。被告人 Gourlay 运营一家网络托管公司，他与 Justin Berry 取得联系并进行不断密切沟通，后帮助 Justin Berry 建立了几个新的网站用来传播其淫秽图像。[⑤] 案发后被告人辩称，法庭没有告知陪审团自己享有《通讯端正法》第 230 条所享有的免责，法庭也没有告知陪审团只有他实际地对儿童色情内容的创造作出贡献时才可以被指控触犯了色情类犯罪，而网络服务提供者仅仅提供带宽或技术辅助并没有真正创造色情内容。对此，控方则认为，被告并不享有这

---

① LAWRENCE G WALTERS. Shooting the messenger, an analysis of theories of criminal liability used against adult-themed online service provider, Standford law & policy review, Vol. 23, No. 1, 2012: 183.

② 47 U. S. Code § 230 (e) (1) (3).

③ Voicenet Communications, Inc. v. Corbett, No. 04 - 1318, 2006 WL 2506318, 1, 1 (E. D. Pa. 2006).

④ Ibid., p. 3.

⑤ People v. Gourlay, No. 278214, 2009 WL 529216, 1, 1 (Mich. App. Ct. 2009).

种免责权利，因为《通讯端正法》仅为民事责任提供了豁免。① 然而，法院认为该条并没有排除对刑法的免责适用，因为第 230 条（e）款第（3）项清楚地表明"任何与本条不相协调的州法律或地方法律都不能施加责任"，显然这里的"任何州法律或地方法律"包含了刑法。但是，法院另一方面也指出，本案中被告明知其所帮助建立的网站服务于传播儿童淫秽内容，因此属于积极参与建立儿童淫秽内容的网站。②

在 2009 年的 Dart v. Craigslist，Inc. 案中，作为网络服务提供者的被告 Craigslist 公司是一个访问量非常大的广告网站，其创建分类，而用户则选择在不同的分类中发布自己的广告。在这个网站上，"情色"版块是最流行的部分，这里包含了"色情服务"的链接。不过，在这里用户也会收到不许发布违法内容的警告和声明。警方控告，尽管存在警告和声明，但是 Craigslist 网站的"色情"版块里存在大量较为隐晦的卖淫广告，这违反了联邦的、州的以及地方性的禁止促进卖淫的法律。③ 在庭审中，Craigslist 公司提出其应当按照《通讯端正法》第 230 条免责，而法院也确认了 Craigslist 公司属于交互计算机服务提供者的身份，且这些广告信息是由其他信息内容提供者所提供。法院认为本案控方对相关罪名条款过度解释，按照《通讯端正法》第 230（c）条的规定，无法认定 Craigslist 公司创造了那些广告。同样，也不能认为是 Craigslist 提供了那些卖淫的信息，这些信息是它的用户所提供的。因此，被告的免责诉求被法院承认。④

（二）德国法的实践

1. 渊源与基本内容

早在 1997 年，德国国会便通过了一部综合性的《信息与通讯服务法》，其中第一部分《电信服务法》第 5 条便已经明确地采取了限缩网络服务提供者法律责任的立场。2000 年，欧盟通过了《电子商务指令》，该指令第 12～15 条进一步详细地规定了网络服务提供者的免责条件。此后，为了贯彻实施以上欧盟指令所规定的层级化责任体系，德国联邦议会先后数次修改了《电信服务法》，并最终于 2007 年通过了《电信媒体法》，将《电子商务指令》中的免责规定在国内法中加以转化。

《电信媒体法》第 7 条规定了网络服务提供者的一般原则。一方面该条规定了内容提供者按照一般性的法律来承担责任；另一方面该条总体性地规定，

---

① Ibid.，p. 2.

② Ibid.，pp. 3 - 5.

③ Dart v. Craigslist，Inc.，665 F. Supp. 2d 961，961 - 963 (N. D. Ill. 2009).

④ Ibid.，p. 967.

第 8～10 条中的网络服务提供者没有义务监督其所传输和存储的信息，也没有义务根据提示违法活动的情形去调查这些信息。此外，与美国的《数字千年版权法案》第 202 条的内容非常类似，该法第 8～10 条分别为接入服务提供者、缓存服务提供者和存储服务提供者规定了具体的免责条件，此处不再具体展开。①

2. 刑事领域的适用

不论是德国《电信服务法》的修订版本，还是 2007 年通过的《电信媒体法》，其所规定的网络服务提供者免责条款不仅基本承袭了美国避风港原则的核心内容，而且进一步拓展到了几乎所有部门法律领域。德国的立法者清楚阐明，这里的网络服务提供者免责事由当然适用于刑法领域。② 因此，以避风港原则为基础建立起来的网络服务提供者免责体系在刑法领域同样适用，对此德国学界并无疑义③，在司法判例上也得到了充分体现。④

从大体方向上来看，《电信媒体法》第 7～10 条中责任规则对刑法构成要件解释与适用的影响只能是限缩性的。形象地说，《电信媒体法》只是在网络服务提供者原有的刑事责任基础上做减法。首先，《电信媒体法》第 7 条第 2 款从一开始就整体地排除了网络服务提供者一般性、主动性的监督和调查义务，而这一规则同样也适用于刑法领域，这就在很大程度上限缩了网络服务提供者的刑事义务范围。其次，该法第 8～10 条能够进一步对三种具体类型网络服务提供者的刑法义务发挥一种限缩性的塑造功能。按照《电信服务法》的规定，接入服务提供者只要没有首先发动信息传输，没有选择信息接收人，没有改变或选择所传输的信息，那么原则上对其传输的外来信息并不负有刑法意义上的保证人义务。⑤ 缓存服务提供者和存储服务提供者也不承担一般性的主动监督和调查义务，但是，当他们获得相关认知（如信息在源头被删除，或违法信息的存在）后，便负有义务及时地删除或封锁相关信息。⑥ 最后，该法中对违法内容的“认识”需要达到何种程度在德国学界引起了讨论，这也对刑事领域主观罪责认定产生了限缩性的影响，原则上过失与间接故意责任

---

① Vgl. Telemediengesetz §§ 7 - 10.

② Vgl. BT-Drs. 13/7385，S. 20；BT-Drs. 14/6098，S. 23.

③ Vgl. *Hilgendorf/Valerius*，Computer-und Internetstrafrecht，2. Aufl.，2012，S. 59；*Malek/Popp*，Strafsachen im Internet，2. Aufl.，2015，S. 19.

④ Vgl. AG München：“CompuServe” -Urteil，MMR，Heft 8，1998，S. 429.

⑤ Vgl. *Sieber*，Teil 19.1 Allgemeine Probleme des Internetstrafrechts，in *Hoeren/Sieber/Holznagel*（Hrsg.），Multimedia-Recht，2014，Rn. 35.

⑥ Vgl. *Sieber*，Teil 19.1 Allgemeine Probleme des Internetstrafrechts，in *Hoeren/Sieber/Holznagel*（Hrsg.），Multimedia-Recht，2014，Rn. 61.

被排除。[1]

（三）避风港原则刑法适用的规则提炼

1. 美国法的启示

从以上美国刑事司法实践判例可以看出，一方面，美国 1998 年《数字千年版权法案》所确定的避风港原则由于其较强的知识产权属性限制并没有在刑事领域得到适用。但是，该法案所设定的网络服务提供者类型化方案非常经典，接入服务提供者、缓存服务提供者、存储服务提供者以及信息定位工具提供者的基本分类为之后深入探讨网络服务提供者责任奠定了基础。这提醒我们在立法与司法实践中，不论是网络服务提供者的民事责任还是刑事责任，类型化的处理都是首要的前提。该法案为网络服务提供者设计的基本免责框架，深深影响了之后欧洲的《电子商务指令》和德国的《电信服务法》，而后者则在刑事法律领域产生了直接的效力。此外，该法案对通知—删除规则的程序作出了非常详细的规定，这不仅对我国的民事法律规范产生了直接的影响，而且为我国网络服务提供者刑事责任的认定带来了重要启发。另一方面，在当下美国法的语境中，限缩网络服务提供者刑事责任的规范依据主要是《通讯端正法》第 230 条（c）款所确立的“善良撒玛利亚人”保护原则。该条的核心内容就是将间接介入争议议题中的网络服务提供者与直接的出版者或发言者（publisher or speaker）区别开来，避免网络服务提供者为他人的内容承担一种直接和同等的责任，这为限定网络服务提供者刑事责任指明了基本的思考方向。这一规则及其相关判例确立了网络服务提供者间接刑事责任的特殊性，实际上为网络服务提供者创设了独立的免责事由。显然，该条款并非专门为处理网络服务提供者刑事责任而“量身定做”，因其法条表述相对概括与宽泛，美国法院通过非常精细的解释，尽量使其免责效力涵盖刑事法律领域。

然而，美国目前这种网络服务提供者的刑事责任限缩模式存在相当明显的问题。其一，《通讯端正法》第 230 条的效力范围具有严格的限制，这使得该条款所发挥的网络服务提供者责任限缩功能大打折扣。《通讯端正法》第 230 条（e）款第（1）项明确限制了该条对联邦刑事法律的适用效力，而第（3）项则规定该条不能影响与本条相适应的州法律和地方法律。[2] 因此，在可以预见的未来，检察官很可能会将《通讯端正法》第 230 条的限制适用条款

---

① Vgl. *Sieber*, Verantwortlichkeit im Internet, Technische Kontrollmöglichkeiten und multimediarechtliche Regelungen, 1999, S. 166.

② 此外，《通讯端正法》第 230 条第（e）款第（2）项和第（4）项还分别规定，该条不能对知识产权相关的法律以及与电子通信隐私法案相关的法律产生影响。See 47 U. S. C. § 230 (e).

作为一个工具，以此来限制交互计算机服务提供者的免责。① 其二，《通讯端正法》第230条（c）款所确立的“善良撒玛利亚人”保护原则，并没有直接规定网络服务提供者在何种特定条件下可以免责，而只是将其与直接的内容出版者和发言者作出区分，其在类型化、体系性与操作性方面仍然存在不足。

2. 德国法的启示

与美国的情况不同，德国网络服务提供者刑事免责规则显然更具明确性、完整性和体系性。首先，按照德国《电信媒体法》的法律效力范围，该法中以避风港原则为蓝本所建构的网络服务提供者免责体系可以近乎完整地适用于刑法领域，因而不会存在免责规则法律效力局限性的问题。其次，这套责任规范详细地规定了网络服务提供者的具体类型与相应的免责条件，不限于仅仅简单区分内容出版者和发言者，更适应信息时代网络服务提供者的独立主体特征，因而也将在刑事司法实践中形成更好的法确定性。最后，在学者们的努力之下，《电信媒体法》中的网络服务提供者免责条款，已经与德国的阶层犯罪论实现了较好的融合，更具体系性与稳定性。

当然，较之于美国法的免责模式，在一些个案中，德国法对网络服务提供者的责任认定可能存在涵盖性不足的问题。因为，在《电信媒体法》对网络服务提供者的类型划分中，并没有对信息定位工具（包括目录、索引、超文本链接等）提供者作出规定。② 相对而言，美国的避风港原则在程序性规定上也更加详细而具有可操作性。

3. 教义学规则的提炼

综观美国与德国的法律实践，虽然在具体法律规定和法律适用上存在差异，但是二者通过引入刑法之外规范限缩网络服务提供者刑事责任的做法是一致的。在我国的法律语境中，并不存在像《通讯端正法》或《电信媒体法》这样具有统括效力的规范，但是，从上述比较法的经验中，可以提炼出如下网络服务提供者刑事责任的教义学规则：

（1）网络服务提供者的刑事责任属于一种间接责任，其认定应当区别于直接利用网络服务实施犯罪的主体；

（2）网络服务提供者的刑事责任以网络服务提供者的类型化为前提；

（3）网络服务提供者并不具有一般性的主动监督、调查他人违法内容和行为的刑事义务与权力；

（4）网络服务提供者的刑事作为义务，应当结合不同主体类型及其实际

① See Shahrzad T. Radbod, Craigslist-A Case for Criminal Liability for Online Service Providers, Berkeley Technology Law Journal, Vol. 25, No. 1, 2010, p. 615.

② Vgl. *Gercke*, Einführung in das Internetstrafrecht, JA, Heft 12, 2007, S. 844.

的控制可能性分别进行判断；

（5）通知—删除的规则和程序限定了网络服务提供者的刑事义务范围和可罚性启动条件；

（6）网络服务提供者的间接刑事责任以对他人违法内容和行为具有明确认知为前提。

上述教义学规则借助于比较法的视角，从避风港原则的法律实践中提炼而来，可以较为妥当地划定网络服务者刑事责任边界，其虽然没有在刑法明文规定中被确立，但是实际上具有很大程度的普适合理性，因此应当作为一种理论知识资源，结合我国刑法相关构成要件的理解，融入阶层犯罪论体系之中。这套教义学规则既可能涉及传统的刑法罪名，也关乎新设立的网络犯罪罪名，它是框定网络服务提供者刑事责任范围的基础性刑法原理，也构成了互联网刑法总则理论的重要内容。这意味着，网络服务提供者刑事责任的认定，除了基于传统刑法法理的判断之外，还应额外纳入上述教义学规则的考察，下文将对此展开具体论述。

二、避风港原则在中国刑法中的理论建构

（一）责任结构失衡

关于网络服务提供者的法律责任问题，在中国的法律框架下存在一种整体性的结构失衡。这不仅体现在我国目前整体的立法架构之中，而且体现在具体的部门法理论建构之上。

首先，从规范的效力层级方面来看，各种各样的法律规范（法律、行政法规以及部门规章）都不同程度地涉及网络服务提供者的责任，且其内容各不相同，这造成了网络服务提供者规则体系的繁杂。在法律层面，全国人大和全国人大常委会先后颁布了《关于维护互联网安全的决定》《关于加强网络信息保护的决定》《刑法修正案（九）》以及《网络安全法》。在行政法规层面，国务院也先后颁布了《互联网信息服务管理办法》《信息网络传播权保护条例》。此外，公安部、国家广电总局、信息产业部、文化部等部委在相关的部门规章中提及了网络服务提供者的义务和责任，最高人民法院通过一系列司法解释，事实上也提供了一些关于网络服务提供者法律责任的规则。这些处于不同效力层级的法律规范在内容上并不统一，而且总体趋势是进一步明确和扩张网络服务提供者的责任和义务。① 而且，在基本制度架构层面，中国

① 参见本书第 137 页。

的网络治理向来就存在“九龙治水”的状况①，这无疑加剧了规范效力层级的冲突。

其次，从部门法律协调的角度来看，民法与刑法中关于网络服务提供者责任认定的规定明显在朝着两个不同的方向发展。如学者所言，我国的单个部门法并不滞后国际经验太多，但是对那些跨部门的新问题，建立在传统法律部门划分基础上的立法体制在网络环境下面临各种不适应，缺乏整体规划和顶层设计。② 以《信息网络传播权保护条例》第 20～23 条以及原《侵权责任法》第 36 条、《民法典》第 1194～1197 条为代表的民事法律规范，整体的立法要旨在于限缩网络服务提供者因第三方内容或行为而承担的侵权责任。然而，以《刑法》第 286 条之一和第 287 条之二，以及最高法和最高检于 2004 年颁布的《关于办理利用互联网、移动通讯终端、声讯台制作、复制、出版、贩卖、传播淫秽电子信息刑事案件具体应用法律若干问题的解释》[以下简称《解释（一）》] 第 7 条和 2010 年颁布的《关于办理利用互联网、移动通讯终端、声讯台制作、复制、出版、贩卖、传播淫秽电子信息刑事案件具体应用法律若干问题的解释（二）》[以下简称《解释（二）》] 第 5～6 条等为代表的刑事法律规范，则越发扩张网络服务提供者的责任范围。《刑法》第 286 条之一属于新增设的纯正不作为义务犯，而《解释（二）》第 5～6 条以及《刑法》第 287 条之二则被学者视为“共犯正犯化”的典型。换言之，网络服务提供者的民事责任愈发限缩，其刑事责任反而愈发扩张，这种深层的立法矛盾应当引起法律顶层设计者的注意。③

最后，在理论层面，这种反差与矛盾同样存在。一方面，目前我国学界不乏大力拥护通过立法强化网络服务提供者平台刑事责任的见解。例如有学者认为，网络平台的建立者和管理者有某种“准政府”的身份和责任，对平台上的违法犯罪行为，不允许其视而不见甚至纵容。④ 但是，这种观点没有对过度扩张网络服务提供者刑事义务的消极后果保持应有的谨慎。另一方面，尽管学界部分有识之士已经充分注意到了网络服务提供者刑事责任盲目扩张

---

① 对此状况的描述，可参见：方兴东．九龙治水是中国网络治理的制度创新．21 世纪经济报道，2016-04-06（4）；赖早兴．论拒不履行信息网络安全管理义务罪中的“经监管部门责令改正”．法学杂志，2017（10）：51.

② 周汉华．论互联网法．中国法学，2015（3）：30.

③ 在刑法领域之外的其他公法领域也出现了这种令人担忧的现象，有学者称之为“公法阴影下的避风港”，并指出司法实践中网络服务提供者扩张的公法审查义务已经对私法义务产生了不当影响。姚志伟．公法阴影下的避风港——以网络服务提供者的审查义务为中心．环球法律评论，2018（1）：100 以下.

④ 于志刚，吴尚聪．我国网络犯罪发展及其立法、司法、理论应对的历史梳理．政治与法律，2018（1）：76.

所带来的弊端，但是，与民事领域学者们对网络服务提供者免责体系的研究相比，刑法学界的研究在体系化程度和理论深度上仍然有待加强。部分学者曾经尝试通过中立帮助行为这一传统理论来限缩网络服务提供者的刑事责任范围。[①] 虽然该理论确实在一定程度上能够限缩网络服务提供者作为帮助犯的刑事责任，但是，一方面，部分学者没有注意到网络服务提供者类型化区分的重要性，从而导致在过宽的范围内适用了该理论。另一方面，在网络空间中扮演“守门人”角色的网络服务提供者，在特定条件下同时具有自由市场交易主体和监督主体的双重法律形象，因此不能一概而论地认为网络服务提供者具有中立性的主体特征。[②] 面对当前越发纵深发展的信息和网络社会，网络服务提供者的刑事责任认定应当建立在更为具有针对性、体系性的理论基础之上。

（二）结构调整依据

以上所描述的网络服务提供者刑事责任方面的结构性失衡，不论从理论还是实务的角度来看，都已亟须调整。

首先，目前的网络服务提供者责任结构，与法秩序统一性原理产生了明显的抵牾。[③] 在我国目前的法律框架中，网络服务提供者民事责任限缩而刑事责任扩张，法秩序内部出现定位错乱，部门法规范之间存在相互冲突的危险。在我国民法学界，尽管对避风港原则不乏批判省思[④]，但是总的来看，不论是法律规定还是理论通说都明确坚持了这一原则的基础性地位，并以此为根据体系性地限缩了网络服务提供者的侵权责任。而遗憾的是，我国目前的刑事立法和理论学说都没有充分地从整体法秩序的高度来审视网络服务提供者刑事责任的问题。面对日益恶化的网络犯罪形势，我国立法者立足于更有效打击犯罪、维护网络安全的考虑，不断拓展刑法的边界，扩充网络服务提供者的刑事义务，功能主义的刑法观表露无遗。这种主动的立法回应在风险社会大背景下固然有其积极的一面，但是不应陷入一种单纯的控制思维之中，而

① 周光权．网络服务提供者刑事责任的范围．中国法律评论，2015（2）：175；车浩．谁应为互联网时代的中立行为买单？．中国法律评论，2015（1）：49；陈洪兵．中立的帮助行为论．中外法学，2008（6）：956.

② 王华伟．网络服务提供者刑事责任的认定路径——兼评快播案的相关争议．国家检察官学院学报，2017（5）：16 以下.

③ Vgl. *Wang*，Die strafrechtliche Verantwortlichkeit von Internet-Service-Provider，Ein deutsch-chinesischer Rechtsvergleich，2019，S. 115. 与此类似，有学者指出，我国的司法实践在该领域存在“民刑倒挂”的奇怪现象。欧阳本祺．论网络时代刑法解释的限度．中国法学，2017（3）：182.

④ 例如，有学者认为，在进入人工智能时代和 web 2.0 时代以后，通知—移除规则面临诸多挑战，应当对此重新进行制度调整。万勇．人工智能时代的版权法：通知—移除制度．中外法学，2019（5）：1260 以下.

应在整合权利保障思维的基础上进行全面、综合的利益衡量。① 在民法领域，通说之所以采纳了避风港原则限缩网络服务提供者的责任边界，深层次的理由在于其综合权衡了各方利益并最终形成了某种妥当的均衡关系。因此，在刑法领域当然要充分考虑和尊重这种民事规范的内部逻辑，至少在大体方向上不应与其背道而驰。为了贯彻统一法秩序的基本思想，避免不同部门法律规范之间的对抗，有必要将民法领域网络服务提供者的免责规范体系性地在刑法领域实现转换与融合。

其次，从刑事政策的角度来看，建立一套体系化的网络服务提供者刑事免责体系，降低网络服务提供者经营过程中的刑事法律风险，明确其行为的刑事责任边界，对促进整个信息产业的发展具有至关重要的作用。在互联网和信息产业的发展中，网络服务提供者扮演着先锋者和探路人的角色。纵观近二十年网络技术给我们生活带来的巨大变化，几乎每个领域的重大变革都是由网络服务提供者直接推动的。信息检索（Google，百度），在线视频（YouTube，爱奇艺，优酷），社交网络（Facebook，Twitter，微博，微信），电子商务（eBay，亚马逊，阿里巴巴，京东），信息共享（P2P 和 Usenet 技术），乃至近年来兴起的大数据与云计算（阿里云，百度云）等等，通通都离不开网络服务提供者的创新与探索。如果没有一个相对宽松和明确的法律责任体系，这些互联网技术变革都无法实现。在特朗普当选美国总统后，代表网络科技公司利益的互联网联盟（Internet Association）随即向他发布了一封公开信，其指出美国网络技术创新处于全球领先地位并不是偶然发生的，正是二十年前美国新的法律保护了互联网平台免于因用户贴出和共享的信息而承担责任，才促成了互联网平台的繁荣发展，因此应当继续坚持《通讯端正法》第 230 条和《数字千年版权法案》第 512 条等规定所确立的网络服务提供者免责条件。② 确实，网络服务提供者基于其技术优势可能采取一系列措施来防治网络犯罪，例如监督订阅者的行为，封锁相关的用户，作为吹哨人报告计算机犯罪的情况，或者在系统里安装一定的软件或硬件，抑或通过长期保存数据的方式来协助执法机关调查网络犯罪。然而，法律并不应当总是要求网络服务提供者采取这些措施，因为这会带来很多超出效用的无谓损失，例如显著减缓系统运行、威胁个人隐私等。③ 如果简单援用传统法律的规定，将中间平台视为“商场”、“传媒”或者“中介”，必须对用户行为负责，中间

---

① 劳东燕．风险社会与功能主义的刑法立法观．法学评论，2017（6）：25.

② MICHAEL BECKERMAN. Internet Association Releases Policy Roadmap For New Administration，Congress. ［2019－08－05］. https：//internetassociation. org/111416transitionletter/.

③ NEAL KUMAR KATYAL. Criminal law in cyberspace. University of Pennsylvania law review. Vol. 149，No. 4，2001：1095－1098.

平台就会疲于应付生存，难言创新。①

最后，从可操作性的角度来看，网络服务提供者法律责任结构的调整具有现实的可行性和妥当性。在立法层面，立法者确有必要将现有的多种法律规范加以有效整合，使关于网络服务提供者的责任规则不仅在规范效力层级上，而且在部门法律效果上实现统一，摆脱目前规范混杂的局面。不过，从现实的角度出发，跳出立法中心主义的窠臼，将理论关注重点转向刑法的法教义学限缩是更为直接的做法。② 尽管我国目前关于网络服务提供者的刑事法律框架明显具有扩张的特征，但是这并不妨碍我们借鉴相关国家对此的普遍共识和基本经验，在一个较为宽泛的法律框架下将其转换为互联网刑法的教义学理论，实现网络服务提供者刑事责任的恰当限缩。关于网络服务提供者的刑事责任问题，最难的并非如何采取有效手段对抗网络犯罪，而是如何在信息自由与网络安全之间求得一个平衡。因此，在刑事立法强调“主动防御”的同时，刑法理论上合理出罪机制也应当逐渐完善。立法与理论上的“一紧一松”与“一收一放”才能同时顾全网络空间的安全稳定与信息产业的蓬勃发展。对此，笔者给出的基本方案是，在现有的刑法框架下，以相关刑法构成要件为基础，将避风港原则与刑法归责相融合，实现网络服务提供者刑事责任在特定条件下的适当收缩，在维护网络安全的同时促进信息产业的健康发展。

（三）避风港原则的刑法教义学理论建构

1. 刑法之前的责任筛除

在德国刑法语境下，由于《电信媒体法》所建构的责任体系可以近乎完整地适用于刑法领域，如何处理这一网络服务提供者责任体系与刑法相关构成要件适用的关系，就成了非常现实的问题。对此，在德国刑法学界形成了“预先过滤”（Vorfilter）模式和融合模式两种相对的立场。③ 然而，两种模式完全可以在理论上进行恰当整合，从而使两种模式中各自的优势都得到保留。如齐白教授所言，考虑到立法者的目标设定以及责任考察的经济性，同时也为了避免两套规范融合过程中的一些难题，原则上可以肯定“预先过滤”模式。但是，在此基础上，仍然可以将《电信服务法》中的免责构成要素与刑法构成要件该当性的认定相融合，形成一种“与构成要件相结合的预先过滤

① 周汉华．论互联网法．中国法学，2015（3）：23－24.

② 梁根林．传统网络犯罪的异化：归责障碍、刑法应对与教义限缩．法学，2017（2）：10.

③ 参见本书第128～129页。

方案"[①]。因此，避风港原则发挥刑法责任筛除功能，与在刑法解释中再次发挥限缩作用并不矛盾。

在我国民法领域，已经存在一系列限缩网络服务提供者侵权责任的规则，从刑法谦抑性的考虑出发，有必要在第一次法（尤其是民法）领域将那些没有刑事当罚性的行为排除出去，以此实现第一次法对网络服务提供者刑事责任的分流[②]，同时保障法秩序统一性原理的贯彻，避免刑法和民法评价的割裂。例如，《信息网络传播权条例》第 22 条就明确规定了存储服务提供者不对他人内容承担赔偿责任的具体条件。再如按照原《侵权责任法》第 36 条和《民法典》第 1195 条的规定，网络用户利用网络服务实施侵权行为的，被侵权人有权通知网络服务提供者采取删除、屏蔽、断开链接等必要措施。网络服务提供者接到通知后未及时采取必要措施的，对损害的扩大部分与该网络用户承担连带责任。该规定意味着，如果网络服务提供者未经提示、或者经过提示之后即采取必要措施，网络服务提供者就不承担责任。[③] 因此，在探讨特定网络服务提供者刑事责任之前，应当充分关注民法领域对其行为的评价。具体来说，首先应当按照网络服务提供者的具体功能对其进行类型归入判断，如内容服务提供者、接入服务提供者、缓存服务提供者、存储服务提供者以及搜索或者链接服务提供者，以便确定其具体适用的免责规则类型。如果按照《信息网络传播权保护条例》第 20～23 条以及《民法典》第 1194～1197 条等具体规定网络服务提供者不应承担民事法律责任，那么原则上该网络服务提供者也不应进入刑事诉讼程序[④]，即使对其进行独立刑事责任的分析也要极为慎重。

此外，避风港原则的实质内涵也可以从我国相关行政性的法律中推导出来。例如，2012 年全国人大常委会《关于加强网络信息保护的决定》第 5 条规定：网络服务提供者应当加强对其用户发布的信息的管理，发现法律、法规禁止发布或者传输的信息的，应当立即停止传输该信息，采取消除等处置措施，保存有关记录，并向有关主管部门报告。而 2016 年《网络安全法》第 47 条作出了几乎一致的规定。[⑤] 此外，该法第 48 条第 2 款还规定：电子信息

---

① Vgl. *Sieber*, Verantwortlichkeit im Internet, Technische Kontrollmöglichkeiten und multimediarechtliche Regelungen, 1999, S. 121－122.

② 关于第一次法与第二次法的论述，参见：梁根林．刑事法网：扩张与限缩．北京：法律出版社，2005：34.

③ 杨立新．《侵权责任法》规定的网络侵权责任的理解与解释．国家检察官学院学报，2010（2）：4.

④ Vgl. *Wang*, Die strafrechtliche Verantwortlichkeit von Internet-Service-Provider, Ein deutsch-chinesischer Rechtsvergleich, 2019, S. 137.

⑤ 早在 2000 年，国务院发布的《互联网信息服务管理办法》第 16 条也已经作了类似规定。

发送服务提供者和应用软件下载服务提供者，应当履行安全管理义务，知道其用户有前款规定行为的，应当停止提供服务，采取消除等处置措施，保存有关记录，并向有关主管部门报告。如果违反上述规定，则网络服务提供者面临着警告、没收违法所得和罚款等行政处罚。上述条文虽然不像《信息网络传播权保护条例》和《侵权责任法》那样明确地引入了避风港原则，但是分析其文意可知，其仍然对网络服务提供者进行行政处罚保持了克制。按照上述规定，网络服务提供者停止传输违法信息（或停止提供服务）、采取消除处置措施、保存有关记录以及向主管部门报告的义务形成于发现违法信息之后。此处法律只是指出网络服务提供者应当加强用户信息管理（或安全管理），但是并没有要求网络服务提供者必须主动发现（或调查）违法信息。从法律逻辑推导，如果网络服务提供者及时履行了上述义务，便不应承担行政处罚的责任。同理，如果按照上述行政性的法律规定，网络服务提供者尚未达到需要予以行政处罚的程度，那么此时也不应启动刑事处罚机制。长期以来，我国采取了行政处罚与刑事处罚并行的二元制裁模式，两种处罚的区别主要在于法益侵害和不法程度上的差异。较为典型的网络违法犯罪行为，如非法侵入计算机信息系统和破坏计算机信息系统，此前已经分别被规定在《治安管理处罚法》第 29 条和《刑法》第 285、286 条。近年来，网络服务提供者拒不履行信息安全管理义务的刑事处罚在《刑法》中被确立，相应的行政处罚也在《网络安全法》等法律中被规定。在这种阶梯性的制裁模式下，司法者在发动刑事制裁之前也应当充分考虑关于网络服务提供者行政处罚条款中所蕴含的责任限制机制。这样一种前刑法责任排除模式的设置，能够在一定程度上避免网络服务提供者刑事责任边界的不当扩张。

2. 避风港原则的刑法体系定位

将避风港原则引入刑法阶层犯罪论体系之中，首先面临确定其体系性定位的问题。从前文的介绍可以看出，在美国刑事司法实践中，避风港原则主要是作为一种抗辩事由存在，这是由美国刑法犯罪构成的双层模式所决定的。[①] 而在德国刑法的语境中，则存在理论上的不同阶层定位。较早期的观点认为《电信媒体法》的责任规则适用于有责性阶层，其决定的仅仅是网络服务提供者是否具有罪责。[②] 其后，也有观点认为，网络服务提供者的责任限缩属于违法性阶层探讨的问题，因为这里涉及的是网络服务提供者的利益和相关禁止规范（如禁止传播淫秽物品）之间的权衡。[③] 目前，较为主流的学说则

---

① 储槐植，江溯．美国刑法．4 版．北京：北京大学出版社，2012：55.

② Vgl. *Bröhl*, Rechtliche Rahmenbedingungen für neue Informations-und Kommunikationsdienste, CR, Heft 2, 1997, S. 75.

③ Vgl. *Popp*, die strafrechtliche Verantwortung von Internet-Providern, 2002, S. 94.

倾向于认为，避风港原则所承载的免责规则应当在构成要件阶层与刑法归责实现融合，据此，按照避风港原则被免责的网络服务提供者行为，一开始就不具有相关犯罪的构成要件该当性。① 在我国目前逐步实现阶层犯罪论体系转型的背景下，笔者认为，避风港原则实际是在考察网络服务提供者技术属性的前提下，为不同类型的网络服务提供者划定了作为义务的边界，如果网络服务提供者满足了这些免责条件，那么即使他人利用网络服务造成了侵害后果也不应将其归属于网络服务提供者。可见，避风港原则首先可以指导对犯罪主体要件的类型化阐述，明确行为主体的实质内涵。在此基础上，避风港原则主要处理的是结果归属的（主、客观）不法判断，并没有涉及个人可谴责性层面的罪责问题，定位于构成要件该当性阶层是妥当的做法。如果网络服务提供者并未积极参与他人网络违法犯罪活动，而是在发现他人违法内容与违法行为之后及时采取具有善意、降低法益侵害的技术举措，那么此时他并没有创设一种刑法意义上侵害法益的风险，该种行为仍然属于具有积极社会价值的一般服务提供行为，不具有类型性的刑事不法属性。当然，避风港原则只是网络服务提供者在构成要件该当阶层所具有的一种特殊免责机制，其他一般主体所具有的出罪事由仍然可以对其适用。此外，在其他犯罪论阶层，一般性的正当化事由如义务冲突②、被害人承诺，以及一般性的责任排除事由如违法性认识错误、期待可能性③判断等等，都同样可能适用于网络服务提供者的刑事责任。④

更具体地来说，避风港原则在构成要件该当性阶层主要是塑造网络服务提供者的刑事义务边界和主观罪过形态的认定，因为，避风港原则的核心内涵在于明确网络服务提供者在何种客观事实条件和主观认知状况下应当及时采取删除、封锁等措施。避风港原则影响刑事归责的体系连接点主要在于网

① Vgl. *Sieber*, Verantwortlichkeit im Internet, Technische Kontrollmöglichkeiten und multimediarechtliche Regelungen, 1999, S. 117; Vgl. *Hilgendorf/Valerius*, Computer-und Internetstrafrecht, 2. Aufl., 2012, S. 61; *Eisele*, in *Schönke/Schröder* Strafgesetzbuch Kommentar, 30. Aufl., 2019, § 184, Rn 72; *Heger*, in *Lackner/Kühl*, StGB Kommentar, 29. Aufl., 2018, § 184, Rn. 7a.

② 例如，周光权教授认为，就拒不履行信息网络安全管理义务罪而言，网络服务提供者为了防止违法信息大量传播而删除信息时，有可能导致刑事犯罪证据灭失，严重妨害司法机关依法追究犯罪，在这种义务冲突的情况下，网络服务提供者只要履行了其中的一个义务就阻却行为的违法性。周光权. 拒不履行信息信息网络安全管理义务罪的司法适用. 人民检察，2018 (9): 22.

③ 例如，按照王文华教授的观点，拒不履行信息网络安全管理义务罪中的“致使用户信息泄露，造成严重后果”和“致使刑事案件证据灭失，情节严重”之间可能产生冲突，网络服务提供者可能因此陷入两难困境，应当引入期待可能性理论限缩刑事责任。王文华. 拒不履行信息网络安全管理义务罪适用分析. 人民检察，2016 (6): 27.

④ Vgl. *Sieber*, Teil 19.1 Allgemeine Probleme des Internetstrafrechts, in *Hoeren/Sieber/Holznagel* (Hrsg.), Multimedia-Recht, 2014, Rn. 90.

络服务提供者不作为犯罪的认定，这是由网络服务提供者的间接责任模式所决定的。如果网络服务提供者直接而积极地参与犯罪谋划和实施，那么他已经成为共同犯罪的核心组成部分，避风港原则的免责效力就失去了作用空间。除此以外，避风港原则可以为我国刑法罪名中限制处罚的程序性条件的认定提供指引，如拒不履行信息网络安全管理义务罪中的“监管部门责令采取改正措施而拒不改正”，便可以借鉴“通知—删除”规则的合理内涵。而主观罪过与客观作为义务之间存在紧密的内在关联，主观认识的要求和程度将直接影响网络服务提供者作为义务的形成时点和范围边界，这也构成了避风港原则塑造网络服务提供者刑事责任的重要方面。与此相关，从定位于构成要件该当性的体系出发，如果网络服务提供者对奠定其刑事义务和责任的事实情况（如封锁某网站的不成文要求）存在认识错误，则属于一种构成要件错误，也应阻却故意。[①] 当然，尽管避风港原则可以在上述方面支撑和补充网络服务提供者刑事责任的认定，但是在刑法领域引入避风港原则的基本规范目标在于，为网络服务提供者确立一种刑事责任的限缩机制，而非刑事责任的扩张事由。这也意味着，将避风港原则引入刑法犯罪论体系主要需借助目的性限缩的解释方法，以此协调体系外教义学知识资源与刑法明文规定之间的关系。

3. 刑事责任限缩的具体展开

（1）客观义务的构造与形塑

A. 宏观层面

首先，按照避风港原则的基本精神，在我国网络服务提供者刑事责任的认定过程中，网络服务提供者对其所传输的或存储的信息，不应具有一般性和主动性的监督与调查义务。通常情况下，网络服务提供者并不直接提供自有内容，其只是单纯基于技术流程为他人提供间接性的网络服务，较为典型的接入、缓存和存储服务无不如此。如果要求网络服务提供者对其传输或存储的信息具有一种主动的监督和调查义务，可能会带来一系列难题。其一，从技术控制可能性上来看，要求网络服务提供者实现对他人内容的审查是一件非常困难的事情。单纯的接入服务提供者只是扮演着信息传输通道的角色，信息并不存储在他的服务器之中，再加之往往传输的信息数量巨大，并且常常伴随数据加密，要实现对违法信息的有效识别以及控制与监督非常困难。而缓存服务提供者和存储服务提供者虽然在服务器中存储了信息，但是由于信息海量，而且存储状态实时变动，要从其中甄别出违法信息存在较大难

① Vgl. *Valerius*, in v. Heintschel-Heinegg（Hrsg.），Beck' scher Online-Kommentar，43. Aufl.，2019，§185，Rn. 46.

度。[①] 其二，从经济运营的角度来看，即使网络服务提供者倾尽全力可以实现对他人内容与行为一定程度的控制，随之而来的也很可能是难以承担的高额成本，实际上是变相让网络服务提供者为他人的行为“买单”。如学者所言，让中间平台为供给端互联网用户的行为承担替代责任，既不符合行政管理的客观规律，也背离了自己为自己行为负责的法治基本要求。[②] 实践中，网络服务提供者很可能会将上述成本间接转嫁给用户，也可能通过降低服务质量、限缩表达自由（如直接删除大量可能存在风险的内容）来减轻压力。如此一来，沉重的负担实际会导致网络空间多种主体之间的对立与分化。其三，让网络服务提供者对其传输与存储的信息承担主动监督调查义务，可能促使其积极探寻第三方信息的内容，这样将会给信息自由、个人隐私或商业秘密造成威胁。[③] 因此，不应在网络服务提供者运营过程中一旦出现违法内容传播的侵害性结果就直接对其进行刑事归责，网络服务提供者并非网络的监管者，并不负有防止他人违法的刑事义务与责任。

对于这一点，虽然我国的民事法律没有明确规定，但是在理论上已经成为民法学者的共识。[④] 基于同样的道理，在刑事责任领域，主动的监督调查义务也应当被否定，这一点得到了越来越多刑法学者的认同。[⑤] 事实上，如前文所言，2000 年全国人大常委会《关于维护互联网安全的决定》第 7 条和国务院《互联网信息服务管理办法》第 16 条，2012 年全国人大常委会《关于加强网络信息保护的决定》第 5 条，以及 2016 年《网络安全法》第 47 条等规定都表明，网络服务提供者只有在发现或知道他人违法内容存在的事实以后，才被动产生停止传输、消除违法内容等义务。即使是我国《刑法》第 286 条之一直接确立了网络服务提供者的信息网络安全管理义务，也仍然以监管部门责令采取改正措施作为发动刑罚的前提。上述规定没有特别强调网络服务提供者的主动调查、监督义务，只要司法者不过度解释上述条款，仍然可以避免网络服务提供者从自由市场主体的身份异化为实际的监督调查主体。

然而近年来，我国仍有一些法律规范出现了为网络服务提供者设置主动

---

① Vgl. *Sieber*, Kontrollmöglichkeiten zur Verhinderung rechtswidriger Inhalte in Computernetzen (II), CR, Heft 11, 1997, S. 655 ff.

② 周汉华．论互联网法．中国法学，2015（3）：33.

③ NEAL KUMAR KATYAL. Criminal law in cyberspace. University of Pennsylvania law review. Vol. 149, No. 4, 2001: 1095 - 1098.

④ 杨立新．《侵权责任法》规定的网络侵权责任的理解与解释．国家检察官学院学报，2010（2）：5；张新宝，任鸿雁．互联网上的侵权责任：《侵权责任法》第 36 条解读．中国人民大学学报，2010（4）：24.

⑤ 涂龙科．网络内容管理义务与网络服务提供者的刑事责任．法学评论，2016（3）：68；皮勇．论网络服务提供者的管理义务及刑事责任．法商研究，2017（5）：19.

调查、监督义务的倾向。例如，国家食品药品监督管理总局通过的《网络食品安全违法行为查处办法》第 14 条规定，网络食品交易平台提供者应当设置专门的网络食品安全管理机构或者指定专职食品安全管理人员，对平台上的食品经营行为及信息进行检查。违反上述规定，网络平台提供者则会面临责令改正、警告和罚款的行政处罚。上述《办法》要求网络平台提供者承担主动的检查、监督义务，与通行的关于避风港原则的理解是完全对立的①，有学者称之为网络服务提供者审查义务的“悖论式并行”②。再如，根据国家互联网信息办公室颁布施行的《互联网群组信息服务管理规定》第 5 条，互联网群组信息服务提供者应当落实信息内容安全管理主体责任，配备与服务规模相适应的专业人员和技术能力，建立健全用户注册、信息审核、应急处置、安全防护等管理制度。据此，是否一种积极、主动的群组信息内容监管义务被确立，不无疑问。③ 此外，在我国反恐法律领域，也存在类似问题。《反恐怖主义法》第 19 条规定，电信业务经营者、互联网服务提供者应当依照法律、行政法规规定，落实网络安全、信息内容监督制度和安全技术防范措施，防止含有恐怖主义、极端主义内容的信息传播。同时该法第 84 条还规定，电信业务经营者、互联网服务提供者未落实网络安全、信息内容监督制度和安全技术防范措施，造成含有恐怖主义、极端主义内容的信息传播，情节严重的，科以罚款和拘留的行政处罚。有学者正确地指出，《反恐怖主义法》要求网络服务提供者对传输、存储、处理的恐怖主义、极端主义内容进行内容审查、搜索和过滤，超越了网络服务提供者的管理能力和合理承受能力，如果其已经付出了必要的努力，那么即使出现违法信息被大量传播的情形，也不应追究刑事责任。④ 从避风港原则的基本精神出发，为了避免网络服务提供者承担过重的代理监管义务，造成其行动空间萎缩、角色异化、网络空间主体间关系陷入冲突性紧张，应当对上述规定作限缩性理解，尽量限定其行政处罚责任。退一步说，即使网络服务提供者没有履行上述主动检查、监督义务，也不应承担相应的刑事责任。

需要说明的是，网络服务提供者对第三方内容一般性、主动性监督调查义务的否定，与其按照行业标准建立相应内部安全机制、采纳一定的安全技术措施的要求并不矛盾，因为后者是一种防御性、配合性的安全管理义务。正是在这个意义上，有学者正确地指出，应当区分网络服务提供者的审查义

---

① 赵鹏．超越平台责任：网络食品交易规制模式之反思．华东政法大学学报，2017（1）：63 以下．

② 姚志伟．公法阴影下的避风港——以网络服务提供者的审查义务为中心．环球法律评论，2018（1）102：

③ 类似的规定，参见《互联网用户公众账号信息服务管理规定》第 5 条。

④ 皮勇．论网络服务提供者的管理义务及刑事责任．法商研究，2017（5）：24.

务和注意义务，避风港原则所免除的只是前者而非后者。① 如前文所述，在网络空间里，网络服务提供者仅在非常有限的情形中才具有中立性质。由于网络服务提供者自身的特殊性质，不论是国外还是我国的立法，为网络服务提供者设置一定的行政性法律义务都已是常态。②

此外，不应轻易地将网络服务提供者一般性的法律义务直接上升为刑法义务，这很可能导致网络服务提供者刑事法律责任边界不当地扩张。③ 在我国目前的司法实践中，仍然存在不少这种形式法律义务的观点。其简单地认为，只要法律规定中为网络服务提供者设定的义务没有被履行，同时该行为又与刑法的某一犯罪构成要件存在形式的契合，便应当动用刑罚来处罚。而不巧的是，我国现有的法律、行政法规和部门规章都以较为笼统的形式为网络服务提供者设定了非常宽泛的义务，并且网络服务提供者的类型化程度也严重不足，即使是《刑法》新增设的第 286 条之一拒不履行信息网络安全管理义务罪也同样如此。在这样的法律框架下，按照形式法律义务论的观点加以推导，网络服务提供者的刑事法律风险几乎无所不在，这显然是不妥当的。④ 因此，在网络服务提供者刑事责任的认定中，不能简单地将广泛存在的一般性法律义务与刑事义务等同，即使在公法领域网络服务提供者的作为义务被不断强化，刑事领域的归责仍然应当坚守自身的判断逻辑，立足于避风港原则的基本内涵和精神，回归到保证人地位认定这样的实质性考察中来。

B. 微观层面

从微观层面来看，避风港原则对刑法构成要件该当性的影响直接体现为对网络服务提供者不作为义务的限定性影响。基于网络服务提供者的技术特征，主要可能涉及的两类犯罪是理论上所称的传播犯或表达犯。⑤ 传播犯是以散布或传播某种内容为核心的犯罪行为，其典型例子如传播淫秽物品罪或故意传播虚假恐怖信息罪。而表达犯则是以公开表达和呈现某种主观评价为中心的犯罪行为，其典型例子是侮辱罪或诽谤罪。网络服务提供者一般性的服务提供行为通常具有社会相当性和有益性，其在一般情况下并不具有犯罪目

---

① 姚志伟．公法阴影下的避风港——以网络服务提供者的审查义务为中心．环球法律评论，2018 (1)：102.

② 皮勇．论网络服务提供者的管理义务及刑事责任．法商研究，2017 (5)：15 以下.

③ 车浩．新评快播案：法律无需掌声，也不能嘲弄．[2019 - 08 - 05]. http://www.law.pku.edu.cn/xwzx/pl/26871.htm.

④ 例如，前文已经提到，司法实践中存在将制作、出租“翻墙”软件的行为认定为拒不履行信息网络安全管理义务罪的做法，这实际上已经把刑法上网络服务提供者的信息网络安全管理义务进行了泛化处理。参见上海市浦东新区人民法院 (2018) 沪 0115 刑初 2974 号刑事判决书。

⑤ 王莹．网络信息犯罪归责模式研究．中外法学，2018 (5)：1305.

的，不与用户合意实施违法行为，所以原则上主要探讨的是不作为犯的构成。[①] 由于上述两类犯罪的刑法构成要件通常属于作为犯，因此，问题的核心就主要体现为不纯正不作为犯保证人义务的认定。在刑法上保护者保证人和监督者保证人的二元框架中，显然网络服务提供者并不属于前者，因为其与网络服务用户之间并不存在一种应然的保护与被保护的关系。但是，如果将违法信息视为危险源，那么网络服务提供者则可能具有危险源监督的保证人地位。因为，特定的网络服务提供者在一定的空间内事实性地支配和管理着这种危险源，在满足相应条件的前提下，可能奠定一种保证人地位。[②] 然而，不同类型网络服务提供者对信息的支配程度并不相同，并且这种支配能力受到诸多技术、社会乃至政策条件的限制。要实质性地判断和评价特定网络服务提供者是否具有保证人地位并不容易。而发展较为成熟的避风港原则便可以用来形塑监督者保证人义务形成的条件，这一点将在下文进一步展开。

此外，我国《刑法》还设立了拒不履行信息网络安全管理义务罪，网络服务提供者的信息网络安全管理义务在刑法中被正式确立，由此网络服务提供者实现了从不纯正不作为犯向纯正不作为犯的转型。[③] 然而，这一新规定中的“信息网络安全管理义务”内容过于模糊、边界过于宽泛。而且，该罪构成要件还设置了“其他严重情节”这一“兜底”性表述，进一步削弱了该罪的明确性。以至于有学者认为，本罪虽然形式上属于真正不作为犯，实质上却变成了不真正不作为犯。[④] 因此，本罪的构成要件（尤其是信息网络安全管理义务的内涵）仍然需要做很大程度的实质性限缩判断，而此时避风港原则的内涵应当作为教义学知识资源引入进来，指导对构成要件的目的性解释，其内在逻辑与上述不纯正不作为犯保证人地位的论证具有同构性。

首先，避风港原则可以为相关罪名主体要件的理解提供指引。例如，虽然拒不履行信息网络安全管理义务罪的主体明确规定为网络服务提供者，但是仍然需要按照避风港原则所划定的主体类型来加以具体细化。不同于一般的身份犯，网络服务提供者本身是一个十分宽泛的概念，所涵盖的主体类型差异较大，需要具体予以明确。而且，不同类型的网络服务提供者由于具有不同的技术功能，各自承担的刑事责任程度应当有所区别。按照避风港原则

---

① Vgl. *Ceffinato*, Die strafrechtliche Verantwortlichkeit von Internetplattformbetreibern, JuS, Heft 5, 2017, S. 404; Vgl. *Sieber*, Teil 19.1 Allgemeine Probleme des Internetstrafrechts, in *Hoeren/Sieber/Holznagel* (Hrsg.), Multimedia-Recht, 2014, Rn. 24; *Malek/Popp*, Strafsachen im Internet, 2. Aufl., 2015, S. 31.

② 参见本书第 171 页。

③ 谢望原．论拒不履行信息网络安全管理义务罪．中国法学，2017（2）：241；梁根林．传统网络犯罪的异化：归责障碍、刑法应对与教义限缩．法学，2017（2）：10.

④ 李世阳．拒不履行网络安全管理义务罪的适用困境与解释出路．当代法学，2018（5）：70.

的规定，网络服务提供者可以大体分为内容提供者、接入服务提供者、缓存服务提供者、存储服务提供者，各自对应不同程度的免责条件，这一类型划分应当引入本罪主体的解释与认定中来。① 有相当多的学者主张，网络内容服务提供者应当被排除在网络服务提供者的范畴之外。② 对此笔者认为，虽然内容提供者并不适用避风港原则的免责规范，而是适用一般法律主体的责任规则，但是仍然可以作为一种区分性概念纳入网络服务提供者的基本类型范畴中。因为，在理论上属于自己内容（eigene Inhalte）还是他人内容（fremde Inhalte）的判断，并非总是非常简单。在实务中，常常可能将从理性第三人视角看来属于自己内容的他人内容，视为自己内容处理（sich zu eigen machen）。但是，对此具体的标准及其理解仍然存在诸多分歧。③ 例如，在为违法犯罪信息提供深度链接的场合，该内容是作为链接提供者的自己内容还是他人内容，采取“服务器标准”或“用户感知标准”就会得出不同结论，链接提供者的刑事责任也可能随之变化。④

当然，伴随信息社会的纵深发展，网络服务的种类越来越繁多，新型网络服务提供主体不断涌现，目前学理上对网络服务提供者的类型划定标准仍然存在诸多讨论。⑤ 2019 年最高法、最高检《关于办理非法利用信息网络、帮助信息网络犯罪活动等刑事案件适用法律若干问题的解释》（以下简称《网络犯罪解释》）第 1 条更是对“网络服务提供者”的概念划定了三种大的类型，即提供如下服务的单位和个人：（1）网络接入、域名注册解析等信息网络接入、计算、存储、传输服务；（2）信息发布、搜索引擎、即时通讯、网络支付、网络预约、网络购物、网络游戏、网络直播、网站建设、安全防护、广告推广、应用商店等信息网络应用服务；（3）利用信息网络提供的电子政务、通信、能源、交通、水利、金融、教育、医疗等公共服务。即便如此，以上四分法仍然具有基础性的意义。一方面，上述司法解释虽然采取多元类型标准，尽可能全面地概括了网络服务提供者的主体形态和适用场景，但是在具体评价其刑事责任时，仍然应当回到基本的技术功能类型，否则无法准

---

① 参见本书第 140 页。

② 陈洪兵．论拒不履行信息网络安全管理义务罪的适用空间．政治与法律，2017（12）：40；敬力嘉．论拒不履行网络安全管理义务罪——以网络中介服务者的刑事责任为中心展开．政治与法律，2017（1）：55.

③ Vgl. *Spindler*, in *Spindler/Schmitz*, Telemediengesetz mit Netzwerkdurchsetzungsgesetz Kommentar, 2. Aufl., 2018, TMG § 7, Rn. 7, 18 ff.

④ 杨彩霞．搜索引擎深度链接行为的刑法规制——实然和应然层面的双重思考．东北大学学报（社会科学版），2017（3）：292 以下；欧阳本祺．论网络环境下著作权侵权的刑事归责——以网络服务提供者的刑事责任为中心．法学家，2018（3）：160 以下.

⑤ 李世阳．拒不履行网络安全管理义务罪的适用困境与解释出路．当代法学，2018（5）：68－70；陈洪兵．论拒不履行信息网络安全管理义务罪的适用空间．政治与法律，2017（12）：40.

确把握行为的内在性质。另一方面，即便是一些争议较大的网络服务提供者类型，如 P2P 对等网络运营者、搜索引擎运营者等，也可以结合其具体的技术原理，比照以上规则对其保证人地位加以认定。例如，经常引起法律争议的 P2P 对等网络运营者，虽然并不在上述四分法之列，但是仍然可以分析其基本技术构造，通过判断其是否具有中心服务器存储相关数据，以及对违法内容的实际支配控制能力，将其分别归入接入服务提供者或存储服务提供者。① 再如，搜索引擎运营者的刑事责任，也可以根据搜索引擎系统中的多种具体技术功能（例如按照算法形成的结果列表、搜索索引内容、编辑目录、广告链接、新闻、缓存网页等），结合上述网络服务提供者的基本类型分别加以判断。② 因此，虽然上述以网络服务提供者技术功能为标准作出的类型划分较为基础和简单，但是其对网络服务提供者的刑事责任认定具有重要意义。

其次，对《刑法》第 286 条之一所设定的信息网络安全管理义务，也应当通过从该罪明确列举的危害后果反向推导的方式来进行类型化限缩。在该罪中，明确列举的三种危害后果是违法信息大量传播、用户信息泄露（造成严重后果）和刑事案件证据灭失（情节严重）。这三种危害后果实际上对应着三种网络服务提供者的具体义务类型，即内容管理义务、用户信息保护义务、信息备份留存义务。对这三种义务类型的违反，恰恰就是目前我国司法实践中网络服务提供者不履行网络信息安全管理义务造成社会危害性（法益侵害）的主要体现，这一点与立法条文的说明基本契合。内容管理义务的违反主要体现在实践中一些网络服务提供者故意对违法信息不采取屏蔽过滤措施等；而用户信息保护义务的违反则体现为某些收集、保存用户个人信息的网络服务提供没有采取相应保护措施，导致公民信息泄露；信息备份留存义务的违反则表现在一些网络服务提供者不按规定对网上信息内容和网络日志信息进行记录备份，导致针对相关犯罪的证据缺失。③ 显然，用户信息保护义务和信息备份留存义务，已经明显越出了避风港原则所勾画的网络服务提供者第三方间接责任的类型边界。从理论上来看，是否应当在行政法律责任之外继续为网络服务提供者设置如此宽泛的刑法义务，确实值得反思。④ 尽管如此，在对网络服务提供者信息网络安全管理义务类型化处理的基础上，避风港原则

---

① 结合 P2P 网络技术构造和相应类型划分来认定 P2P 网络运营者刑事责任的分析，可参见：杨彩霞．P2P 软件和服务提供商著作权侵害刑事责任探究——以 P2P 技术架构为切入点．政治与法律，2016（3）：49 以下．

② Vgl. *Sieber/Liesching*, Die Verantwortlichkeit der Suchmaschinenbetreiber nach dem Telemediengesetz, MMR-Beilage, Heft 8, 2007, S. 10 ff.

③ 臧铁伟，李寿伟．中华人民共和国刑法修正案（九）条文说明、立法理由及相关规定．北京：北京大学出版社，2016：190 以下．

④ 皮勇．论网络服务提供者的管理义务及刑事责任．法商研究，2017（5）：23 - 24.

仍然可以对其中的内容管理义务发挥重要的限缩解释功能。

原则上，纯粹的接入服务提供者和传输服务提供者对他人的违法内容不应当承担内容管理义务。例如，单纯为他人提供入网连接的网络服务提供者（如电信公司），或者单纯提供不存储、选择、推介相关信息的视频播放器，之后即使他人利用信息网络传播大量违法信息，或者他人利用该视频播放器传播淫秽视频，也不应认为网络服务提供者违反了内容管理义务。有学者正确指出，在这种情况下，即使监管部门责令采取改正措施，在不具备义务履行可能性的情况下，也不能转化为拒不履行网络安全管理义务罪或相关罪名的刑事违法效果。① 而在自己服务器内存储信息的缓存服务提供者和存储服务提供者，则在对违法内容具有明确认知的前提下，例外性地构成监督者保证人地位。因为，前者对他人的违法内容仅仅具有非常薄弱的技术控制能力，而后者则在获得明确主观认识后具备了删除和封锁信息的技术可能与规范期待。② 随着网络信息技术的不断深入渗透和运营者控制力度的强化，在现实生活中，纯粹的接入服务提供者逐渐变少，而存储服务提供者则越来越多。充斥在虚拟空间的各种网络服务平台，其领域涵盖视频音频、电子商务、出行运输、餐饮服务等，多数都属于存储服务提供者。除此之外，诸如 P2P 网络运营者、链接设置者、搜索引擎提供者这类争议性法律主体的刑事义务边界则不能一概而论，应结合其提供的具体服务和不同的内部技术构造来分别认定。

［案例 8－1］何某某、李某某开设赌场案③

2016 年 2 月起，被告人何某某正式担任金华市盘古信息技术有限公司（以下简称“盘古公司”）总经理；2015 年 5 月起，被告人李某某担任盘古公司客服部经理。被告人何某某、李某某在经营、管理盘古公司的辰龙游戏平台的过程中，利用该平台的“捕鱼”“五子棋”游戏提供给参赌人员进行赌博活动。“玩家”（参赌人员）在“捕鱼”游戏中，通过以炮打鱼的方式消耗虚拟游戏币，每炮消耗 10～9 900 游戏币不等，捕鱼成功则获取2～100 倍不等的游戏币返还；然后在“五子棋”游戏中，通过“银商”（从事游戏币的网上销售、回购的人员）将游戏币兑换为人民币。其中，从 2015 年 10 月至 2016 年 10 月，涉案“银商”胡某 1、晏某（均已判决）非法牟利人民币约 50 万

---

① 姜瀛．“以网管网”背景下网络平台的刑法境遇．国家检察官学院学报，2017（5）：46－47.

② Vgl. *Sieber*，Die Bekämpfung von Haas im Internet，technische，rechtliche und strategische Grundlagen für ein Präventionskonzept，ZRP，Heft 3，2001，S. 99；梁根林．传统网络犯罪的异化：归责障碍、刑法应对与教义限缩．法学，2017（2）：12；参见本书第 171 页以下。

③ 江西省南昌市东湖区人民法院（2018）赣 0102 刑初 585 号刑事判决书。

元；从2015年12月至2017年1月，涉案“银商”马某、陈某（均已判决）非法牟利人民币10万元；从2016年4月至2017年1月，涉案“银商”范某某（已判决）非法牟利人民币10万元；从2016年6月6日至2016年11月9日，涉案“银商”熊某、胡某2（均已判决）非法牟利人民币60万元。

在盘古公司经营期间，2015年10月9日，金华市公安局网络警察支队、金华市文化行政综合执法支队、金华市市场监督管理局网络经营监管处（支队）下发“责令限期改正通知书”，责令盘古公司在2015年11月9日前将辰龙游戏中心网站在规范管理方面存在的未禁止注册用户账号使用暗含“银商”交易的个性签名、提供不同用户账号间虚拟币变相转账的服务等问题改正完毕。

2017年4月21日，被告人李某某在盘古公司被公安人员抓获归案；2017年5月24日，被告人何某某主动到浙江省金华市公安局江南分局网警大队投案。

法院判决认定，被告人何某某犯开设赌场罪，判处有期徒刑3年，缓刑3年；并处罚金人民币200万元；被告人李某某犯开设赌场罪，判处有期徒刑3年，缓刑3年，并处罚金人民币200万元。

本案也是一起为数不多涉及适用拒不履行信息网络安全管理义务罪的案件。在本案中，被告人何某某、李某某在其经营管理的游戏平台中，嵌入了赌博模式，提供给他人组织赌博，情节严重，构成《刑法》第303条开设赌场罪。公诉机关正是以本罪起诉，而法院也认同了这一意见。但是，法院在判决中进一步指出，被告人何某某、李某某在经营、管理盘古公司的辰龙游戏平台的过程中，不履行法律、行政法规规定的信息网络安全管理义务，经监管部门责令采取改正措施而拒不改正，且明知他人利用信息网络实施犯罪，为其犯罪提供技术支持，二被告人的行为同时触犯拒不履行信息网络安全管理义务罪、帮助信息网络犯罪活动罪，择一重罪以开设赌场罪定罪处罚。

问题在于，如果认为被告人的行为构成拒不履行信息网络安全管理义务罪，应当说明被告人违背了何种信息网络安全管理义务。本案中确实存在有关机关作出的责令改正通知，其主要内容是要求被告人停止提供与网络赌博相关的游戏服务。如果据此认定被告人构成拒不履行信息网络安全管理义务罪，实际上就表明，网络服务提供者在刑法上具有防止他人利用自己信息网络服务实施犯罪的义务。事实上，2019年《网络犯罪解释》已经体现了这种趋势。该《解释》第6条第3、4、5项规定，网络服务提供者拒不履行信息网络安全管理义务，致使信息网络服务被主要用于违法犯罪的，或致使信息网络服务、网络设施被用于实施网络攻击，严重影响生产、生活的，或致使信息网络服务被用于实施危害国家安全犯罪、恐怖活动犯罪、黑社会性质组织犯罪、贪污贿赂犯罪或者其他重大犯罪的，应当认定为《刑法》第286条之一第1款第4项规定的“有其他严重情节”。这样一种扩张网络服务提供者刑事义务的趋势是令人担忧的。这意味着，网络服务提供者不仅自身不能实施违法犯罪行为，而且应注意自身提供的服务不能被他人非法利用，互联网企业刑事合规的要求无疑明显提升。就如同本案判决所体现的那样，这种对信息网络安全管理义务进行宽泛理解带来的另外一个问题在于，拒不履行信息网络安全管理义务罪很容易与其他犯罪发生竞合，使罪名之间的关系变得异常复杂。因此，总的来说，还是应当对信息网络安全管理义务进行限定性理解，审慎对待司法解释的相关规定。

但是，避风港原则对网络服务提供者刑事责任的限制并非没有边界。如果包括接入服务提供者和传输服务提供者在内的网络服务提供者故意与他人共同合作实施犯罪，那么此时网络服务提供行为属于积极作为，不再适用上述不作为犯原理。① 原因在于，避风港原则主要处理的是网络服务提供者所涉及的间接刑事责任，在网络服务提供者积极参与乃至合谋犯罪的场合，他丧失了行为的业务性和中立性特征，其行为与一般主体的违法犯罪已然没有实质差异。如学者所言，只有合法平台的运营者才能根据不作为犯原理探讨其保证人地位，而非法平台的运营者本身就是通过其积极的作为参与了犯罪。②

与作为义务紧密相关联，这里他人的“违法信息”或“违法内容”也应当作相对限缩的理解。一般来说，网络空间的安全管理本属于国家机关的职责，违法信息的性质判定与删除管控也首先是公权力机关的任务。而将违法内容管理义务转嫁给网络服务提供者，属于一种代理监管的思路，不仅会附随性地带来事前审查、事中监控、事后处理等一系列配套管理义务，而且可能会使得作为市场主体的网络服务提供者产生法律主体身份混乱。③ 进言之，这种监管义务与责任的转移甚至可能导致一种“刑法的私人化”现象，这一点已经引起了德国学界的批判。④ 因为，违法判定和犯罪认定的司法职能本应

---

① 德国《电信媒体法》第8～10条规定，如果服务提供者故意与他的服务用户合作实施违法行为，那么该条中的免责规定就不再适用。在此之前，欧盟《电子商务指令》也已作出了类似规定。See The European Directive on Electronic Commerce，at recital 44.

② Vgl. *Ceffinato*，Die strafrechtliche Verantwortlichkeit von Internetplattformbetreibern，JuS，Heft 5，2017，S. 408.

③ 周光权．拒不履行信息信息网络安全管理义务罪的司法适用．人民检察，2018（9）：21. 所幸的是，有关部门已经认识到了这一问题。2019年8月国务院办公厅发布的《关于促进平台经济规范健康发展的指导意见》第2条第2款提到，“强化政府部门监督执法职责，不得将本该由政府承担的监管责任转嫁给平台”。

④ Vgl. *Liesching*，in *Spindler/Schmitz*，Telemediengesetz mit Netzwerkdurchsetzungsgesetz Kommentar，2. Aufl.，2018，NetzDG，§1，Rn. 8.

由公权机关来执行，将其转交给私有企业，并不具有合法性与正当性。而且，我国相关法律、法规、部门规章所划定的违法信息的范围极为广泛，这给违法内容的界定造成了很大困难。最早由国务院《互联网信息服务管理办法》第 15 条确立的 9 种禁止性的信息，其范围涵盖反对宪法基本原则、危害国家安全和统一、损害国家荣誉和利益、破坏民族团结、破坏宗教政策、宣扬邪教和封建迷信等内容，也包括涉及谣言、淫秽、色情、暴力、恐怖、侮辱、诽谤等内容。这种“九不准”的禁止信息类型，其后被多部行政法规、部门规章吸纳，如此全面宽泛的审查义务给网络服务提供者造成了沉重的负担。①更成问题的是，上述禁止信息中相当一部分内容的边界非常难以认定。例如，那些并非露骨描述性行为但带有一定淫秽特征的内容，夸大产品功效但是尚难认定属于严重虚假宣传的广告，带有贬损性质却未必能够构成侮辱、诽谤等的信息，是否违法需要由法学专家进行相当专业的判断，将这类信息的违法性判断义务科予网络服务提供者是不妥当的。因此，对他人“违法信息”和“违法行为”也应通过限制性解释予以明确，降低网络服务提供者间接性刑事责任的不确定性。本罪中的“违法信息”应当仅限于那些在性质上明显违法的信息，而不应包括那些性质认定争议较大的内容。理论上也有学者主张可以将本罪中的“违法信息”与刑法犯罪构成相关联，以此来进一步限定处罚范围。②

最后，“监管部门责令采取改正措施而拒不改正”这一要件的理解与适用也应当借鉴避风港原则予以深化。不论是美国法、德国法还是中国法，避风港原则的核心都是通知—删除规则，美国《数字千年版权法案》第 512 条对此程序作了极为详细的描述，德国《电信媒体法》第 9～10 条，我国《信息网络传播权保护条例》第 22～23 条，原《侵权责任法》第 36 条及《民法典》第 1194～1197 条也作出了类似的规定。该原则为网络服务提供者的删除、封锁和移除义务附加了“获得通知”这一前提条件，通过严密的程序来限定网络服务提供者的责任范围。而我国《刑法》第 286 条之一所规定的“监管部门责令采取改正措施”，实际上也是通过前置的行政通知程序来限制刑罚权的发动，这是本罪司法实践中极少适用的重要原因之一，也与避风港原则具有异曲同工之妙。③ 在民事法领域，理论界和实务界对避风港原则通知程序的各项要件，以及“反通知”的具体要求，已经作出了相当详尽的研究。但是，

---

① 姚志伟．技术性审查：网络服务提供者公法审查义务困境之破解．比较法研究，2019（1）：33.

② 孙禹．论网络服务提供者的合规规则——以德国《网络执行法》为借鉴．政治与法律，2018（11）：55；李世阳．拒不履行网络安全管理义务罪的适用困境与解释出路．当代法学，2018（5）：74.

③ 于冲．“二分法”视野下网络服务提供者不作为的刑事责任划界．当代法学，2019（5）：18.

刑法学界和司法实践对如何理解“责令改正程序”尚未达成共识，有必要借鉴避风港原则的精神内涵予以明确。

其一，按照我国目前的法律规定，网络监管部门非常多元，国家网信部门、国务院电信主管部门、公安部门、国安部门、广电总局、新闻出版总署等都具有监管职权，而且对监管机关的行政层级也没有明确限定，很可能造成职权冲突或相互推诿的现象。总的来说，应当尽量将监管机构及其职权进行统合，避免网络服务提供者陷入不得不面对“应接不暇”行政命令的境地。因此，应当对此处的“监管部门”进行目的性限缩解释，将其限定为“网络安全监管部门”①，并控制监管部门的行政级别（如地市级以上）是较为妥当的做法。其二，责令采取改正措施的形式需要进一步进行限定，应当仅以文书形式发布为宜，否则可能会出现监管机关通知随意性的问题，对此最新的《网络犯罪解释》已经予以确认。按照美国避风港原则的规定，通知应当以书面形式发出，并且载明具体的侵权内容和位置，包括权利人的各项信息等。②在我国拒不履行信息网络安全管理义务罪的适用中，也应采取严格的程序性条件来控制刑罚的发动。如学者所言，通过书面形式发布通知，不仅可以使责令改正的具体内容更加明确，而且便于在此过程中保留诉讼证据。③ 其三，改正期限也应予以明确，否则“拒不改正”的认定必将陷入争议。例如，2017 年德国通过了《网络执行法》，对大型社交平台运营者规定了违法内容管理义务，对明显违法内容和一般违法内容分别设定了 24 小时和 7 天的删除期限。该法虽然在德国争议非常大，但是这种对义务履行期限作出明确规定的做法能为法律适用带来稳定性，仍然值得肯定。其四，在收到责令改正通知以后，网络服务提供者应当有权提出异议。在避风港原则中，存在“通知与反通知”规则，即网络服务对象在接到网络服务提供者发来的删除或断开链接的通知后，如果认为自己没有侵权，可以向网络服务提供者提出反向说明与通知（counter notification）。④ 同理，为了避免行政命令的随意性，保护网络服务提供者的合法权利，尤其考虑到部分网络第三方内容和信息在违法性认定上的复杂性和争议性，同样应当明确赋予网络服务提供者向监管机构提出异议（类似于“反通知”）的权利。如果异议成立，那么责令改正的程序失效，刑事追诉程序也应当停止。当然，在异议过程中，不宜停止责令改正通

① 王文华．拒不履行信息网络安全管理义务罪适用分析．人民检察，2016（6）：25.

② U. S. Code § 512（c）（3）（A）.

③ 赖早兴．论拒不履行信息网络安全管理义务罪中的“经监管部门责令改正”．法学杂志，2017（10）：53.

④ U. S. Code § 512（g）（2），（3）．我国的类似规定可参见《信息网络传播权保护条例》15～17 条。

知的执行。①

（2）主观罪过的形态与限缩

避风港原则规定了网络服务提供者对他人违法内容和违法行为所承担间接责任的边界，其中包含了网络服务提供者对他人违法内容和违法行为认识状态的要求。一方面，客观义务的范围本身与主观心态存在直接关联，尤其是在过失犯罪的场合，刑事注意义务无疑被大大扩展。另一方面，避风港原则致力于使网络服务提供者摆脱不确定性的法律风险，进而促进信息服务的蓬勃发展，因此不能让网络服务提供者为他人或然性的违法内容与违法行为承担责任。我国学界关于网络服务提供者刑事责任的探讨主要集中在客观方面，而实际上其罪过形式如何认定，也可以在避风港原则的规则内涵中得到启示。

目前，学界对《刑法》第286条之一拒不履行信息网络安全管理义务罪的主观罪过形式存在较大争议。除了较为典型的故意说之外②，不乏主张本罪为过失犯的观点。例如，有学者指出，如果将本罪的罪过形式认定为故意，那么拒不履行网络安全管理义务罪中的个别情形也可以构成帮助信息网络犯罪活动罪，如此一来两罪出现功能重合。③ 有学者更是指出，如果将本罪理解为一种故意犯罪，那么帮助信息网络犯罪活动罪将成为全面包含本罪的“一般罪名”，而两罪的法定刑完全一致，本罪的设立失去了价值。④ 然而，这种以表面上的法条竞合为由便轻易放宽网络服务提供者罪过要求的观点并不可取。因为，《刑法》第286条之一是针对网络服务提供者所设置的纯正的不作为犯和义务犯，而《刑法》第287条之二是为了应对网络共同犯罪难题而设置的帮助行为正犯化罪名，二者虽然在个别情况下存在一定的重合，但是在主体身份、行为内容、结果要件等方面都存在明显区别。因此，以避免二罪的重合为理由来论证犯罪过失难以成立。⑤ 更为重要的是，从避风港原则免责效力的刑法转换视角出发，网络服务提供者过失的罪过形式也应被排除。因为，避风港原则排除了网络服务提供者对他人内容和行为进行一般性、主动性监督调查的义务，网络服务提供者对他人违法内容和违法行为的删除与封锁义务，形成于对违法内容和违法行为具有实际认识之后。而从过失犯的角度来理解，如果要求网络服务提供者应当掌握他人违法内容或违法行为的情况，则无异于让网络服务提供者事先对他人提供的内容和行为进行提前的主

① 赖早兴．论拒不履行信息网络安全管理义务罪中的“经监管部门责令改正”．法学杂志，2017（10）：53-54.

② 谢望原．论拒不履行信息网络安全管理义务罪．中国法学，2017（2）：247.

③ 李本灿．拒不履行信息网络安全管理义务罪的两面性解读．法学论坛，2017（3）：141-142.

④ 于志刚．网络空间中犯罪帮助行为的制裁体系与完善思路．中国法学，2016（2）：23.

⑤ Vgl. *Wang*，Die strafrechtliche Verantwortlichkeit von Internet-Service-Provider，Ein deutsch-chinesischer Rechtsvergleich，2019，S. 141.

动调查，这与避风港原则的内涵背道而驰。①

除了上述网络服务提供者的特别罪名之外，我国《刑法》还有多个条款和相应司法解释涉及网络服务提供者的刑事责任，其中也包含了不同的主观罪过要件。依据传统的犯罪构成要件，网络服务提供者刑事责任的认定主要是涉及原来刑法中传播犯和表达犯的罪名以及相关司法解释的规定，最为典型的例子就是传播淫秽物品牟利罪（或传播淫秽物品罪）以及相应的《解释（一）》和《解释（二）》。例如，《解释（一）》第7条规定：明知他人实施制作、复制、出版、贩卖、传播淫秽电子信息犯罪，为其提供互联网接入、服务器托管、网络存储空间、通讯传输通道、费用结算等帮助的，对直接负责的主管人员和其他直接责任人员，以共同犯罪论处。而《解释（二）》第6条也规定，电信业务经营者、互联网信息服务提供者明知是淫秽网站，为其提供互联网接入、服务器托管、网络存储空间、通讯传输通道、代收费等服务，并收取服务费，达到相应罪量标准，则对直接负责的主管人员和其他直接责任人员以传播淫秽物品牟利罪定罪处罚。在上述两项司法解释的多个规定中，对主观罪过的要求采取了"明知"这一概念。其后，立法者将上述司法解释的规定转化确立于《刑法》第287条之二，设立了帮助信息网络犯罪活动罪，同样延续了"明知"这一表述。虽然按照构成要件的字面表述，该罪并不是网络服务提供者的身份犯，但是从其规定的行为内容（如提供互联网接入、服务器托管、网络存储、通讯传输等技术支持）来看，与网络服务提供者有非常密切的关联。②

同样的道理，从避风港原则的责任限缩逻辑出发，上述"明知"不仅应当排除过失的可能性，而且应当理解为一种明确而具体的认识。③ 对此有学者正确地指出，如果正常提供网络存储、接入等服务，行为人在一般情况下并未创立法所不容许的风险，只有其具有特殊的认知才可对其进行归责。④ 不具有犯罪意图的网络服务者所提供的信息网络服务，本身具有重要的社会效用，只有在其明确认识到具体的违法内容之后仍然放任自己的服务提供行为被利用时，行为才具有了不法属性。近些年来，网络空间中的共同犯罪不断异化，犯罪参与人的犯意联络逐渐弱化，这促使我国的立法与司法不断放宽对行为

① *Malek/Popp*, Strafsachen im Internet, 2. Aufl., 2015, S. 25；欧阳本祺，王倩．《刑法修正案（九）》新增网络犯罪的法律适用．江苏行政学院学报，2016（4）：128.

② 正因如此，有学者认为该罪的主体同样仅限于狭义的网络服务提供者。欧阳本祺，王倩．《刑法修正案（九）》新增网络犯罪的法律适用．江苏行政学院学报，2016（4）：128. 当然，这种理解值得商榷，因为其人为地过度限缩了该罪的适用范围，不仅背离了立法者的原意，而且与目前的司法实际情况不相符。

③ 参见本书第76～79页。

④ 王莹．网络信息犯罪归责模式研究．中外法学，2018（5）：1313-1314.

人主观罪过方面的要求，以此填补可能形成的处罚漏洞。然而，按照避风港原则的基本精神，网络服务提供者的刑事责任属于一种间接责任，它考察的是在何种程度上为他人的违法犯罪行为承担责任，应当在主观罪过形式上采取更加限定性的立场。一方面，如上所言，按照目前被广泛认可的观点，网络服务提供者不应承担一般性的主动、积极监督调查义务，如果将“明知”内容降低为认识到其网络服务有被他人用于实施犯罪的可能性，必然迫使网络服务提供者主动监督客户的网络活动，造成网络服务提供者刑事责任的过度扩大化。① 另一方面，网络服务提供者由于受技术限制，不可能对其存储信息的具体状况完全掌握。② 而且在虚拟空间中，网络用户数量众多而常常处在匿名不确定性状态，用户提供的内容更是数量巨大且变动频繁。正因如此，有学者主张，在对网络服务提供者的“明知”进行推定时，也应当采取比传统犯罪更加严格的标准。③ 在《刑法》第287之二已经通过“共犯正犯化”的立法将（共犯语境下）双向的犯意沟通简化为（正犯语境下）单向的主观明知的背景下，至少就网络服务提供者的刑事责任而言，不应再继续放低主观不法要素的构成标准。近期出现的一些案例却让人担忧。在帮助信息网络犯罪活动罪的司法实践中，有些网络服务提供者仅仅是因为无数个服务用户中的个别主体可能利用呼叫转接服务实施诈骗④、可能利用网络支付接口实施洗钱⑤，就被认定为构成帮助信息网络犯罪活动罪，这无疑是对“明知”采取了相当扩张的认定立场。如果仅仅基于网络服务提供者对海量信息中可能存在的违法内容的模糊性、或然性认识就予以刑事归责，将会给网络服务提供者乃至信息产业的发展带来过重法律风险与负担，而这正是避风港原则致力于避免的问题。

三、结语：开放式的互联网刑法研究

综上所述，本章提出了我国网络服务提供者刑法责任的结构性失衡问题，

---

① 皮勇．论新型网络犯罪立法及其适用．中国社会科学，2018（10）：146.

② Vgl. *Sieber*, Kontrollmöglichkeiten zur Verhinderung rechtswidriger Inhalte in Computernetzen (II), CR, Heft 11, 1997, S. 654 ff.

③ 王莹．网络信息犯罪归责模式研究．中外法学，2018（5）：1314. 但是，2019年《网络犯罪解释》第11条更为扩张地列举了6种不同的推定方式和1个兜底性条款。

④ 参见冷景高帮助信息网络犯罪活动案一审刑事判决书［浙江省绍兴市上虞区人民法院（2016）浙0604刑初1032号刑事判决书］。在该案中，被告人在其开设的淘宝店铺上对外出租上海铁通等固定电话号码，并提供呼叫转接服务，后有租用者利用该号码及服务进行诈骗活动。

⑤ 参见赵瑞帮助信息网络犯罪活动案一审刑事判决书［浙江省义乌市人民法院（2017）浙0782刑初1563号刑事判决书］。在该案中，被告人经营某网络科技公司，主营业务为第三方支付公司网络支付接口代理，后有用户购买该网络支付接口用于犯罪资金走账和洗钱。

即网络服务提供者的民事责任限缩而刑事责任扩张，民事免责体系完整而刑事免责体系缺失。从后果上来看，这种结构性的矛盾不仅在法理上冲击着法秩序统一原则，在实践中也很可能给互联网信息产业的健康发展蒙上阴影。这种结构性失衡不仅是因为我国网络服务提供者法律责任框架上的体系性不足，也与我国相关刑法理论的建构缺少开放性视野有关。

比较研究美国和德国的情况可以发现，避风港原则不应仅限于民事领域纵深发展，在刑事领域也应当实现体系化的整合与转换。在中国《刑法》通过特别立法明确扩张网络服务提供者刑法责任的背景下，首先应当以避风港原则为基本依据，建立起网络服务提供者"前刑法评价"与刑法评价的位阶关系，以此实现责任分流。在此基础上，应当进一步将避风港原则的基本免责规则与刑法犯罪论体系进行融合，实现避风港原则的刑法转换，消除网络服务提供者所面对的不确定性刑事法律风险，为互联网信息产业的蓬勃发展留出充分的空间。具体来说，避风港原则主要应定位于构成要件该当性阶层，将实现网络服务提供者刑事归责的恰当限缩作为基本解释方向。在客观方面，不论是在不纯正不作为犯还是纯正不作为犯的语境下，避风港原则都可以从宏观和微观两个层面，结合网络服务提供者的类型划分，进一步限缩性形塑网络服务提供者的刑法义务和刑事责任。同时，避风港原则中的"通知—删除"规则，也可以为拒不履行信息网络安全管理义务罪中责令改正程序的理解与适用提供指引性方案。在主观方面，在涉及网络服务提供者相关罪名及司法解释的适用中，也应当进一步按照避风港原则的深层内涵，将网络服务提供者过失的主观罪过形态排除，并对故意的认识程度进行限定。

网络服务提供者的刑法责任是互联网刑法中一个基础性和总则性的问题。然而，对这一问题的妥善处理，已经无法在传统的刑法教义学理论中直接找到答案。因为，在互联网空间里，网络技术催生了新型的社会主体，也重新塑造了各个主体之间的社会关系。关于网络服务提供者的法律责任，避风港原则就是综合考虑网络服务提供者不同的主体技术特性、运营成本、信息自由以及产业政策等多重因素后达成的平衡。在这里，法律与技术之间开始融通，学科分工所造成的知识壁垒也得以打破。网络服务提供者刑事责任理论的建构必须打开学术视野，勇敢跨过学科边界，为传统刑法教义学体系注入"活水"，探索建立一种开放式的互联网刑法研究模式。如此，才能实现第一次法与第二次法的协调相处，达到法律与技术发展、社会进步的融合。

第九章　刷单炒信的刑法适用与解释理念

随着网络在我国的不断发展和普及，以网络为平台的电子商务也呈现了井喷式的增长。各种类型的电子商务模式，如 B2B（Business to Business），C2C（Consumer to Consumer），B2C（Business to Consumer）等，在我国迅速蓬勃壮大起来。

然而，伴随着电商时代的来临，电子商务运行环节中出现的非法刷单现象愈演愈烈，严重威胁了电子商务市场的诚信环境。而且，目前这种非法刷单的行为已经从个体操作模式“升级”成了平台运行模式，这意味着非法刷单行为在更大范围内以效率更高、协作化程度更强的方式来进行，其给电子商务的健康发展乃至整个社会的诚信基础带来的消极影响不可估量。按照阿里巴巴公司提供的数据，2016 年，仅阿里巴巴就通过技术手段识别了信用炒作相关网站 179 个，发现社交软件专门从事信用炒作的群组 5 060 个。①

简单来说，所谓的刷单就是指在电子商务中进行虚假交易或对商品作出虚假评价，以此作为手段进一步谋取非法利益。刷单只是一种手段行为，在互联网经济时代它与许多违法行为都有可能产生交集。从目前情况来看，以下三种刷单现象较为典型：第一，通过虚构交易和好评的方法，提升商户的信誉数值，从而促成更多交易机会，谋取不当利益。第二，通过刷单来骗取一些互联网公司的补贴或者返利（如积分），这在打车、外卖等行业体现尤为明显。第三，在较为极端的情况下，出于打击竞争对手的目的，通过为他人恶意刷单来使对方遭受降低评级的处罚。

此前，第二类和第三类的刷单行为都已经有刑事处罚的案例。例如，有多名司机因为刷单骗取高额补贴而被法院认定构成诈骗罪。② 此前，还有不法分子通过疯狂刷单 14 亿元换取 7 亿多天猫积分以此牟取非法暴利 671 万余

---

① 2016 阿里巴巴平台治理年报：5.

② 恶意刷单套取补贴 滴滴打车司机因犯诈骗罪被判刑．[2018－03－20]．http：//www.chinanews.com/business/2016/05-19/7875473.shtml；网约车司机刷单骗补贴 1 万元被判诈骗罪 判拘役 5 个月．[2018－03－20]．http：//news.ifeng.com/a/20170209/50669604_0.shtml.

元，最终也被判处诈骗罪。① 再如，在“淘宝恶意刷单反向炒信案”中，被告人通过大量下单并迅速取消订单的方式使竞争对手受到降权处罚，从而遭受了较大的经济损失。最终，这一反向刷单者被法院以破坏生产经营罪定罪处罚。② 以上第二种类型的非法刷单行为构成诈骗罪没有太大疑义，第三种类型的非法刷单行为实际上则较为罕见。第一种类型的非法刷单行为在现实生活中最为常见多发，俗称“刷单炒信”。

此前，这种违法行为主要是通过行政处罚或行业处罚来加以规制，但是业内人士大多认为这种惩治力度无法有效遏制刷单炒信行为继续蔓延③，因此，这种行为是否构成犯罪以及构成何种犯罪的问题就摆在了我们面前。2017 年 6 月，“网购刷单第一案”最终尘埃落定，被告人李某因为建立一个名为“零距网商联盟”的网站组织炒信，被法院认定构成非法经营罪，引起了广泛关注。

[案例 9-1] 李某非法经营案④

2013 年 2 月，被告人李某通过创建“零距网商联盟”网站和利用 YY 语音聊天工具建立刷单炒信平台，吸纳淘宝卖家注册账户成为会员，并收取 300～500 元不等的会员费和 40 元的平台管理维护费，李某通过制定刷单炒信规则与流程，组织及协助会员通过该平台发布或接受刷单炒信任务。会员在承接任务后，通过与发布任务的会员在淘宝网上进行虚假交易并给予虚假好评的方式赚取任务点，从而有能力在该平台自行发布刷单任务，以使其他会员为自己刷单，进而提升自己淘宝店铺的销量和信誉，欺骗淘宝买家。其间，李某还通过向会员销售任务点的方式牟利。截至 2014 年 6 月，李某共获利 90 余万元人民币。经查询，由江苏省通信管理局回函，李某创建的 http://5sbb.com 网站不具备获得增值电信业务经营许可的条件。

本案审理法院审理认为，被告人李某违反国家规定，以营利为目的，明知是虚假的信息仍通过网络有偿提供发布信息等服务，扰乱市场秩序，且属情节特别严重，构成非法经营罪，判处有期徒刑 5 年 6 个月，并处罚金 90 万元。

---

① 购买“白号”虚假刷单 14 亿获 7 亿积分 8 人团伙一审获刑．[2018-03-20]．http://news.jcrb.com/jxsw/201705/t20170504_1749107.html.

② 淘宝上恶意刷单损害竞争对手商誉 被判入罪．[2018-03-20]．https://news.qq.com/a/20161228/014782.htm.

③ 例如，目前已经出现了一些涉案流水金额上亿元的组织刷单炒信案件。浙江公布反不正当竞争“百日执法”典型案例 刷单网站流水额超 3 亿元．[2018-04-19]．http://www.hnxfw.org/tongxun/10022.html；刷单炒信渐成电商毒瘤 淘宝每年查获虚假交易卖家超过 100 万家．[2018-04-19]．http://finance.people.com.cn/n1/2017/0111/c1004-29014029.html.

④ 网购刷单第一案组织者获刑 5 年 9 个月．[2021-03-20]．http://news.xinhuanet.com/fortune/2017-06/21/c_1121180506.htm.

虽然这一判决受到多方肯定，但是目前理论和实务界对刷单炒信的内部行为结构并没有予以清楚呈现，对其法益侵害的特殊性也尚未进行深入分析，在具体法律适用问题上更是有值得商榷之处。有鉴于此，本章将从以上这几个方面展开论述，以求为刷单炒信行为的刑法规制找到恰当的方案。在此基础上，本章进一步超越个案的局限，探讨在日益复杂的网络社会中刑法解释论的发展趋势和走向，也在更宽阔的视野中展望刷单炒信的多元治理策略。

一、刷单炒信的内部结构与法益侵害

（一）内部结构

事实上，在中国的电子商务中，刷单炒信现象已经存在多年。以淘宝为例，有学者将刷单炒信的发展历程总结为五代：第一代刷单炒信行为由卖家自己完成，即卖家通过注册多个账户与自己进行虚假的交易。第二代刷单炒信开始借助电脑软件来职业化地完成。第三代刷单炒信则是通过两方刷单卖家的合作来完成，他们通过网络或信息手段互相给对方进行刷单。第四代刷单炒信则是发生在多方刷单卖家之间，他们形成一个群组灵活配对互相刷单。第五代刷单炒信则完全在专门的第三方刷单平台上进行。① 随着刷单炒信的迭代发展，其侦测难度也随之不断升高。时至今日，刷单炒信行为的内部结构已颇为复杂，尤其是当其实现平台化运作之后，内部的主体更为多元，分工也越发细致。总的来说，刷单炒信流程中的核心主体是刷单平台运营者、发单者和刷单者这三方。②

刷单炒信平台运营者一般通过建立以网站或其他通讯群组（如微信群、QQ 群等）为载体的网络平台，将其他参与刷单炒信主体组织在一起。在建立平台之余，刷单炒信平台运营者一般还会制定相应的炒信规则和流程，同时通过不断宣传吸纳刷单者和发单者参与进来，以此从中牟利。例如，在“网购刷单第一案”中，被告人就是通过建立一个名为“零距网商联盟”的网站来组织炒信。在该平台中，会员可以发布或接受刷单炒信任务，完成一定任务即赚取相应的“任务点”，而被告人运营的炒信平台则提供培训等相关支持

---

① YU ZHANG，JING BIAN，WEIXIANG ZHU. Trust fraud：a crucial challenge for China's e-commerce market. in 12 Electronic commerce research and applications（2013）：301－302.

② 在这三方主体之外，快递行业也常常与之产生关联，因为在刷单炒信中常常需要邮寄空包服务的辅助。

服务，同时在接单与发单流程中提成“任务点”获利。[1] 可见，在这种刷单炒信的模式中，平台运营者是联结各方的核心纽带，发挥着关键的作用。

发单者则主要是电商平台中的卖家，他们的目的在于通过刷高信用记录，博取更多的交易机会从而谋取非法利益。在电商平台中，存在无数的卖家和产品，面对数量如此庞大的商品或服务，卖家的信用数值无疑是消费者最终选择是否购买的重要参考标准。但是，这里潜存的一个问题在于，那些刚刚起步的卖家由于没有前期积累的销售记录与用户评价，可能需要面对长期无人问津的困境。为了摆脱这种困局，许多卖家寄希望于这种不正当的方式快速为店铺积累“人气”。而且在现实情况中，这些卖家也常常会收到刷单平台发来的灰色广告。即使是那些体量较大、经营时间较长的卖家，有时出于竞争压力也会选择刷单这一不正当手段。一方面，发单者群体显然具有清楚无疑的可谴责性，因为没有需求就不会有供给，发单者的不正当需求是刷单产业无法真正根除的基本原因。另一方面，在这个所谓“流量为王”的喧嚣大环境里，发单者也带有着某种现实的无奈感。

刷单者群体的成分构成则更为复杂，各种类型的主体都可能有。据阿里巴巴公司的相关专业人士介绍，目前刷单者群体中70%的人年龄在20～24岁，且大部分都是在校大学生。[2] 在校大学生大多还没有固定收入，且对互联网和网购都较为熟悉，经过不当引导刷单便成为他们赚取“外快”的手段。刷单者的主要任务就是按照发单人的要求和刷单平台运营者的指导，依照较为固定的流程和方法[3]，在发单人那里虚假下单，并作出好评，最终从刷单平台运营者那里获取报酬。然而事实上，在这个灰色产业链中，作为散户的接单者很多时候既是违法者也是受害人。因为，为了加入刷单平台，接单者多数情况下需要支付数十元到上百元不等的“手续费”或“保证金”。而有的时候由于种种原因（例如因为接单利润太低而中途退出，刷单平台卷款逃跑或被关停等），接单者可能连初始注册费都没挣回来就已经退出了。

（二）法益侵害

刷单炒信作为一种伴随电子商务发展而出现的新型违法形态，其法益侵害性与以往的经济犯罪行为明显不同。

---

① 网购刷单第一案组织者获刑5年9个月．[2018-03-20]. http://news.xinhuanet.com/fortune/2017-06/21/c_1121180506.htm.

② 阿里诉刷单平台索赔216万，称“百万刷手”多为在校大学生．[2018-03-20]. http://www.thepaper.cn/newsDetail_forward_1619430.

③ 按照内部人士的介绍，每一次刷单对连接到卖家界面的搜索路径、页面停留时间、与其他卖家的对比等都有着详细的要求，以此来逃避监管。

首先，这种行为直接损害的是一种新型的法益，即电子商务的信用评价机制。信用评价机制是电子商务的灵魂。在一个陌生而匿名的虚拟空间中，电子商务平台中的商品和服务质量是无法实地验证的，此时如果没有诚信作为基础那么交易几乎无法达成。在电商平台成千上万的商品面前，卖家的信用评价无疑会直接地影响消费者的购买决策。然而，如果电商平台中的信用评价机制由于造假而失去公信力，那么这绝不仅仅是损害了个别相关主体的利益，而是侵蚀了整个电子商务的根基。可见，这里的电商信用评价机制是一种具有抽象性的超个人法益。

其次，刷单炒信行为的法益侵害具有复合性特征。除了以上所提及的对电子商务信用评价机制的侵害之外，刷单炒信行为还直接或间接地侵害了多方主体的利益。其一，由于刷单者伪造的信用指标，消费者可能因此购买低于实际期望值（甚至质量低劣）的商品或服务，至少其对商品或服务的知情权也受到了侵害。换言之，消费者在一定程度上受到了欺诈。其二，刷单炒信行为造成了电子商务领域中的不公平竞争，其以非法手段吸引买家的同时也损害了其他卖家（竞争对手）的正当利益。其三，电商平台本身（如淘宝、京东）也会由于信用评价机制的损害而承受巨大损失，例如，电商平台每年需要为打击刷单行为投入巨大人力财力，同时可能因信用评价机制的侵蚀而丧失平台用户。

最后，刷单炒信行为侵害法益的方式体现出了网络犯罪中一些常见的特性。其一，刷单炒信行为高度依赖于互联网，不仅其侵害对象是电子商务中的信用评价体系，而且其作案方式完全借助于网络通讯工具，甚至建立专门的网络平台。其二，刷单炒信属于一种帮助性、“服务”性的违法行为，其行为目的在于满足个体电商卖家非法提升商业信誉的要求，但是其“服务”范围又往往超出个体范畴，具有相当大的广泛性和普遍性，在这一点上又具有某种“服务”提供者的特征。

通过分析刷单炒信行为以上的特殊法益侵害性可以发现，我国刑法目前并没有特别针对这类违法行为设置独立的构成要件①，这也是目前刷单炒信行为刑事责任认定产生分歧的根本原因。理论上，有学者认为刷单炒信行为侵害多方主体合法利益，具有严重社会危害性，最优方案应当直接在刑法中增设“破坏网络市场信用评价罪”②。还有学者主张在未来的刑法修正案中增设诸如“妨害信用罪”或“背信罪”等条款。③ 笔者认为，具体立法方案还需再认真探讨，但是对于严重的刷单炒信行为立法上的入罪必要性确实已经具备。

① 张明楷．网络时代的刑法理念——以刑法的谦抑性为中心．人民检察，2014（9）：8.

② 孙道萃．可增设破坏网络市场信用评价罪规制刷单行为．检察日报，2017-09-06（3）.

③ 李世阳．不妨强化对信用的刑罚保护．法制日报，2017-06-22（7）.

从刑事立法的原理来看，法益侵害原则和合比例性原则是判断刑事立法正当性的基本依据。批判立法的法益概念致力于告诉立法者合法刑罚处罚的界限①；而合比例性原则是判定某一规定是否合宪的决定性标准，该原则的内容也通过法益概念来得到具体化。② 按照以上这些标准加以衡量，在当今的网络社会，电子商务信用评价体系已经具备充分理由成为一种独立的超个人法益。

时至今日，电子商务在我国的国民经济乃至社会生活中具有极为重要的分量。电子商务不仅是我国经济发展的新引擎，牵涉大量就业人口③，而且正在成为人们日常生活的基本组成部分。而信用评价体系是维持电子商务健康蓬勃发展的基本动力，如果这一评价机制丧失效能，整个电子商务的环境将会迅速恶化。因此，这一法益确实具有了超个人法益应当具备的重大性和独特性特征。④ 而且，抑制刷单炒信行为的重要方向之一就是提高这种信誉造假行为的成本。⑤ 据业内人士反映，此前对刷单炒信行为所进行的行业制裁（如降低信誉评价）和行政处罚（如罚款）并没能有效遏制住这种违法行为，相反这种信誉造假行为大有蔓延之势⑥，同时形式越来越隐秘、分工越来越细密，成为互联网灰黑产业的重要组成部分。在这种情况下，对其进行刑法的规制确实具有了必要性和正当性。

二、规制路径：刑法适用的多重考察

尽管在立法论上对刷单炒信行为的刑法规制可以证成，但是网络空间中的违法犯罪形态日新月异、纷繁复杂，立法不可能对众多具有应罚性的非典型违法行为形态都迅速作出回应，因为，立法论上行为规制的类型化和成熟化尚需时日。所以，在目前的刑法框架下对该种行为刑事责任的法教义学认定是更为急迫的事情。

在刷单炒信流程中，炒信平台、炒信接单者和炒信发单者是一个互相配

---

① 罗克信．刑法的任务不是法益保护吗？．樊文，译//陈兴良．刑事法评论，2003（19）：152；张明楷．法益保护与比例原则．中国社会科学，2017（7）：91；张明楷．网络时代的刑事立法．法律科学，2017（3）：79.

② 罗克辛．对批判立法之法益概念的检视．陈璇，译．法学评价，2015（1）：53.

③ 李婕．电子商务未来空间巨大．人民日报（海外版），2017-01-13（3）.

④ 王永茜．论集体法益的刑法保护．环球法律评论，2013（4）：71-73.

⑤ YU ZHANG，JING BIAN，WEIXIANG ZHU. Trust fraud：a crucial challenge for China's e-commerce market. in 12 Electronic commerce research and applications（2013）：303.

⑥ 有统计称，早在2014年，全国服务于虚构交易的网站就有680余家、聊天群等通讯群组500家以上，年资金流在2 000亿元以上，整个虚构交易产业链涉及人员达2 000万，虚构交易的产品或服务价值更是高达6 000亿元以上。于潇．刷单炒信：不是拿你没办法．检察日报，2017-06-21（5）.

合协作的整体。然而，现实中，发单者和接单者往往难以被纳入刑事制裁的考察范围，这可能有两个方面的原因：其一，发单者和接单者有时难以达到相应犯罪的罪量要素要求。在这里可能涉及的罪名中，如非法经营罪、虚假广告罪和非法利用信息网络罪，都存在“情节严重”的规定，而现实中许多单个的发单者和接单者往往参与时间短、涉案数量小，难以达到这里的罪量要求。其二，司法实践中炒信接单者和发单者数量实在太多，不仅难于调查取证，而且通通加以刑事处罚并不现实，因此这里可能还存在“法不责众”的刑事政策考量。鉴于以上现实情形，炒信平台经营者成为刑法规制的重点。一方面，从整个刷单炒信网络平台的架构来看，平台运营者处在一个网络集散中心的位置，是维系整个平台的关键节点。从应罚性不法程度来看，炒信平台经营者行为的实际法益侵害性也因为这种集散性特征而被放大，因为其同时与成百上千的刷单者、接单者进行联络，组织甚至教唆其进行刷单炒信的违法行为。另一方面，对于以平台为依托产生的群体性违法现象，这种“打蛇打七寸”的策略越来越受到司法（甚至立法）的青睐，这一点在之前快播案的实践中就已经很清楚地体现出来。因此，笔者在此主要重点探讨刷单平台经营者的刑法责任。

（一）非法经营罪的否定

在“零距网商联盟”案中，检察院认为，被告人违反国家规定，以营利为目的，明知是虚假信息仍然通过网络有偿提供发布信息等服务，扰乱市场秩序且情节严重，构成非法经营罪。[①] 2017 年 6 月，法院一审宣判，认定被告人构成非法经营罪，定罪理由与检察院的公诉意见基本一致。[②] 从这一表述可以看出，公诉意见和判决意见实际上进一步援引了 2013 年“两高”颁布的《关于办理利用信息网络实施诽谤等刑事案件适用法律若干问题的解释》（以下简称《网络诽谤解释》）第 7 条的规定。按照该条规定，违反国家规定，以营利为目的，通过信息网络有偿提供删除信息服务，或者明知是虚假信息，通过信息网络有偿提供发布信息等服务，扰乱市场秩序，达到特定数额的，以非法经营罪定罪处罚。这一判决结论得到了主流媒体的充分肯定，它意味着，刷单炒信行为第一次被施以刑事处罚。在理论界，不少学者也赞同这一判决结论。[③] 然而，笔者认为，对刷单炒信行为适用非法经营罪并不妥当。

---

① 参见浙江省杭州市余杭区人民检察院杭余检未检刑诉【2016】392 号起诉书。

② 全国首例组织刷单炒信刑事案件宣判．检察日报，2017-06-21（2）.

③ 李世阳．不妨强化对信用的刑罚保护．法制日报，2017-06-22（7）；杨学文．对全国刷单炒信入刑第一案的几点感想．互联网法学（微信公众号），2017-06-23；乔远．“刷单炒信”行为的交易模型及其刑法分析．互联网法学（微信公众号），2017-06-26.

第一，非法经营罪来源于旧刑法中的投机倒把罪，本来肩负着替代口袋罪的使命，结果在1997年刑法通过之后的二十多年间，通过一系列司法解释的不断扩张以及司法实践中大量的判例适用，其最终也沦为典型的口袋罪名。[①] 正因如此，该罪在学界饱受质疑[②]，对非法经营罪的严格限缩适用也是学界的基本共识。基于这种背景，在解释论的出发点上，对该罪构成要件的理解与适用本身就应当采取较为严格的限缩性立场，如果行为不属于构成要件明确列举的类型以及司法解释确立的典型性非法经营行为，则应在法律适用上保持谨慎小心的态度。在灵活多变的网络经济时代，在可以预见的未来会出现更多类似的游走在刑法边缘的破坏市场秩序行为。在网络空间里，传统的经济犯罪也会出现异化的现象，而不断依赖非法经营罪的兜底表述，只会使得该罪"口袋罪名"的现状继续恶化。

第二，公诉意见和法院判决将《网络诽谤解释》第7条作为主要依据没有充分的说服力。《网络诽谤解释》第7条设置的初衷实际上就是希望通过非法经营罪来规制网络上非常猖獗的"删帖"和"发帖"服务，也就是我们俗称的网络"水军"[③]。规制的重要依据就是，该类行为破坏了《互联网信息服务管理办法》第4条所确立的"国家对经营性互联网信息服务的许可制度"[④]。但是，学者们认为，虽然这种行为具有社会危害性，但是它并不是所谓的"经营性互联网信息服务"，因此也没有违反这里的"经营性互联网信息服务许可制度"，故不应被解释为《刑法》第225条的非法经营行为。[⑤] 笔者认同这种观点。按照《互联网信息服务管理办法》第3条的规定，经营性互联网信息服务，是指通过互联网向上网用户有偿提供信息或者网页制作等服务活动。这一规定为"经营性互联网信息服务"划定了非常宽泛的边界，不能仅仅做字面的解读。"删帖""发帖"者（包括其组织者）所提供服务的实质核心是恶意删除或发布网络评论，而不是信息服务本身，互联网只是他们所借助的手段。换言之，这些所谓的"水军"恰恰是互联网信息服务的用户，而不是提供者。不能因为这种"水军"的服务需要收取费用而具有一定的"经营性质"，又在互联网上进行，就将其直接等同于"经营性互联网信息服务"。事实上，如果贯彻这种对"经营性互联网信息服务"的宽泛解释，后果是不堪设想的。在网络空间中，使用互联网信息服务（如微信群组、QQ群组、微

---

① 于志刚．口袋罪的时代变迁、当前乱象与消减思路．法学家，2013（3）：66.

② 徐松林．非法经营罪合理性质疑．现代法学，2003（6）：88.

③ 张向东．网络非法经营犯罪若干问题辨析．法律适用，2014（2）：58.

④ 王志祥．网络水军非法经营行为应予定罪．法制日报，2013-09-11（7）.

⑤ 武良军．非法经营罪堵截条款异化之研究．环球法律评论，2014（5）：43-44；葛恒浩．非法经营罪口袋化的成因与出路．当代法学，2016（4）：74.

博平台）再次提供其他服务的主体非常多，如果将所有这些主体都认定为"经营性互联网信息服务"提供者，要求其取得国家许可并满足《中华人民共和国电信条例》以及《互联网信息服务管理办法》（尤其是第5～6条[①]）所规定的一系列条件，是非常不现实的做法。因此，这里的"经营性互联网信息服务"应当理解为那些一般性、初始性和基础性的互联网信息服务，例如基础的网络接入服务、信息存储服务或较为大型的门户网站等。[②] 基于同样的道理，刷单炒信也主要是借助互联网通讯技术提供非法的信用炒作服务，并不属于真正意义上的提供"经营性互联网信息服务"，因此本案判决意见在这一点上的理解也不准确。[③]

而且，退一步说，即使不考虑"经营性互联网信息服务"的规范解读，刷单炒信组织者的行为与《网络诽谤解释》第7条所描述的情形仍然存在明显差异。《网络诽谤解释》第7条中"明知是虚假信息，通过信息网络有偿提供发布信息服务"的核心含义是利用信息网络平台对虚假信息加以发布，其行为实质是对虚假信息进行传播扩散与推广，有较为典型的传播犯（Verbreitungsdelikt）性质。但是，在本案中，被告人行为主要着力于组织他人制造虚假的信用信息，也即组织信用造假，这里的行为模式并不仅仅是发帖那么简单，而是需要围绕以签订虚假合同为核心作出一系列的动作。因此，发布、传播虚假信息和组织信用造假二者显然还是不同的。

第三，将组织刷单炒信行为认定为非法经营罪，违背了该罪的规范保护目的。显然，组织刷单炒信行为并不符合《刑法》第225条所明确列举的三种非法经营行为。因此，从法教义学的角度来看，组织刷单炒信行为的刑事可罚性只可能从该罪的兜底性条款"其他严重扰乱市场秩序的非法经营行为"中获得。基于罪刑法定的要求，对该兜底条款进行类型性、限缩性的解释是学界的基本共识。对此，基本的依据就是同类解释规则和法益指导原则。所谓同类解释规则，就是指对兜底条款的解释应当和并列的明确条款具有大体相当性。[④] 也就是说，对"其他严重扰乱市场秩序的非法经营行为"的解释，应当与明确列举的非法经营行为在大体方向和严重程度上具有相当性。而法益指导原则就是指在构成要件的解释中，应当发挥法益的指导机能，使刑法

---

① 《互联网信息服务管理办法》第6条规定："从事经营性互联网信息服务，除应当符合《中华人民共和国电信条例》规定的要求外，还应当具备下列条件：（一）有业务发展计划及相关技术方案；（二）有健全的网络与信息安全保障措施，包括网站安全保障措施、信息安全保密管理制度、用户信息安全管理制度；（三）服务项目属于本办法第五条规定范围的，已取得有关主管部门同意的文件。"

② 张向东．网络非法经营犯罪若干问题辨析．法律适用，2014（2）：60.

③ 全国"刷单炒信入刑第一案"宣判被告人犯非法经营罪获刑：法官详解为何定性为非法经营罪．法制日报，2017-06-21（8）.

④ 张明楷．注重体系解释 实现刑法正义．法律适用，2005（2）：37.

规定该犯罪、设立该条文的目的得以实现。① 而为了贯彻同类解释规则，法益作为同一犯罪不同行为类型的“最大公约数”无疑也是具有重要意义的。从《刑法》第225条所列明的三种行为类型来看，不论是未经许可经营专营、专卖物品、买卖经营许可证或批准文件，还是未经批准非法经营证券、期货、保险和资金支付结算业务，侵害的都是国家经营许可制度。因此，该罪的法益侵害不能泛化为对市场秩序的扰乱，而是应当限缩理解为对国家经营许可制度的破坏。② 所以，非法经营罪中“其他严重扰乱市场秩序的非法经营行为”只能局限于那些破坏国家专营许可制度的行为。然而，如前文所述，组织刷单炒信行为主要侵犯的是围绕电商信用评价机制和虚假商誉所产生的一系列复合性法益，重点并不在于国家的某种专营许可制度。因此，从“兜底条款”的解释方法论出发，将刷单炒信行为解释为非法经营也是不妥当的。

第四，适用非法经营罪的兜底条款来处罚定性争议较大的刷单炒信行为，与最高人民法院对该罪的整体适用态度也有一定抵牾。2014年最高人民法院在《关于准确理解适用刑法中“国家规定”的有关问题的通知》中指出，对被告人的行为是否属于《刑法》第225条第4项规定的“其他严重扰乱市场秩序的非法经营行为”，有关司法解释未作明确规定的，应当作为适用法律问题，逐级向最高人民法院请示。也就是说，在该罪构成要件和已有司法解释明文确定的行为类型之外，最高法希望收回兜底条款的解释权，以此遏制该罪进一步扩张乃至完全异化的趋势。因此，地方法院对该兜底条款的解释也应更加审慎，不要轻易通过判决在事实上确立新的非法经营行为类型。③

（二）虚假广告罪的适用

笔者认为，在法教义学的基本框架下，虚假广告罪仍然可以作为规制刷单炒信行为的权宜之计。初一看，刷单炒信行为似乎与虚假广告行为存在一些差异，但是仔细考察则可能得出不同的结论。虚假广告罪是指广告主、广告经营者、广告发布者违反国家规定，利用广告对商品或者服务作虚假宣传且情节严重的行为，而刷单炒信符合这一犯罪构成要件描述。

---

① 张明楷．刑法分则解释原理．2版：上．北京：中国人民大学出版社，2011：347.

② 陈泽宪．非法经营罪若干问题研究．人民检察，2000（2）：23；廖丽红．非法经营罪的司法认定标准综述．人民司法，2014（11）：51；高翼飞．从扩张走向变异：非法经营罪如何摆脱“口袋罪”的宿命．政治与法律，2012（3）：41.

③ 如前所述，刷单炒信并不是特殊个案现象，而是一种较为普遍而典型的违法行为类型，如果按照非法经营罪对此定罪处罚，其他法院都效仿这种做法，那么很可能将会在事实上确立一种新的非法经营行为类型。

首先，刷单炒信属于利用广告对商品或服务作虚假宣传的行为。按照《广告法》第2条的规定，商品经营者或者服务提供者通过一定媒介和形式直接或者间接地介绍自己所推销的商品或者服务的商业广告活动，适用本法。由此可以推断出，广告是一个较为宽泛的概念，顾名思义即“广而告之”，卖家以一定形式介绍自己商品的行为都可涵盖。广告的表现形式并不仅仅局限于在电视、广播等信息媒体上的付费宣传。早在1996年，国家工商行政管理局就在《关于在产品包装物上宣传、介绍产品是否属于广告问题的答复》中指出：“根据《广告法》第2条的规定，在包装物上直接或者间接宣传、介绍产品，是广告的一种形式；对含有产品宣传、介绍内容的包装物，应认定为广告宣传品”①。虽然这一答复已经在2010年被国家工商行政管理局废除②，但是从现行有效的《关于商品包装含有违法广告内容销售者是否应当承担法律责任问题的答复意见》等规范中我们还是可以从侧面推知，包装物上的产品宣传、介绍仍然属于广告的一种形式。③ 也就是说，只要目的是直接或间接地推销商品或者服务，那么无论以何种形式何种载体进行宣传，均属于广告活动。④ 而在电商平台的卖家界面上，卖家一般都会将产品或服务的基本功能、成分配方、规格参数以及产品特色等信息详细呈现出来。由于电商平台构建在一个虚拟的网络空间中，因此卖家的店铺不可能提供实物展示，在这种情况下，其网络界面上产品或服务信息的陈列与展示一方面有些类似于包装物（或店铺装潢）上的宣传介绍，另一方面也确实面向不特定的多数人进行传播，这已经构成了一种事实上的商业广告行为。

其次，广告的内容并不仅限于介绍产品或服务的功能，经营状况和用户评价也可以包含在内，因为这些信息与产品功能介绍殊途同归，都是服务于促进推广产品和服务的销售。这种理解，不仅具有法律依据，而且有理论上的支持。其一，《广告法》第28条具体定义了虚假广告的内容，该条第2款第2项规定，如果商品的销售状况、曾获荣誉等信息与实际情况不符，对购买行为有实质影响的，属于虚假广告。刷单炒信在很大程度上就是通过虚构

---

① 国家工商行政管理局《关于在产品包装物上宣传、介绍产品是否属于广告问题的答复》（工商广字［1996］第319号）；王作富．刑法分则实务研究．4版：中．北京：中国方正出版社，2009：732.

② 国家工商行政管理局《关于公布国家工商行政管理总局规章、规范性文件清理结果的公告》（工商办字［2010］247号）。

③ 国家工商行政管理局《关于商品包装含有违法广告内容销售者是否应当承担法律责任问题的答复意见》（工商广字［2016］107号）；晏微．试析包装物上商品信息介绍的法律适用．［2018-03-20］. http://www.sohu.com/a/168356826_367517；谢卫东．与商品包装信息有关的法律法规．中国工商报，2017-02-14（6）.

④ 王作富．刑法分则实务研究．4版：中．北京：中国方正出版社，2009：732.

交易的方式伪造销售状况，营造虚假的客户信誉和口碑，这与《广告法》对虚假广告的定义是契合的。其二，2017 年 11 月 4 日《反不正当竞争法》的修订也印证了上述判断。修订后的《反不正当竞争法》第 8 条规定：经营者不得对其商品的性能、功能、质量、销售状况、用户评价、曾获荣誉等作虚假或者引人误解的商业宣传，欺骗、误导消费者。经营者不得通过组织虚假交易等方式，帮助其他经营者进行虚假或者引人误解的商业宣传。立法机关明确指出，这一关于虚假宣传的立法修订就是为了打击刷单炒信的行为。① 从这一规定的语言表述和立法沿革②都可以看出，刷单炒信行为是被放在虚假广告的基本框架中来理解的。其三，理论上一般也认为，虚假宣传的内容也包含经营状况虚假，即在广告中对经营者的经营状况夸大其词，营造生意兴隆的假象，或者夸大经营规模等。③ 有观点还指出，假借他人名义赞扬自己进行虚假宣传的也属于虚假广告的范畴。④ 事实上，刷单炒信行为恰恰就是通过伪造卖家商品或服务的销售数量以及顾客好评等信息，来实现对商品销售状况以及用户评价状况的虚假宣传⑤，以此误导消费者的购买决策，排挤其他竞争者。而在本案的一审判决中，法院也曾明确指出，被告的行为性质属于引导淘宝卖家对商品、服务作虚假宣传，其行为符合全国人大常委会《关于维护互联网安全的决定》第 3 条规定的“利用互联网对商品、服务作虚假宣传”。总而言之，刷单炒信行为属于一种特殊类型的虚假广告行为，其完全可以涵盖在虚假广告罪构成要件的文义射程范围内。

最后，虚假广告罪属于身份犯，其主体身份只能是广告主、广告经营者和广告发布者。按照《广告法》第 2 条的规定，广告主是指为推销商品或者服务，自行或者委托他人设计、制作、发布广告的自然人、法人或者其他组织。广告经营者则是接受委托提供广告设计、制作、代理服务的自然人、法人或者其他组织。而广告发布者是指为广告主或者广告主委托的广告经营者发布广告的自然人、法人或者其他组织。刷单炒信平台组织者虽然并不是典型意义上的广告经营者，但是从扩大解释的角度出发，其行为实质是受卖家所托，围绕经营状况和客户评价等内容进行虚假宣传，因此也可以被纳入广义的广告经营者定义中。

---

① 新修订《反不正当竞争法》获通过 相关部门负责人回答记者提问．[2018－04－19]. http://www.gov.cn/xinwen/2017-11/07/content_5237723.htm.

② 该条替代的是原《反不正当竞争法》第 9 条关于虚假宣传和虚假广告的规定。

③ 王作富．刑法分则实务研究．4 版：中．北京：中国方正出版社，2009：733.

④ 杨彩霞．虚假广告罪的认定．国家检察官学院学报，2001（3）：35.

⑤ 事实上，本案的一审判决中，也明确提到了被告的行为性质属于引导淘宝卖家对商品、服务作虚假宣传。

[案例 9－2] 张某某虚假广告案①

2018 年年初至 2019 年 3 月，被告人张某某在福建省莆田市荔城区设立公司，为朱某等不特定的淘宝店主提供刷单服务，通过虚假交易的方式，提高淘宝店铺的交易量以及好评度，以此提升淘宝店铺的信誉，促进淘宝店铺的成交量。由淘宝店主将本金与刷手的佣金一起汇入被告人张某某提供的四张银行卡内。之后，被告人张某某通过组织刷手（另案处理）进行刷单，为了降低自身风险，其还将部分刷单业务包给一个网址为“ADY369. com”的刷单平台，并把本金和佣金一起转账给平台，从中赚取佣金差价。被告人张某某为朱某等淘宝店主刷单的金额共计人民币（以下币种同）14 074 795 元，其中，其为朱某刷单的金额共计 2 596 363 元。被告人张某某因刷单提取佣金违法所得 145 200 元。

“ADY369. com”的刷单平台采取让“刷手”先垫资本金的方式来刷单，刷单成功后再由平台付给本金和佣金。后该平台于 2019 年 3 月 28 日关闭，导致接单的“刷手”未领到本金和佣金，故频繁找朱某的淘宝店铺要求退款，被告人张某某无法赔偿该巨额损失，后朱某报案处理。被告人张某某于 2019 年 5 月 15 日在莆田火车站候车室被福州铁路公安处莆田车站派出所民警抓获。

法院审理认为，被告人张某某作为广告经营者，违反国家规定，利用广告对商品作虚假宣传，违法所得共计人民币 145 200 元，情节严重，其行为已构成虚假广告罪，判处有期徒刑 1 年 1 个月，并处罚金人民币 5 万元。

本案是一起典型的刷单炒信案件，法院于 2020 年 5 月作出一审判决，这是笔者查找到的第一起按照虚假广告罪来定罪处罚的案例。② 判决并没有详细展开论述虚假广告罪的犯罪构成。但是，显然法院将淘宝店铺的交易量、好评度以及信誉理解为虚假广告内容的一部分。同时，判决认为被告人张某某属于广告经营者，实际上也对虚假广告罪的主体要件进行了一定的扩张解释。按照笔者的观点，这种解释是妥当的，一方面避免了不合理地诉诸口袋罪名非法经营罪，另一方面把握住了刷单炒信行为的本质，并给予了适当的刑事处罚。

另外，值得注意的是，从刑罚角度来看，适用虚假广告罪也比适用非法经营罪相对合理。如果采取非法经营罪的适用思路，根据《网络诽谤解释》第 7 条的规定，个人非法经营数额在 5 万元以上，或者违法所得数额在 2 万

① 参见福建省莆田市荔城区人民法院（2020）闽 0304 刑初 95 号刑事判决书。

② 类似将组织刷单炒信行为按照虚假广告罪处罚的案例，参见王某某、罗某、张某某等虚假广告案，浙江省丽水市莲都区人民法院（2021）浙 1102 刑初 69 号刑事判决书。

元以上的，属于情节严重，处5年以下有期徒刑或者拘役，并处或单处违法所得1倍以上5倍以下罚金。个人非法经营数额25万元以上，或者违法所得数额10万元以上的，属于情节特别严重，处5年以上有期徒刑，并处违法所得1倍以上5倍以下罚金或没收财产。在本案中，被告人张某某的刷单炒信经营数额和违法所得数额远超上述“情节特别严重”标准[①]，如果没有特别的减轻处罚的事由，很可能被判处5年以上有期徒刑。事实上，实践中刷单炒信的经营数额和违法所得数额往往特别巨大，一旦适用非法经营罪，刑罚势必非常严苛。从这一点来看，适用处罚相对轻缓的虚假广告罪，也具有现实合理性。

（三）非法利用信息网络罪的适用

我国《刑法》第287条之一非法利用信息网络罪是通过《刑法修正案（九）》新增的罪名，从2015年11月1日开始施行，而案例9-1的行为发生在此之前，原则上新法不应当具有溯及效力。但是，非法利用信息网络罪的最高刑罚幅度是3年以下有期徒刑或拘役，并处或单处罚金，与法院所认定的非法经营罪（5年以下有期徒刑或拘役，并处或单处违法所得1倍以上5倍以下罚金）相比，显然是处罚较轻的罪名。按照我国《刑法》第12条所确定的“从旧兼从轻”原则，如果本案行为也符合非法利用信息网络罪的犯罪构成，那么理论上该罪的适用可能性也需考虑。不过，该罪规定“同时构成其他犯罪的，依照处罚较重的规定定罪处罚”，所以该罪可能没有实际的适用机会。然而，如果不局限于个案，在这里对非法利用信息网络罪的探讨仍然非常必要，因为它可能为今后的同类行为提供刑法规制的手段。[②]

该罪的构成要件规定了利用信息网络实施的三种违法准备行为：（1）设立用于实施诈骗、传授犯罪方法、制作或者销售违禁物品、管制物品等违法犯罪活动的网站、通讯群组的行为；（2）发布有关制作或者销售毒品、枪支、淫秽物品等违禁物品、管制物品或者其他违法犯罪信息的行为；以及（3）为实施诈骗等违法犯罪活动发布信息的行为。需要注意的是，该罪第一种和第三种行为类型中的“违法犯罪活动”并不限于法条明确列举的范围[③]，理论上

---

① 1999年最高法《关于审理单位犯罪案件具体应用法律有关问题的解释》第2条规定，个人为进行违法犯罪活动而设立的公司、企业、事业单位实施犯罪的，或者公司、企业、事业单位设立后，以实施犯罪为主要活动的，不以单位犯罪论处。本案被告人张某某成立公司的目的就是进行刷单炒信的违法犯罪活动，故仍应按照自然人犯罪论处。

② 而且，按照刑罚幅度的对比，较之于虚假广告罪，非法利用信息网络罪显然是更重的犯罪。

③ 臧铁伟，李寿伟．中华人民共和国刑法修正案（九）：条文说明、立法理由及相关规定．北京：北京大学出版社，2016：202；喻海松．网络犯罪的立法扩张与司法适用．法律适用，2016（9）：7.

只要具有违法犯罪性质即可。① 而不论是非法经营行为还是虚假广告行为，都已经符合了这种“违法犯罪活动”的内涵描述。在司法实践中，刷单炒信平台经营者恰恰就是以设立网站、通讯群组和发布相关信息的方式，为进一步的虚假广告行为做准备。一方面，这些不法分子借助 QQ、微信等社交工具建立通讯群组，甚至设立了专门的网站。另一方面，其也不断地向发单者（电商卖家）和刷单者（“刷手”）推送刷单服务的信息。这些行为显然属于“利用信息网络设立用于实施违法犯罪活动的网站、通讯群组”，以及“利用信息网络为实施违法犯罪活动发布信息”。

而且，适用《刑法》第 287 条之一来规制刷单炒信行为，还将具有处罚前置的效果，能够更早和更有效地制裁演愈演愈烈的刷单炒信行为。在理论上，《刑法》第 287 条之一被认为是“预备行为实行化”的典型罪名②，这在一定程度上体现着预防刑法的思想。③ 该罪的立法初衷在于，网络犯罪通常借助信息网络跨地域进行，且容易在短时间内组织不特定人共同实施，而受害人也分布各地，故难以一一查办，所以立法者防患于未然地将网络犯罪的预备行为加以提早处罚。④ 也就是说，如果适用该罪，原则上为了进行刷单炒信而建立网站或通讯群组以及发布相关信息的行为，情节严重的，就已经初步具备了刑事可罚性，而无须等到之后刷单炒信行为确实发生。可以说，这一罪名对刷单炒信行为中的组织者、平台运营者能够发挥更加直接有效的刑罚制裁效果，这也符合基于网络犯罪的特点对法益进行早期化保护的需要。⑤

综上所述，在我国《刑法》目前没有专门规制刷单炒信行为罪名的背景下，从法教义学的角度来看，较之于作为口袋罪名的非法经营罪，虚假广告罪和非法利用信息网络罪是更为妥当的刑法规制选择。

---

① 刷单炒信实质上是一种伪造信用记录，并以此欺骗消费者的行为。虽然这里存在欺骗的因素，但是一般还是难以构成刑法意义上的诈骗。理论上，诈骗罪需要符合以下基本因果流程：行为人诈骗行为——被害人陷入认识错误——基于认识错误处分财物——被害人遭受损失。Vgl. Rengier, Strafrecht Besonderer Teil I, Vermögensdelikte, 19. Aufl., 2017, §13, Rn. 1 ff. 但是在这里，被害人是否直接遭受财产损失难以认定。因为，卖家商品的质量和其信用评分并没有必然的联系。即使卖家对信用记录造假，也并不一定会导致买家买到完全不符合对价的商品或服务从而遭受损失。一方面，这里并不一定存在一种等同于损失的具体财产危险；另一方面，单纯的买家目的不达也难以等同于诈骗罪中的财产损失。王钢．德国判例刑法分则．北京：北京大学出版社，2016：215，225.

② 梁根林．传统犯罪网络化：归责障碍、刑法应对与教义限缩．法学，2017（2）：8；车浩．刑事立法的法教义学反思——基于《刑法修正案（九）》的分析．法学，2015（10）：11.

③ 何荣功．预防刑法的扩张及其限度．法学研究，2017（4）：142.

④ 臧铁伟，李寿伟．中华人民共和国刑法修正案（九）：条文说明、立法理由及相关规定．北京：北京大学出版社，2016：200－201.

⑤ 张明楷．网络时代的刑法理念——以刑法的谦抑性为中心．人民检察，2014（9）：10.

（四）网络语境中的罪名选择和解释方法

在信息社会纵深发展的时代，新型网络犯罪不断涌现出来，这必然对原有的刑法体系和犯罪治理形成冲击。在此过程中，新型的法益类型正在孕育生长，而犯罪的实施手段、组织结构、行为方式也在发生变形。尤其是在科技迅猛发展的网络空间里，刑法规范供给不足的现象不可避免，此时司法的能动性应当有所加强才能应对日益复杂化的外部环境。① 在这个意义上，刷单炒信的刑法规制难题反映了更为宏观的一般性命题，即网络语境中非典型案例的罪名选择和解释方法。

首先，由于网络技术因素的介入和网络空间中行为复杂度升高，违法犯罪行为的非典型性程度大大增强，那种“四不像”行为越来越多，罪名选择越发困难。② 由于犯罪行为的类型辨识和类型界定难度上升，司法“找法”的理念和方法成为问题。为了不被错综复杂的案件事实和形形色色的行为手段扰乱思路，司法者一方面需要提炼违法行为事实的本质属性，另一方面则应当在广泛筛选关联罪名的基础上判断其规范保护目的，然后对二者加以比对涵摄。例如，尽管刷单炒信组织复杂、形式多样，但是本质上这一系列行为都围绕伪造信誉展开。有组织性的伪造信用、商誉才是刷单炒信行为评价的核心，其中业务经营的非法性（反专营性）与刷单炒信行为仅具有似是而非的关联性。如果对虚假广告罪和非法经营罪的规范保护目的加以简要分析就会得出，前者显然是更加适合规制刷单炒信行为的罪名。在全国首例刷单入刑案中，司法机关直接选择了历来备受争议的口袋罪名，并且仅对相关司法解释条文作形式化的理解，这与其说是立法上的“口袋罪名”之错，不如说是法律适用者的“口袋思维”之过。这种审判思路固然回应了刷单炒信的应罚性诉求，但是实践中的先例效应会进一步恶化非法经营罪的不当扩张态势，以后同类案例很可能重点参考这一判决，这属于饮鸩止渴的做法。

其次，为了应对非典型案例与规范供给不足之间的紧张关系，解释论的能动主义趋势甚至功能主义倾向③是解决问题的出路之一。随着网络时代的来临，人类社会的商业模式和经营形式发生了翻天覆地的变化。尤其是在中国，电子商务逐渐取代实体店面，线下经营迅速向线上转移，并且相应的销售方式、经营策略、信用评价模式都在转型。在这种背景下，商业活动中的广告行为也应当被重新定义和理解。其一，就存在形式而言，传统的广告通常以产品实物、电视、报纸等作为媒介进行传播，而在电商时代广告的网络化是

---

① 付立庆．刑罚积极主义立场下的刑法适用解释．中国法学，2013（4）：149.

② 例如，偷换商店收款二维码的行为在定性上也存在较大争议，下文将会对此展开分析。

③ 劳东燕．能动司法与功能主义的刑法解释论．法学家，2016（6）：14.

毋庸置疑的趋势。这种状况在1997年刑法新增虚假广告罪时可能没有被预料到，但是该罪今后在网络空间中的拓展适用是无可避免的。其二，就实质内容而言，传统广告主要集中突出产品功效、特色、品质等内容，而在充斥海量商品信息的电商平台中，产品销售数量以及其他用户的可见评价在影响用户交易意愿方面扮演了更加突出的角色。这种有形、可见的商品信誉指标在电商平台中被卖家在自己网店中以醒目的方式标示出来，实际上属于传统广告行为在网络语境中的演化与发展。虽然刑法制定者当初未必能预想到这种广告行为在网络空间的变形，但是不论是从本罪字面表述的语义射程、一般民众的观念认同还是客观解释的基本理念出发，将刷单炒信理解为一种虚假广告、虚假宣传行为都是妥当的。“虚假广告”和“虚假宣传”本来在语意上就具有一个弹性的幅度，按照社会情势的发展变化将围绕销售数量、信誉造假目标而展开的刷单炒信行为归入不仅合理而且必要，这属于刑法教义学中所谓的“历史和现实的沟通”①。

由此看来，刷单炒信案件中的“找法”和“释法”过程体现了网络时代超越个案的刑法解释论立场取向问题。② 采非法经营罪的观点实际体现出解释论上形式化、教条化、惰性化的倾向。在快速变迁、日益复杂的信息时代，刑法解释论应当更具目的导向性、实质性、回应性和后果导向性③，如此才能尽量在罪刑法定的基本框架中缓解刑法治理与立法滞后之间的紧张关系，否则可能会导致法条适用的僵化以及与时代的脱节，甚至走回诉诸“口袋罪名”、违背刑事法治的老路。

三、小结：电商平台的多元治理

电子商务已经成为人类经济活动的基本形式之一，尤其在我国，在相当长的一段时间内电子商务都会是我国国民经济持续发展的重要增长点。电子商务依托信息网络进行，在诸多方面迥异于实体商务，这同时也为其法律规制带来了新的挑战。新的挑战呼唤新的思维。对于电子商务发展过程中出现的新型法律问题，不能一味固守原有法律框架，否则要么就是法律失去对现实问题的回应能力，要么就是既有法律被过度解释乃至滥用。

对电子商务的发展而言，一项公允、可信的电商信用评价机制是其得以

① 冯军．刑法教义学的立场和方法．中外法学，2014（1）：184.

② 例如，在所谓“反向炒信案”中，也涉及对破坏生产经营罪的目的解释。李世阳．互联网时代破坏生产经营罪的新解释——以南京“反向炒信案”为素材．华东政法大学学报，2018（1）：57.

③ 劳东燕．能动司法与功能主义的刑法解释论．法学家，2016（6）：15以下.

持续蓬勃发展的灵魂与基石。与实体商务不同，电商平台上的消费者处在一个陌生而匿名的信息网络环境中，只有依托于制度形成的基本信任才可能让大规模的交易成为可能。信用评价机制为消费者提供了选择商品和服务的重要标准和依据，因此是保证电子商务健康发展的关键一环。刷单炒信行为的法益侵害具有复杂性，其直接侵蚀了电商平台的信用评价机制，同时欺骗和误导了消费者的交易决策，对其他卖家构成了不正当竞争，也为电商平台的运营者带来巨大的损失。从法教义学的角度来看，刷单炒信行为不宜适用非法经营罪来进行规制，因为这不但背离了该罪的规范保护目的，也将进一步恶化其“口袋罪名”的现状。从犯罪构成要件的可能语义射程出发，辅之以适当的扩大解释，刷单炒信行为可以被囊括在虚假广告罪和非法利用信息网络罪的规制范围之内。因为，虚构交易数量、销售状况以及好评荣誉并在网络销售界面加以展示，在性质上确实属于一种虚假广告宣传行为。此外，刷单平台经营者为了实施上述违法犯罪行为借助信息网络来设立通讯群组和网站，以及发布相关信息，也符合了非法利用信息网络罪的犯罪构成。超越个案之外，刷单炒信的刑法规制也体现出网络时代对刑法解释论能动化、实质化、功能化需求的增强。

但是，刑事制裁也并非电商平台治理的灵丹妙药或终极武器。固然刑事规制在电商生态中不能缺位，但是电商平台治理的层次性和多元性仍然需要被强调。无论如何，刑法作为最后手段的基本特征仍然应当坚持。在行业制裁、民事赔偿、行政处罚已经足以应对的轻微案件中，刑法制裁应当保持充分的克制。法律规制仅是电商平台治理的手段之一，对于有效地打击刷单炒信行为，行业内部和不同行业之间的合作与交流机制也能够发挥重要作用。例如，2016 年 10 月国家发改委、公安部、质检总局、中央网信办等七部门与阿里巴巴、腾讯等八家互联网公司共同签署《反“炒信”信息共享协议书》，建立共享炒信黑名单制度，成立了反炒信联盟①，这也是打击刷单炒信的有效手段。再如，如果快递行业能够与电商平台建立起更密切的合作关系，杜绝“空包”“空单”等现象，那么刷单炒信行为也能得到更好的规制。② 此外，大数据技术的应用，也能在甄别和防治刷单炒信行为中发挥更大作用。此前，由阿里巴巴主导多家物流公司参与成立的菜鸟网络，已经正式上线了大数据反炒信系统③，这对于从技术上打击刷单炒信行为具有重大意义。最后，电商信用评价体系本身内在机制的完善，也是一个对抗刷单炒信行为的重要维度。

① 余瀛波．刷单炒信组织者将上全网“黑名单”．法制日报，2016-10-27（6）．

② 例如，此前菜鸟网络曾对多家参与刷单行为的快递公司进行了下线处理、部分城市停止全部合作等处罚。叶薇．菜鸟网络严查“空包炒信”．新民晚报，2016-05-31（A19）．

③ 左娅．菜鸟网络大数据反炒信系统上线．人民日报，2015-04-28（10）．

目前网络信用评价机制的基本理念就是让参与方互相评价，如在交易后用给出评级的方式来得出信用或信誉得分，这种得分又会影响其他主体是否与其进行交易。① 但是，这种模式对刚刚起步的卖家是非常不利的，即使他们提供的商品或服务品质卓越也难以受到他人关注，因为短时间内信誉评分难以累积形成。有学者因此主张应当建立动态的信用评价模式，使其能更好地反映近期交易的情况，从而避免其被刷单炒信者恶意利用。② 可见，对当前信用评价体系内在形成机制的完善，今后也应展开进一步深入的研究。总而言之，打击刷单炒信行为，既需要在互联网语境下革新刑法规制的思维定式，也应在行业合作的基础上拓宽电商平台治理的视野边界。

① AUDUN JÖSANG，ROSLAN ISMAIL，COLIN BOYD. A survey of trust and reputation systems for online service provision. in 43 Decision support systems（2007）：618.

② YU ZHANG，JING BIAN，WEIXIANG ZHU. Trust fraud：a crucial challenge for China's e-commerce market. in 12 Electronic commerce research and applications（2013）：303.

第十章　网络时代破坏生产经营罪的理解与适用——基于反向刷单案件的考察[①]

按照中国《刑法》第 276 条的规定，破坏生产经营罪是指由于泄愤报复或者其他个人目的，毁坏机器设备、残害耕畜或者以其他方法破坏生产经营的行为。作为一个传统的毁弃类财产犯罪，相关案件事实并不复杂，破坏生产经营罪过去在刑法教义学上并没有引起学界的过多关注。然而，伴随网络时代的到来，互联网经济和信息产业飞速崛起，诸多传统行业也迅速向线上转移，开展生产经营所需的基本要素逐渐虚拟化，此时如何来认定虚拟空间中的破坏生产经营行为，争议就凸显出来，近年来屡次出现的反向刷单案件就是一例。网络刷单是指在电子商务活动中，双方或多方在没有实际交易的情况下，通过发空单、空包裹等方式，虚构交易、伪造虚假好评的行为。通常情况下，网络刷单行为服务于提高网络卖家的销售数量、信用评分和用户口碑，从而达到促进销售业绩的目的。但是，在较为个别的案例中，也有行为人故意通过刷单行为引起平台监管者的注意，通过平台监管者的处罚来使对方商家遭受损失，这便是通常所称的“反向刷单”。以下是一则真实发生的争议案件，可使读者对反向刷单拥有更直观的认识。

[案例 10-1] 淘宝恶意刷单案[②]

智齿科技公司于 2013 年 11 月在淘宝网注册成立名称为“PaperPass 论文通行证”的网上店铺，主要经营论文相似度检测业务。2014 年 4 月，同类业务经营者被告人董某某出于报复和从中获利的目的，雇佣并指使被告人谢某某，短期内多次以同一账号恶意大量购买智齿科技公司淘宝网店铺的商品 1 500 余单，意图使浙江淘宝网络有限公司以涉嫌虚假交易对智齿科技公司的商品作出搜索降权等市场管控措施。2014 年 4 月 23 日，浙江淘宝网络有限公

① 本章的主要内容以英文发表在 Journal of Financial Crime，Vol. 28，No. 1，2020.

② 参见江苏省南京市中级人民法院（2016）苏 01 刑终 33 号刑事判决书。类似的案件，可参见钟某破坏生产经营案，在该案中被告人也存在通过大量恶意刷单（商品为女士内裤）来打压竞争对手并造成财产损失的行为［浙江省金华市中级人民法院（2018）浙 07 刑终 602 号刑事裁定书］。

司认定智齿科技公司淘宝网店铺从事虚假交易，并对该店铺商品作出商品搜索降权的市场管控措施，后经申诉于同年 4 月 28 日恢复该店铺商品的搜索排名。搜索降权期间，消费者在数日内无法通过淘宝网搜索栏搜索到智齿科技公司淘宝网店铺的商品，智齿科技公司因此损失人民币 10 万余元。

在上述反向刷单案件中，被告人最终被法院认定为破坏生产经营罪。该判决思路是否妥当，在学界引发了很大争议。一部分学者认为，通过反向刷单使对方生产经营遭受财产损失，完全可以评价为破坏生产经营罪①；也有不少学者主张，反向刷单行为的性质不可与通常所理解的破坏生产经营行为等同，不宜按照该罪定罪处罚②；甚至有少数学者认为，应当认定为损害商业信誉、商品声誉罪。③ 这一问题不仅涉及虚拟空间中破坏生产经营罪的理解与适用，而且关系到信息社会应采取何种基本刑法解释论立场的问题，可谓网络时代传统刑法罪名复杂现状的缩影。对此，本章将主要围绕对破坏生产经营罪的教义学解读，逐步分析反向刷单行为的刑法定性。

一、保护法益与罪名结构

1979 年中国《刑法》第 125 条规定的罪名是“破坏集体生产罪”，属于破坏社会主义经济秩序罪。在 1996 年 10 月的刑法修订草案中，破坏生产经营罪被归入了“侵犯财产罪”一章，并且这种罪名体系定位最终在 1997 年《刑法》中确立下来。④ 罪名体系定位的变化，引发了该罪法益属性的探讨。较为保守的观点认为，破坏生产经营罪的保护法益仍然是生产经营活动的正常秩序。⑤ 然而，越来越多的学者否定了该罪保护秩序性法益的观点。例如，张明

① 刘仁文．网络时代破坏生产经营的刑法理解．法学杂志，2019（5）；李世阳．互联网时代破坏生产经营罪的新解释——以南京“反向炒信案”为素材．华东政法大学学报，2018（1）；黄晓亮．恶意给好评致使网店被降权处理的刑法评价．中国检察官，2015（6）；于志刚．防止网络成为两个意义上的“无法空间”．中国检察官，2015（6）；陈洪兵．双层社会背景下的刑法解释．法学论坛，2019（2）．

② 陈兴良．刑法阶层理论：三阶层与四要件的对比性考察．清华法学，2017（5）；周光权．刑法软性解释的限制与增设妨害业务罪．中外法学，2019（4）；欧阳本祺．论网络时代刑法解释的限度．中国法学，2017（3）；叶良芳．刷单炒信行为的规范分析及其治理路径．法学，2018（3）；刘艳红．网络时代刑法客观解释新塑造：“主观的客观解释论”．法律科学，2017（3）．

③ 曹波，陈娟．反向刷单炒信刑法规制新解．时代法学，2019（6）．

④ 高铭暄．中华人民共和国刑法的孕育诞生和发展完善．北京：北京大学出版社，2012：502－503．

⑤ 周振想．中国新刑法释论与罪案．北京：中国方正出版社，1997：1169．相似的观点认为，本罪的法益同时包括公私财物的所有权和国家、集体或者个人生产经营的正常秩序。高铭暄，马克昌．刑法学．8 版．北京：北京大学出版社，高等教育出版社，2017：522．

楷教授认为，破坏生产经营罪属于侵犯财产的犯罪，不应脱离侵犯财产罪的性质去解释本罪的犯罪构成。① 还有学者指出，该罪的保护法益不是生产经营的正常秩序，而是生产经营的经济利益。② 笔者也认为，不应继续将本罪理解为一种破坏秩序性犯罪。一方面，将破坏生产经营罪移至侵犯财产罪一章的做法充分表明，立法者对该罪的保护法益定位产生了重要变化。另一方面，在我国市场经济制度得到充分发展的当下，生产经营的独立化、私有化、个体化现象非常普遍，将本罪的保护客体限定为秩序性法益也不符合实际情况。

在反向刷单的案件中，更为具体的问题在于，破坏生产经营罪中的财产损害是否仅限于以毁坏机器设备或残害耕畜等方式所带来的损害，是否包括因生产资料被破坏而导致生产经营活动无法继续进行所造成的损失。对此有学者认为，破坏生产经营罪中的财产损失体现为因生产资料被破坏而导致生产经营活动无法继续进行所造成的损失，因此破坏生产经营罪是对期待权的侵害。③ 另一种更全面的观点则主张，破坏生产经营罪所保护的正常生产经营利益，既包括现实生产经营资料本身价值，也包括可期待的财产性利益。④ 类似地，也有学者认为本罪的保护法益是公私财物的所有权以及其他本权，即通过对财产的侵害间接地对生产经营产生影响。⑤ 笔者认为，破坏生产经营罪的法益侵害，既包括对生产资料等财物造成的直接损失，也包括因无法正常生产经营所带来的间接损失。在网络空间的破坏生产经营案件中，由于生产资料实现了虚拟化配置，完全可能存在生产资料本身没有直接损害的情形。此时，因无法正常生产经营所带来的间接损失就成为本罪法益侵害的主要内容。

与此相关的重要争议问题在于，破坏生产经营罪与故意毁坏财物罪之间的关系。相当有力的观点认为，破坏生产经营罪是故意毁坏财物罪的特殊罪名，二者之间存在法条竞合的关系。⑥ 按照这种理解，构成破坏生产经营罪的行为也必然构成故意毁坏财物罪。与此不同的观点则认为，不应将破坏生产

---

① 张明楷．刑法学．5版．北京：法律出版社，2016：1027.

② 柏浪涛．破坏生产经营罪问题辨析．中国刑事法杂志，2010（3）：41.

③ 李世阳．互联网时代破坏生产经营罪的新解释——以南京“反向炒信案”为素材．华东政法大学学报，2018（1）：53.

④ 刘仁文．网络时代破坏生产经营的刑法理解．法学杂志，2019（5）：51.

⑤ 黎宏．刑法学各论．2版．北京：法律出版社，2016：343.

⑥ 张明楷．刑法学．5版．北京：法律出版社，2016：1028；陈兴良．刑法阶层理论：三阶层与四要件的对比性考察．清华法学，2017（5）：14；陈兴良．互联网账号恶意注册黑色产业的刑法思考．清华法学，2019（6）：24；周光权．刑法软性解释的限制与增设妨害业务罪．中外法学，2019（4）：954；叶良芳．刷单炒信行为的规范分析及其治理路径．法学，2018（3）：180.

经营罪完全消解于故意毁坏财物罪。① 此外也有学者主张，破坏生产经营罪与故意毁坏财物罪属于想象竞合，应当择一重罪论处。② 笔者认为，虽然破坏生产经营罪与故意毁坏财物罪在构成要件上存在部分重合，但是不宜将二者理解为特别罪名与一般罪名的关系，也即破坏生产经营罪并非必须以构成故意毁坏财物罪为前提。

一方面，从破坏生产经营罪在刑法分则中所处的位置及其法益内涵的转型中，并不能推导出本罪属于故意毁坏财物罪特殊罪名的结论。在我国《刑法》中，不乏前后相邻两个条款属于一般罪名与特殊罪名的情形。例如，《刑法》第258条规定了重婚罪，而《刑法》第259条随即规定了特殊罪名——破坏军婚罪；《刑法》第140条规定了生产、销售伪劣产品罪，而《刑法》第141条随即规定了特殊罪名——生产、销售提供假药罪。然而，这样一种前后相邻的罪名编排体例并不意味着二者之间必然存在一般罪名与特别罪名之间的法条竞合关系。例如，《刑法》第260条虐待罪和第260条之一虐待被监护、看护人罪虽然行为方式一致，但二者并非是一般罪名与特别罪名的法条竞合关系；《刑法》第272条挪用资金罪与第273条挪用特定款物罪显然也并非一般罪名与特别罪名的关系。申言之，前后相邻的罪名编排体例并非认定两个类似罪名是否属于法条竞合的权威性、可靠性依据。而且，尽管破坏生产经营罪被立法者特意移至侵犯财产罪一章，该罪的性质由此转变为一种财产性犯罪，且可以被归入毁弃罪的范畴之中，但是无法直接地推导出本罪属于故意毁坏财物罪特别罪名的结论。这两个罪名之间的关系，还是取决于二者构成要件所规定的具体内容。

另一方面，破坏生产经营罪与故意毁坏财物罪在行为方式、行为对象、行为结构上都存在明显的差异。首先，在行为方式上，破坏生产经营罪的核心行为方式是“破坏”，而故意毁坏财物罪的核心行为方式是“毁坏”，尽管二者属于近义词，但是在内涵上仍然存在一定差异，前者抽象程度更高，并不总是伴随有形暴力；而后者具象性更明显，通常与物理暴力相连。其次，在行为对象上，破坏生产经营行为指向的是“生产经营”，而故意毁坏财物行为针对的是“财物”，前者描述的是一种人类社会活动，而后者则是物化的财产，后者与前者并非一种包含与被包含的关系。最后，在行为结构上，破坏生产经营罪存在手段行为和目的行为的二重性结构，而故意毁坏财物罪则并没有这种内部构造。应当特别注意，在破坏生产经营罪中，“毁坏机器设备、

---

① 李世阳．互联网时代破坏生产经营罪的新解释——以南京“反向炒信案”为素材．华东政法大学学报，2018（1）：53.

② 柏浪涛．破坏生产经营罪问题辨析．中国刑事法杂志，2010（3）：49；王作富．刑法分则实务研究：中．北京：中国方正出版社，2013：1031.

残害耕畜”等行为都只是“破坏生产经营”这一目的行为的手段，故此不应将破坏生产经营罪手段行为中的“毁坏”概念与故意毁坏财物罪目的行为中的“毁坏”概念放在一个位阶上加以理解。①

综上可见，认为破坏生产经营罪是故意毁坏财物罪特殊罪名的观点并没有充足的依据，构成破坏生产经营罪并非以构成故意毁坏财物罪为前提。因此，反向刷单炒信行为是否构成破坏生产经营罪，直接按照该罪的构成要件加以认定即可，不应以是否构成故意毁坏财物罪作为前置条件。

二、生产经营的理解

“生产经营”是破坏生产经营罪的行为对象，如何界定其内涵是本罪认定的核心问题之一。在我国 1979 年《刑法》中，破坏集体生产罪采用的是“集体生产”的概念，而 1997 年《刑法》将其修订为“生产经营”，因为“集体生产”只能是指全民所有制单位和集体所有制单位的生产，无法涵盖其他性质的单位的生产经营。② 按照一般的理解，生产经营通常是指人们使用工具来制造各种生产资料和生活资料，并进行筹划、组织、管理的行为。③ 然而，随着数字经济、互联网经济的蓬勃发展，“生产经营”概念的内涵也在不断拓展。一方面，在我国产业转型升级换代的时代背景下，生产经营的重心逐渐由第一、二产业向第三产业过渡，以服务业为核心的生产经营活动越发常见。另一方面，随着数字经济、互联网经济的蓬勃发展，不仅在网络空间形成了大量新型的数字化生产经营活动，而且传统的生产经营在迅速地向线上拓展或转移。

在此背景下，是否应当对破坏生产经营罪中“生产经营”作与时俱进的理解，就会成为问题。如果从一种僵化的主观解释论立场出发，显然法律修订之时（1997 年）的立法者难以想象当今社会数量如此庞大、形式如此多样的数字化经济。例如，前文介绍的反向刷单案例中的在线论文查重服务，恐怕难以被当时的立法者所预期。但是，这种极度僵化的主观解释论并不具有合理性，也鲜有学者会主张这种立场。时至今日，尤其是随着电子商务的广

① 更进一步地说，从法条形式上看，不同于故意毁坏财物罪，破坏生产经营罪还规定了“泄愤报复或者其他个人目的”的主观要素。当然，从实质上来理解，这里的主观要素“个人目的”并没有设置更多主观方面的要求。理论上通常认为，只要无正当理由，即可认定为“出于个人目的”。张明楷. 刑法学 . 5 版 . 北京：法律出版社，2016：1027.

② 高铭暄 . 中华人民共和国刑法的孕育诞生和发展完善 . 北京：北京大学出版社，2012：503.

③ 中国社会科学院语言研究所词典编辑室 . 现代汉语词典 . 7 版 . 北京：商务印书馆，2016：686，1166.

泛普及，存在于网络空间的生产经营活动司空见惯，完全可以被普通民众的一般观念所接受。为了避免刑法解释与普通民众的规范认同脱节，在刑法概念可能的语义范围内，网络时代“生产经营”所指涉的对象范围逐渐被拓宽是不可避免的。

由此分析，在上述反向刷单炒信的案例中，被害人所从事的商业活动属于刑法破坏生产经营罪中的“生产经营”。网络电商平台上所提供的论文查重，是以相关论文数据库为依托，检测论文内容重复比例、避免学术不端的一项有益性服务，同样需要服务提供者投入资金、技术来建设和运营，尽管实体设备很少，但是仍然属于生产经营的范畴。① 因此，在反向刷单的案例中，存在适格的行为对象。

三、破坏行为的理解

破坏生产经营罪的实行行为是“破坏”，如何解释这一概念，是认定反向刷单行为能否构成本罪的关键性问题。在学理和比较法的视野中，对于如何理解“破坏”“毁坏”“损坏”等术语，素来存在激烈对立的观点。例如，《德国刑法典》第 303 条物品损坏罪区分了“损坏”（beschädigen）和“毁坏”（zerstören）两种不同的概念。损害包括物质损伤与效用减损，即对他人物品造成严重的物质损伤或者严重妨害他人物品的效用；而毁坏则是指导致物品完全灭失或者完全丧失应有效用。② 然而，虽然德国刑法的理论与实务认为物品的效用减损可以构成该罪，但是它与日本刑法学界的效用侵害说还是存在明显区别。德国的司法判例认为，单纯排除占有并不使物品丧失本来的用途，不能成立物品损坏。因此，诸如让水流走，将他人戒指扔入大海，打开鸟笼放走他人饲养的小鸟，将他人物品藏匿等行为，均不构成物品损害罪。③ 而与之相反，在日本刑法学界，虽然学理上存在物质的毁损说、有形侵害说和效用侵害说等不同观点④，但是通说和判例立场则认为，刑法的毁弃、损害不限于物理性损坏，而是指有损物之效用的一切行为（侵害效用说），以免处罚范围过于狭窄。按照这种观点，向餐具撒尿，放走鱼池里的鲤鱼，拿走并藏匿

---

① 就前文注释中提及的另一起反向刷单案（钟某破坏生产经营案）而言，网络电商平台上销售内衣的店铺，实际上只是将传统的服装销售移至线上，本身就具有实体产品和经营作为依托，将其理解为生产经营毫无疑义。

② 王钢．德国判例刑法分则．北京：北京大学出版社，2016：299，301.

③ 王钢．德国判例刑法分则．北京：北京大学出版社，2016：300；Rengier，Strafrecht Besonderer Teil I，Vermögensdelikte，19. Aufl.，2017，§24，Rn. 16.

④ 刘明祥．财产罪比较研究．北京：中国政法大学出版社，2001：418－420.

拍卖记录或招牌等行为，都属于毁弃类犯罪。① 在我国刑法学界，也存在互相对立的观点。例如，张明楷教授明确主张接近日本通说观点的一般效用说，认为虽然没有直接对财物行使有形力，但使他人财物的效用减少或者丧失的，同样是毁坏财物。② 而陈兴良教授则认为，毁坏财物行为应当揭示行为的破坏性，只有破坏性的行为才能构成毁坏。效用侵害说只着眼于效用丧失或者降低的结果，对行为方式本身没有加以限制，因此其对毁坏的理解具有结果论的效应，过于宽泛。③

笔者也倾向于认为，故意毁坏财物罪中的“毁坏”概念，应当进行行为类型上的限定。如果完全以财物所有人财物效用的减损为依据，那么故意毁坏财物罪的处罚边界将过度扩张，许多以往按照民事侵权处理的行为都将被纳入刑法规制范围。然而，如前所述，并没有可靠的理由可以认为破坏生产经营罪与故意毁坏财物罪构成特殊罪名与一般罪名之间的法条竞合关系。对破坏生产经营罪中实行行为的理解，也并不等同于故意毁坏财物罪，破坏生产经营罪的实行行为并不以有形损毁为必要前提。一方面，在语义内涵上，破坏生产经营罪的实行行为“破坏”与故意毁坏财物罪的实行行为“毁坏”存在实质差异。“毁坏”通常意味着损毁性的破坏，而破坏则一般并不苛求“损毁性”特征。在语言习惯上，“毁坏”通常指向实体的对象，而“破坏”则往往与抽象性的人类活动或制度相关联。在破坏生产经营罪中，核心的实行行为应当是“破坏”而非“毁坏”，“毁坏”只是例示性手段行为的组成部分。④ 另一方面，伴随网络时代的到来，生产经营大规模地向线上转移，虚拟化的生产经营形式也越发普遍。在此语境下，伴随行为对象的概念外延发生流变，破坏生产经营罪中“破坏”行为的语义可能边界也在悄然拓展。在概念的语义发展过程中，行为的外延伴随行为对象外延逐渐拓展是非常自然而常见的现象。由于行为对象逐渐虚拟化，破坏行为当然也并不仅仅表现为有形的物理毁损。在网络时代，如果仍然绝对化地要求破坏行为必须具备有形的物理毁损，那么无异于基本否定了破坏生产经营罪在虚拟空间的适用可能性。事实上，即使是根据我国刑法以往的立法习惯，破坏行为也绝不仅指物理性的毁损。例如，在利用极端主义破坏法律实施罪、破坏选举罪、破坏军婚罪、破坏计算机信息系统罪、破坏集会、游行、示威罪等罪名中，破坏行

---

① 西田典之．日本刑法各论：第6版．北京：法律出版社，2013：295.

② 张明楷．刑法学．5版．北京：法律出版社，2016：1026.

③ 陈兴良．判例刑法学：下卷．北京：中国人民大学出版社，2009：399.

④ 对此，直接参与1979年《刑法》制定的高铭暄教授曾明确指出，破坏集体生产罪（破坏生产经营罪的前身）的目的是破坏生产，毁坏机器设备只不过是为了达到这一目的所使用的方法。高铭暄．中华人民共和国刑法的孕育诞生和完善发展．北京：北京大学出版社，2012：107.

为所指向的都是抽象客体，通常并不必然存在有形损毁。

当然，在刑法解释论上，为了避免实行行为被过度扩张，虽然“破坏”行为不以物理性的有形毁损为必要前提，但是在破坏的程度上仍然应当进行实质性的限缩。正因如此，笔者也并不认同将“破坏”扩张理解为“干扰”和“妨害”的观点。[①] 关于实质性的程度限缩，最高人民检察院、公安部《关于公安机关管辖的刑事案件立案追诉标准的规定（一）》第 34 条已经给出了方向性的指引，可以对其进行参照适用。[②]

四、“其他方法”与同类解释规则

由于反向刷单并非《刑法》第 276 条所明确列举的行为方式（毁坏机器设备、残害耕畜），因此其能否构成破坏生产经营罪，关键问题之一在于如何解释该罪中的兜底性表述“其他方法”。对兜底性表述的认定，许多学者都主张采用同类解释规则/只含同类规则（Ejusdem Generis Rule）来加以限定。[③] 例如，周光权教授就正确地指出，破坏生产经营罪中的“其他方法”应当是与毁坏机器设备、残害耕畜相类似的行为，而不是泛指任何行为。[④]

然而，兜底性表述也存在不同的具体类型，因而同类解释规则也有不同的适用语境和方法。对此，张明楷教授总结了四种不同的情形：（1）行为的危险性质的同类，如《刑法》第 114 条以危险方法危害公共安全罪中“以其他危险方法危害公共安全”，这里的其他危险方法必须具有与放火、决水、爆炸等相当的危险。（2）行为手段性质的同类，如《刑法》第 237 条强制猥亵、侮辱罪中“以其他方法强制猥亵妇女或者侮辱妇女”，或《刑法》第 236 条强奸罪中“以其他手段强奸妇女”，这里的其他方法或其他手段仅限于与暴力、

---

① 高艳东．破坏生产经营罪包括妨害业务行为——批量恶意注册账号的处理．预防青少年犯罪研究，2016（2）：19.

② 按照该条的规定，破坏生产经营，涉嫌下列情形之一的，应予立案追诉：（1）造成公私财物损失 5 000 元以上的；（2）破坏生产经营 3 次以上的；（3）纠集 3 人以上公然破坏生产经营的；（4）其他破坏生产经营应予追究刑事责任的情形。

③ 对此国内较早的论述，可参见：储槐植．刑事一体化与关系刑法论．北京：北京大学出版社，1996：359；梁根林．刑法适用解释规则论．法学，2003（12）：52.

④ 周光权．刑法软性解释的限制与增设妨害业务罪．中外法学，2019（4）：954.

胁迫的强制作用相当的方法。[①]（3）行为类型的同类，如《刑法》第 224 条合同诈骗罪中“以其他方法骗取对方当事人财物”，这里的其他方法是指其他利用了经济合同的行为。（4）行为法益侵害性质的同类，如《刑法》第 246 条侮辱罪中“以其他方法公然侮辱他人”，这里的其他方法并不限于像暴力一样具有行为手段强制性的方法。[②] 仔细分析可知，按照张明楷教授的观点，上述四种兜底性表述的认定规则存在明显差异。在第（1）～（3）种情形中，同类解释规则属于行为导向型，具体是指行为危险性、行为强制性、行为类型性；而第（4）种情形中，则具有明显的结果导向型特征，即受到侮辱的结果。显然，在行为法益侵害性质同类的情形中，行为本身样态并不重要，关键是法益侵害结果具有等同性。

问题在于，破坏生产经营罪应当适用何种同类解释规则？同类解释规则中的“类比点”到底是什么？[③] 如果认为破坏生产经营罪中的“其他方法”应当按照行为导向型的同类解释规则来认定，那么物理毁损性特征就会成为该罪的必备特征。相反，如果认为本罪中的“其他方法”应当按照结果导向型的同类解释规则来理解，那么只要生产经营中的财产权利遭受了实质性的重大损失，即可构成本罪。[④]

不少观点认为，按照同类解释的规则，破坏生产经营罪中的“其他方法”的表现形式应当是暴力[⑤]，必须是毁坏、残害等物理性的破坏行为。[⑥] 张明楷教授则更进一步指出，《刑法》第 276 条应当同时符合行为方式与行为对象的同类：一方面，行为必须表现为毁坏、残害等毁损行为；另一方面，行为所毁损的对象必须是机器设备、耕畜等生产工具、生产资料。[⑦] 当然，张明楷教授在故意毁坏财物罪中持一般的效用侵害说，而在破坏生产经营罪中对兜底

---

① 关于中国《刑法》强奸罪中的“其他手段”，理论和实务的理解是否仍然维持了同类解释规则，不无疑问。因为通说认为本罪手段行为的本质是“违背妇女意志”，在欺骗妇女与之发生性关系，或与精神病患者平和发生性关系的场合也构成强奸罪，但行为人此时所采取的手段行为与本罪所规定的“暴力”“胁迫”难言强制性上的等同性。相关研究可参见：李军．兜底条款中同质性解释规则的适用困境与目的解释之补足．环球法律评论，2019（4）：119.

② 张明楷．刑法分则的解释原理．2 版：上．北京：中国人民大学出版社，2011：60.

③ 李谦．刑法规范中兜底条款的同质性判断标准——以全国首例“恶意刷单”案为切入点．法律适用，2017（18）：42.

④ 关于行为视角与结果视角得出不同结论的情况，也出现在关于操纵证券、期货市场罪兜底条款的理解与适用中。梅传强，刁雪云．刑法中兜底条款的解释规则．重庆大学学报（社会科学版）.

⑤ 欧阳本祺．论网络时代刑法解释的限度．中国法学，2017（3）：175；叶良芳．刷单炒信行为的规范分析及其治理路径．法学，2018（3）：180.

⑥ 刘艳红．网络时代刑法客观解释新塑造：“主观的客观解释论”．法律科学，2017（3）：104.

⑦ 张明楷．刑法学．5 版．北京：法律出版社，2016：1027. 周光权教授也同意这一观点。周光权．刑法软性解释的限制与增设妨害业务罪．中外法学，2019（4）：955.

条款的解释又采取物理性毁损的观点，逻辑上确实存在自相矛盾之处。①

与上述立场不同，主张反向刷单行为构成破坏生产经营罪的学者则认为，在网络时代不应对“其他方法”做狭隘和机械的理解，否则本罪在网络时代势必成为一个“奄奄一息的罪名”②。这种观点实际上弱化了同类解释规则的束缚，主张在“其他方法”的可能语义范围内，强调客观解释论的基本取向。还有的观点则认为，在解释兜底条款时应遵循同类解释规则，因此“毁坏机器设备”“残害耕畜”是重要的参照条件，但是，本罪的保护法益以及实行行为的本质特征才是进行同类解释的指导原则。③ 类似地，也有学者认为破坏机器设备、残害耕畜只是起到提示作用，即使没有采取破坏生产资料的方法，只要危害行为侵犯了生产经营者基于生产经营的利益，也属于“其他方法”④。

笔者倾向于认为，同类解释规则应当继续得到坚持，因为这一原理可以防止相关罪名的适用因兜底性表述而过度扩张。而且，不宜将过多的兜底性表述认定为行为法益侵害性质的同类。因为，如果完全将法益侵害作为核心标准贯彻到底，行为类型性所具有的意义将变得可有可无，与其他平行行为类型的相当性将会被虚置，同类解释规则限定入罪边界的功能也因此被大大削弱。

但是，在同类解释规则的适用上，破坏生产经营罪与以危险方法危害公共安全、强制猥亵、强奸等罪名存在较大的差异。⑤ 在以危险方法危害公共安全罪中，放火、决水、爆炸这些行为本身蕴含了高度的法益危险性，从而决定了对公共安全的危害程度。因此，对行为类型的相当性判断，实际上就同步完成了行为法益侵害的相当性判断。类似地，在强制猥亵罪或强奸罪中，暴力、胁迫本身体现出行为的强制性特征，也直观表达出了对法益的高度侵害性。因此，在这些罪名兜底性表述的解释中，进行相当性的判断，可以契合立法原意、合乎规范保护目标地限定处罚范围。

然而，在破坏生产经营罪中，手段行为对本罪刑事应罚性的奠定并不具有关键性的意义。毁坏机器设备、残害耕畜虽然是破坏生产经营的一种例式性手段，但是其对该罪的应罚性并不起决定性作用。“机器设备”“耕畜”属

---

① 陈洪兵．双层社会背景下的刑法解释．法学论坛，2019（2）：86.

② 刘仁文．网络时代破坏生产经营的刑法理解．法学杂志，2019（5）：52.

③ 李世阳．互联网时代破坏生产经营罪的新解释——以南京“反向炒信案”为素材．华东政法大学学报，2018（1）：56.

④ 李凌旭，阎二鹏．新实质解释视域下的破坏生产经营罪之构成要件——以“恶意好评”行为入罪为视角．湖南师范大学社会科学学报，2016（2）：97.

⑤ 类似的见解认为，《刑法》第 276 条本身并未对其他方法作性质上的概括或者界定，这不同于《刑法》第 114 条和第 115 条第 1 款关于行为方法的规定。黄晓亮．恶意给好评致使网店被降权处理的刑法评价．中国检察官，2015（6）：7－8.

于生产资料，它与“生产经营”之间存在一定的关联性“裂痕”，对生产资料的毁坏与残害，并不绝对就能导出对生产经营的破坏。例如，我们完全可以设想行为人虽然毁坏了机器但是没有实际影响生产经营的行为，对此也不应按照破坏生产经营罪来定罪处罚。[①] 反过来说，如果故意毁坏的机器设备（或部件）本身价值非常轻微，但是该行为对生产经营造成了严重破坏，那么仍然应当按照破坏生产经营罪来定罪处罚。据高铭暄教授记载，在 1979 年《刑法》出台以前，在修改刑法典草案第 22 稿时有同志提出，在工业企业中毁坏机器设备，虽然从设备本身来说，损失的财产价值不大（如机器的关键部位破坏了一个很小的零件），但却严重地破坏了生产，这种行为应当增设刑法罪名来处罚，这便是本罪的由来。[②] 从破坏生产经营罪的这一历史沿革亦可看出，本罪评价的核心是对生产经营的破坏，具体所采取的手段行为并不是构成本罪的关键性要素。如高铭暄先生所言，本罪破坏的方法可以多种多样，除了毁坏机器设备、残害耕畜外，还可以是切断电源，毁坏种子、秧苗，故意不按照工艺规程生产（如该加温不加温、该冷却不冷却）使产品变废，等等。[③] 由此可见，破坏生产经营罪的手段行为并不特别强调暴力性，决定性的因素在于对生产经营的破坏。[④]

五、小　结

通过恶意的反向刷单，以此引发监管者的处罚，并由此为商家带来重大损失的行为，构成破坏生产经营罪。破坏生产经营罪的保护法益，既包括生产资料本身所具有的财产价值，也包括正常开展生产经营活动的期待利益。在反向刷单炒信案件中，虽然被害人的生产资料没有被直接损毁和破坏，但是其正常的生产经营活动被严重扰乱，并由此遭受了较大的可预期财产损失。伴随网络时代的到来，人类社会的生产经营产生了重大变革，它不仅在形式上更为多样，而且正迅速地从线下向线上转移，因此刑法上破坏生产经营罪中“生产经营”的含义也应当相应得到拓展。由此观之，在网络上所开展的论文查重服务、服装销售显然都应属于刑法所保护的生产经营。不论是从立

---

① 例如，毁坏闲置不用的生产经营设备或用具，或是非生产性的设备和用具，不构成本罪。周道鸾，张军．刑法罪名精释：下．北京：人民法院出版社，2013：671.

② 高铭暄．中华人民共和国刑法的孕育诞生和发展完善．北京：北京大学出版社，2012：107.

③ 同②. 无独有偶，王作富教授主编的专著甚至指出，这里的“其他方法”在方法的类型上没有限制。王作富. 刑法分则实务研究：中．北京：中国方正出版社，2013：1030.

④ 需要再次强调的是，为了避免本罪的过度扩张适用，如前文所述，应当对破坏行为的法益侵害程度进行严格限定。

法史的角度来考察，还是从学理上进行分析，都没有可靠的理由可以认为，破坏生产经营罪与故意毁坏财物罪之间具有特殊罪名与一般罪名的法条竞合关系。不同于故意毁坏财物罪，破坏生产经营罪具有手段行为和目的行为的双重结构，毁坏机器设备、残害耕畜只是手段行为，而作为目的行为的破坏生产经营才是认定本罪构成的关键所在。因此，破坏生产经营罪的核心行为是“破坏”而非“毁坏”，前者并不必然以有形的毁损和暴力性特征为前提。在刑法适用过程中，同类解释规则应当得到充分尊重，但是应根据特定罪名构成要件的内部结构来具体加以理解。在破坏生产经营罪中，对生产经营的实质性破坏才是本罪的最终落脚点，其奠定了该类行为的刑事应罚性，而从手段行为中片面提炼出来的暴力性、毁损性特征并非本罪同类解释的有效着力点。

网络时代破坏生产经营罪的理解与适用，折射出传统财产犯罪罪名在虚拟空间中所处的复杂现状。在生产经营实现数字化转型的过程中，生产资料、生产工具的实体属性逐渐弱化，基于对工业社会乃至农业社会的认知而创设的传统罪名，在信息社会应当如何被合理地适用，乃是刑法解释论上的重大命题。前文对破坏生产经营罪的教义学解读表明，在网络社会的基本语境下，不应对传统刑法罪名持一种近乎原旨主义的主观解释论立场，否则刑法的规范效力将会在时代的发展潮流中悄然旁落。相反，在刑法概念的认定中，应当在语义的可能射程范围内，根据刑法罪名的规范保护目的，作出与时俱进的理解。对此，设定规则框架和规范目标的立法者恰恰乐见其成，因为立法者的意志本身就是一种流动的国家意志，它不是某种具体的解释方法，而是解释目的和解释结果。①

① 拉德布鲁赫．法哲学．王朴，译．北京：法律出版社，2013：128；可参见本书第37页。

第十一章　论网络盗窃罪中的规范占有
——从偷换二维码案的分析切入

随着移动互联网技术的不断普及，扫码支付成为人们日常生活中的一部分。这种新的电子支付形态也带来了刑法适用上的难题。近年来出现了多起偷换二维码非法获取财物的案件，不仅为司法实践带来了困惑，而且引起了刑法学界的激烈学术探讨。这类案件的基本作案手段是：行为人趁商家不备，悄悄将商家的收款二维码（通过覆盖的方式）换成自己的收款二维码，当顾客扫码支付时货款便实际流向了行为人的移动支付账号，行为人因此非法获利。而且，由于该种行为很容易被商家所察觉，单个偷换的二维码不久后即被移除，难以获得数额较大的非法利益，行为人往往会选择多次作案，偷换多家商户的收款二维码。

偷换二维码的行为实际上是传统财产犯罪手段为了适应网络时代而产生的变化形式。在中国这样一个接近无现金社会的环境中，传统的盗窃和诈骗变得越来越困难，对于不懂得信息技术的普通人来说，偷换二维码是一种相对容易得逞的非法取财手段。然而，这样一种新型的非法取财手段，到底应当定性为诈骗还是盗窃，抑或根本就不能构成犯罪，学理上至今没有定论。直接的原因在于，偷换二维码的行为既有诈骗的因素又有盗窃的成分，属于一种不典型的行为类型。尽管盗窃罪和诈骗罪在刑罚幅度上相差无几①，但是对行为进行准确定性仍然具有不可忽视的重要价值。与理论界的纷争不同，在目前的司法实务中，绝大多数偷换二维码非法获取财物的案件都是按照盗窃罪来处理。② 但是，也有个别判决认为，这类行为应当构成诈骗罪。

---

① 诈骗罪的起刑数额要比盗窃罪的高，而且我国《刑法》规定多次盗窃可以构成犯罪，却没有规定多次诈骗可以入罪。实务中存在多次偷换二维码，违法所得合计仅 700 元，按照多次盗窃定罪处罚的案例。参见石勋盗窃案，广西壮族自治区忻城县人民法院（2019）桂 1321 刑初 130 号刑事判决书。

② 据媒体报道，按照盗窃罪来处理的类似案例发生在中山、日照、赣州等地。[2020 - 08 - 20]. http：//www. sohu. com/a/334658005 _ 682120，https：//static. nfapp. southcn. com/content/201912/11/c2886 433. html，http：//v. jxntv. cn/2019/0825/9234081. shtml.

[案例 11-1] 邹某某盗窃案①

2017 年 2 月至 3 月间，被告人邹某某先后到福建省石狮市沃尔玛商场门口台湾脆皮玉米店、章鱼小丸子店、世茂摩天城商场可可柠檬奶茶店、石狮市湖东菜市场、长福菜市场、五星菜市场、洋下菜市场，以及晋江市青阳街道等地的店铺、摊位，乘无人注意之机，将上述店铺、摊位上的微信收款二维码调换（覆盖）为自己的微信二维码，从而获取顾客通过微信扫描支付给上述商家的钱款。经查，被告人邹某某获取被害人郑某、王某等人的钱款共计人民币 6 983.03 元。案发后，赃款均未追回。2017 年 3 月 25 日，被告人邹某某在石狮市华山酒店附近路边被公安人员抓获。

法院判决认为，被告人邹某某以非法占有为目的，多次采用秘密手段窃取公民财物，总金额为人民币 6 983.03 元，属数额较大，其行为已构成盗窃罪，判处有期徒刑 8 个月，并处罚金人民币 2 000 元。

[案例 11-2] 李某某诈骗案②

2018 年 2 月至 10 月期间，被告人李某某先后多次到宁德伯豪酒店、宁德万达速八酒店、福州天福网吧、福州华海商务酒店、闽侯某琳连锁酒店、福州海友酒店、福州令狐冲烤鱼店商家等地，乘无人注意之机，在上述酒店、商家的支付宝收款二维码上覆盖其本人或由其实际控制的以他人名义申请的支付宝收款二维码，从而获取顾客通过支付宝扫码支付给酒店或商家的钱款共计人民币 7 792.49 元。2018 年 11 月 1 日，李某某被公安机关抓获归案。

一审法院认为，被告人李某某以非法占有为目的，骗取他人财物，数额较大，其行为已构成诈骗罪，判处有期徒刑 10 个月，并处罚金人民币 3 000 元。

检察院抗诉称，原审被告人李某某的行为应认定为盗窃罪。

二审法院认为，原审被告人李某某通过偷换二维码的手段虚构事实，既欺骗了商家，也欺骗了顾客，使商家和顾客都陷入认识错误，以为该二维码就是商家的收款二维码，并进而实施处分行为，符合诈骗罪的构成要件，原审判决并无不当。终审判决驳回抗诉，维持原判。

有鉴于上述分歧，本章将对现有的理论方案及其法理逻辑予以系统梳理和评析，其目标不仅在于为司法实践提供具有说服力的解释方案，而且试图

---

① 参见福建省石狮市人民法院（2017）闽 0581 刑初 1070 号刑事判决书。类似认定构成盗窃罪的判决，可参见倪建飞盗窃案，上海市金山区人民法院（2018）沪 0116 刑初 357 号刑事判决书；钟基太、钟献太盗窃案，广东省翁源县人民法院（2020）粤 0229 刑初 178 号刑事判决书。

② 参见福建省宁德市中级人民法院（2019）闽 09 刑终 263 号刑事裁定书。

探讨网络时代传统财产犯罪应当如何来进行适用，经典的刑法教义学理论应当如何作出与时俱进的理解。

一、诈骗罪的若干主张

不同于司法判决所采纳的盗窃说立场，学界有不少观点认为偷换二维码非法获取财物的行为在性质上属于诈骗。而在诈骗说的基本阵营内，又存在不同的理论主张。

（一）三角诈骗说：紧密关系的缺失

关于偷换二维码案，张明楷教授认为，被告人的行为属于一种新型的三角诈骗。在这种特殊的构造中，作为受骗人的顾客遭受欺骗后处分了自己的财物，但是商家由此遭受了损失，成为诈骗行为的被害人。① 此外，阮齐林教授也认同这种新型三角诈骗观点。他指出，货款是由顾客账户转移至被告人账户，不是被告人违背顾客意志窃取，不属于盗窃，虽然受骗人处分的是自己的财物，但是仍然符合三角诈骗的定义。②

新型三角诈骗说虽然富有启发，但是过度扩展了诈骗罪的适用范围，导致诈骗罪与盗窃罪之间的界限越发模糊。不同于典型的诈骗行为，在三角诈骗中，同时存在行为人、被骗人、受害人三方，被骗人与受害人并非同一主体。在学理上，三角诈骗行为与盗窃罪的间接正犯之间存在一种此消彼长的对立关系。区分二者的关键就在于，被骗人是否具有处分被害人财产的权限或处于可以处分被害人财产权限的地位。③ 申言之，成立三角诈骗的前提在于，受骗者与处分人之间存在一种“邻近关系/紧密关系”（Näheverhältnis），二者构成一个“归责整体”（Zurechnungseinheit）。④ 就此而言，上述特殊的三角诈骗理论实际上已经突破了诈骗罪的基本构成逻辑。

其一，就三角诈骗的成立而言，不论采取何种学说（事实处分说或法律处分说、阵营说或授权说），按照目前理论上的共识，受骗人所处分的应当是财产损失者的财物。⑤ 而在偷换二维码的案件中，事实上所谓的被骗人（顾客）从始至终处分的仅仅是自己的财物，而非受害者（商家）的财物。其二，

---

① 张明楷．三角诈骗的类型．法学评论，2017（1）：24-25.
② 阮齐林．“二维码替换案”应定性诈骗．中国检察官，2018（2）：3-4.
③ 张明楷．刑法学．5版．北京：法律出版社，2016：1006.
④ Vgl. Tiedemann，in：Leipziger Kommentar zum StGB，12. Aufl.，2012，§263，Rn. 115.
⑤ 徐凌波．置换二维码行为与财产犯罪的成立．国家检察官学院学报，2018（2）：43.

从法律关系上来看，受害人（商家）并没有委托被骗人（顾客）代为管理或处分财物，被骗人（顾客）也没有替被害人（商家）处分财物的权利与主观意思。其三，在民事法律后果上，在偷换二维码案件中，顾客基于对交易场景的善意信任而扫码支付商品对价，按照处理债权准占有问题的民法逻辑，为了保护交易的安全，应当认为顾客已经有效清偿了债务。① 在这种情况下，商家并不具有向顾客继续追偿的权利，实际的财产损失由商家所承担。有学者据此认为，债权准占有的适用确立了被害人是商户，且意味着处分行为存在，即顾客将商户的货款处分给了被告人。② 然而，债权准占有仅仅是为了保护善意第三人所作出的制度安排，并不意味着被骗人（顾客）拥有处分被害人（商家）财物的权利，也不能据此就将被骗人（顾客）和被害人（商家）视作一个归责整体。强行将被骗人（顾客）和被害人（商家）视为一个归责整体的后果，实际是在没有扎实理论基础的前提下过度扩展诈骗罪的适用。

（二）间接正犯诈骗说：平台并无审核义务

不同于三角诈骗说，姜涛教授认为，偷换二维码非法获取财物的行为应当属于诈骗罪的间接正犯："行为人一头骗顾客，一头骗第三方支付平台，顾客刷二维码付钱转让的是自己（对第三方支付平台）的债权，处分的是店家的债权，第三方支付平台处分的才是店家的财产权，行为人是诈骗的间接正犯，即利用顾客和第三方支付平台的认识错误而处分第三人财物。"③

这一观点也存在诸多疑问：其一，在移动支付的流程中，虽然第三方支付平台扮演了重要的角色，但是只要用户按照正常手续注册账号，资金即可自由存取，第三方支付平台对资金流转并无实质审核义务。既然第三方支付平台本就没有实质审核义务，那么"被欺骗"就无从谈起。因此，认为偷换二维码的行为属于"两头骗"的观点站不住脚。其二，如前文所言，顾客扫码支付只是履行自己的债务，他既没有处分店家（对第三方支付平台）债权的权限，也没有处分店家（对第三方支付平台）债权的意愿。不能因为在结果上由商家承担财产损失，就认为是顾客处分了店家的债权。因此，"被骗者基于受骗而处分财产"的诈骗罪逻辑，在处分行为这一点上已经就断裂了。其三，按照间接正犯诈骗说，在偷换二维码案件中，顾客既是被骗者，又是行为人实施诈骗行为的工具，逻辑上存在混乱和矛盾之处。

---

① 关于债务人对债权准占有清偿问题的处理，可参见：其木提．论债务人对债权准占有人清偿的效力．法学，2013 (3)：87；杨立新．对债权准占有人给付的效力．法学研究，1991 (3)：84；杨立新，叶军．论对债权之准占有人给付效力及适用．中外法学，1994 (3)：29.

② 高磊．论清偿效果之于三角诈骗的认定．政治与法律，2018 (5)：59.

③ 姜涛．网络型诈骗罪的拟制处分行为．中外法学，2019 (3)：711.

（三）债权实现诈骗说：虚构的处分意思

不同于将顾客作为被骗人的诈骗罪思路，蔡颖博士认为，应当将商家作为被骗者来展开诈骗罪的逻辑。该种观点认为，由于行为人偷换了二维码，商家误以为置换后的二维码指向自己账户，基于此错误认识指示或者接受顾客打款至错误的二维码，顾客打款后，商家债权消灭但并未按照预期收到货款，因而遭受损失。① 这种观点的特色在于，将受骗人与受害人均认定为商家（而非顾客），且诈骗行为的对象为商家所享有的债权。但是，这一观点也存在明显的短板。

其一，二维码案中的商家与行为人并没有产生沟通，难言存在刑法意义上的“被骗”。通常认为，刑法中的诈骗罪属于沟通型犯罪，只有当行为人与对方存在沟通时，才可能形成欺骗与被骗的关系。而在偷换二维码案中，商家完全没有意识到行为人的存在，因此并不存在刑法上诈骗的前提性条件。该种主张诈骗罪的观点对此指出，“交流”的规范特征并不是言语或书面等外在形式，而是实质的信息传递。如果行为人的行为释放出了错误信息，处分人接收到该错误信息，就应认为二者之间存在“交流”②。但是，将“交流”极度扩张地理解为“信息传递”，已经完全改变了诈骗的属性。诈骗罪所要求的沟通或“交流”，并非仅指行为人所释放的信号客观上抵达对方并影响后续结果，而是意味着行为人与对方产生了（明示或默示的）主观意思表示上的沟通，由此欺骗行为真正影响对方的处分意识和处分行为。如果仅仅是所谓的“信息传递”，那么诈骗和带有欺骗成分的盗窃就难以区分。例如，在商场购物时，行为人从方便面箱子中取出几袋方便面替换为昂贵的照相机，并在收银时蒙混过关只支付了一箱方便面的价款，理论上一般认为构成盗窃而非诈骗。③ 此时，行为人所传递的“欺骗”信息客观上无疑已经到达收银员处，甚至付款时行为人和收银员还进行了言语对话，但是二人并未真正就照相机的买卖进行主观意思表示上的沟通，因此该行为仍然应当定性为盗窃而非诈骗。

其二，与诈骗行为的交流性特征相关联，在偷换二维码案中，商家并没有指示顾客向行为人履行合同的处分意思。商家并不知晓行为人的存在，与行为人之间也没有相关的权利义务关系，因此也不可能指示顾客向行为人履行债务。换言之，商家根本就不具有诈骗罪中对财物的处分意识。商家是否存在客观的处分行为也高度存疑，因为一方面，商家并没有特别地指明顾客

---

① 蔡颖．偷换二维码行为的刑法定性．法学，2020（1）：134.

② 同①135.

③ 张明楷．刑法学．5版．北京：法律出版社，2016：1004.

扫行为人的收款二维码、将钱款转账到行为人的账户中；另一方面，顾客本来就打算用手机扫原定位置的二维码来进行支付。诚然，处分行为可以表现为忍受或不作为，但无论如何诈骗罪中的处分行为是导致财物（或财产性利益）转移占有的直接因素，而在偷换二维码案中，财物（即商家的债权性利益）从商家处转移并丧失，并非由商家本身的行为主导（商家主观上不知情，客观上什么也没做），而是由行为人偷换二维码的行为直接引发。从顾客的角度来看，其扫码支付的主观意愿在于向债权人履行债务，也并没有接受向第三人履行合同义务的所谓指示。

（四）普通诈骗说：被害人的认定失焦

在理论上，也有学者认为，按照一般的诈骗罪逻辑即可处理偷换二维码的案件。例如，刘宪权教授和林雨佳博士认为，偷换二维码属于“隐瞒真相”的行为，之后行为人就是“坐等鱼儿上钩”，一旦顾客扫码支付即诈骗既遂，而没有必要探讨商家与行为人之间的民事法律关系，确认谁是被害人属于民事责任问题，与刑法行为定性没有直接联系。① 类似地，阮齐林教授也认为，受骗的顾客是否承受损失、是否属于被害人，不影响行为的诈骗性质，刑法和民法上对被害人的界定出发点不同。②

这种学说也存在明显的缺陷：其一，认为诈骗罪的犯罪构成中无须分析被害人的观点，显然难以成立。按照学界通说，刑法上的诈骗是指行为人实施虚构事实、隐瞒真相的诈骗行为，被骗者因此陷入认识错误，并基于认识错误而处分财物，被害人由于财物处分行为而遭受财产损失。在这一完整的犯罪构成逻辑链条中，遭受财产损失是不可或缺的组成部分，随之而来被害人的认定也自然不可省略。其二，从法秩序统一性原理出发，刑法与民法的判断应当尽量互相协调，否则可能产生刑法规范与民法规范之间的冲突，给民众的行为规范指引造成困惑。在财产犯罪中，一个行为主体属于刑法上的被害人，却不是民法上的被害人，这一结论本身就令人费解。将民事法律关系与刑事法律关系轻易剥离，刑法的认定（尤其是一些基础性的概念）直接不考虑民法上的定性，这很可能产生不合理的刑法结论。其三，即使仅仅将目光限定在刑法领域，偷换二维码案中的顾客也并不属于被害人。上述观点实际认为，顾客由于行为人的欺骗转移了自己对资金的占有，便已构成刑法上的被害人。然而，顾客之所以将自己对资金的占有转移给对方，原因在于获得商品或服务后支付对价，履行自己的债务。顾客虽然失去了对资金的占

---

① 刘宪权，林雨佳．偷换二维码侵财行为应以诈骗罪定性．检察日报，2017-11-06（3）.

② 阮齐林．“二维码替换案”应定性诈骗．中国检察官，2018（2）：4.

有，但是取得了相应价值的商品或服务，客观上并没有任何财产损失，主观上自己的交易目的也得以实现。同时，如前文所言，按照民法上处理债权准占有问题的逻辑，在偷换二维码案件中，顾客已经履行了自己的债务，事后商家没有权利向顾客继续请求给付对价，因而对顾客而言也不存在潜在的财产损失。

二、盗窃罪的不同视角

不论是在司法实务还是学理探讨的层面，都存在将偷换二维码非法获取财物行为认定为盗窃的观点，但是各种学说的切入视角不尽相同。

（一）普通盗窃说：占有归属存疑

在邹某某盗窃案中，法院判决认为，被告人没有对商家或顾客实施虚构事实、隐瞒真相的行为，不能认定商家或顾客主观上受骗，不构成诈骗。采用秘密手段换掉二维码是获取财物的关键，实际是秘密用自己的收银箱换掉商家的收银箱，使顾客交付的款项落入自己的收银箱，实现占为己有，构成盗窃。① 田宏杰教授也认为，顾客不是前置法上的被害人，也非刑法上的被害人。作为被害人的商家对偷换二维码行为毫不知情，因此没有产生认识错误而将顾客的付款处分给行为人，不构成诈骗。而行为人自认为以不为被害人所知的方式将被害人财产非法据为己有，符合盗窃罪秘密窃取的特征。②

该种学说在一定程度上有力反驳了部分主张构成诈骗罪的观点。一方面，论者从前置的民事法律关系出发，否定了顾客属于被害人的观点。另一方面，论者从诈骗罪作为一种沟通型犯罪的基本前提出发，指出顾客与行为人之间缺乏实际的沟通，因而顾客并未“被骗”。然而，尽管对诈骗说的批评颇为犀利，但盗窃说本身的论据存在诸多疑问。通说认为，盗窃的基本行为结构在于以非法占有为目的，打破他人对财物的占有，并建立起新的占有。因此，在认定行为是否构成盗窃罪时，首先要对财物的占有状态进行清晰的判定，而上述主张盗窃罪的观点对财物占有状态的分析并不充分。按照上述观点，原占有的对象应为“顾客支付给商家的款项”或者“被害人的财产”。这意味着，在偷换二维码案件中，被告人盗窃行为所打破的是商家对财物的占有。然而事实上，由于商家的二维码已经被偷换，顾客所支付的款项自始至终就

① 参见福建省石狮市人民法院（2017）闽0581刑初1070号刑事判决书。

② 田宏杰．偷换收款二维码侵财行为的司法认定．检察日报，2019－05－24（3）．

没有进入商家的支付账号，此时按照通常标准，难言商家已经对款项建立了占有，但上述观点并未对此进行更深层的分析和论证。

（二）债权/利益盗窃说：难以被盗的相对性债权

不同于普通的盗窃说，柏浪涛教授则认为，偷换二维码非法获取财物的行为属于盗窃商家作为财产性利益的债权。他指出，行为人偷换商家（餐厅）的二维码意味着违背商家（餐厅）的意愿窃得了其债权人地位，法律后果是将商家（餐厅）针对顾客的债权转移给自己享有。① 叶良芳教授和马路瑶博士也类似地认为，行为人偷换二维码导致店家事实上丧失的支付价款请求权，是一种财产性利益，这种利益可以成为盗窃罪的对象。② 马永强博士则认为，此时应当例外地承认财产性利益（商户的即期利益）的规范性占有，从而肯定盗窃罪的成立。③ 事实上，这里所言的财产性利益和债权非常接近。

然而，这种观点也不无疑问。根本原因在于，一般而言，相对性较强的抽象性债权难以被盗窃。④ 从民法上来看，债权实际就是债权人与之债务人之间的一种请求权。而刑法上的占有，是对行为客体的事实性支配与控制，发生于特定相对人之间的抽象请求权通常很难成为适格对象。以偷换二维码案为例，在行为人偷换商家二维码之后、顾客尚未付款之前，债权仍然只存在于顾客和商家之间，债权的“占有”并没有被打破。尽管顾客一旦扫码支付履行债务，相应款项就进入行为人的账户，造成商家的财产损失，但是不可否认此时商家仍然拥有对顾客的债权。而当顾客扫码付款之后，尽管款项错误地进入了行为人的账户，但基于前述债权准占有的基本原理，顾客的债务已经履行完毕，商家对顾客的债权也随之消灭。因此，不论是在顾客扫码支付之前，还是扫码支付之后，都不存在商家针对顾客的债权转移的现象，认为偷换二维码非法获取财物的行为属于盗窃这一相对性较强的债权也难以成立。

（三）规范占有盗窃说：有待深化论证的方案

理论上，也有学者通过占有的规范性视角来分析偷换二维码的行为。例如，周铭川副教授认为，刑法中的占有主要取决于规范性的判断，在偷换二维码案中，无论是在社会观念上还是在所有权上，至少在扫码支付的那一瞬

---

① 柏浪涛．论诈骗罪中的“处分意识”．东方法学，2017（2）：106.

② 叶良芳，马路瑶．第三方支付环境下非法占有他人财物行为的定性．华东政法大学学报，2017（3）：105.

③ 马永强．盗窃罪中财产性利益占有的规范解释进路．法学，2020（3）：59.

④ 窃取具象化（尤其是不记名）债权凭证的行为，尚有一定的成立盗窃罪的空间。

间，顾客支付的钱款已经被商家所占有，因此该行为符合盗窃罪秘密窃取他人财物的构成要件。①

这种盗窃罪观点的不同之处在于，扩张理解的并非盗窃的对象“财物”，即把财产性利益或者债权也纳入“财物”语义涵摄范围，而是拓展“占有”的认定本身。因此，按照这种观点，被窃取的对象仍然是具体的钱款，而非抽象的权利。如此一来，论者便可以在一定程度上回避对过度扩张解释刑法中“财物”概念的批评。该种观点较为具有启发性，笔者大体认同其论证思路。不过，二维码支付属于无现金交易形式，实体的“钱款”并不存在，行为对象的基本性质到底是什么，还有待进一步阐述。此外，在何种范围和条件下可以承认观念占有，争议也相当之大。所谓观念占有，是指财物占有的归属，应当按照社会一般观念来认定，而不是仅仅考虑物理的事实本身。一方面，所谓的社会一般观念，本身也难以确定，很多时候只是解释者自己的理解。另一方面，通常认为观念占有本身并不完全排斥事实上的支配，二者并非一种互斥关系，而是一种互补关系。在很多情况下，观念性的占有能够成立，也仍然以一定程度的事实支配（或支配可能性）为基础。而在二维码案件中，顾客所支付的款项确实从始至终没有进入过商家的账户，观念性的占有是否成立可能还需要进一步的深入论证。

三、网络盗窃中占有的规范判断

通过前文的梳理可以发现，关于偷换二维码非法获取财物的案件，不论是从诈骗罪的角度还是从盗窃罪的角度来进行解释，都存在不同程度的问题。已经取得了普遍共识的传统教义学知识体系，无法严丝合缝地适用于这类疑难案件。然而，诸如偷换二维码这样的非法取财行为，其行为手法与传统犯罪仅存在些许差别，而法益侵害同样严重，因此绝大多数观点都朝着入罪的方向去扩张解释现有的犯罪构成要件。如前文所述，目前这类案件在全国各地已经屡见不鲜。从刑事政策的角度来看，将偷换二维码非法获取财物的行为一律予以出罪，是难以想象的。因此，不论是司法者还是理论研究者都处在一个进退两难的困境之中，一方面该种行为的刑事应罚性显而易见，另一方面又存在难以跨越的刑法解释论障碍。

（一）立法论的方案不易实现

鉴于这种状况，有学者认为，对此问题解释论的手段已经穷尽，应当从

① 周铭川．偷换商家支付二维码获取财物的定性分析．东方法学，2017（2）：121.

立法上予以回应。例如，徐凌波副教授认为，为了顺应互联网时代财产流转的新特点，引入类似计算机诈骗的构成要件对相应的数据不当使用行为进行规制是未来立法应当着重考虑的问题。① 然而笔者认为，就偷换二维码案而言，参照德国和日本的相关罪名从立法论上进行回应并非理想的方案。

其一，即使假定我们将来引入《德国刑法典》第263a条计算机诈骗罪，偷换二维码非法取财的行为可能也难以满足该罪的构成要件符合性。《德国刑法典》第263a条构成要件的核心行为是通过不当编排的程序，通过对不当或不完全数据的运用，通过对数据的无权限使用（典型情形如在ATM机上冒用他人银行卡）或通过其他未经授权对系统运行施加的影响，来影响数据处理结果，从而给他人造成财产损失，为自己或第三人谋取非法财产利益。但偷换二维码的行为人只是将他人的收款渠道替换成自己的收款渠道，没有利用不当程序，没有运用不当的数据或不完全数据，也没有无权限地使用数据。此外，德国刑法学界普遍认为，对计算机诈骗罪通常应当作类似于诈骗罪的解释。② 只不过，本罪中行为人“欺骗”的不是人而是数据处理程序或机器。因此，计算机诈骗罪的构成也要求计算机在行为人的影响下作出了直接关乎财产的反应③，这与诈骗罪中“基于认识错误而处分财产”是对应的。④ 但是，在偷换二维码案中，微信或支付宝只是按照既定模式提供转款渠道，没有“被骗”或“被影响”，也没有对财物进行“处分”。总之，通过偷换二维码非法获取财物的行为，难以符合计算机诈骗罪的构成要件。

其二，虽然德国、日本的法律体系和法治模式相当成熟，其刑事立法设置确实可以给我们提供很多的启发，但是在新型的网络犯罪领域情况可能有所不同。原因在于，中国网络技术的实践应用程度，尤其是电子支付手段在生活领域的普及程度远远超过德国，在此基础上衍生出来的新型违法犯罪行为也很少存在于德国。对这些新型的网络空间失序行为，德国现有的刑事立法对于中国应对本国难题助益相对较少。例如，近些年来，我国网络空间违法犯罪行为出现了产业化、链条化发展的特征，网络犯罪“黑灰产业”盛行，为了对该种现象进行有效遏制，立法者早在2015年就通过《刑法修正案（九）》增加了非法利用网络罪和帮助信息网络犯罪活动罪，希望借助所谓“预备行为实行化”“帮助行为正犯化”的积极刑事立法实现对网络犯罪的早

---

① 徐凌波．置换二维码行为与财产犯罪的成立．国家检察官学院学报，2018（2）：47.

② Vgl. Perron, in Schönke/Schröder Strafgesetzbuch Kommentar, 30. Aufl., 2019, § 263a, Rn. 2.

③ 王钢．德国判例刑法（分则）．北京：北京大学出版社，2016：238.

④ Vgl. Kindhäuser/Hilgendorf, Strafgesetzbuch Lehr-und Praxiskommentar, 8. Aufl., 2019, § 263a, Rn. 39.

期有效干预。[①] 这种别具特色的网络犯罪立法，在《德国刑法典》中找不到相似的条款。而直到 2018 年，德国才有州提出立法动议，呼吁设置独立的刑法条文来规制违法物品和服务的网络交易平台运营者，处罚使网络犯罪成为可能的服务提供行为。[②] 可见，由于所面临的网络犯罪现状更加复杂，在对新型网络犯罪的立法探索方面我国显然走得更远。

其三，偷换二维码的行为虽然屡屡见诸报端，但是从行为的类型性上来看，可能还没有达到需要独立设置刑法构成要件的程度。刑法的构成要件是对某类犯罪行为的高度抽象概括，它应当具有一定的涵盖力。在网络时代，不法分子借助信息技术不断推出新的犯罪手法，偷换二维码只是无数新型、疑难网络财产性犯罪中的一种过渡形态。它迅速出现，也有可能在很短时间内就被其他犯罪手法所替代。例如，假设腾讯公司或阿里巴巴公司针对这种行为采取了更为强化的安全技术措施，提醒付款方或收款方在交易时核对相关信息，那么偷换二维码获取财物的成功率就可能大大降低，久而久之这种犯罪手法就会被抛弃。如果每每出现一种棘手的网络犯罪手法便启动刑事立法程序，不仅在立法技术上并不科学，在现有的立法制度下也不可能实现。

（二）诈骗与盗窃的权衡

目前来看，真正可行的方案还是立足于现有罪名和构成要件，从教义学的角度在诈骗罪与盗窃罪的扩张适用中进行艰难抉择。如学者所言，通过对传统犯罪立法进行合理扩张解释，能解决相当多网络黑灰产犯罪案件的法律适用问题。[③] 然而就诈骗罪的思路而言，普通诈骗的观点将顾客既认定为受骗者又认定为受害者，存在诸多不能自洽之处。[④] 一方面，顾客在与行为人完全没有交流的情况下，通过扫码支付行为顺利清偿了自己的债务，能否被认定为刑法上的“被骗”，本身就严重存疑；另一方面，如上所言，将顾客认定为刑法上的被害者，不仅没有正确理解刑法上被害人的定义，更是违背了法秩序统一性原理的要求，在理论和实践层面都不可行。

既然如此，在偷换二维码非法获取财物的案件中，被骗人与被害人相互分离，可能考虑的方向只能是三角诈骗。三角诈骗与传统的诈骗在形式上存在较大差异，但是由于被骗者具有处分被害人财物的权限，被骗者与被害人

---

① 喻海松．网络犯罪黑灰产业链的样态与规制．国家检察官学院学报，2021（1）：43.

② Vgl. Bundesrat，Drucksache 33/19.

③ 皮勇．网络黑灰产刑法规制实证研究．国家检察官学院学报，2021（1）：19.

④ 有的判决甚至认为，偷换二维码的行为虚构了事实，既欺骗了商家，也欺骗了顾客，使商家和顾客都陷入了认识错误进而处分财物，构成诈骗罪。但这种观点显然完全经不起诈骗罪法理逻辑的推敲。参见李文杰诈骗案，福建省宁德市中级人民法院（2019）闽 09 刑终 263 号刑事裁定书。

被视为一个“阵营”的主体，行为性质在整体上看仍然属于“被骗者基于财物处分而导致财产损失”，尚可被评价为诈骗。然而，如果被骗者客观上并不具有处分被害人财物的权限，只是单纯交付财物，那么此时行为就丧失了被评价为诈骗的最后一个连接点。如果强行将这类行为评价为三角诈骗，直接的结果将是完全模糊了盗窃罪间接正犯与三角诈骗之间的界限，更深层次的后果则是消解了诈骗罪的基本内在行为结构。在偷换二维码案件中，作为被骗人的顾客显然并不具有处分作为商家（被害人）财物的权限，因此将行为评价为诈骗也极为勉强。如果要将偷换二维码非法获取财物的行为评价为诈骗，并非对该罪的基本框架进行小修小补即可实现，而是需要进行“伤筋动骨”式地重构，否则势必混淆它与盗窃罪之间的区别，因此该种方案并不可取。

值得一提的是，对于类似情况，德国刑法学界可能会按照广泛承认的“(三角）债权诈骗”（Forderungsbetrug）来解决。按照德国判例和不少理论学说的见解，在权利外观和保护交易的情形中，如果（民事）法律规定能够拟制出一种紧密关系，那么仍可将被骗者与被害人双方视为上述归责整体。例如，善意的债务人向不适格的原有债权人或票据持有人履行债务，根据民法规定，债务人相对真正债权人的债权此时视为已经清偿。这种情况下，刑法上也视为债务人“处分”了他人（受害人）债权，因此可以构成诈骗罪。[①] 按照这一理论，结合相关民法原理可知，偷换二维码案似乎可以作为一种债权诈骗来处理，此时相当于作为债务人的顾客通过扫码支付、清偿自己债务的方式“处分”了商家的债权。

然而，这种对诈骗罪过度拓展的理论并不契合中国的具体刑法语境。其一，不论是对三角诈骗采取阵营说还是授权说，基本的前提都在于能够在事实上或规范上将被骗者与受害人视为一个整体，但是完全以法律后果为导向将两个没有实际代理关系的主体拟制在一起，并没有充分依据。其二，这种理解已经违背了诈骗罪素材同一性的要求。诈骗罪的素材同一性意味着，受骗人处分的财产与被告人取得的财产具有同一性。[②] 然而，在所谓债权诈骗的场合，债务人只是善意清偿自己债务，处分的仅仅只是自己的财产，而非被害人（原债权人）的债权，因此被骗人所处分的财产与被告人所获得的财产并不同一。其三，也是最重要的一点，德国刑法学界之所以普遍承认三角债

---

① Vgl. Tiedemann, in: Leipziger Kommentar zum StGB, 12. Aufl., 2012, §263, Rn. 117; Perron, in: Schönke/Schröder Strafgesetzbuch Kommentar, 30. Aufl., 2019, §263, Rn. 67; Hefendehl, in: Münchener Kommentar zum StGB, 3. Aufl., 2019, §263, Rn. 364.

② 张明楷．三角诈骗的类型．法学评论，2017（1）：25．对此素材同一性概念持批评立场的观点参见：徐凌波．置换二维码行为与财产犯罪的成立．国家检察官学院学报，2018（2）：44.

权诈骗，与其刑法语境中诈骗和盗窃罪的相互关系紧密联系在一起。由于在德国刑法中盗窃罪的行为客体只能是有体物，此处就没有界分诈骗和盗窃的难题。而反过来，这种情形下如果不按照诈骗罪来处理，结论将是行为不可罚。① 显然，为了避免这种处罚上的漏洞，德国刑法学界进一步扩张了本来已经十分宽泛的诈骗罪。然而，在中国的刑法语境下，按照我国目前的刑法规定、司法解释、广泛承认的判例实践和理论学说，盗窃罪的行为客体并非仅限于有体物，而是至少可以包括无体物和部分的财产性利益。在中国这样一种有别于德国的法律语境下，没有必要抛弃盗窃罪的基本适用，而过度拓展诈骗罪的内部结构，最终导致两罪的界限完全混淆。

事实上，即使在德国刑法学界，关于三角诈骗的适用，何以能够认定被骗者与受害人具有所谓"临近关系"，如何防止其泛化，也始终是绕不开的难题。因此，在被骗人无权处分财产而第三人遭受损失的场合，也有观点主张，一个可供参考的经验法则就是先考察盗窃（尤其是间接正犯的盗窃）的适用，如果可以成立盗窃，便可以认为缺少处分人和第三人财产的关联因而否定诈骗罪。② 这种罪名适用的位阶顺序完全可以为我们所借鉴，以防止三角诈骗因过度扩张而丧失了其基本的教义学结构。而就盗窃罪而言，刑法的适用主要是从两个途径展开：一是将盗窃罪的对象进行适度拓宽，二是将占有的内涵予以延展。与上述诈骗罪的思路不同，按照该种法律适用的路径，盗窃罪"打破旧占有、建立新占有"的基本内在结构并没有改变，因而尚不至于产生刑法教义学理论上的"结构性危机"。

（三）规范理解网络盗窃中的占有

1. 盗窃对象是相对性弱化的特殊债权

如前文所言，将盗窃罪的对象由一般财物扩张至抽象债权，存在法理上难以逾越的障碍。尤其是在偷换二维码案中，商家针对顾客的债权发生在特定的两方主体之间，是一种抽象的民事法律关系，其实质是指向特定对象的请求权，难以被第三方主体所"秘密窃取"。但是，在一些相对性较弱的债权债务关系中，债权则可能例外性地成为盗窃的对象。在民法中，债权本身就可以在让与过程中成为处分行为的对象，形成一种准物权契约。债权在被让与时无须债务人同意，让与契约本身在完成时即生效。③ 而在银行存款这种特

① Vgl. Satzger, in Satzger/Schluckebier/Widmaier, Strafgesetzbuch Kommentar, 4. Aufl., 2019, § 263, Rn. 199.

② Vgl. Arzt/Weber/Heinrich/Hilgendorf, Strafrecht Besonderer Teil Lehrbuch, 3. Aufl., 2015, § 20, Rn. 82.

③ 王泽鉴．民法概要．北京：北京大学出版社，2011：229－230.

殊的债权关系中，债权被处分的灵活性程度更高。原因在于，在诸如银行汇款转账这样的情形中，作为债务人的银行并不关心存款人的债权被转让给谁。一般的债权转让，只有在债务人收到通知以后才对其发生效力，但是作为存款债务人的银行，概括性地承认了所有存款债权转让对其自动发生效力。而顾客存在支付宝或微信零钱中的钱款，债权债务结构与银行存款非常相似。例如，在顾客用支付宝扫码支付货款、履行债务时，实际上就是将顾客自己对支付宝公司的债权转让（处分）给商家，商家通过获得对支付宝的债权实现了自己对顾客的债权。在此过程中，始终作为债务人而存在的支付宝公司，并不关心债权人从顾客变成商家。债权完成转让后，新的债权人（商家）随时都可以向支付宝公司请求履行债务提取相应金额的款项，而此时通常情况下支付宝公司会马上履行债务，而不会再去审核债权人变更等事实。同理，顾客对微信零钱所形成的债权，也具有这样的基本特征。

由于债权转让和债权人变更对债务人来说根本不重要，债权的相对性大大减弱，这为债权成为盗窃对象创造了有利条件。在司法实践中，已经出现了盗窃存款债权的案例。例如，被告人单某某趁被告人郑某某熟睡之机，悄悄通过郑某某微信给自己微信转款 5 000 元，后删除微信转账记录，并提现消费。在该案中，被告单某某的行为被认定构成盗窃罪，盗窃对象显然是被害人对微信或银行所享有的债权。[①] 此外，行为人盗窃他人定期存单后从银行冒名取款的行为，也被认定为构成盗窃而非诈骗，对此法院的理由是，行为人非法取得财物的主要手段或被害人丧失财物的控制的根本原因在于被害人存单被盗，而且财产的真正受害人是存单失主而非银行。[②] 正因如此，在偷换二维码案中，当事人对支付宝或微信的债权便可以成为盗窃罪的对象。

而且，对我国《刑法》中“财产”概念的解释，不能简单与德日刑法中的财产犯罪理论相对接。《德国刑法典》对盗窃对象所使用的规范表述是“他人可移动之物”（fremde beweglich Sache），而所谓“物”仅指有体的物品，这就明确将网络游戏中的虚拟物品、债权和其他权利都排除在外。[③] 而与之不同，中国《刑法》中的“财物”概念并没有严格强调“物”的属性。最高法、最高检《关于办理盗窃刑事案件适用法律若干问题的解释》明确将电力、电信资费、（记名或不记名）财产凭证，都纳入了盗窃罪的涵盖范围。值得注意的是，盗窃财产凭证并非仅仅针对财产凭证本身构成盗窃罪，而是指针对财

① 张明楷．论盗窃财产性利益．中外法学，2016（6）：1420.

② 张泽容、屈自强盗窃案//中华人民共和国最高人民法院刑事审判第一、二、三、四、五庭．中国刑事审判参考指导案例：第 4 卷．北京：法律出版社，2017：263.

③ Vgl. Bosch, in Schönke/Schröder Strafgesetzbuch Kommentar, 30. Aufl., 2019, §242, Rn. 9.

产凭证所对应的财产权利构成盗窃罪。例如，按照司法解释的规定，盗窃不记名、不挂失的有价支付凭证、有价证券、有价票证的，应当按票面数额和盗窃时应得的孳息、奖金或者奖品等可得收益一并计算盗窃。即使从一般的语义理解，财物也并非仅限于物体，而是一种泛称，它包括钱财和物资。[①] 换言之，在中国的文化环境和语言习惯中，“财物”概念主要是指作为经济价值或财产利益的载体，而并不仅仅限于“物体”。因此，财产性利益在一定条件下可能被涵盖在我国《刑法》盗窃罪的“财物”概念之中。

此外，理论上有学者认为，即使将债权或财产性利益纳入盗窃对象范围，也无法满足构成盗窃罪所要求的“占有转移”要件。这种观点指出，财产性利益的占有概念是彻底抛开了原初的占有概念所要求的事实属性而走向极端观念化的结果，混淆了占有转移和财产转移[②]，除了一个权益损害的结果之外，盗窃罪的客观构成要件部分就再也没有实质性的内容了。[③] 但是，这种观点过度夸大了将财产性利益纳入盗窃范围的风险。盗窃罪的基本教义学行为结构是打破对财物的旧占有、建立新的占有。认为盗窃罪必须发生物理性、有形化财产占有转移的观点，实际上默认了中国《刑法》盗窃罪的“财物”只能包含有体物。在我国《刑法》盗窃罪“财物”概念可以涵盖“财产性利益”的前提下，盗窃罪的教义学行为结构当然可以包括打破他人对财产性利益的支配并建立新的支配关系的情形。在不同的国家，刑法教义学的行为结构固然有基本的共通之处，但是在具体的刑法适用语境中，应当以本国的刑法规范作为基本依据，视情况对通用的行为结构作出一定调整，这恰恰才是刑法教义学所应采取的基本态度。而将相对性弱化的债权例外性纳入盗窃罪客体之中，并不意味着单纯给他人造成财产损失的行为就已经符合构成要件，盗窃罪的基本行为结构中仍然存在“占有转移”的基本要件，因而也不会导致盗窃罪的定型化丧失，只不过盗窃行为客体和占有转移过程并不一定具有物理的外化形式。反过来说，在网络社会深度发展的当下，传统的货币和财物都在快速实现虚拟化、数字化转型[④]，过去以实体为主要载体的占有关系正在面临深刻变革，如果仍然采取一种极为严格的物理性、有形化的占有转移概念，恰恰不当地限缩了我国《刑法》盗窃罪构成要件本身所具有的涵摄力，从而导致刑法理论与现实世界脱节。

---

① 中国社会科学院语言研究所词典编辑室．现代汉语词典．北京：商务印书馆，2016：119.

② 徐凌波．置换二维码行为与财产犯罪的成立．国家检察官学院学报，2018（2）：46.

③ 车浩．占有概念的二重性：事实与规范．中外法学，2014（5）：1216.

④ 例如，中国人民银行研发的数字货币 DCEP（Digital Currency Electronic Payment）已经进入了试点阶段。

2. 民事清偿效果的刑法规范意涵

在网络空间的语境下，对占有的内涵进行一定程度的变通理解，确有其合理性和必要性。在以往的刑法教义学理论中，财物占有归属的认定究竟是依据事实性的还是规范性（观念性）的标准，存在诸多争论。但是不可否认，刑法中的占有往往既有事实性的一面也有规范性（观念性）的一面。至于何种因素发挥更重要的作用难以一概而论，而是取决于具体的案情和语境。在偷换二维码的案例中，顾客所支付的钱款自始至终也没有实际进入到商家的收款账户，因此从纯粹的事实性角度来看，顾客对微信或支付宝的债权并没有现实化地转移给商家。但是，从规范论的视角来看，我们仍然可以论证，在顾客扫码支付钱款的短暂时点，人们观念上会认为顾客已经将对微信或支付宝的债权转移给了商家，这一点可以从民事清偿效果以及统合刑民关系的角度得到支持。

刑法与民法的关系，是理论上长期争论不休的难题。尽管如此，法秩序统一原理基本得到了学界的认同，协调民法与刑法两种规范秩序成为共识性的立场。近些年来，鲜有学者还主张刑民分立的二元说，坚持刑民绝对统一的严格一元论也逐渐式微，缓和的一元论成为较主流的观点。尤其是在纯粹的财产犯罪领域，刑事行为的定性与民事法律关系的联系更为紧密。在一起普通的盗窃案件中，犯罪行为人同时也是民法中的侵权人，犯罪被害人则是民事被侵权人，犯罪行为所侵害的财产法益与侵权行为所侵害的财产利益基本一致。而在更为复杂的案例中，民事法律关系的认定对刑事行为定性的影响就更加明显。例如，在一物二卖的案例中，物权变动模式的不同选择和不利后果的承担将会带来不同的刑法行为定性。《日本民法典》历史上受到《法国民法典》债权意思主义的影响，采用了登记对抗主义的物权变动模式。《日本民法典》第 176 条规定，物权的设定及移转，仅因当事人的意思表示而发生效力。而第 177 条规定，不动产物权的取得、丧失及变更，非依《不动产登记法》或者其他有关登记之法律的规定进行登记，不得对抗第三人。① 按照这一立法，在不动产买卖双方达成买卖协议时，不论有无登记，不动产的所有权都已经发生了转移。因此，如果 A 将房屋卖给 B 但尚未登记时，又将该房屋卖给 C 且完成登记时，由于房屋的所有权先前已经转移给了 B，A 对房屋的占有是基于 B 的委托而存在，A 将房屋卖给 C，日本判例与学界都认为该行为成立委托物侵占。②

① 日本民法典．刘士国，牟宪魁，杨瑞贺，译．北京：中国法制出版社，2018：34.

② 佐伯仁志，道垣内弘人．刑法与民法的对话．于改之，张小宁，译．北京：北京大学出版社，2012：127－128.

但是，我国民法历来对不动产的物权变动采取登记生效主义①，不动产未经登记所有权不发生转移。因此在我国，当A将房屋卖给B但尚未登记时，所有权仍属于A，对房屋的占有和所有并未发生分离，自然也不具备构成侵占罪的前提。尔后善意购买房屋的C通过登记取得了该房屋的所有权，由于C获得了房屋的所有权，不存在财产损失，A也不可能成立对C的诈骗。② 如果A在一开始就没想真正将房屋过户给B，只是想通过合同的方式非法取得购房款，则可能构成对B的合同诈骗。或者A在已经将房屋顺利登记过户给B的情况下，仍将房屋卖给C，C事实上根本无法真正取得房屋的所有权，那么A可能成立对C的合同诈骗。正因如此，在我国的司法实践中，对房屋的一物二卖通常只是涉及诈骗或合同诈骗，而鲜有构成侵占罪的案例。由上可见，在纯粹的财产犯罪中，民事法律关系不仅将直接影响到罪名的选择，而且也关系到犯罪行为的指向和被害人的确定。

在偷换二维码案中，理顺刑民关系对准确界定行为的刑法性质也极为重要。偷换二维码的行为客观上同时指向了商家和顾客两位主体，类似于一房二卖的案例，确定民法上的被侵权人有利于找准刑法上的被害人。将一个在民事权利上没有遭受任何损失的主体界定为刑法上的被害人，显然会导致刑民关系产生冲突，这种结论不仅得不到当事人的认同，而且违背民众的一般观感。此外，刑事被害人的合理确定也将直接关系到刑事诉讼程序的正常推进。被害人有权提起刑事附带民事诉讼，可以对不立案和不起诉提出申诉，能够参与刑事诉讼审判程序，而且将影响能否适用速裁程序③，决定是否达成和解，请求返还违法所得等。如果将并无实际民事财产损失的主体认定为刑事诉讼中的被害人，上述程序性事项和权利都将形同虚设。

而就偷换二维码案中的民事法律关系而言，顾客与商家之间的买卖合同显然已成立并生效，顾客取得了商品，因此也负有支付商品对价、履行债务的义务。顾客在扫码支付货款、处分自己财物（即对微信或支付宝的债权）时由于收款二维码被偷换而发生了事实错误，导致款项实际被转至了行为人的账户，这里的关键问题在于顾客是否已经清偿了自己的债务。通常来说，债务人应当向债权人履行债务，否则不发生清偿效果。但是，在例外的情况下，即使债务人向第三人履行债务也可以视为清偿。例如，《德国民法典》第370条规定，持有收据者视为受领给付之权限。但按给付人明知之情事，无可

① 我国《民法典》第209条规定，不动产物权的设立、变更、转让和消灭，经依法登记，发生效力；未经登记，不发生效力，但是法律另有规定的除外。

② 张明楷．刑法学．5版．北京：法律出版社，2016：1008.

③ 我国《刑事诉讼法》第223条规定，被告人与被害人或者其法定代理人没有就附带民事诉讼赔偿等事项达成调解或者和解协议的，不适用速裁程序。

信其有受领权限者，不在此限。①《法国民法典》第1240条规定，向占有债权人所作的善意清偿，即使占有人的占有事后被他人追夺，亦为有效。《日本民法典》第478条规定，对债权准占有人所为的清偿，以清偿系善意者为限，为有效。② 总结起来，上述不同国家法律规定的核心含义在于，债务人善意向债权准占有人清偿的，视为债务已清偿。当然，不可否认，偷换二维码的行为人与典型的债权准占有人（如表见继承人、表见受让人、真实债权证书持有人）存在一定的形式化差异。但是，偷换二维码案与债务人向债权准占有人善意清偿的情形在实质的行为结构上基本一致。同样，偷换二维码的行为人，在外观上也有些类似于德国民法中的收据持有者。作为债务人的顾客在店铺内扫码支付时，在交易习惯上没有义务去仔细核查支付二维码的正确性，他当然有理由相信自己正在向适格的主体履行自己的债务。为了保护作为善意信赖方的顾客，保证民事交易行为的顺畅进行，在顾客扫码支付以后，民法上应当认为顾客已经履行了向商家的清偿义务。对应地，商家无权再向顾客请求给付，商家对顾客的债权此时也视为已经实现。

上述民事清偿效果意味着，一方面，顾客不应被认定为刑事法律关系中的被害人，否则刑民关系必然难以协调。因此，刑事行为的指向对象应当是商家而非顾客。另一方面，由于商家和顾客之间债权债务关系基于清偿而消灭，可以在规范评价上视为顾客已经将自己对微信或支付宝的债权处分给了商家。顾客实际向第三人处分自己对微信或支付宝的债权是事实性评价，法律上视为顾客已经将自己对微信或支付宝的债权处分给了商家从而产生对商家债务清偿的效果，则属于规范性评价，而这里的规范性评价压倒了事实性的评价。在刑事法律关系的判断中，基于法秩序统一原理的要求，同样应当吸收这一民法上的规范判断，即规范性地认为此时顾客已经将自己的财物（对微信或支付宝的债权）转移给了商家。只不过，商家对财物的规范性占有转瞬即逝，几乎同时就被行为人所非法取走。

3. 民众观念形象中的占有转移

刑事法律关系的认定，除了考虑其他法规范评价之外，也应当注意适度把握行为在民众观念中的形象。在传统的刑法时代，犯罪行为模式相对较为简单，常见犯罪的行为定性不会与民众的观念产生明显冲突。但是，伴随网络时代的到来和信息技术因素的介入，看似简单的行为实际具有相当复杂的事实基础。例如，在极为日常的扫码支付过程中，在技术层面，款项的实际

---

① 台湾大学法律学院，台大法学基金会．德国民法典．北京：北京大学出版社，2017：348.

② 该条目前较新版本的翻译：对受领权人以外的，依照交易上的社会通常观念由受领权人之外观的人所为的清偿，以该清偿人善意且无过失为限，有其效力。日本民法典．刘士国，牟宪魁，杨瑞贺，译．北京：中国法制出版社，2018：117.

流转较为复杂。假设交易双方用支付宝账户进行结算，顾客实际是通过处分自己对支付宝的债权来履行自己对商家的债务。如果顾客用余额宝来进行支付，那么实际上顾客是先从自己与天弘基金所订立的信托合同中抽出部分资金，将其转换成对支付宝的债权，再将其处分给商家。假设交易双方用微信零钱进行结算，那么顾客实际是通过将自己对微信的债权转移给商家，来清偿自己对商家的债务。如果顾客选择用微信绑定的银行卡而非微信零钱来支付，那么实际是先实现了自己对银行的部分存款债权，将其转换为自己对微信的债权，并将这一转换后的债权处分给商家，以此完成自己对商家的债务清偿。①

然而，不论底层的实际流转过程如何，在普通民众的观念中，仍然不过是顾客将款项支付给商家以履行自己的债务，实际效果与顾客将等额的现金交给商家并无差异。如果还原到这个层面重新审视偷换二维码案件便会发现，不法分子所采取的行为实际就是在顾客转移款项占有的过程中予以秘密“拦截”。此时，款项已经实际离开了顾客而即将抵达商家，在观念上我们可以认为商家已经对款项建立了占有。例如，甲和居住在另一城市的乙达成协议，将自己的相机作价 5 000 元卖给乙，乙已经付款给甲，甲随后将相机快递寄给乙。按照乙的要求，快递员将装有相机的包裹放在乙家楼下的电梯口后离开。在乙下楼取件的几秒钟之前，丙顺手将包裹取走占为己有。在这种情形中，相机显然已经脱离了甲的占有，但是如果按照纯粹的物理性视角，乙也尚未完全建立起对相机新的占有。然而，从人们的交易习惯和一般观念来看，我们还是会倾向于认为乙已经占有了相机，而丙构成对乙财物的盗窃。

类似地，在二维码案件中，顾客与商家已经达成了确定的交易协议，顾客已经取得商品，而顾客支付的款项在“前往”商家绝对支配空间（收款账户）的途中，在即将到达时被第三人“截走”。从一般观念上宜认定为顾客已经失去对款项的占有，而商家取得了占有。更何况，用于扫码支付的二维码处在商家管理和支配的空间内，顾客在此环境下向商家支付款项，从一般人的视角观察，通常会认为顾客已经将款项转移给了商家。而且，不同于上述买卖相机的案例，偷换二维码案中顾客处分的是自己对微信或支付宝的债权，属于抽象客体，对其占有转移的认定肯定会更加倚重观念性和规范性的评价标准，而非依据物理性、外在化的因素。由此逻辑出发，偷换二维码案的内部行为结构就在于，顾客为了清偿自己对商户的债务，将自己对微信或支付宝的债权处分、转移给商家，行为人通过偷换二维码的方式窃取了商家对微

① 此外，微信还推出了零钱通，其原理与余额宝非常类似，顾客也完全可能通过零钱通来扫码支付。在可以预见的未来，简单扫码支付模式背后的实际交易关系将会越来越复杂。

信或支付宝的债权，该行为构成盗窃罪。这种盗窃罪的定性，更符合普通民众对扫码支付和偷换二维码行为的形象化理解。相反，借助三角诈骗、间接正犯等非常技术化的概念来阐释该行为的刑法定性，不仅在教义学上存在漏洞，而且已经严重地偏离了人们对相关罪名行为类型的观念认同。或许正因如此，尽管在说理上仍然存在诸多不足，但是司法实务中几乎“一边倒”地将偷换二维码非法获取财物的行为认定为盗窃而非诈骗。这种朴素的法感和直觉，恰恰是在进行刑法教义学理论建构时应当认真对待的问题。

（四）网络时代财产犯罪的规范视域

偷换二维码案只是网络时代财产犯罪面临挑战的一个缩影。错综复杂的电子交易方式，更新迭代的在线支付手段，都使得财产犯罪的传统教义学模型频频出现漏洞。通过对偷换二维码案的分析可知，网络时代财产犯罪不能仅仅拘泥于在事实论上把握相关行为的性质，而应当强调在规范论的视域中展开研究。

第一，犯罪行为定性应当借助刑民一体化的理念予以准确把握。随着信息技术在经济活动中的深度应用，网络空间违法行为的定型性显著降低，实务中出现了一些非典型的财产犯罪形态，其行为定性往往存在较大争议。此时，仔细梳理民法规范视野中的法律关系，厘清相关的权利义务，有助于在刑法上逐步确定行为的基本性质。例如，在偷换二维码案件中，财产损害以及被害人的认定便可以借由民事法律关系的分析来辅助完成。正如有的学者所言，在财产损害的认定上，应由民法来决定财产权的归属并据此认定权利外观案件的被害人，对此结论刑法教义学应当遵循。① 再如，近年来发生了不少通过“短信嗅探”技术截获手机短信，窃取相关账号密码，并以此登录相关第三方支付平台盗刷被害人绑定银行卡的案例。对于这类案例，实务判决并不统一，存在信用卡诈骗罪和盗窃罪两种不同立场。② 此种情形界分信用卡诈骗罪与盗窃罪的关键维度之一便在于，在民事法律领域第三方支付平台在正确的账号、密码和验证码之外是否具有实质审核用户真实身份的义务。而按照电子商务法领域的一般理解，凭电子支付安全工具交易可推定为本人交易，要求电子支付服务提供者在安全工具之外进一步识别交易者身份需要额

① 杨志琼．权利外观责任与诈骗犯罪——对二维码案、租车骗保案、冒领存款案的刑民解读．政法论坛，2017（6）：35.

② 相关案例参见李政信用卡诈骗案，山东省泰安市中级人民法院（2021）鲁 09 刑终 14 号刑事判决书；王刻明盗窃案，四川省德阳市中级人民法院（2021）川 06 刑终 45 号刑事裁定书。

外的成本。[①] 因此，可以认为，电子支付服务提供者在正确的账号、密码、验证码之外，没有额外审查用户真实身份的义务，通常来说只要符合形式上的安全要求要件即应当予以支付。[②] 借助这样一种前刑法的规范判断，便可以否定刑法上第三方支付平台“被诈骗”的前提事实，因而从盗窃的角度审查行为的定性更具合理性。

第二，网络时代的占有判断问题应侧重从规范论的立场进行审视。首先，网络时代货币与财物的形态产生了数字化、虚拟化的重大转变。国民已经逐渐不再习惯于用现金进行交易，实体货币在日常生活中的存在度越来越低。更重要的是，实体货币的隐退同时带来了债权的货币化趋势。[③] 一方面，人们很少以领取实体货币的方式来获得劳动报酬或薪资，直接转账增加银行存款债权的方式更为普遍。另一方面，人们也习惯于将货币存储于银行或第三方支付平台，以转移债权的方式来进行支付。这两重因素交织在一起，也深刻改变了财产犯罪的基本格局。如果仍然坚持认为，盗窃等财产犯罪的对象只能是有体物，而不包括满足一定条件的财产性利益，那么大量的财产犯罪将逸出刑法的管辖范围。例如，在拥有账号授权的情况下登录他人网银账户，将其中款项非法转至自己的网银账户，如果不按照盗窃存款债权的思路来认定，那么即使依据非法获取计算机信息系统数据罪也无法得到规制，因为通常认为后者需要满足一定的手段行为要件（如侵入计算机信息系统或采用一定的技术手段）。

其次，货币与财物的数字化、虚拟化、债权化趋势，也将带来占有形态的变化，这一点应当被传统刑法教义学理论所接纳。由于有形实体的缺失，对虚拟货币、虚拟财物以及特定存款债权的占有，就不能完全按照传统有形支配的方式来理解。事实上，对虚拟货币和虚拟财物的占有，本身就仍然以对一定数据的事实支配为前提。而对特定存款债权的占有，则更多是一种相对性较弱的权利义务关系的确立。以有体物为模板来思考虚拟货币、虚拟财物以及特定存款债权的占有，当然会得出否定性的结论。但是，占有概念本身也只是刑法教义学中服务于合理处理财产犯罪的理论工具，在特定社会语境下对其进行与时俱进的理解，辅之以合乎常理的抽象想象，并不会导致这个概念本身的崩溃。理论概念只是形成人类观念认同的载体，它本身的内涵也应当随着社会语境和人类认知的发展而发生一定的变化。

最后，网络空间占有转移及其归属的判断应当在事实性思维的基础上适

① 电子商务法起草组．中华人民共和国电子商务法解读．北京：中国法制出版社，2018：289-290.

② 同样，一般认为此种情况下银行在支付之前，也没有再次实质审核用户真实身份的义务。

③ 马寅翔．限缩与扩张：财产性利益盗窃与诈骗的界分之道．法学，2018（3）：51.

当引入观念判断。电子支付手段与传统支付手段的不同之处在于，极度压缩了货币流转过程中的时间和空间维度。在传统支付的语境下，货币占有转移的发生存在一定的物理性过程，此间介入的财产犯罪在定性上不难认定。例如，顾客在店主临时出门的商店购买商品，留下现金后离开，行为人乘此间隙将柜台上的现金取走，认定构成盗窃并无障碍。但是，在电子支付的场合，用户只需在电子设备上进行确认，相应款项的占有瞬间发生移转。在此过程中发生非法取财行为时，在事实层面占有转移由于时空压缩很难进行切分考察。但是，占有归属的认定从来都并非单纯的事实判断问题，而是一种根植于社会生活而建构起来的分配关系。① 在被信息技术事实性压缩的支付流程中，对民众观念以及民事清偿效果等要素的考察，可以有助于规范性地还原占有转移的完整过程。

四、小　结

在网络时代伴随信息技术的深度介入，财产犯罪问题变得越发复杂。一方面，信息网络技术在很大程度上已经将财产流转关系虚拟化，财产转移实际只是不同账户间记账金额的变化。另一方面，在实体世界与虚拟空间共同构成的二元结构中，财产流转的事实过程越发复杂，尤其是在互联网金融兴起之后，不仅传统的银行深度介入其中，各种互联网平台也扮演着不可或缺的角色。即使一起发生于买卖双方之间的简单交易，其中实际的财产流转也牵涉到多方主体。上述因素互相纠缠，共同加剧了网络空间财产犯罪的处理困境，偷换二维码案就是具体体现。

就偷换二维码案这一非典型性案例而言，理论学界主要存在诈骗罪和盗窃罪两种法律适用进路。而且，在诈骗罪和盗窃罪各自阵营内，不同学者具体展开论证的思路各不相同。经过仔细比较权衡之后，笔者认为，新型三角诈骗罪说无法有效论证被骗者与受害人之间的紧密关系，间接正犯诈骗说误读了第三方支付平台的作用，债权实现诈骗说则没有正确理解诈骗罪的交流性特征及其与处分意思的关联性，而一般诈骗说在被害人认定上存在明显不足。相对而言，将偷换二维码行为定性为盗窃罪更为可取。在我国《刑法》盗窃罪涵盖面较广的语境下，相对性较弱的存款性债权，可以例外性地成为盗窃罪的行为客体。在偷换二维码案中，作为债务人的顾客善意扫码，试图通过转让自己对微信或支付宝债权的方式来支付货款的行为，在民法上具有

① 马寅翔．占有概念的规范本质及其展开．中外法学，2015（3）：750.

清偿自身债务的效果，据此应当从规范论上认为，顾客已经将其对微信或支付宝的债权转移给商家。从一般民众对交易行为的观念形象出发，行为人偷换二维码非法取财的行为，实际上是对即将到达商家的货款予以截留，打破了商家对货款（即对微信或支付宝的债权）的规范占有，认定为盗窃罪具有妥当性。

总而言之，尽管网络社会的事实关系日益复杂，但是恰恰在这样的语境中，财产犯罪的评价不能忽视普通民众关于财产流转的观念想象。按照绝对事实性的视角来认定网络空间中的财产犯罪，不仅难以契合虚拟世界运行的基本逻辑，扩大刑事处罚上的漏洞，也可能背离一般民众对行为事实与法律规范的理解。对于以偷换二维码案为代表的网络财产犯罪，尽管其定性颇为疑难，但在刑法教义学的基本视野下，通过深入分析诈骗和盗窃两种基本思路，仔细权衡二者的利弊得失，仍然能够在规范理解占有的前提下找到相对妥当的解决方案。

第十二章　破坏计算机信息系统罪的教义学反思与重构

早在1997年新《刑法》颁布时，破坏计算机信息系统罪就已经被正式确立。在此后的相当长一段时间里，司法实务中的案件数量相对较少。然而，近年来，随着网络社会的纵深发展，破坏计算机信息系统罪的适用逐渐频繁。① 对此，甚至有实务界的专家指出，该罪已经呈现了“口袋化”的趋势。② 这意味着，破坏计算机信息系统罪的适用已经在司法实践中产生了较大的分歧。一方面，关于破坏计算机信息系统罪的处罚边界，尤其是本罪的保护法益定位、实行行为的规范内涵、罪量要素的具体认定等问题，理论界与实务界的理解出现了明显的差异。例如，理论界对最高人民法院指导性案例第104号李森、何利明、张锋勃等破坏计算机信息系统案的判决，就存在质疑性的意见。③ 另一方面，破坏计算机信息系统罪与非法控制计算机信息系统罪、非法获取计算机信息系统数据罪乃至盗窃罪等如何进行界分，也令不少司法实务人员困惑，相互对立的判例并不罕见。即使是最高司法机关所颁布的指导性案例，是否在一定程度上存在内在抵牾，也不无疑问。例如，在最高人民检察院2017年发布的第9批指导性案例中，司法机关对破坏计算机信息系统罪的适用采取了一种相当宽松的立场。流量劫持（域名劫持）、删改购物评价、锁定智能手机的行为，通通被法院认定为破坏计算机信息系统罪，

---

① 截至2020年年底，笔者在北大法宝数据库检索破坏计算机信息系统罪的刑事判决文书，总共找到1 062份，其中2020年130份，2019年201份，2018年209份，2017年187份，2016年92份，2015年82份，2014年70份，2013年26份，2012年12份，2011年至1999年都是个位数，而且绝大多数年份低于5份。此外笔者在中国裁判文书网进行检索，也发现了大体相似的分布规律。

② 俞小海．破坏计算机信息系统罪之司法实践分析与规范含义重构．交大法学，2015（3）：140；周立波．破坏计算机信息系统罪司法实践分析与刑法规范调试——基于100个司法判例的实证考察．法治研究，2018（4）：69．不同的观点，参见：胡春健，孙伟．破坏计算机信息系统罪的规范分析．中国检察官，2019（4）（上）：44．

③ 参见最高人民法院指导性案例第104号李森、何利明、张锋勃等破坏计算机信息系统案；周光权．刑法软性解释的限制与增设妨害业务罪．中外法学，2019（4）：959．

其裁判要旨得到了最高人民检察院的充分肯定。① 而最高人民法院于 2021 年发布的第 145 号指导性案例，则对破坏计算机信息系统罪的适用呈现明显收紧的态度，没有将修改、增加计算机信息系统数据的行为一概认定为破坏计算机信息系统罪。② 因此，在网络犯罪态势越发严峻的当下，到底如何对破坏计算机信息系统罪这一网络犯罪核心罪名进行理解与适用，从而准确划定罪与非罪的边界，厘清此罪与彼罪的区别，亟待从法教义学层面对本罪进行系统梳理，对此本章将结合若干典型案例进行深入阐述。

一、保护法益的重新定位

罪名保护法益的定位在很大程度上将会决定教义学解释的方向，由此影响构成要件要素具体内涵的认定。破坏计算机信息系统罪的司法适用之所以争议重重，很重要的原因之一就在于没有在该罪的保护法益问题上形成妥当的理解与共识。

第一，破坏计算机信息系统罪的保护法益并非一种社会秩序法益，而是个体法益。较为传统且颇有影响力的观点认为，本罪侵害的客体是国家对计算机信息系统安全的管理秩序③，或者认为本罪所侵害的是复杂客体，包括计算机信息系统安全保护管理秩序、计算机信息系统所有人的合法权利和被害人的正常的工作、生产经营秩序。④ 近期也有学者仍然坚持传统见解中将本罪保护法益定位为集体法益的观点。⑤ 而且，这种根据罪名章节位置来认定本罪保护秩序性法益的理解，在权威判例中得到了支持。⑥ 但是，这样的理解已经不再契合破坏计算机信息系统罪在当下社会语境和刑法体系中所应扮演的角色。

首先，本罪虽然被规定在《刑法》分则第六章妨害社会管理秩序罪第一节扰乱公共秩序罪之中，但是这并不意味着本罪所保护的首先或主要是一种

---

① 参见最高人民检察院指导性案例第 33 号李丙龙破坏计算机信息系统案，第 34 号李骏杰等破坏计算机信息系统案，第 35 号曾兴亮、王玉生破坏计算机信息系统案。

② 参见最高人民法院指导案例第 145 号张竣杰等非法控制计算机信息系统案。

③ 王作富．刑法分则实务研究：中．北京：中国方正出版社，2010：1209；邢永杰．破坏计算机信息系统罪疑难问题探析．社会科学家，2010（7）：81.

④ 马克昌．百罪通论．北京：北京大学出版社，2014：910. 类似观点参见：高铭暄，马克昌．刑法学．7 版．北京：北京大学出版社，高等教育出版社，2016：534.

⑤ 叶小琴，高彩云．破坏计算机信息系统行为的刑法认定——基于最高人民法院第 104 号指导性案例的展开．法律适用，2020（14）：13.

⑥ 参见吕梅青，朱宏伟．童莉、蔡少英破坏计算机信息系统案//中华人民共和国最高人民法院刑事审判第一、二、三、四、五庭．刑事审判参考：总第 86 集．北京：法律出版社，2013：73.

社会秩序法益。罪名在《刑法》分则中的体系位置对保护法益的确定具有一定的指导性，但并不绝对。例如，寻衅滋事罪虽然保护公共秩序或社会秩序的安宁，但是其中具体行为类型（如随意殴打他人，辱骂他人，强拿硬要或者任意损毁、占用公私财物）的保护法益仍然是以公民的身体安全、名誉、财产权利作为基础。再如，理论上有力的观点认为，生产、销售伪劣商品罪的客体（保护法益）是国家对商品生产、销售的管理秩序①，但在刑事审判实务中，行为人非法销售所谓"伪而不劣"或"假而不劣"商品的，尤其是在消费者知假买假的场合，通常不认定为生产、销售伪劣产品罪。② 这意味着，尽管本罪的保护法益指向抽象的市场经济秩序，但是仍然以消费者的个体权利作为前提。

其次，本罪在立法设置时，法律制定者也并未特别强调破坏计算机信息系统应当对社会管理秩序和公共秩序形成破坏。按照高铭暄教授的记载，1997 年新增此罪，旨在加强对计算机信息系统的管理和保护，保障计算机信息系统功能的正常发挥，维护计算机信息系统的安全运行。③ 正因如此，在立法论上，将本罪放置在《刑法》分则第六章第一节是否妥当本身就存在一定争议。④ 在事实层面，尽管某些破坏计算机信息系统的行为可能会波及社会管理秩序和公共秩序，但是将其作为必要条件加以确立，则并没有立法论上的充分依据。

此外，将本罪的保护法益定位为一种秩序性法益也将使得本罪远远落后于网络社会的发展步伐。在本罪入刑初期，个人计算机尚未普及，将对计算机信息系统的破坏行为与社会秩序的保护相结合或许有一定道理。但是在当下，计算机广泛普及，个体占有率极高，如果仍然认为本罪只能或者主要保护秩序性法益，那么本罪的适用将会受到过度限缩。事实上，对此问题的理解，已经在最高司法机关发布的指导性案例中有了答案。最高人民检察院发布的第 35 号指导性案例曾兴亮、王玉生破坏计算机信息系统案的裁判要旨明确指出，智能手机终端，应当认定为刑法保护的计算机信息系统。锁定智能手机导致不能适用的行为，可以认定为破坏计算机信息系统。⑤ 这一判决实际上间接否定了破坏计算机信息系统行为必须侵害社会管理秩序的观点。

---

① 王作富．刑法分则实务研究：上．北京：中国方正出版社，2010：185.

② 杨毅．邱进特等销售假冒注册商标的商品案；臧德胜．杨昌君销售假冒注册商标的商品案//最高人民法院刑事审判第一、二、三、四、五庭．刑事审判参考：总第 78 集．北京：法律出版社，2011：110，114.

③ 高铭暄．中华人民共和国刑法的孕育诞生和发展完善．北京：北京大学出版社，2012：513.

④ 参见本书第 13～14 页。

⑤ 参见最高人民检察院指导性案例第 35 号曾兴亮、王玉生破坏计算机信息系统案。类似的案例可以参见。补充。

最后，从国际比较的层面来看，在较为具有代表性的国家的刑法中，破坏计算机犯罪的法益也并未限定在公共秩序范畴之内。例如，美国《计算机欺诈与滥用法》第 1030（a）（5）条对破坏计算机的行为进行了规定，该条以行为（如传输程序、信息、代码，非法侵入等）对计算机造成损害作为构成要件的核心，并未涉及扰乱公共秩序的要素。[①]《日本刑法典》第 234 条之二规定了损坏电子计算机等妨害业务罪，其构成要件与破坏计算机信息系统罪有一定的相似性。[②] 日本学者通常认为，本罪的保护法益是电子计算机业务的顺利进行。[③] 也有学者指出，在使用电子计算机所从事的业务中，有很多其规模极大，对其进行妨害有给范围很广的国民生活带来重大障碍秩序之虞，因此本罪虽然基本上是保护个人法益的犯罪，但是本罪其次也意在保护社会法益。[④] 但是，即使这样认为，本罪对社会法益的保护（或行为对社会秩序的侵害）也只是或然性而非必然性的，该罪本质上仍然属于保护个体法益的犯罪。同样，《德国刑法典》第 303b 条规定了破坏计算机罪，通过 2007 年立法修订和拓展以后，目前该条文保护（包括个体在内的）所有运营者和用户计算机中数据处理功能不受侵扰的利益[⑤]，而过去该条中针对企业、公司、机构计算机的破坏行为，则被列为第 2 款加重处罚的规定。

第二，破坏计算机信息系统罪的保护法益并非计算机信息系统的不可侵犯性和形式完整性。一方面，由于我国《刑法》第 285 条第 1 款专门规定了非法侵入计算机信息系统罪，从体系解释的角度来看，破坏计算机信息系统罪所规制的显然并非仅仅非法侵入计算机信息系统的行为。另一方面，仅仅损害了计算机信息系统形式完整性的行为，也不能构成本罪。破坏计算机信息系统罪的构成要件行为采用了“删除”“修改”“增加”的表述，而未直接使用“破坏”的概念，前者并没有特别强调行为的毁弃性特征，如果仅对其进行形式性解读，容易将本罪的保护法益理解为计算机信息系统的形式完整性。这样一来，破坏计算机信息系统罪成为一种门槛极低的罪名，背离了立法设置初衷。对此，比较法视野中的相关制度也有所启示。如上所述，在美国《计算机欺诈与滥用法》第 1030（a）（5）条破坏计算机罪的规定中，行为所造成的“损害”的认定非常关键。按照该法第 1030（e）（8）条的规定，这里的“损害”是指“对数据、程序、系统或信息完好性（integrity）或可用性

---

① 18 U. S. C. § 1030（a）（5）.

② 不过，本罪本质上属于妨害业务罪的一种类型，与我国破坏计算机信息系统罪不可完全等同。

③ 大谷实．刑法各论：新版第 2 版．黎宏，译．北京：中国人民大学出版社，2008：136；西田典之．日本刑法各论：第三版．刘明祥，王昭武，译．北京：中国人民大学出版社，2007：102.

④ 大塚仁．刑法概说（各论）：第三版．冯军，译．北京：中国人民大学出版社，2003：192.

⑤ Vgl. BT-Drucks. 16/3656，S. 13；Hecker，in Schönke/Schröder，Strafgesetzbuch Kommentar，30. Aufl.，2019，§ 303b，Rn. 1.

(availability) 的侵害”。对可用性的侵害很好理解，即通过排除其他用户的权利来干扰计算机的正常功能。而完好性相对难于理解，但是事实上其并非形式意义上的完整，而是实质意义上的数据或信息内容的可信性与真实性。①

这一点对理解破坏计算机信息系统罪第 2 款的规定极为重要。按照《刑法》第 286 条第 2 款的规定，违反国家规定，对计算机信息系统中存储、处理或者传输的数据和应用程序进行删除、修改、增加的操作，后果严重的，构成破坏计算机信息系统罪。本款条文由于没有像第 1 款那样明文规定“造成计算机信息系统不能正常运行”的要求，如果对上述构成要件进行字面化的认定，容易将本罪的保护法益理解为计算机信息系统中数据和应用程序的形式完整性。例如，有学者指出，《刑法》第 286 条第 2 款主要针对计算机信息系统的完整性，即行为人实施的破坏行为使计算机信息系统中的数据和应用程序发生变动、全部或部分丧失，影响数据或应用程序的完整性。② 但是，按照这种观点，一旦行为人对相关数据和应用程序进行了任何删除、修改、增加，都可能被宽泛地认定为构成破坏计算机信息系统，难以妥当限定本罪的适用范围。

第三，破坏计算机信息系统罪的保护法益应当是计算机信息系统的正常运行。首先，这里保护法益的直接指涉对象是计算机信息系统本身，而不是计算机信息系统的数据处理结果。换言之，仅仅是外在地、间接地影响了计算机信息系统的数据处理结果，而并未直接影响计算机信息系统本身，不宜认定构成本罪。如果不对此加以限定，本罪将可能在司法实践中被不当拓展为一种妨害业务类的犯罪。

其次，对计算机信息系统正常运行的影响，必须达到一定的严重程度，但又并不必然要求造成根本性、不可逆的损害后果。一方面，通过删除、修改、增加、干扰的方式来影响计算机信息系统正常运行的行为非常宽泛，因此立法者为《刑法》第 286 条前 3 款行为都设置了违法性程度要件。具体来说，第 1 款规定了“造成计算机信息系统不能正常运行”和“后果严重”，第 2 款规定了“严重后果”，第 3 款规定了“影响计算机系统正常运行”和“后果严重”。上述罪量要素的设置意味着，即使相关行为初步符合构成要件类型，如果对法益侵害程度轻微也不构成本罪。

另一方面，不能极端化地认为，本罪行为对计算机信息系统或计算机信息系统中的数据和应用程序的破坏必须达到彻底损毁的程度。例如，理论上

---

① ORIN S KERR. Computer criminal law. fourth edition. West Academic Publishing，2018：114－115.

② 叶小琴，高彩云．破坏计算机信息系统行为的刑法认定——基于最高人民法院第 104 号指导性案例的展开．法律适用，2020（14）：13.

有观点认为，在破坏计算机信息系统数据和应用程序的行为方式中，产生严重后果主要是指使用户重要的计算机数据和资料遭到不可恢复的严重破坏。[①] 这一理解显然过于苛刻，即使数据和应用程序遭受的是可恢复的破坏，也仍然可能构成本罪。哪怕在过去物理空间的毁弃类犯罪中，也同样应当如此理解。此外，还有学者提出，《刑法》第 286 条第 1 款规定针对的是计算机信息系统功能的根本性破坏行为。而第 2 款、第 3 款规定的则是对信息系统内某个组成部分或以特定手段实施的破坏行为，所以并未使用"造成计算机信息系统不能正常运行"的罪状表述。[②] 但是，这种观点也难以成立。因为，即使是《刑法》第 286 条第 1 款所规定的针对计算机信息系统功能实施的行为，也无须达到所谓根本性破坏的程度。按照司法解释的规定，这种破坏行为所引发的后果，只要造成 10 台以上的计算机信息系统的主要软件或者硬件不能正常运行即可。最高法的法官对此还指出，"计算机信息系统的主要软件或者硬件不能正常运行"，既包括全部功能不能正常运行，也包括部分功能不能正常运行。[③] 而且，《刑法》第 286 条第 2 款、第 3 款完全依照第 1 款的规定处罚，如果认为不同程度的法益侵害行为对应同样的刑罚强度，将产生罪名内在罪刑不均衡的问题。更何况，第 286 条第 1 款所规定的"造成计算机信息系统不能正常运行"和第 286 条第 3 款所规定的"影响计算机系统正常运行"在解释论上并没有本质上的差异。

最后，《刑法》第 286 条第 2 款尽管没有明文规定"造成计算机信息系统不能正常运行"或"影响计算机系统正常运行"，但是该款行为的保护法益同样应当是计算机信息系统的正常运行。关于这一条款的保护法益，很大程度上将直接决定本罪的规制范围，这在理论和实务界争议较大。有一种观点倾向于按照本款构成要件的字面意思来理解，因此认为对数据或应用程序所进行的"删除""修改""增加"行为，与计算机信息系统的正常运行没有直接关联。这样的立场，受到司法实务的青睐，这也是近年来破坏计算机信息系统罪司法适用率迅速攀升的重要原因之一。有学者指出，在现有法律规定之外，另外给该罪第 2 款单独增加"造成计算机信息系统功能不能正常运行"的入罪条件，既不符合罪刑法定原则，也容易造成司法实践中的认识差异。[④] 然而，按照这样一种逻辑，第 286 条第 2 款实际上很容易蜕变为单纯保护数据完整性的独立罪名，与破坏计算机信息系统罪的基本属性显得格格不入。

---

① 邢永杰．破坏计算机信息系统罪疑难问题探析．社会科学家，2010 (7)：83.

② 胡春健、孙伟．破坏计算机信息系统罪的规范分析．中国检察官，2019 (4 上)：42 - 43.

③ 喻海松．《关于办理危害计算机信息系统安全刑事案件应用法律若干问题的解释》的理解与适用．人民司法（应用)，2011 (19)：26.

④ 赵宁．厘清"修改数据式"破坏计算机信息系统罪．检察日报，2020 - 04 - 24 (3).

在我国数据安全的刑法保护框架存在明显不足的当下，尽管这种观点具有一定的实用性，但是不得不说其违背了本罪的立法设置初衷。破坏计算机信息系统罪本质上属于虚拟空间的毁弃型犯罪，虽然计算机信息系统中的数据和应用程序可以成为其行为对象，但破坏行为的最终效果仍然应当落脚于计算机信息系统本身。如不这样理解，本罪必然会沦为各种各样涉及数据的违法犯罪的容身之所，从而大大增强了其口袋罪名的色彩。

而且，借助破坏计算机信息系统罪来规制单纯侵害数据完整性的犯罪，也会引发数据犯罪处理过程中的罪刑不均衡。在目前我国刑法中，直接规制数据犯罪的罪名是《刑法》第 285 条第 2 款非法获取计算机信息系统数据罪。本罪基本构成要件的刑罚幅度是 3 年以下有期徒刑或者拘役，并处或者单处罚金，加重构成要件的刑罚幅度为 3 年以上 7 年以下有期徒刑，并处罚金。而破坏计算机信息系统罪基本构成要件的刑罚幅度是 5 年以下有期徒刑或者拘役，加重构成要件的刑罚幅度为 5 年以上有期徒刑。相较而言，后罪处罚要严苛很多，尤其是在涉及加重构成要件行为的场合。如果将删除、修改、增加数据的行为一律都按照破坏计算机信息系统罪处理，那么意味着，对单纯侵犯数据完整性行为的处罚要远远重于对非法获取数据行为的处罚，这显然违背常理。如学者所言，单纯侵犯数据安全的犯罪不应依赖本罪来规制，而宜独立设置相应罪名。①

比较而言，《德国刑法典》采取了将单纯侵犯数据完整可用性犯罪和破坏计算机犯罪并立的模式。《德国刑法典》第 303a 条数据变更罪规定，非法删除数据、封锁数据、使数据不可用、变更数据的，处 2 年以下自由刑或罚金刑。而第 303b 条则另外规定了破坏计算机罪，其基本刑罚幅度为 3 年以下自由刑。值得注意的是，第 303a 条的数据变更行为，也可以成为第 303b 条破坏计算机罪的手段行为，但是这一手段必须严重干扰了计算机的数据处理才能构成破坏计算机罪。而在我国并没有采取这种分立模式的网络犯罪立法框架之下，单纯侵害数据完整性的行为不能直接借助破坏计算机信息系统罪来定罪处罚，二者在法益侵害类型、行为性质、可责难程度上都有明显差异。

二、实行行为的规范校准

关于破坏计算机信息系统罪的实行行为的理解，在司法实务中存在诸多

① 周立波．破坏计算机信息系统罪司法实践分析与刑法规范调试——基于 100 个司法判例的实证考察．法治研究，2018 (4)：74.

争议，并且主要集中于前两款规定。对此，笔者将结合对相关案例的评析，提出认定该罪实行行为的教义学标准，以求实现对本罪实行行为的规范校准。

（一）破坏计算机信息系统功能的行为

《刑法》第 286 条第 1 款对破坏计算机信息系统功能的行为作出了规定，即对计算机信息系统功能进行删除、修改、增加、干扰，造成计算机信息系统不能正常运行。对这一行为类型，目前司法实务中存在对构成要件进行形式化、字面化、扩张化解读的趋势。针对这一局面，笔者提出该款行为应当具有指向性、直接性和毁弃性的基本特征，以此来制约本罪的不当扩大适用现象。以下笔者将结合部分典型案例予以说明。

1. 行为的指向性

行为的指向性是指本罪构成要件所规定的删除、修改、增加、干扰行为，应当指向计算机信息系统功能而实施，仅仅通过改变自身状态来影响计算机信息系统实际运行效果的，不能构成破坏计算机信息系统罪。

［案例 12－1］张某某等破坏计算机信息系统案①

2012 年 5 月，被告人张某某为牟利而委托黄某（另案处理）编写了名为“第一名”的软件，并以南京米图信息技术有限公司名义经营，通过被告人陶某等人对外销售，所得由被告人张某某与陶某等人分成。至案发时，被告人张某某、陶某先后向南京华西妇科医院、上海大府信息技术有限公司、北京上工谷研中医药研究院、北京市祥云医院管理有限公司等销售“第一名”软件，违法所得共计人民币 18 800 元。经北京网络行业协会电子数据司法鉴定中心鉴定，该“第一名”软件免费版会干扰搜索引擎对关键字搜索结果的正常排序。2012 年 11 月 15 日，被告人张某某、陶某在本市秦淮区中山南路 321 号现代大厦 2908 室南京米图信息技术有限公司被公安机关抓获归案，到案后均如实供述了上述事实。

本案的法院判决认为，被告人张某某、陶某违反国家规定，对计算机信息系统功能进行干扰，造成计算机信息系统不能正常运行，构成破坏计算机信息系统罪。在理论界，对此案则存在两种不同的见解。一种观点认为，被告人虽然没有侵入百度搜索引擎的运营服务器内部进行数据修改，但“第一名”软件对百度的服务器人为传递了错误的反馈信息，严重影响了其检索功能的正常发挥，构成本罪实行行为中的干扰。而另一种观点则认为，干扰是

① 参见张某某与陶某破坏计算机信息系统案，江苏省南京市秦淮区人民法院（2014）秦刑初字第 97 号刑事判决书。由于篇幅所限，笔者对本章所有案例案情都进行了适当压缩。

对计算机信息系统运行机理造成的破坏，如果干扰行为没有导致计算机信息系统运行机理发生重大变化，就不是破坏计算机信息系统罪意义上的干扰①，法院判决属于迁就网络治理现实需求扩大化与入罪化的客观解释。②

笔者认为，将本案行为定性为破坏计算机信息系统，已经明显突破了破坏计算机信息系统罪的适用范围。涉案软件的核心功能在于改变相关网页的点击量，以此实现在百度搜索系统中排序更好的目标。但是，这一行为仅仅改变了软件使用者网页的自身状态，而非指向百度公司的计算机信息系统及其功能。破坏计算机信息系统罪属于一种积极的作为犯罪，因此其行为应当体现出外在的指向性。而且，这种外在的指向性与本罪的毁弃性特征紧密结合在一起。如果缺乏这种外部指向性，那么充其量只能说该行为给计算机信息系统造成了一定影响，但不能将这种影响称为一种破坏。打一个形象的比方，假设我们给某架战斗机涂上隐形材料，使其无法被对方雷达系统所监测，此时我们显然不能认为，该行为破坏了雷达系统及其对应的计算机信息系统。

问题的症结之一在于《刑法》第 286 条第 1 款规定了“干扰”行为。“干扰”的含义较为模糊，其中主动“干预”的意蕴可能被淡化甚至消解，以至于这一概念逐渐被泛化理解为“扰乱”“产生消极影响”的意思。而通过改变自身状态，同样可能给对方造成消极影响。就在这样一种语义逐渐置换的过程中，破坏行为的指向性被瓦解。这样的一种裁判逻辑尤为值得警惕。在目前的网络生态中，存在大量违规软件，它们不会破坏相关计算机信息系统的功能，但是客观上可以发挥某种“作弊”的效果，给计算机信息系统带来消极影响，如果都按照本案中的思路来分析，可能将有大量类似恶意行为被过度犯罪化。例如，通过一定的技术手段隐藏流量穿透③经营者的相关识别信息，以防止被具有监测流量穿透功能的计算机信息系统的探针所探查和监控的行为，影响了网络运营商探针系统的实际探测效果，就在实践中被不当指控构成破坏计算机信息系统罪。④ 如果不注意把握本罪行为的指向性特征，本罪很可能会朝着妨害业务罪的方向异化蜕变。

2. 行为的直接性

行为的直接性是指本罪的构成要件行为除了指向计算机信息系统功能以外，通常还应当侵入计算机信息系统内部对其功能产生直接作用。行为人仅

① 朱赫，等．破坏计算机信息系统案件法律适用研讨会．人民检察，2015（8）：41.

② 刘艳红．网络时代刑法客观解释新塑造：“主观的客观解释论”．法律科学，2017（3）：97.

③ 所谓流量穿透，是指一些公司在向中国电信等强势网络运营商购买网络带宽后，违规转手卖给中国移动、中国铁通等弱势网络运营商，从中赚取差价牟利。

④ 参见沈阳市浑南区人民检察院沈浑南检公诉刑诉（2020）175 号起诉书。

仅在系统外部干扰数据输入，从而间接影响最终数据输出结果的，不构成破坏计算机信息系统罪。

[案例 12－2] 李某等破坏计算机信息系统案①

陕西省西安市长安区环境空气自动监测站通过环境空气质量自动监测系统采集、处理监测数据。2016 年 2 月 4 日，长安子站回迁至西安市长安区西安邮电大学南区动力大楼房顶。被告人李某利用协助子站搬迁之机私自截留子站钥匙并偷记子站监控电脑密码，此后至 2016 年 3 月 6 日间，被告人李某、张某某多次进入长安子站内，用棉纱堵塞采样器的方法，干扰子站内环境空气质量自动监测系统的数据采集功能。被告人何某某明知李某等人的行为而没有阻止，只是要求李某把空气污染数值降下来。被告人李某还多次指使被告人张某、张某采用上述方法对子站自动监测系统进行干扰，造成该站自动监测数据多次出现异常，多个时间段内监测数据严重失真，影响了国家环境空气质量自动监测系统正常运行。为防止罪行败露，2016 年 3 月 7 日、3 月 9 日，在被告人李某的指使下，被告人张某、张某两次进入长安子站将监控视频删除。2016 年 2、3 月间，长安子站每小时的监测数据已实时传输发送至监测总站，通过网站向社会公布，并用于环保部编制 2016 年 2 月、3 月和第一季度全国 74 个城市空气质量状况评价、排名。2016 年 3 月 5 日，监测总站在例行数据审核时发现长安子站数据明显偏低，检查时发现了长安子站监测数据弄虚作假问题，后公安机关将五被告人李某、何某某、张某、张某、张某某抓获到案。

对于本案，法院判决意见认为，李某等人的行为构成破坏计算机信息系统罪。基本的逻辑和理由在于，李某等人违反了《环境保护法》等国家规定，而环境质量监测系统属于刑法上的计算机信息系统，李某等人用棉纱堵塞采样器的行为造成了计算机信息系统的监测数据失真，影响对环境空气质量的正确评估，属于对计算机信息系统功能进行干扰，造成计算机信息系统不能正常运行。法院判决还援引了 2016 年最高法、最高检《关于办理环境污染刑事案件适用法律若干问题的解释》第 10 条第 1 款的规定，即违反国家规定，针对环境质量监测系统，实施干扰采样行为，致使监测数据严重失真的，以破坏计算机信息系统罪论处。

初步看来，该判决似乎有理有据，而且被最高人民法院遴选为指导性案例。然而，实际上该判决意见代表了司法实务部门对本罪的一种典型误读。

① 参见最高人民法院发布的第 104 号指导性案例，李森、何利民、张锋勃等破坏计算机信息系统案。

《刑法》第286条第1款中的“删除、修改、增加、干扰”行为，应当直接针对计算机信息系统的功能发生作用，而非间接影响计算机信息系统的数据处理结果即可构成。这样一种理解的根本原因在于，破坏计算机信息系统罪乃是网络空间针对计算机信息系统的毁弃型犯罪，如不严格把握破坏行为的“直接性”要求，势必导致本罪适用范围不当扩张。正因如此，有学者指出，破坏计算机信息系统功能的行为，是指行为人在不法侵入计算机系统内部后，再对系统的功能本身进行破坏，从而使得计算机信息系统不能运行或不能按原先的设计要求运行。① 而与此相反，支持本案判决意见的学者认为，破坏计算机信息系统罪中的“干扰”行为可以分为内部干扰和外部干扰，而本案被告人的行为即属于后一种情况。② 笔者认为，本罪的构成是否一定以行为人不法侵入计算机信息系统内部为前提条件，或许在技术层面尚难完全定论，但从目前的状况来看，侵入计算机信息系统通常是基本的前置步骤。退一步说，即使在所谓外部干扰的情形下，干扰行为也应当直接影响计算机信息系统的功能本身。而在本案中，环境质量监测系统固然属于刑法意义上的计算机信息系统，但是被告人李某等人只是在计算机信息系统的外部，通过影响数据源输入的方式，来间接影响计算机信息系统的最终数据输出结果。在整个行为过程中，计算机信息系统的功能本身并没有受到任何破坏，系统的数据处理功能完好无损。换言之，计算机信息系统仍然正常运行，只是数据处理结果受到了间接操控而已。同样打个形象的比方，假设甲在出售猪肉时，往待售的猪肉中大量注水，收购方乙用电子秤称重，结果重量严重不实。在这种情况下，我们不能认为甲破坏了乙的电子秤，实际上他只是非法操控了称重数据。同理，在破坏计算机信息系统罪的适用过程中，如果认为以任何方式影响计算机信息系统最终输出数据的行为都符合构成要件，无疑会使本罪严重偏离毁弃型犯罪的本质，从而违背罪刑法定这一基本原则。

3. 行为的毁弃性

行为的毁弃性是指本罪的构成要件行为在具有指向性和直接性的基础上，应当实质性地破坏了计算机信息系统功能，如果行为只是排除或限制了权利人对计算机信息系统功能的占有使用，而系统本身完好无损，则不宜认定构成破坏计算机信息系统罪。

---

① 周光权．刑法软性解释的限制与增设妨害业务罪．中外法学，2019（4）：958.

② 叶小琴，高彩云．破坏计算机信息系统行为的刑法认定——基于最高人民法院第104号指导性案例的展开．法律适用，2020（14）：5.

[案例 12-3] 曾某某、王某某破坏计算机信息系统案①

2016 年 10 月至 11 月，被告人曾某某与王某某结伙或者单独使用聊天社交软件，冒充年轻女性与被害人聊天，谎称自己的苹果手机因故障无法登录“iCloud”（云存储），请被害人代为登录，诱骗被害人先注销其苹果手机上原有的 ID，再使用被告人提供的 ID 及密码登录。随后，曾、王二人立即在电脑上使用新的 ID 及密码登录苹果官方网站，利用苹果手机相关功能将被害人的手机设置修改，并使用“密码保护问题”修改该 ID 的密码，从而远程锁定被害人的苹果手机。曾、王二人再在其个人电脑上，用网络聊天软件与被害人联系，以解锁为条件索要钱财。采用这种方式，曾某某单独或合伙作案共 21 起，涉及苹果手机 22 部，锁定苹果手机 21 部，索得人民币合计 7 290 元；王某某参与作案 12 起，涉及苹果手机 12 部，锁定苹果手机 11 部，索得人民币合计 4 750 元。2016 年 11 月 24 日，二人被公安机关抓获。

本案的法院生效判决认为，被告人曾某某、王某某的行为构成破坏计算机信息系统罪。最高人民检察院的指导性意见则更是清楚地指出，被告人通过修改被害人手机的登录密码，远程锁定被害人的智能手机设备，使之成为无法开机的“僵尸机”，属于对计算机信息系统功能进行修改、干扰的行为。②理论上，也有学者认为这是对网络意义上“破坏”行为的“适时性”理解。③但是，这样的一种判例立场在无形中助长了破坏计算机信息系统罪的宽泛适用。这里涉及破坏计算机信息系统功能行为的定型性问题，理论上对此鲜有讨论。实际上，这一点十分类似于实体空间中的毁弃型犯罪——故意毁坏财物罪的司法适用，有必要借鉴性地从中梳理出相关理论脉络。

关于故意毁坏财物罪的行为，理论上历来存在物质损毁说、有形侵害说、效用侵害说等各种不同立场。《德国刑法典》第 303 条损坏财物罪的核心构成要件中同时规定了“损坏”（beschädigen）和“毁坏”（zerstören）两种行为类型。其中，“毁坏”是指完全改变或销毁财物（如熔化、烧毁、杀死动物等），通常其含义没有太大争议。而按照德国刑法学界的通说，所谓“损坏”是指对于物品的有形的显著影响，通过这种影响改变了其物质构成（物质损

① 最高人民检察院指导性案例第 35 号。类似的案例，参见张寅等破坏计算机信息系统案，浙江省温州市瓯海区人民法院（2016）浙 0304 刑初 495 号刑事判决书；夏理想等破坏计算机信息系统案，江苏省洪泽县人民法院（2016）苏 0829 刑初字第 290 号刑事判决书。

② 万春，缐杰，张杰．《最高人民检察院第九批指导性案例》解读．人民检察，2017（23）：26.

③ 高铭暄，孙道萃．网络时代刑法解释的理论置评与体系进阶．法治研究，2021（1）：33.

害）或者减损了其“可用性”（功能损害）。① 但是，这里对“可用性”的影响并非完全以财物所有人或使用者的利益为依据，通说认为，单纯的排除财物占有并不构成这里的损坏。② 而与此不同，在日本刑法的理论和实务界，关于《日本刑法典》第261条器物损坏罪实行行为“损坏”的理解，所谓效用侵害说占据了主流地位，其认为除了物质的变更或者消灭器物的形体之外，也广为包括使物丧失效用，一些单纯排除财物占有的案例，如放走鱼池中的鲤鱼，也被认定构成本罪。③ 在我国刑法学界，关于故意毁坏财物罪实行行为的理解，则尚未达成普遍共识，过去较为通行的观点是物质毁损说④，但是近来效用侵害说⑤、功能妨害说⑥也属较为有力的学说。

笔者认为，出于实行行为定型性和罪刑法定原则的考虑，不宜采取完全的效用侵害说。如果完全以财物所有人对财物的效用和利益为标准，那么相关行为很有可能会突破国民对“故意毁坏财物”这一概念语义的预期和理解，从而将许多民事侵权行为不当地进行定罪处刑。单纯排除财物占有的行为，显然已经突破了“毁坏”的语义射程范围。与之相似，单纯限制财物占有的行为，同样不宜被评价为故意毁坏财物。例如，与甲产生争执的乙将甲的车钥匙扔进了河中，而持有另一把车钥匙的甲的妻子远在外地，甲为此只能搭乘出租车出行。对此，有观点正确地指出，行为人乙虽然对财物积极、有形地实施了作用力，但是并未对财物造成积极、有形的影响，不宜认定构成故意毁坏财物罪。⑦ 而对于作为虚拟空间毁弃型犯罪的破坏计算机信息系统罪，在解释论上也同样应当采取审慎的立场强调实行行为的定型性，不能使计算机信息系统所有人或权利人的主观效用评价凌驾于刑法概念的文义解释之上。

在本案中，被告人曾某某和王某某通过诱骗的方式，让被害人注销苹果手机原有的 iCloud ID，并借其登录新 ID 及密码之机，修改 ID 密码，锁定该

---

① Vgl. Kinhäuser/Böse, Strafrecht Besonderer Teil II, Straftaten gegen Vermögensrechte, 10. Aufl., 2019, S. 198.

② Vgl. Rengier, Strafrecht Besonderer Teil I, Vermögensdelikte, 19. Aufl., 2017, §24, Rn. 16.

③ 大塚仁．刑法概说（各论）：第三版．冯军，译．北京：中国人民大学出版社，2003：388-389；山口厚．刑法各论：第2版．王昭武，译．北京：中国人民大学出版社，419.

④ 高铭暄，马克昌．刑法学．8版．北京：北京大学出版社，高等教育出版社，2017：521；王作富．刑法分则实务研究：中．5版．北京：中国方正出版社，1026. 强调行为的破坏性，接近于该种学说的观点，也可参见陈兴良．故意毁坏财物行为之定性研究——以朱建勇案和孙静案为线索的分析．国家检察官学院学报，2009（1）：100.

⑤ 张明楷．刑法学．5版．北京：法律出版社，2016.

⑥ 周光权．刑法各论．3版．北京：中国人民大学出版社，2016：147.

⑦ 张梓弦．论故意毁坏财物罪中的“毁坏”——“有形的影响说”之提倡．法学，2018（7）：112.

苹果手机。从形式上来看，被告人的行为似乎属于《刑法》第 286 条第 1 款中的“修改”和“干扰”。但是经过仔细分析则发现本案构成要件符合性存在较大疑问。其一，《刑法》第 286 条第 1 款中“修改”和“干扰”的对象乃是“计算机信息系统功能”。换言之，并非对计算机信息系统的软硬件进行任何“修改”和“干扰”都能构成本罪。通过诱骗的方式，在被害人的配合下修改 iCloud ID 及密码的行为，只是对计算机信息系统的非核心组成部分进行了重设，并没有破坏计算机信息系统的功能本身。其二，《刑法》第 286 条第 1 款还要求行为“造成计算机信息系统不能正常运行”。但是，本案中被告人的行为只是通过修改账户秘密的方式，使得被害人无法直接使用该计算机信息系统。计算机信息系统及其功能仍然完好无损，对知晓新设密码的被告人来说，更是完全可以无障碍登录使用。换言之，这里所谓的“锁定”“僵尸机”实际上是从被害人的角度，纯粹对其财物效用受限进行的描述。从本质上来看，上述行为的含义接近于排除或限制权利人对计算机信息系统的占有使用。而这种单纯排除或限制占有的行为，还不能称之为对计算机信息系统功能的破坏。打一个形象的比方，假设行为人甲将乙家房门上的密码锁进行修改，抑或甲将乙房门钥匙加以藏匿，使得乙无法进入住宅，此行为显然不能被评价为甲故意毁坏了乙的住宅。同样，对计算机信息系统的密码进行修改，也不能称之为对计算机信息系统本身及其功能的破坏。

实际上，上述司法判例之所以认定该行为构成破坏计算机信息系统罪，原因在于解释该罪构成要件时走向了彻底的效用侵害说。但是，如前文所言，效用侵害说避免不了逾越构成要件语义边界的指摘。更何况，与故意毁坏财物罪不同，破坏计算机信息系统罪第 1 款还特别地规定了“造成计算机信息系统不能正常运行”，而非“造成计算机信息系统无法正常使用”，这进一步限缩了效用侵害说的存在空间。然而，在司法实务中，这种依据效用侵害说来扩大适用破坏计算机信息系统罪的做法并不罕见，如仅仅修改了计算机信息系统主机密码的行为也被不当入罪。① 实践中经常发生修改密码锁定智能手机勒索财物的案件，如果被告人的修改或锁定行为没有对以智能手机为载体的计算机信息系统功能进行实质性破坏，这类案件以敲诈勒索罪来处理更为适宜。

（二）破坏计算机信息系统数据和应用程序的行为

《刑法》第 286 条第 2 款规定了对计算机信息系统数据和应用程序进行破

① 清国．吕薛文破坏计算机信息系统案//中华人民共和国最高人民法院刑事审判第一庭．刑事审判参考：总第 9 集．北京：法律出版社，2000：29.

坏的行为。这一条款的规定近年来在实践中适用较多，争议也较大。笔者认为，基于本罪属于毁弃型犯罪的定位，破坏计算机信息系统数据和应用程序的行为，同样应当具备影响计算机信息系统正常运行的特征，如此才能准确限定本罪适用范围。但是，计算机信息系统的正常运行可以包括计算机信息系统数据处理功能的正常运行和计算机信息系统重要使用功能的正常运行两种类型，前者可能与《刑法》第 286 条第 1 款行为存在一定竞合关系，后者则可能与部分网络虚拟财产犯罪发生竞合。以下同样结合典型案例进行详述。

1. 对系统数据处理功能的破坏

对系统数据处理功能的破坏，是指行为人尽管对计算机信息系统中存储、处理或者传输的数据和应用程序进行了删除、修改、增加的操作，但是如果该行为并未对系统的数据处理功能产生实际影响、妨害计算机信息系统的正常运行，则不能认定构成破坏计算机信息系统罪。

[案例 12－4] 张某某等非法控制计算机信息系统案①

自 2017 年 7 月开始，被告人张某某、彭某某、祝某、姜某某经事先共谋，为赚取赌博网站广告费用，在马来西亚吉隆坡市租住的 Trillion 公寓 B 幢 902 室内，相互配合，对存在防护漏洞的目标服务器进行检索、筛查后，向目标服务器植入木马程序（后门程序）进行控制，再使用“菜刀”等软件链接该木马程序，获取目标服务器后台浏览、增加、删除、修改等操作权限，将添加了“赌博”关键字并设置自动跳转功能的静态网页，上传至目标服务器，提高赌博网站广告被搜索引擎命中概率。截至 2017 年 9 月底，被告人张某某、彭某某、祝某、姜某某链接被植入木马程序的目标服务器共计 113 台，其中部分网站服务器还被植入了含有“赌博”关键词的广告网页。后公安机关将被告人张某某、彭某某、祝某、姜某某抓获到案。

对于本案，公诉机关以破坏计算机信息系统罪对被告人提起公诉，辩护人认为被告人的行为系非法控制计算机信息系统而非破坏计算机信息系统，而最终法院判决采纳了辩护意见，认为被告人虽对目标服务器的数据实施了修改、增加的侵犯行为，但未造成该信息系统功能实质性的破坏或不能正常运行，也未对该信息系统内有价值的数据进行增加、删改，仅构成非法控制计算机信息系统罪。② 该案例最终被遴选为最高人民法院指导性案例，其判决意见和法律适用思路得到了最高司法机关的认可。这一指导性案例一经颁发，

---

① 参见最高人民法院指导性案例第 145 号，张竣杰等非法控制计算机信息系统案。

② 类似的判例观点和裁判说理，请参见沈志强、沈某破坏计算机信息系统案，江苏省南京市浦口区人民法院（2019）苏 0111 刑初 908 号刑事判决书。

迅速引发学界热议。学者们敏锐地察觉到，该判决中透露出某种限缩适用破坏计算机信息系统罪的意蕴，而这与过去最高法、最高检（尤其是最高检）发布的相关指导性案例存在较大差异。

学界有部分学者认为，本案的作案手法属于流量劫持。[①] 这在很大程度上意味着该判例改变了过去司法实践对流量劫持行为的刑法定性。因为，过去最高法和最高检都曾发布指导性案例，将流量劫持（域名劫持）行为按照破坏计算机信息系统罪定罪处罚。[②] 本案虽然在事实上也涉及网络流量问题，但是在作案手法上，更接近于"设置黑链"，而非"流量劫持"。"流量劫持"常常采取修改 DNS 即域名解析服务器的方法，使对特定域名的访问由原 IP 地址转入篡改后的指定 IP 地址，导致用户无法访问原 IP 地址对应的网站或访问虚假网站，以此实现对网络流量的"劫持"（当然"流量劫持"并不仅限于这种方法）。[③] 而"设置黑链"则手段更为隐秘，通常是指行为人利用木马病毒等手段侵入相关网站，然后在该网站中加入隐藏链接，借助该网站来提升链接网站在搜索引擎中的排名和影响力。设置黑链的案件并不罕见，许多政府网站常常被不法分子盯上，例如最高检反渎职厅网站就曾经成为受害目标。[④]"流量劫持"（尤其是 DNS 劫持）由于具有一定公然性，所以相对较为容易被察觉。而"设置黑链"由于悄然进行，相对难以被发现，受害网站的数量也通常更多。

仔细分析本案中几名被告人对作案手法的供述即可发现，被告人的核心行为分为两部分。其一，通过木马程序和"菜刀"软件，获取对目标网站（往往是政府网站，如江苏省人大网站）服务器后台进行浏览、增加、删除、修改等行为的控制权。其二，以目标网站源代码为模板进行修改，加入"赌博"关键词以及跳转到赌博网站的跳转代码后，形成新的静态网页，并将该静态网页悄悄上传到目标网站。当用户在搜索引擎搜索"赌博"关键词时，即可搜索到江苏省人大的上述静态网页，用户点击该网页就会跳转到赌博网站。由于目标网站系政府网站，在搜索排名中权重大，被告人通过上述方式，可以使赌博网站的关键词很容易被搜索引擎收录，赌博网站因此也会在搜索引擎的排名中靠前。[⑤]

值得强调的是，尽管被告人将新的静态网页上传至目标网页，但是这一

---

① 吴沈括．最高法 145 号指导性案例"利剑"回击网络犯罪．[2021－02－07]．https：//www.thepaper.cn/newsDetail_forward_10883313.

② 参见最高人民法院指导性案例第 102 号，付宣豪、黄子超破坏计算机信息系统案；最高人民检察院指导性案例第 33 号，李丙龙破坏计算机信息系统案。

③ 蒋惠岭．网络司法典型案例：刑事卷·2017．北京：人民法院出版社，2018：109.

④ 范某等非法侵入计算机信息系统、非法控制计算机信息系统案，法宝引证码 CLI.C.2449516。

⑤ 参见江苏省南京市鼓楼区人民法院（2018）苏 0106 刑初 487 号刑事判决书。

行为并不会导致目标网站无法正常访问，这一点和流量劫持（尤其是 DNS 域名劫持）存在明显的区别。例如，在最高法指导性案例第 102 号付宣豪、黄子超破坏计算机信息系统案中，被告人使用恶意代码修改了互联网用户路由器的 DNS 域名系统设置，导致用户登录目标网站时会跳转至另一网站。而在最高检指导性案例第 33 号李丙龙破坏计算机信息系统案中，被告人修改了目标网站子域名的 IP 指向，使其链接至赌博网站广告发布页面。这两个案例的重要共同点在于，被告人的行为都导致原来的目标网站无法再正常登录，用户访问目标网站时被强制跳转至其他网站，正是在这个意义上才称之为互联网流量被“劫持”。而与此不同，在张竣杰等非法控制计算机信息系统案中，被告人的行为并没有修改目标网站的域名解析服务器，也没有直接导致目标网站无法被正常访问，其行为只是秘密地利用了目标网站的搜索权重，以“搭便车”的方式，提升其他网站的搜索排名。正因如此，被告人侵害的目标服务器达到 113 台。如果是公然的流量劫持行为，实践中往往被害数量不会太多，因为这类行为很快就会因被害人的计算机信息系统无法正常运行而被告发。综上来看，本案中的行为在作案手法上更接近于设置黑链，而非典型的流量劫持。因此，也不能说，本案的判决在整体上改变了过去将流量劫持（域名劫持）认定为破坏计算机信息系统罪的基本立场。

如何评价设置黑链或类似的行为，在司法判例上并没有完全一致的做法，这不仅涉及对破坏计算机信息系统数据和应用程序行为的限定性解释，也涉及破坏计算机信息系统罪和非法控制计算机信息系统罪之间的区分。在目前的司法实践中，认定构成破坏计算机信息系统罪①和非法控制计算机信息系统罪②的判决都有。但是在笔者看来，不论是典型的设置黑链行为还是本案中的行为，通常都不宜认定为破坏计算机信息系统罪。之所以部分司法机关将该行为定性为破坏计算机信息系统，深层原因在于它们过于形式化地理解了《刑法》第 286 条第 2 款的规定。结合前文的阐述可知，本款中规定的实行行为，即对计算机信息系统中数据和应用程序的修改和增加，同样应当结合本罪的保护法益来加以限缩性理解。如果对计算机信息系统中的数据和应用程序的修改或增加，不会对计算机信息系统的数据处理功能产生显著的消极影响，即不会对其正常运行带来实质性的影响，那么该种“修改、增加”并不具有破坏性的特征，因此不具有真正意义上的构成要件符合性。设置黑链以及类似的不法行为，并非以对数据和应用程序的修改、增加为直接目的，但

① 郭加得等破坏计算机信息系统、非法侵入计算机信息系统案，河南省郑州市中级人民法院（2014）郑刑一终字第 91 号刑事裁定书。

② 范某等非法侵入计算机信息系统、非法控制计算机信息系统案，法宝引证码：CLI.C.2449516. 对此进行的立法论上的分析，参见本书第 14 页。

是在具体技术实施过程中，客观上会形成修改、增加数据的结果，对这类行为应当着重审查其是否对计算机信息系统数据处理功能具有实质侵害性。换言之，这类行为存在通过破坏数据和应用程序来破坏计算机信息系统功能的可能，因此和《刑法》第 286 条第 1 款的行为存在一定竞合。比较而言，《德国刑法典》第 303b 条也是将对数据的删除、封锁、使之失效、变更、输入或传输行为①，规定为干扰数据处理功能的具体行为方式，前者只是手段行为，而后者才是不可或缺的最终目的行为。

实际上，本案的判决意见已经察觉了这一点，因此特别地指出被告行为既“未造成该信息系统功能实质性的破坏或不能正常运行”，也“未对该信息系统内有价值的数据进行增加、删改”。在本案中，被告人张竣杰等人非法侵入目标网站，并在其计算机信息系统中秘密上传了包含有“赌博”关键词的静态网页，从形式上来看似乎属于对计算机信息系统中的数据和应用程序进行“修改、增加”的行为。但是，该行为实际上仅仅具有“搭便车”“蹭流量”的功能，并不实质性地影响目标网站的正常访问和运行。也就是说，该行为虽然客观上产生了修改、增加数据的结果，但是并未真正影响计算机信息系统的数据处理功能。指导性案例裁判要点更是直接指出，通过修改、增加计算机信息系统数据，对该计算机信息系统实施非法控制，但未造成系统功能实质性破坏或者不能正常运行的，不应认定为破坏计算机信息系统罪。可见，法院判决意见与指导性案例裁判要点都明确强调了对《刑法》第 286 条第 2 款的解释应当与“计算机信息系统正常运行”（尤其是数据处理功能）挂钩，这一阐述对限定本罪第 2 款的宽泛适用无疑具有里程碑式的重要意义。事实上，部分司法判例已经遵循了这种内在逻辑。例如，在基本类似于本案行为模式的沈志强、沈某破坏计算机信息系统罪案中，法院以同样的理由否定了检察院提出的构成破坏计算机信息系统罪的指控，并最终认定涉案行为只构成非法控制计算机信息系统罪。② 此外，在常见的 DDoS 攻击（即分布式拒绝服务攻击）中，行为人通常首先需要向傀儡机植入木马程序，因此也会在某种意义上对傀儡机中所储存、处理的数据进行删除、修改等操作，但是对这部分行为，法官往往不认定构成破坏计算机信息系统罪，而是只构成控制计算机信息系统罪。核心原因也在于，该行为并没有对傀儡机所承载的计

---

① 这里的输入（eingeben）和传输（übermitteln）行为，内涵接近于我国《刑法》第 286 条第 2 款中的“增加”行为。

② 参见江苏省南京市浦口区人民法院（2019）苏 0111 刑初 908 号刑事判决书。

算机信息系统及其本身功能进行破坏。①

2. 对系统重要使用功能的破坏

对系统重要使用功能的破坏，是指如果对计算机信息系统中数据和应用程序进行删除、修改、增加的行为虽然没有损坏系统的数据处理功能，但是直接妨害了该系统的重要使用功能，仍属于影响计算机信息系统正常运行，可能构成破坏计算机信息系统罪。

[案例 12－5] 李某某等破坏计算机信息系统案②

2011 年 5 月至 2012 年 12 月，被告人李某某在工作单位及自己家中，单独或伙同他人通过聊天软件联系需要修改中差评的某购物网站卖家，并从被告人黄某某等处购买发表中差评的该购物网站买家信息 300 余条。李某某冒用买家身份，骗取客服审核通过后重置账号密码，登录该购物网站内部评价系统，删改买家的中差评 347 个，获利 9 万余元。经查：被告人胡某利用职务之便，将获取的公民个人信息分别出售给被告人黄某某、董某、王某某。2012 年 12 月 11 日，被告人李某某被公安机关抓获归案。此后，因涉嫌出售公民个人信息、非法获取公民个人信息，被告人胡某、黄某某、董某、王某某等人也被公安机关先后抓获。

本案由浙江省杭州市滨江区人民检察院于 2014 年 3 月 24 日以被告人李某某犯破坏计算机信息系统罪、被告人胡某犯出售公民个人信息罪、被告人黄某某等人犯非法获取公民个人信息罪，向浙江省杭州市滨江区人民法院提起公诉。

本案的判决意见认为，被告人李某某对计算机信息系统中存储的数据进行删除修改操作，其行为构成破坏计算机信息系统罪。后本案被遴选为最高人民检察院第 34 号指导性案例。对此，肯定性的意见认为，该判决在立法规范“空缺”与刑法解释应急之间作出了合理取舍，力图在解释限度内解决问题。③ 但是，对于本案判决理论上也不乏批评的声音。主要的意见在于，设立破坏计算机信息系统罪保护的法益是计算机信息系统安全，而计算机信息系统安全不等同于数据安全，故该罪不宜用于评价侵入计算机信息系统有偿删

① 相关案例及其评析意见，参见向保非法控制计算机信息系统案，上海市徐汇区人民法院（2011）徐刑初字第 287 号刑事判决书；朱以珍，陆佳．网络安全犯罪的行为甄别与取证障碍．人民司法·案例，2011（24）：58.

② 参见最高人民检察院第 34 号指导性案例。

③ 高铭暄，孙道萃．网络时代刑法解释的理论置评与体系进阶．法治研究，2021（1）：31.

除不利评价的行为。① 犯罪人虽然骗取重置密码、冒充合法用户登录并修改数据，但并未造成该计算机信息系统不能正常运行，故不应构成破坏计算机信息系统罪。②

这一案例相当具有代表性，它集中体现了学界对《刑法》第 286 条第 2 款保护法益的不同理解，由此也直接影响了对该款实行行为以及行为对象——“计算机信息系统中存储、处理或者传输的数据和应用程序”边界的界定。而且，这一问题的结论对司法实务具有举足轻重的意义，因为近年来《刑法》第 286 条第 2 款的适用非常频繁。例如，非法侵入道路交通违法信息管理系统或公安交通管理综合应用平台，删除车辆违章信息③，非法侵入景区检售票系统，对景区门票数据进行修改④等行为，往往都被认定符合破坏计算机信息系统罪的构成要件，而这些行为是否“造成计算机信息系统不能正常运行”则不无疑问。

学理上对《刑法》第 286 条第 2 款“数据”的范围也完全没有达成共识，甚至有向两极化发展的趋势。最高法的法官曾在案例评析中指出，《刑法》第 286 条第 1 款的行为主要是针对计算机的系统文件，而第 286 条第 2 款所指向的数据和应用程序则不包括系统文件和系统程序。⑤ 这样的一种理解显然并不正确。之所以得出这样的结论，可能的原因在于论者认为《刑法》第 286 条第 1 款强调了“造成计算机信息系统不能正常运行”，而《刑法》第 286 条第 2 款则没有。然而，以“系统文件”和“非系统文件”作为界分两款规定适用的标准，会得出诸多不妥当的结论。一方面，《刑法》第 286 条第 1 款和第 2

---

① 王安异．虚构网络交易行为入罪新论——以《中华人民共和国电子商务法》第 17 条规定为依据的分析．法商研究，2019 (5)：63 - 64. 论者还指出，按照《刑法》第 286 条第 2 款的规定，删除、修改的对象是“数据和应用程序”，而本案中被告人的行为仅破坏了数据，而没有破坏应用程序，因而不构成本罪。但是这种理解并不准确。“和”在逻辑上固然有“且”的含义，但是“和”在语义上同样可以表示并列关系、选择关系。例如：“工人和农民都是国家的主人”（中国社会科学院语言研究所词典编辑室．现代汉语词典．7 版．北京：商务印书馆，2016：526.）。此外，最高法的法官也指出，从司法实践来看，破坏数据、应用程序的案件，主要表现为对数据进行删除、修改、增加的操作，鲜有破坏应用程序的案件，对本款规定，应当理解为“数据”“应用程序”都可成为犯罪对象，而并不要求二者同时成为犯罪对象。喻海松．《关于办理危害计算机信息系统安全刑事案件应用法律若干问题的解释》的理解与适用．人民司法（应用），2011 (19)：26.

② 皮勇．论中国网络空间犯罪立法的本土化与国际化．比较法研究，2020 (1)：145.

③ 吕梅青，朱宏伟．童莉、蔡少英破坏计算机信息系统案，冯莉．孙小虎破坏计算机信息系统案∥中华人民共和国最高人民法院刑事审判第一、二、三、四、五庭．刑事审判参考：总第 86 集．北京：法律出版社，2013：71，77.

④ 聂昭伟．赵宏铃等盗窃案∥中华人民共和国最高人民法院刑事审判第一、二、三、四、五庭．刑事审判参考：总第 110 集．北京：法律出版社，2018：56.

⑤ 吕梅青，朱宏伟．童莉、蔡少英破坏计算机信息系统案∥中华人民共和国最高人民法院刑事审判第一、二、三、四、五庭．刑事审判参考：总第 86 集．北京：法律出版社，2013：74.

款本身就并非完全互斥的关系，对计算机信息系统数据进行删除、修改、增加的行为，可能同时对计算机信息系统功能造成破坏。按照上述观点，对计算机信息系统的非系统文件进行删除、修改、增加，即使破坏了计算机信息系统功能，似乎也不能适用《刑法》第 286 条第 1 款，这不当限缩了本罪的适用范围。另一方面，这种观点也意味着《刑法》第 286 条第 2 款的行为对象“数据”完全与计算机信息系统的正常运行脱钩，使得该款有可能蜕变成为纯粹保护计算机信息系统内数据安全的条文，其适用范围脱离立法规范目标的束缚势必大幅扩张。

与此截然不同的观点则认为，与计算机信息系统运行有关的数据，属于计算机信息系统中系统功能、应用程序的组成部分，如计算机信息系统中的系统文件、数据库等，这些才是《刑法》第 286 条第 2 款规制的范畴。① 此外，还有学者类似地认为，应当区分核心数据、应用程序和非核心数据、应用程序，只有直接关系到计算机信息系统正常运行和安全的数据和应用程序，才属于本罪对象。② 这种观点试图对破坏计算机信息系统罪第 2 款行为的构成要件进行限缩解释，遏制该罪沦为口袋罪名的趋势。然而，该种观点初衷虽好，但是实际上有意无意地将这里的“计算机信息系统的正常运行”仅仅狭义解释成“系统数据处理功能的正常运行”，走到了解释论的另外一个极端，过度限缩了本罪的适用，与司法实务的普遍性理解差异过大，难以得到广泛认同。

一方面，如果将《刑法》第 286 条第 2 款的“数据和应用程序”与系统运行中的数据处理功能绝对化地加以绑定，这意味着所有对数据和应用程序进行删除、修改、增加的行为都破坏了计算机信息系统功能，造成了计算机信息系统不能正常运行，这将导致《刑法》第 286 条第 2 款的规定完全可以被《刑法》第 286 条第 1 款所包含和吸收，失去了立法论上存在的必要性。另一方面，如果认为只有计算机信息系统中的系统文件、数据库或所谓核心数据、应用程序才可以成为本罪第 2 款的行为对象，实际上过度限缩了“破坏”的含义，为毁弃型犯罪设置了过高的入罪门槛，从而难以全面保护法益。如前文对本罪保护法益的阐述，对计算机信息系统的破坏，并不需要达到使计算机信息系统彻底崩溃、遭受不可逆损害、完全无法运行的程度。事实上，实体空间中毁弃型犯罪的适用也同样如此。例如，行为人划伤他人小轿车车身，完全可能构成故意毁坏财物罪，尽管该行为并不会影响小轿车的正常行

---

① 周立波．破坏计算机信息系统罪司法实践分析与刑法规范调试——基于 100 个司法判例的实证考察．法治研究，2018（4）：74.

② 俞小海．破坏计算机信息系统罪之司法实践分析与规范含义重构．交大法学，2015（3）：151.

驶功能。如果认为只有对小轿车的发动机、轮胎等直接决定其行驶功能的部件进行损坏才构成故意毁坏财物罪，显然没有意义地压缩了本罪构成要件的含义。同理，对计算机信息系统的破坏，只需要对其某些重要组成部分产生了影响，就有可能构成本罪。

笔者认为，《刑法》第286条第2款中的实行行为以及行为对象“数据和应用程序”应当与计算机信息系统的正常运行有直接关联，但是与《刑法》第286条第1款不同，这里的“系统正常运行”并非仅指计算机信息系统的“数据处理功能”正常运行，而是也包括计算机信息系统的“重要使用功能”正常运行。例如，在本案购物网站的信誉评价系统中，计算机信息系统的“数据处理功能”是在物理层面维持该评价系统运行的基本要件，但是除此之外，该评价系统的“重要使用功能”则在于对电商卖家信誉情况进行准确评分。如果对该计算机信息系统中的“差评”数据进行删除、修改，则导致用户评价丧失了真实性和准确性，严重削弱了信用评价的基础，因而该评价系统的重要使用功能遭到破坏，可以被认定为“系统不能正常运行”。

类似地，交通违法信息管理系统的主要功能当然是准确记载和管理相关交通违章信息，景区检售票系统的主要功能也是准确记录和认证检售票相关信息，而修改交通违法信息管理系统中的交通违章信息（数据），修改景区检售票系统中的门票数据，尽管没有造成整个系统崩溃，同样属于严重影响了系统正常运行。这类行为虽然没有破坏计算机信息系统的数据处理功能，但是在对计算机信息系统及其数据进行直接影响的基础上，严重损害了其重要使用功能，被认定构成一种破坏性行为是恰当的。而且，该类行为由于直接物理性地改变了计算机信息系统的数据存在状态，将其评价为“破坏”行为也并不具有纯粹效用侵害说所存在的弊端。

反之，如果行为既未损害计算机信息系统的数据处理功能，也未破坏系统的重要使用功能，即使存在对一定数据和应用程序的删除、修改、增加操作，也不构成破坏计算机信息系统罪。例如，行为人尝试非法在他人计算机信息系统中安装网络安全监测软件①，抑或前文所提及的设置黑链，这类修改、增加行为并未实质影响系统的数据处理功能和重要使用功能，不宜按照破坏计算机信息系统罪来定罪处罚。

3. 与虚拟财产犯罪的竞合

由于网络虚拟财产犯罪可能借助修改、增加相关数据的方式来实施，如果该行为破坏了计算机信息系统的数据处理功能或重要使用功能，则可能与

---

① 清国．吕薛文破坏计算机信息系统案∥中华人民共和国最高人民法院刑事审判第一庭．刑事审判参考：总第9集．北京：法律出版社，2000：28.

虚拟财产犯罪发生想象竞合，应当从一重罪论处。

[案例 12－6] 顾某盗窃案①

2014 年 11 月 14 日凌晨，被告人顾某在办理离职手续期间至本区碧波路×××号×××号楼盛趣公司整理个人物品时，利用其原先的办公电脑，登录该公司维护的 IP 地址为 115.238.22.54 的“龙之谷”游戏服务器，并在该服务器 3389 端口开通其暂住处的 IP 地址 116.230.254.200。事后，被告人顾某于 2014 年 11 月 20 日、26 日、29 日先后 3 次在其暂住处通过本人电脑远程登录上述“龙之谷”游戏服务器，并通过该服务器直接修改“龙之谷”游戏数据库服务器内其先行注册的共计 24 个账号的游戏金币数量与游戏角色等级。其后，被告人顾某将修改数据获得的金币在“5173.com”出售牟利，违法所得合计人民币 29 775 元。案发时盛趣公司系上海盛大网络发展有限公司的子公司，被告人顾某原就职于盛趣公司系统工程岗位。被告人顾某于 2014 年 11 月 19 日正式结束与盛趣公司的派遣关系，但是在 2014 年 11 月 14 日前几天，盛趣公司已经不给被告人顾某修改游戏金币等操作权限，不让其用公司电脑，让其在家等待办理离职手续。2014 年 12 月 19 日，在盛趣公司调查期间，被告人顾某主动至该公司并如实交代了上述犯罪事实。

本案属于财产犯罪与网络犯罪产生交叉的现象，在当下的司法实务中极具争议性。对于本案被告人修改游戏数据库数据，非法获取游戏金币的行为，上海市浦东新区法院明确认定构成盗窃罪，而不构成修改数据型的破坏计算机信息系统罪。但是，司法实务中存在不少立场完全相反的判决。例如，有的被告人非法侵入电信公司的计算机信息系统，修改其中的数据，对使用电信公司宽带的网络用户进行非法开通和带宽提升。对于该行为，有的法院认定其不构成以网络带宽为对象的盗窃罪，而是属于对计算机信息系统内的数据进行修改，构成破坏计算机信息系统罪。② 再如，同样是非法侵入游戏公司的计算机信息系统修改数据，大量增加账户内游戏“银两”并出售给游戏玩家获利，北京地区的检察机关包括一、二审法院判决均认定该行为构成破坏计算机信息系统罪，而没有提及盗窃罪的适用问题。③ 此外，对于利用黑客技术侵入网上商城非法充值积分并予以出售的行为，也有法院判决明确认定构

① 参见上海市浦东新区人民法院（2015）浦刑初字第 1882 号刑事判决书。本案被遴选为上海市高级人民法院参考性案例第 57 号。

② 参见曾亮等破坏计算机信息系统案，重庆市渝中区人民法院（2009）中区刑初字第 854 号刑事判决书。

③ 参见杨世雄等破坏计算机信息系统案，北京市第一中级人民法院（2011）一中刑终字第 614 号刑事裁定书。

成破坏计算机信息系统罪而非盗窃罪。①

与上述司法判决不同，顾某盗窃案中的判决意见详细地阐述了本案不构成破坏计算机信息系统罪的理由。其核心的逻辑在于，从罪责刑均衡的体系性角度来看，《刑法》第 286 条第 2 款中对数据和应用程序进行的操作也应与第 1 款和第 3 款一样达到影响计算机系统正常运行的程度。而本案中被告人的行为没有影响计算机信息系统的安全和正常运行，对其他游戏玩家也不产生影响，故不构成本罪。② 显然，法院判决对《刑法》第 286 条第 2 款进行了非常严格的限缩性解释，这在过去的理论和实务中都是相对少数的观点。

但是这样的立场值得再仔细斟酌。一方面，在网络社会深度发展的当下，财产犯罪整体性地往线上转移，网络犯罪与财产犯罪水乳交融，常常形成手段行为与目的行为之间的牵连关系。这样一种事实意义上的牵连关系，并不意味着只能采取目的行为吸收手段行为的方案。从两种行为所侵犯的不同法益类型来看，二者本身就并非互斥的关系，因此应当首先各自分析两种行为的构成要件符合性，再来认定二者之间的竞合关系。尤其值得强调的是，关于非法获取虚拟财产的刑法定性问题，理论和判例上存在极大争议，至今也没有一致意见。尤其是虚拟财产能否等同于刑法中的财物，以及虚拟财产的数额计算等问题，并没有完全得到妥善解决，在近年的实务导向上③，通过网络犯罪罪名（如非法获取计算机信息系统数据罪）来处理这类行为的思路颇为有力。篇幅所限，在此不就此展开讨论。但是在此复杂背景下，完全摒弃网络犯罪罪名适用，很可能因为传统财产犯罪认定路径在某些情形中的不足（如当被非法获取的游戏金币或虚拟装备的价值无法准确衡量时），而产生较大的处罚漏洞。

另一方面，破坏计算机信息系统罪（尤其是《刑法》第 286 条第 2 款）并非完全不能适用于以非法获取财物为目的的网络虚拟财产犯罪。实践中，相当一部分网络虚拟财产犯罪以一定的网络破坏性手段作为前提，这种情况下行为同样可能构成破坏计算机信息系统罪。顾某盗窃案的判决意见之所以否定了破坏计算机信息系统罪的构成，实际上是将“造成计算机信息系统不能正常运行”这一法律没有明文规定的要素融入了对《刑法》第 286 条第 2 款的解释之中，并且将“计算机信息系统不能正常运行”狭窄地解释为“系

① 参见胡赞某破坏计算机信息系统案，福建省福州市中级人民法院（2019）刑终字第 390 号刑事裁定书。

② 参见上海市浦东新区人民法院（2015）浦刑初字第 1882 号刑事判决书。类似的判决意见，也可参见李军盗窃、非法获取计算机信息系统数据案，上海市徐汇区人民法院（2019）沪 0104 刑初 927 号刑事判决书。

③ 喻海松．最高人民法院研究室关于利用计算机窃取他人游戏币非法销售获利如何定性问题的研究意见．司法研究与指导，2012（2）.

统数据处理功能不能正常运行”。但是如此一来就过度限缩了本罪的适用，而且达不到罪责刑均衡的效果。在本案中，被告人修改和增加了游戏公司计算机信息系统中的数据，首先在形式上已经具备了《刑法》第 286 条第 2 款初步的构成要件符合性。尽管这一行为并没有导致该计算机信息系统的数据处理功能无法正常运行，没有造成系统在物理层面彻底紊乱或崩溃，但是该修改、增加数据的行为已经严重侵害了游戏公司的虚拟货币发行机制。虚拟货币的发行机制是网络游戏之所以能够正常运行的核心组成部分，对这一机制的侵害形成了对游戏公司的计算机信息系统中重要使用功能的破坏，其法益侵害性完全可以与对数据处理功能进行破坏的行为相当，因而可以构成破坏计算机信息系统罪。① 在此基础上，如果非法获取虚拟财产的行为同时符合盗窃罪的构成要件，则应当认定形成想象竞合从一重罪论处。此外，《刑法》第 287 条规定，利用计算机实施金融诈骗、盗窃、贪污、挪用公款、窃取国家秘密或者其他犯罪的，依照本法有关规定定罪处罚。这一条文应当属于注意规定，而非拟制规定，在上述想象竞合的情形下，不能据此规定排除网络犯罪罪名的适用。②

需要强调的是，笔者并非主张非法获取虚拟财产的案例一律都可以形式化地套用破坏计算机信息系统罪的构成要件。如学者所言，所有针对计算机信息系统实施的行为，都会对“数据”进行一定的增加和修改，如果对此加以形式化理解，“破坏计算机信息系统罪”由此成为一个无所不能装的口袋。③ 例如，就发生在不同游戏用户之间的虚拟财产盗窃行为而言，伴随虚拟财产的转移，实际上也形成了对数据的“修改”或“变动”，有学者认为该行为构成《刑法》第 286 条第 2 款破坏数据罪。④ 但是，这种理解难言妥当。在这种

① 有的司法判例将这类行为定性为非法获取计算机信息系统数据罪，而非破坏计算机信息系统罪。参见李军非法侵入计算机信息系统罪二审刑事裁定书，上海市第一中级人民法院（2020）沪 01 刑终 74 号刑事裁定书；肖颖破坏计算机信息系统罪二审刑事判决书，福建省福州市中级人民法院（2019）闽 01 刑终 1259 号刑事判决书。但是这一定性值得商榷。通过侵入后台数据库增加、修改数据的方式来“从无到有”地生成游戏货币，在行为类型上更接近于一种变更型破坏行为，而非法获取计算机信息系统数据罪通常是指通过侵入计算机信息系统或采用一定技术手段，非法转移、获取已经存在的数据。

② 有判例意见认为，凡是利用计算机来实施金融诈骗、盗窃、贪污、挪用公款、窃取国家秘密或者其他犯罪的，不论手段行为是否构成相关计算机犯罪，均应以金融诈骗罪、盗窃罪、贪污罪、挪用公款罪等目的犯罪定罪处罚。聂昭伟．赵宏铃等盗窃案∥中华人民共和国最高人民法院刑事审判第一、二、三、四、五庭．刑事审判参考：总第 110 集．北京：法律出版社，2018：62. 理论上也不乏这种观点。王立志．恶意消耗他人网游装备并将剩余部分转卖行为的定性探讨．法律适用，2017（10）：42. 然而这种将《刑法》第 287 条强行理解为拟制规定的见解，直接排除了相关网络犯罪罪名的适用，并没有可靠的依据。

③ 于志刚．口袋罪的时代变迁、当前乱象与消减思考．法学家，2013（3）：71.

④ 欧阳本祺．论虚拟财产的刑法保护．政治与法律，2019（9）：51.

情形下，首先应当找准受到侵害的行为对象。从财产犯罪的角度来看，游戏用户是被害人，盗窃的行为对象当然是游戏用户的虚拟财产。但是从网络犯罪的角度来看，单个用户的游戏账号并不具有独立的自动数据处理功能，它只是整个网络游戏中很小的应用性组成部分，不宜被切分开来认定构成刑法意义上的计算机信息系统。换言之，可能成为破坏计算机信息系统罪行为对象的是游戏公司开发运营的游戏系统。而在某一游戏用户窃取另一游戏用户虚拟财产的情形中，行为人仍然是按照游戏系统本身设定的方法在进行财产转移，并没有对计算机信息系统中的数据进行实质性的修改，游戏公司计算机信息系统的数据处理功能和重要使用功能（如虚拟货币发行功能）都未受到破坏。类似地，网络游戏玩家通过登录对方游戏账号，卸下其游戏中战船的防御装备，多次以裸船撞击己方人员已经处于武装防御状态的战船，导致裸船损毁，也不宜认定构成破坏计算机信息系统罪，因为此时本质上游戏玩家是按照游戏公司设定的方式在运行游戏，没有对计算机信息系统的数据进行破坏性的删除、修改，以故意毁坏财物罪的思路来认定是相对妥当的。①

三、罪量标准的严格限定

由于破坏计算机信息系统罪可以涵盖各种形式的计算机信息系统，适用范围极为宽泛，因此将部分轻微犯罪行为从本罪中剔除显得十分必要。对此，在《德国刑法典》第303b条破坏计算机罪中就有明显体现。按照德国立法者的设想，为了避免刑事可罚性过度扩张②，该罪的构成要件中实际存在着双重的罪量限制：其一，被破坏的计算机的数据处理功能应当是有重要意义的(von wesentlicher Bedeutung)。其二，对数据处理功能的干扰（破坏）程度应当是严重的（erheblich)。正因如此，如果作为行为对象的“数据处理”对他人来说并不具有重要意义，如仅仅是破坏一部计算器，那么就应当排除出罪。③ 再如，当侵害行为没有带来很大的时间、精力、金钱上的花费，比如可以通过备份副本来恢复，那么被认为属于轻微的干扰，不应作为犯罪来处罚。④

---

① 蒋云飞，鲁璐．毁坏他人游戏装备，该如何处理．检察日报，2019-11-01 (3).

② Vgl. BT-Drucks. 16/3656, S. 13.

③ Vgl. Hilgendorf, in Satzger/Schluckebier/Widmaier, Strafgesetzbuch Kommentar, 4. Aufl., 2019, § 303b, Rn. 5.

④ Vgl. Hecker, in Schönke/Schröder, Strafgesetzbuch Kommentar, 30. Aufl., 2019, § 303b, Rn. 9.

基于类似的考虑，在我国《刑法》第 286 条中也存在着罪量要素的设置。我国破坏计算机信息系统罪的实行行为同样具有很宽的涵盖面，“删除”“修改”“增加”“干扰”的行为很容易在类型上被符合，为了避免刑罚手段过度介入，作为入罪门槛的罪量要素应当严格把握。按照我国《刑法》第 286 条的规定，破坏计算机信息系统罪的三种行为类型都应当达到“后果严重”这一罪量标准才能构成犯罪。针对司法实务中适用较多的《刑法》286 条第 1 款和第 2 款所规定的行为，2001 年最高法、最高检《关于办理危害计算机信息系统安全刑事案件应用法律若干问题的解释》（以下简称《解释》）第 4 条对此作出了细化规定。① 该规定实际从以下五个维度展开了罪量要素的具体认定：其一，破坏计算机信息系统的数量；其二，违法所得数额；其三，经济损失数额；其四，破坏重要计算机信息系统的时间；其五，兜底条款。从现有案例的统计来看，适用最多的标准当属违法所得数额和经济损失数额。因此，违法所得数额和经济损失数额的认定标准非常关键，但这一点在实务中容易引发争议，以下结合相关案例加以阐明。

1. 严格解释经济损失和违法所得

由于破坏计算机信息系统罪属于网络空间的毁弃型犯罪，作为罪量认定标准的经济损失应当与行为的破坏性存在直接关联，由系统破坏所间接引发的预期经济损失不能征表破坏行为本身的不法程度，因此不应计算在内。此外，本罪在基本性质上也不属于牟利型的财产犯罪，故应当对违法所得罪量认定标准的适用格外慎重。

［案例 12－7］孙某某破坏计算机信息系统案②

孙某某案发前系泗洪县公安局交警大队六中队协管员，负责六中队的内勤工作，六中队为其单独配备一台内网电脑（IP 地址为 10.38.84.2），其在电脑上设置了开机密码。2011 年 4 月 1 日至 15 日间，孙某某采取盗用民警盛某某等人用户名和密码的方式，在接受他人请托、收受他人钱财后，多次登录公安交通管理综合应用平台，非法删除车辆违章数据 1 156 条，非法收受人民币（以下币种同）24 000 余元。2011 年 4 月 15 日下午宿迁市公安交通巡逻警察支队违法系统管理员对交通管理综合应用平台巡查时，发现平台信息变

---

① 《解释》第 4 条规定：“破坏计算机信息系统功能、数据或者应用程序，具有下列情形之一的，应当认定为刑法第二百八十六条第一款和第二款规定的‘后果严重’：（1）造成十台以上计算机信息系统的主要软件或者硬件不能正常运行的；（2）对二十台以上计算机信息系统中存储、处理或者传输的数据进行删除、修改、增加操作的；（3）违法所得五千元以上或者造成经济损失一万元以上的；（4）造成为一百台以上计算机信息系统提供域名解析、身份认证、计费等基础服务或者为一万以上用户提供服务的计算机信息系统不能正常运行累计一小时以上的；（5）造成其他严重后果的。”

② 参见江苏省宿迁市中级人民法院（2012）宿中刑终字第 0042 号刑事裁定书。

更异常，经系统操作日志核查，发现 IP 地址为 10.38.84.2 计算机使用者涉嫌盗用他人用户名和密码，违规处理电子监控违法信息，累计 1 156 条，涉案金额为 14.425 万元，遂建议泗洪县公安局立案调查。泗洪县公安局于当日立案侦查，并于当日将孙某某抓获。

在本案中，被告人孙某某非法侵入公安交管综合应用平台，通过删除车辆违章信息的方式非法获利，被判决构成删除数据型的破坏计算机信息系统罪。由于被告人破坏的计算机信息系统固定不变，而且行为指向计算机信息系统中的数据而非计算机信息系统的数据处理功能，因此“后果严重”只能依据违法所得数额或经济损失数额来认定。而本案存在 2.4 万元的违法所得和 14.425 万元的经济损失，依据《解释》第 4 条第 2 款的规定，2.4 万元仍属“后果严重”，而 14.425 万元则早已属于“后果特别严重”，显然按照经济损失的标准对被告人处罚更重。然而，法院判决意见否定了经济损失标准的适用，理由在于，本案 14 万余元是对应于被删除的交通违章数据、公安机关拟行政处罚的罚款，尚未被公安机关实际取得，具有不确定性和可恢复性，不能被认定为被告人犯罪行为所造成的经济损失。

事实上，《解释》第 11 条第 3 款已经规定，这里的“经济损失”包括危害计算机信息系统犯罪行为给用户直接造成的经济损失，以及用户为恢复数据、功能而支出的必要费用。问题的关键在于，如何理解该规定中的“直接造成的经济损失”。显然，上述判决意见将间接经济损失予以排除的立场在结论上是正确的。但是，排除的根本原因不在于这种经济损失具有不确定性、可恢复性等特征。罪量要素的基本性质在于与行为不法的相关性，即通过设定行为的不法程度来限定刑事处罚范围。而破坏计算机信息系统罪本质上属于毁弃型犯罪，其罪量自然应当主要通过对计算机信息系统的破坏程度来衡量。通常来说，破坏程度越高，相应经济损失数额也越大。然而，应当格外注意，这里的经济损失应当直接来源于计算机信息系统本身所遭受的破坏。因为，本罪保护的是计算机信息系统本身的运行安全，而非计算机信息系统功能所服务的相关活动。这一点与实体空间故意毁坏财物罪的适用是一致的。例如，行为人故意毁坏了某小提琴家的小提琴，导致小提琴家不得不取消即将举行的商业演出，显然也不能把取消该演出所带来的经济损失计入故意毁坏财物罪的数额之中。同样，公安交通管理平台服务于对交通违章行为的管理，其中包括对相关违章人员进行罚款，进而获得罚款收入。但是，对公共交通管理平台进行破坏带来的直接损失，也不应当将该平台所服务的行政管理的预期收入计算在内。如果将这类间接损失包括进来，就使得本罪悄无声息地转化为一种宽泛的破坏经营性犯罪。

与经济损失标准相并列，违法所得标准其实在理论上面临更多问题。违法所得是牟利型财产犯罪或经济犯罪中常用的罪量认定标准之一，但是很少被用于毁弃型或破坏型的犯罪。例如，关于破坏交通工具罪，破坏交通设施罪，破坏电力设备罪，破坏易燃易爆设备罪，破坏广播电视设施、公用电信设施罪，故意毁坏财物罪，破坏生产经营罪①，相关司法解释都只是采用了经济损失或财物损失而没有采用违法所得作为罪量认定标准。原因在于，这类毁弃型犯罪或破坏型犯罪的行为人常常以毁坏或破坏为直接目的，而不是为了非法获取财物，因此违法所得与行为对受保护客体的毁坏或破坏程度通常并没有直接关联，甚至在相当一部分犯罪中根本就没有违法所得。

然而，在当下网络灰黑产业野蛮生长的背景下，情况则有所不同。同样作为毁弃型犯罪的破坏计算机信息系统行为，频繁成为在网络空间获取非法利益的作案手段。破坏性的网络犯罪行为在事实层面具有了越来越强的牟利性特征，而且频繁与传统财产性犯罪产生交叉。但是即使如此，在规范层面破坏计算机信息系统罪的本质不法属性仍然在于该行为对计算机信息系统本身的破坏，而非以此为手段所进一步对其他财产法益造成的侵害，后者只能通过相关财产犯罪来进行评价。也正是在这种语境下，司法判决很容易将非法取财行为的罪量要素隐秘地“嫁接”在破坏计算机信息系统行为之上，这一点尤为值得警惕。例如，以破坏计算机信息系统作为要挟手段，向他人非法索要财物，违法所得大小并不能准确地反映针对计算机信息系统的破坏行为的不法程度。类似地，与他人达成交易，通过为他人删除或增加计算机信息系统中的数据（如交通违章记录）来非法牟取利益，严格来说，此时违法所得也并不能准确体现破坏行为本身的不法程度。这类非法交易的报价受到各种社会因素影响，具有较大的随意性和变动性，破坏行为对法益的侵害程度常常不是考虑的重点。但是在这类案例中，司法者将非法牟利行为的“违法所得”转化为破坏计算机信息系统行为的罪量要件似乎是自然而然的事情，着实令人担忧。

而且，按照《解释》第 4 条第 2 款的规定，违法所得数额达到 2.5 万元，即构成“后果特别严重”，处 5 年以上有期徒刑，这一标准在当下泛滥的网络犯罪中很容易被满足。相比较而言，故意毁坏财物罪“数额巨大”的认定标准在很多省市通常按照 5 万元以上（个别如北京甚至 10 万元以上）来把握②，明显高于破坏计算机信息系统罪，而相反刑罚幅度则轻缓许多，仅为 3 年以

① 可参见 2007 年最高法《关于审理破坏电力设备刑事案件具体应用法律若干问题的解释》第 1 条，2008 年最高检、公安部《关于公安机关管辖的刑事案件立案追诉标准的规定（一）》第 33、34 条。

② 参见《天津市高级人民法院关于刑法分则部分条款犯罪数额和情节认定标准的意见》第 44 条；《四川省高级人民法院关于刑法部分条款数额执行标准和情节认定标准的意见》第 41 条；北京市《关于盗窃等六种侵犯财产犯罪处罚标准的若干规定》第 6 条。

上7年以下有期徒刑。甚至是与此行为相牵连的盗窃罪，“数额巨大”标准也常常按照6万元以上来认定，刑罚幅度则仅为3年以上10年以下有期徒刑，并处罚金。因此，破坏计算机信息系统罪中“违法所得”的罪量认定，存在过度降低本罪重刑适用标准的嫌疑。

正因如此，有学者提出限缩性的观点，认为违法所得必须是基于删除、增加、修改等行为本身所产生的违法所得，而非通过删除、增加、修改等行为将他人的财物转为自己所有。① 更有学者认为，违法所得必须与计算机信息系统的正常运行有直接的关联，否则会造成后果严重认定标准的偏离②，这类思考无疑敏锐地察觉到了问题所在。好在本案中，被告人非法删除数据达到1 156条，行为次数频繁、受众广泛，严重扰乱了公安交管平台计算机信息系统的正常使用功能，评价为“后果严重”实属合理。但是这也从侧面反映出，现有司法解释对破坏计算机信息系统罪罪量要素的认定缺乏真正合理的标准。在这种情况下，本罪罪量要素的认定应当尽量对违法所得标准持慎重态度，对破坏计算机信息系统行为的不法程度仍应进行实质性、综合性的衡量，避免形式化、机械化地适用司法解释规定。

2. 避免隐性重复评价

《解释》所规定的五项“后果严重”罪量认定标准，属于对同一破坏行为从不同角度进行的考察，通常不能进行叠加计算，否则违背禁止重复评价原则。如果被告人的行为无法满足《解释》所明确列举的前四项罪量认定标准，那么原则上不应再综合这些情节，认定构成兜底标准中的“造成其他严重后果”。

［案例12-8］乐某等破坏计算机信息系统案③

被告人乐某系北京京城邂逅信息咨询有限公司法定代表人，被告人赵某系该公司市场总监。2011年2月至3月间，乐某、赵某经预谋后指使被告人李某、霍某某对北京真情在线国际咨询有限公司（以下简称“真情在线公司”）放置于北京市朝阳区、东城区的网站服务器进行攻击。后李某、霍某某使用DDoS、CC的方式，多次对真情在线公司网站“www.＜http：//www/＞10199.com”及“www.＜http：//www/＞zqyjy.com”的服务器进行攻击，致使上述网站长时间内无法正常浏览。李某、霍某某共获利2 500元。

北京市朝阳区人民法院认为，被告人乐某、赵某、李某、霍某某违反国

① 俞小海．破坏计算机信息系统罪之司法实践分析与规范含义重构．交大法学，2015（3）：150.

② 周立波．破坏计算机信息系统罪司法实践分析与刑法规范调试——基于100个司法判例的实证考察．法治研究，2018（4）：73.

③ 李晓．乐姿等破坏计算机信息系统案∥中华人民共和国最高人民法院刑事审判第一、二、三、四、五庭．刑事审判参考：总第100集．北京：法律出版社，2015：62.

家规定，对计算机信息系统功能进行干扰，造成计算机信息系统不能正常运行，后果严重，四被告人的行为均构成破坏计算机信息系统罪。

在本案中，被告人的行为属于典型的破坏计算机信息系统，案件定性非常明晰，引发争议的问题为在无法准确认定经济损失、用户数量的情况下，罪量要素“后果严重”以及“后果特别严重”如何认定。起诉书指控四名被告构成破坏计算机信息系统罪，且后果特别严重，而法院则认为指控后果特别严重的事实没有充分的证据支持，依法不予认定。可见，较之于公诉机关的意见，法院判决对罪量认定保持了较为审慎的态度。

但是问题在于，结合裁判意见的说理可以发现，被告人的行为是否构成“后果严重”并非没有可商榷的余地。其一，在案的证据难以准确认定受害公司遭受的经济损失，因此难以依据经济损失的标准来认定“后果严重”。其二，现有证据难以准确认定受害公司计算机信息系统提供服务的数量，也难以依据《解释》第 4 条第 1 款第 4 项认定“后果严重”。也就是说，目前司法解释所明确列举的几项罪量认定标准，都无法被满足。然而，在此情况下，法院判决认为，综合考虑被告攻击计算机信息系统的次数、时间以及造成的一定经济损失等因素，可以认定被告构成《解释》第 4 条第 1 款第 5 项的兜底条款“造成其他严重后果”。在笔者看来，这一论证意见似是而非。在罪量要素的认定过程中，对被告行为的性质、情节等因素进行综合认定当然是正确的。然而，《解释》第 4 条所规定的几种罪量认定标准，如果都是指向同一行为，对其不法程度进行叠加判断意味着存在对同一行为进行重复评价的嫌疑。① 破坏计算机信息系统的数量、时长、违法所得，都是对同一行为从不同角度所进行的衡量，存在一定的内在交叉关系。例如，破坏计算机信息系统的时间越长，往往带来的经济损失就越大，二者实际上是一体两面的关系。在二者都未达到司法解释规定的标准时，不能认为由于破坏行为具有一定的时间长度，且带来了一定的经济损失，就可以叠加评价为“后果严重”。

在这类案件中，当证据不足以证明行为符合了司法解释明确列举的任一罪量标准时，应当坚守存疑有利于被告的基本原则，尽量避免诉诸缺乏明确性的兜底条款。在同时期发生的向保非法控制计算机信息系统案中，被告人远程非法控制了 55 台他人计算机作为傀儡机，对网络游戏“劲舞团”服务器发动了 DDoS 攻击，造成部分服务器瘫痪，导致久游网直接损失服务器租赁费约 13 万余元。然而，证据不能排除本案 55 台傀儡机存在被其他黑客控制

① 反之，如果存在多个行为，那么则存在一定的叠加评价罪量的空间。例如，国家工作人员利用职务上的便利，挪用公款供个人使用，以部分资金进行非法活动，又以部分资金进行营利活动，则存在对公款数额进行整合评价的可能。张明楷．挪用公款罪的数额计算．政治与法律，2021（1）：52.

的可能，因此本案中被告实际造成了多少经济损失也无法具体衡量，出于证明标准的考虑，法院最终因此否定了破坏计算机信息系统罪的构成。① 这一谨慎的判决意见显然值得肯定。可见，尽管在网络时代刑事诉讼证明问题面临诸多挑战，但这并非推翻基本证明原则的理由。

四、小 结

伴随信息网络技术与日常生活的深度融合以及互联网灰黑产业的不断扩张，破坏计算机信息系统罪的司法适用率迅速攀升。而与此同时，理论界与实务界对本罪性质的理解存在较大争议，对其构成要件的解释缺少基本共识。在此情形下，笔者从保护法益的重新定位、实行行为的规范校准以及罪量要素的严格认定三个方面，对破坏计算机信息系统罪的法教义学内涵进行了系统阐述，得出了以下基本结论：

第一，破坏计算机信息系统罪保护法益的性质不是社会秩序法益，而是个体法益，其内涵并非计算机信息系统的不可侵犯性和形式完整性，而是计算机信息系统的正常运行。本罪三款构成要件行为的解释，都应当受到上述保护法益定位的制约。

第二，目前司法实务存在对《刑法》第 286 条第 1 款进行形式化、字面化、扩张化适用的趋势。针对这一现象，应当强调破坏计算机信息系统功能的行为必须具有指向性、直接性和毁弃性的特征，单纯妨害与计算机信息系统相关的业务的行为不构成本罪。

第三，对《刑法》第 286 条第 2 款的解释不能过宽也不能过严。破坏计算机信息系统数据和应用程序的行为，也应当影响计算机信息系统的正常运行。但是，这种影响既可以通过对系统数据处理功能的破坏而形成，也可以通过对系统重要使用功能的破坏来实现。在一定条件下，破坏数据和应用程序的行为可能与财产犯罪发生想象竞合，应从一重罪论处。

第四，对破坏计算机信息系统罪中罪量要素“后果严重”的认定应当严格把握。由于本罪属于网络空间的毁弃型犯罪，罪量要素的经济损失认定标准应当与行为的破坏性存在直接关联，而对罪量要素的违法所得认定标准则更应格外慎重，同时尽量避免罪量隐形重复评价的现象发生。

---

① 参见向保非法控制计算机信息系统案，上海市徐汇区人民法院（2011）徐刑初字第 287 号刑事判决书。

参考文献

一、中文文献

(一) 中文著作

1. 黄太云．刑法修正案解读全编——根据《刑法修正案（九）》全新阐释. 北京：人民法院出版社，2015.

2. 臧铁伟，全国人大常委会法制工作委员会刑法室．中华人民共和国刑法修正案（九）解读．北京：中国法制出版社，2015.

3. 王作富．刑法分则实务研究：中．北京：中国方正出版社，2010.

4. 高铭暄，马克昌．刑法学．7 版．北京：北京大学出版社，高等教育出版社，2016.

5. 张明楷．刑法学．5 版．北京：法律出版社，2016.

6. 蒋惠岭．网络司法典型案例（刑事卷・2017). 北京：人民法院出版社，2018.

7. 高铭暄．中华人民共和国刑法的孕育诞生和发展完善．北京：北京大学出版社，2012.

8. 杨仁寿．法学方法论．2 版．北京：中国政法大学出版社，2013.

9. 中国社会科学院语言研究所词典编辑室．现代汉语词典．北京：商务印书馆，2016.

10. 周光权．刑法各论．3 版．北京：中国人民大学出版社，2016.

11. 周光权．刑法公开课：第 1 卷．北京：北京大学出版社，2019.

12. 梁根林．刑事法网：扩张与限缩．北京：法律出版社，2005.

13. 臧铁伟，李寿伟．中华人民共和国刑法修正案（九)：条文说明、立法理由及相关规定．北京：北京大学出版社，2016.

14. 李少平．解读最高人民法院司法解释、指导案例（刑事卷). 北京：人民法院出版社，2016.

15. 谢希仁．计算机网络．5 版．北京：电子工业出版社，2008.

16. 陈兴良．本体刑法学．2 版．北京：中国人民大学出版社，2011.

17. 熊琦．德国刑法问题研究．台北：元照出版公司，2009.

18. 林山田．刑法通论：下册．北京：北京大学出版社，2012.

19. 柯耀程．刑法竞合论．北京：中国人民大学出版社，2008.

20. 高铭暄，马克昌．刑法学．8 版．北京：北京大学出版社，高等教育出版社，2017.

21. 甘添贵．罪数理论之研究．北京：中国人民大学出版社，2008.

22. 周学峰，李平．网络平台治理与法律责任．北京：中国法制出版社，2018.

23. 储槐植，江溯．美国刑法．4 版．北京：北京大学出版社，2012.

24. 张明楷．刑法分则解释原理．2 版：上．北京：中国人民大学出版社，2011.

25. 王钢．德国判例刑法分则．北京：北京大学出版社，2016.

26. 周振想．中国新刑法释论与罪案．北京：中国方正出版社 1997.

27. 黎宏．刑法学各论．2 版．北京：法律出版社，2016.

28. 刘明祥．财产罪比较研究．北京：中国政法大学出版社，2001.

29. 陈兴良．判例刑法学：下卷．北京：中国人民大学出版社，2009.

30. 储槐植．刑事一体化与关系刑法论．北京：北京大学出版社，1996.

31. 周道鸾，张军．刑法罪名精释：下．北京：人民法院出版社，2013.

32. 王泽鉴．民法概要．北京：北京大学出版社，2011.

33. 电子商务法起草组．中华人民共和国电子商务法解读．北京：中国法制出版社，2018.

34. 马克昌．百罪通论．北京：北京大学出版社，2014.

(二) 中文期刊

1. 何荣功．预防刑法的扩张及其限度．法学研究，2017 (4).

2. 周光权．积极刑法立法观在中国的确立．法学研究，2016 (4).

3. 刘宪权．刑事立法应力戒情绪——以《刑法修正案（九)》为视角．法学评论，2016 (1).

4. 刘艳红．象征性立法对刑法功能的损害——二十年来中国刑事立法总评．政治与法律，2017 (3).

5. 皮勇．我国网络犯罪刑法立法研究——兼论我国刑法修正案（七）中的网络犯罪立法．河北法学，2009 (6).

6. 杨春洗，秦秀春．刑法上计算机犯罪概念之提出．法学论坛，2000 (3).

7. 黄太云．《刑法修正案（七)》解读．人民检察，2009 (6).

8. 商西．网络犯罪成我国第一大犯罪类型．南方都市报，2016-10-14 (A08).

9. 王国豫．不确定性时代亟需构建不确定性伦理．探索与争鸣，2018（12）.

10. 何怀宏．建构一种预防性的伦理与法律：后果控制与动机遏制．探索与争鸣，2018（12）.

11. 皮勇．论新型网络犯罪立法及其适用．中国社会科学，2018（10）.

12. 赵秉志，于志刚．计算机犯罪及其立法和理论之回应．中国法学，2001（1）.

13. 于冲．网络犯罪罪名体系的立法完善与发展思路——从97年刑法到《刑法修正案（九）草案》．中国政法大学学报，2015（4）.

14. 张明楷．论表面的构成要件要素．中国法学，2009（2）.

15. 庄永廉，等．撞库打码牟利行为如何定性．人民检察，2018（14）.

16. 王铼．利用恶意软件撞库打码的综合治理．人民检察，2018（14）.

17. 李本灿．拒不履行信息网络安全管理义务罪的两面性解读．法学论坛，2017（3）.

18. 喻海松．网络犯罪的立法扩张与司法适用．法律适用，2016（9）.

19. 黄京平．新型网络犯罪认定中的规则判断．中国刑事法杂志，2017（6）.

20. 王莹．网络信息犯罪归责模式研究．中外法学，2018（5）.

21. 张明楷．论帮助信息网络犯罪活动罪．政治与法律，2016（2）.

22. 黎宏．论“帮助信息网络犯罪活动罪”的性质及其适用．法律适用，2017（21）.

23. 王华伟．网络服务提供者刑事责任的比较研究．环球法律评论，2016（4）.

24. 张嘉军，赵杏一．论互联网视野下的法治建设．法学论坛，2017（4）.

25. 皮勇．论网络服务提供者的管理义务及刑事责任．法商研究，2017（5）.

26. 谢望原．论拒不履行信息网络安全管理义务罪．中国法学，2017（2）.

27. 李世阳．拒不履行网络安全管理义务罪的适用困境与解释出路．当代法学，2018（5）.

28. 于志刚．中国网络犯罪的代际演变、刑法样本与理论贡献．法学论坛，2019（2）.

29. 车浩．刑事立法的法教义学反思——基于《刑法修正案（九）》的分析．法学，2015（10）.

30. 阎二鹏．预备行为实行化的法教义学审视与重构——基于《中华人民共和国刑法修正案（九）》的思考．法商研究，2016（5）.

31. 于志刚．网络犯罪的代际演变与刑事立法、理论之回应．青海社会科学，2014（2）.

32. 陈兴良．网络犯罪立法问题思考．公安学刊（浙江警察学院学报），2016（6）.

33. 于志刚．“双层社会”中传统刑法的适用空间——以“两高”《网络诽谤解释》的发布为背景．法学，2013（10）.

34. 张明楷．非法获取虚拟财产的行为性质．法学，2015（3）.

35. 陈兴良．虚拟财产的刑法属性及其保护路径．中国法学，2017（2）.

36. 刘明祥．窃取网络虚拟财产行为定性探究．法学，2016（1）.

37. 梁根林．虚拟财产的刑法保护——以首例盗卖 QQ 号案的刑法适用为视角．人民检察，2014（1）.

38. 胡云腾，周加海，周海洋．《关于办理盗窃刑事案件适用法律若干问题的解释》的理解与适用．人民司法，2014（15）.

39. 张明楷．三角诈骗的类型．法学评论，2017（1）.

40. 姜涛．网络型诈骗罪的拟制处分行为．中外法学，2019（3）.

41. 柏浪涛．论诈骗罪中的“处分意识”．东方法学，2017（2）.

42. 高艳东．信息时代非法经营罪的重生——组织刷单案评析．中国法律评论，2018（2）.

43. 陈兴良．刑法阶层理论：三阶层与四要件的对比性考察．清华法学，2017（5）.

44. 周光权．刑法软性解释的限制与增设妨害业务罪．中外法学，2019（4）.

45. 刘仁文．网络时代破坏生产经营的刑法理解．法学杂志，2019（5）.

46. 李世阳．互联网时代破坏生产经营罪的新解释——以南京“反向炒信案”为素材．华东政法大学学报，2018（1）.

47. 欧阳本祺．论网络时代刑法解释的限度．中国法学，2017（3）.

48. 高艳东．破坏生产经营罪包括妨害业务行为——批量恶意注册账号的处理．预防青少年犯罪研究，2016（2）.

49. 王华伟．我国网络犯罪立法的体系性评价与反思．法学杂志，2019（10）.

50. 聂立泽，庄劲．从“主客间性”到“主体间性”的刑法解释观．法学，2011（9）.

51. 陈兴良．法律解释的基本理念．法学，1995（5）.

52. 梁根林．罪刑法定视域中的刑法适用解释．中国法学，2004（3）.

53. 熊伟．主观解释论之提倡．中国人民公安大学学报（社会科学版），2013（5）.

54. 王平．论我国刑法解释的有效性．法律科学，1994（2）.

55. 赵运锋．刑法解释立场：在形式主义与实质主义之间．东方法学，2011（4）.

56. 刘艳红．网络时代刑法客观解释新塑造："主观的客观解释论". 法律科学，2017（3）.

57. 高艳东，祁拓．互联网时代倒卖车票罪的规范解读——有偿抢票服务入罪论．浙江社会科学，2017（11）.

58. 王华伟．刷单炒信的刑法适用与解释理念．中国刑事法杂志，2018（6）.

59. 劳东燕．功能主义刑法解释论的方法与立场．政法论坛，2018（2）.

60. 杨彩霞．P2P 软件和服务提供商著作权侵害刑事责任探究——以 P2P 技术架构为切入点．政治与法律，2016（3）.

61. 叶良芳．刷单炒信行为的规范分析及其治理路径．法学，2018（3）.

62. 喻海松．《民法典》视域下侵犯公民个人信息罪的司法适用．北京航空航天大学学报（社会科学版），2020（6）.

63. 周光权．网络服务商的刑事责任范围．中国法律评论，2015（2）.

64. 车浩．谁应为互联网时代的中立行为买单？．中国法律评论，2015（1）.

65. 胡云腾．谈《刑法修正案（九）》的理论与实践创新．中国审判，2015（20）.

66. 刘艳红．网络犯罪帮助行为正犯化之批判．法商研究，2016（3）.

67. 于志刚．共犯行为正犯化的立法探索与理论梳理——以"帮助信息网络犯罪活动罪"立法定位为角度的分析．法律科学，2017（3）.

68. 刘仁文，杨学文．帮助行为正犯化的网络语境——兼及对犯罪参与理论的省思．法律科学，2017（3）.

69. 郭旨龙．网络犯罪共犯行为的正犯化与定量评价．科技与法律，2014（6）.

70. 于冲．网络犯罪帮助行为正犯化的规范解读与理论省思．中国刑事法杂志，2017（1）.

71. 于志刚．网络犯罪与中国刑法应对．中国社会科学，2010（3）.

72. 阎二鹏．共犯行为正犯化及其反思．国家检察官学院学报，2013（3）.

73. 阎二鹏．犯罪的网络异化现象评析及其刑法应对路径．法治研究，

2015 (3).

74. 陈兴良．快播案一审判决的刑法教义学评判．中外法学，2017 (1).

75. 梁根林．传统犯罪网络化：归责障碍、刑法应对与教义限缩．法学，2017 (2).

76. 王华伟．网络服务提供者刑事责任的认定路径——兼评快播案的相关争议．国家检察官学院学报，2017 (5).

77. 陈洪兵．论中立帮助行为的处罚边界．中国法学，2017 (1).

78. 陈毅坚，孟莉莉．“共犯正犯化”立法模式正当性评析．中山大学法律评论，2010 (2).

79. 王华伟．从分立走向融合——犯罪参与模式之比较研究．法学论坛，2017 (6).

80. 钱叶六．双层区分制下正犯与共犯的区分．法学研究，2012 (1).

81. 储槐植．严而不厉：为刑法修订设计政策思想．北京大学学报（哲学社会科学版），1989 (6).

82. 米铁男．共犯理论在计算机网络犯罪中的困境及其解决方案．暨南学报（哲学社会科学版），2013 (10).

83. 杨彩霞．搜索引擎深度链接行为的刑法规制——实然和应然层面的双重思考．东北大学学报（社会科学版），2017 (3).

84. 陈兴良．论我国刑法中的片面共犯．法学研究，1985 (1).

85. 李强．片面共犯肯定论的语义解释根据．法律科学，2016 (2).

86. 钱毅．我国刑法中不存在片面共犯．中南政法学院学报，1990 (4).

87. 王志远．我国现行共犯制度下片面共犯理论的尴尬及其反思．法学评论，2006 (6).

88. 郭自力，陈文昊．帮助信息网络犯罪活动罪的教义学阐释．通化师范学院学报，2017 (1).

89. 张明楷．法益保护与比例原则．中国社会科学，2017 (7).

90. 张明楷．网络时代的刑事立法．法律科学，2017 (3).

91. 陈洪兵．帮助信息网络犯罪活动罪的限缩解释适用．辽宁大学学报（哲学社会科学版），2018 (1).

92. 刘科．帮助信息网络犯罪活动罪探析——以为网络知识产权犯罪活动提供帮助的犯罪行为为视角．知识产权，2015 (12).

93. 王霖．网络犯罪参与行为刑事责任模式的教义学塑造——共犯归责模式的回归．政治与法律，2016 (9).

94. 董玉庭．论数额犯中的虚拟共同犯罪问题——以盗窃罪为分析背景．人民检察，2007 (20).

95. 王强，胡娜．罪量要素的价值属性在共犯中的运用．中国刑事法杂志，2012 (12).

96. 车浩．假定因果关系、结果避免可能性与客观归责．法学研究，2009 (5).

97. 庄劲．客观归责理论的危机与突围——风险变形、合法替代行为与假设的因果关系．清华法学，2015 (3).

98. 李冠煜，吕明利．帮助信息网络犯罪活动罪司法适用问题研究——以客观归责方法论为视角．河南财经政法大学学报，2017 (2).

99. 刘宪权．论信息网络技术滥用行为的刑法责任——以《刑法修正案(九)》相关条款的理解与适用．政法论坛，2015 (6).

100. 阎二鹏．法教义学视角下帮助行为正犯化的省思——以《中华人民共和国刑法修正案（九）》为视角．社会科学辑刊，2016 (4).

101. 张伟．中立帮助行为探微．中国刑事法杂志，2010 (5).

102. 孙万怀，郑梦凌．中立的帮助行为．法学，2016 (1).

103. 黎宏．论中立的诈骗帮助行为之定性．法律科学，2012 (6).

104. 王新．我国刑法中“明知”的含义和认定——基于刑事立法和司法解释的分析．法制与社会发展，2013 (1).

105. 陈兴良．刑法分则规定之明知：以表现犯为解释进路．法学家，2013 (3).

106. 皮勇，黄琰．论刑法中的“应当知道”——兼论刑法边界的扩张．法学评论，2012 (1)，第 53 页。

107. 欧阳本祺，王倩．《刑法修正案（九）》新增网络犯罪的法律适用．江苏行政学院学报，2016 (4).

108. 邹兵建．“明知”未必是“故犯”：论刑法“明知”的罪过形式．中外法学，2015 (5).

109. 王华伟．要素分析模式之提倡——罪过形式难题新应．当代法学，2017 (5).

110. 杨立新．《侵权责任法》规定的网络侵权责任的理解与解释．国家检察官学院学报，2010 (2).

111. 张新宝，任鸿雁．互联网上的侵权责任：《侵权责任法》第 36 条解读．中国人民大学学报，2010 (4).

112. 王华伟．避风港原则的刑法教义学理论建构．中外法学，2019 (6).

113. 黎宏．电信诈骗中的若干刑法问题．法学，2017 (5).

114. 于志刚．网络空间中犯罪帮助行为的制裁体系与完善思路．中国法学，2016 (2).

115. 时延安．网络规制与犯罪治理．中国刑事法杂志，2017（6）．

116. 张铁军．帮助信息网络犯罪活动罪的若干司法适用难题疏解．中国刑事法杂志，2017（6）．

117. 王霖．网络共犯归责模式新构——以改良纯粹惹起说为视角．西部法学评论，2017（1）．

118. 钱叶六．共犯与正犯关系论．中外法学，2013（4）．

119. 周啸天．最小从属性说的提倡：以对合法行为的利用为中心．法律科学，2015（6）．

120. 陈兴良．刑法的明确性问题：以《刑法》第 225 条第 4 款规定为例的分析．中国法学，2011（4）．

121. 陈兴良．刑法教义学与刑事政策的关系：从李斯特鸿沟到罗克辛贯通——中国语境下的展开．中外法学，2013（5）．

122. 刘为波．可罚的违法性理论——兼论我国犯罪概念中的“但书”规定//陈兴良．刑事法评论：第 10 卷．北京：中国政法大学出版社，2002．

123. 刘士心．论可罚的违法性．中国刑事法杂志，2009（3）．

124. 梁根林．但书、罪量与扒窃入罪．法学研究，2013（2）．

125. 刘艳红．情节犯新论．现代法学，2002（5）．

126. 王莹．情节犯之情节的犯罪论体系性定位．法学研究，2012（3）．

127. 王强．罪量因素：构成要件要素抑或处罚条件？．法学家，2012（5）．

128. 陈少青．罪量与可罚性．中国刑事法杂志，2017（1）．

129. 陈航．累计数额刑事处罚制度研究．云南大学学报（法学版），2007（6）．

130. 张小虎．多次行为的理论定性与立法存疑．法学杂志，2006（3）．

131. 叶良芳．刑法中数额的性质及其计算．云南大学学报（法学版），2006（4）．

132. 朱铁军．犯罪数额累计问题研究．法治研究，2009（10）．

133. 李恩民．多次违法行为构成犯罪初探．人民检察，1999（2）．

134. 王飞跃．论一罪累计数量处罚制度的合理性．法律科学，2009（4）．

135. 庄劲．论连续犯概念之废除——兼论同种数罪的并罚模式．求索，2007（1）．

136. 杨彩霞．论连续犯概念的存废——以法律效果为视角．中国地质大学学报（社会科学版），2003（6）．

137. 张明楷．罪数论与竞合论探究．法商研究，2016（1）．

138. 袁建伟．论共犯罪数的判断．法学评论，2012（3）．

139. 王迁．“索尼案”二十年祭——回顾、反思与启示．科技与法律，2004 (4).

140. 王迁．新型 P2P 技术对传统版权间接侵权责任理论的挑战．电子知识产权，2011 (10).

141. 薛虹．论电子商务第三方交易平台——权力、责任和文责三重奏．上海师范大学学报（哲学社会科学版），2014 (5).

142. 周辉．平台责任与私权力．电子知识产权，2015 (6).

143. 赵鹏．超越平台责任：网络食品交易规制模式之反思．华东政法大学学报，2017 (1).

144. 吴汉东．论网络服务提供者的著作权侵权责任．中国法学，2011 (2).

145. 蔡唱．网络服务提供者侵权责任规则的反思与重构．法商研究，2013 (2).

146. 徐伟．网络服务提供者连带责任之质疑．法学，2012 (5).

147. 刘文杰．网络服务提供者的安全保障义务．中外法学，2012 (2).

148. 鲁春雅．网络服务提供者侵权责任的类型化解读．政治与法律，2011 (4).

149. 陈洪兵．中立的帮助行为．中外法学，2008 (6).

150. 陈洪兵．网络中立行为的可罚性探究——以 P2P 服务提供商的行为评价为中心．东北大学学报（社会科学版），2009 (3).

151. 刘衡萍．互联网数据中心．现代电信科技，2001 (2).

152. 沈军．互联网数据中心的网络建设．电信科学，2001 (8).

153. 郭亮，高巍．互联网数据中心总体框架及其发展研究．电信网技术，2012 (6).

154. 钟聪睿．互联网数据中心 IDC 运营系统建设的发展．电子制作，2015 (14).

155. 刘家瑞．论我国网络服务商的避风港规则——兼评“十一大唱片公司诉雅虎案”．知识产权，2009 (2).

156. 王迁．视频分享网站著作权侵权问题研究．法商研究，2008 (4).

157. 王迁．超越“红旗标准”——评首例互联网电视著作权侵权案．中国版权，2011 (6).

158. 彭文华．网络服务商之刑事责任探讨．佛山科学技术学院学报（社会科学版），2004 (3).

159. 杨彩霞．网络不作为犯罪新论．求索，2007 (2).

160. 陈凯，白英彩．网络存储技术及其发展趋势．电子学报，2002

(12A).

161. 韩德志．网络存储技术及其进展．计算机应用研究，2005 (7).

162. 刘艳红．网络中立帮助行为可罚性的流变及批判——以德日的理论和实务为比较基准．法学评论，2016 (5).

163. 梁志文．云计算、技术中立与版权责任．法学，2011 (3).

164. 梁根林．刑法修正：维度、策略、评价与限缩．法学研究，2016 (6).

165. 毛玲玲．传播淫秽物品罪中“传播”行为的性质认定——“快播案”相关问题的刑事法理评析．东方法学，2016 (2).

166. 薛虹：“再论网络服务提供者的版权侵权责任”. 科技与法律，2000 (1).

167. 王迁．《信息网络传播权保护条例》中避风港规则的效力．法学，2010 (6).

168. 王利明．论网络侵权中的通知规则．北方法学，2014 (2).

169. 张今．版权法上“技术中立”的反思与评价．知识产权，2008 (1).

170. 赖早兴．论拒不履行信息网络安全管理义务罪中的“经监管部门责令改正”. 法学杂志，2017 (10).

171. 姚志伟．公法阴影下的避风港——以网络服务提供者的审查义务为中心．环球法律评论，2018 (1).

172. 于志刚，吴尚聪．我国网络犯罪发展及其立法、司法、理论应对的历史梳理．政治与法律，2018 (1).

173. 万勇．人工智能时代的版权法：通知—移除制度．中外法学，2019 (5).

174. 劳东燕．风险社会与功能主义的刑法立法观．法学评论，2017 (6).

175. 周光权．拒不履行信息信息网络安全管理义务罪的司法适用．人民检察，2018 (9).

176. 王文华．拒不履行信息网络安全管理义务罪适用分析．人民检察，2016 (6).

177. 陈洪兵．论拒不履行信息网络安全管理义务罪的适用空间．政治与法律，2017 (12).

178. 敬力嘉．论拒不履行网络安全管理义务罪——以网络中介服务者的刑事责任为中心展开．政治与法律，2017 (1).

179. 欧阳本祺．论网络环境下著作权侵权的刑事归责——以网络服务提供者的刑事责任为中心．法学家，2018 (3).

180. 姜瀛．“以网管网”背景下网络平台的刑法境遇．国家检察官学院学报，2017（5）.

181. 姚志伟．技术性审查：网络服务提供者公法审查义务困境之破解．比较法研究，2019（1）.

182. 孙禹．论网络服务提供者的合规规则——以德国《网络执行法》为借鉴．政治与法律，2018（11）.

183. 于冲．“二分法”视野下网络服务提供者不作为的刑事责任划界．当代法学，2019（5）.

184. 王华伟．网络语境中帮助行为正犯化的批判解读．法学评论，2019（4）.

185. 张明楷．网络时代的刑法理念——以刑法的谦抑性为中心．人民检察，2014（9）.

186. 王永茜．论集体法益的刑法保护．环球法律评论，2013（4）.

187. 于志刚．口袋罪的时代变迁、当前乱象与消减思路．法学家，2013（3）.

188. 徐松林．非法经营罪合理性质疑．现代法学，2003（6）.

189. 张向东．网络非法经营犯罪若干问题辨析．法律适用，2014（2）.

190. 武良军．非法经营罪堵截条款异化之研究．环球法律评论，2014（5）.

191. 葛恒浩．非法经营罪口袋化的成因与出路．当代法学，2016（4）.

192. 张明楷．注重体系解释 实现刑法正义．法律适用，2005（2）.

193. 陈泽宪．非法经营罪若干问题研究．人民检察，2000（2）.

194. 廖丽红．非法经营罪的司法认定标准综述．人民司法，2014（11）.

195. 高翼飞．从扩张走向变异：非法经营罪如何摆脱“口袋罪”的宿命.政治与法律，2012（3）.

196. 杨彩霞．虚假广告罪的认定．国家检察官学院学报，2001（3）.

197. 付立庆．刑罚积极主义立场下的刑法适用解释．中国法学，2013（4）.

198. 劳东燕．能动司法与功能主义的刑法解释论．法学家，2016（6）.

199. 冯军．刑法教义学的立场和方法．中外法学，2014（1）.

200. 黄晓亮．恶意给好评致使网店被降权处理的刑法评价．中国检察官，2015（6）.

201. 于志刚．防止网络成为两个意义上的“无法空间”. 中国检察官，2015（6）.

202. 陈洪兵．双层社会背景下的刑法解释．法学论坛，2019（2）.

203. 曹波，陈娟．反向刷单炒信刑法规制新解．时代法学，2019（6）.

204. 柏浪涛．破坏生产经营罪问题辨析．中国刑事法杂志，2010（3）.

205. 陈兴良．互联网账号恶意注册黑色产业的刑法思考．清华法学，2019（6）.

206. 梁根林．刑法适用解释规则论．法学，2003（12）.

207. 李军．兜底条款中同质性解释规则的适用困境与目的解释之补足．环球法律评论，2019（4）.

208. 李谦．刑法规范中兜底条款的同质性判断标准——以全国首例“恶意刷单”案为切入点．法律适用，2017（18）.

209. 梅传强，刁雪云．刑法中兜底条款的解释规则．重庆大学学报（社会科学版），2021（3）.

210. 李凌旭，阎二鹏．新实质解释视域下的破坏生产经营罪之构成要件——以“恶意好评”行为入罪为视角．湖南师范大学社会科学学报，2016（2）.

211. 王华伟．网络时代的刑法解释论立场．中国法律评论，2020（1）.

212. 阮齐林．“二维码替换案”应定性诈骗．中国检察官，2018（2）.

213. 徐凌波．置换二维码行为与财产犯罪的成立．国家检察官学院学报，2018（2）.

214. 其木提．论债务人对债权准占有人清偿的效力．法学，2013（3）.

215. 杨立新．对债权准占有人给付的效力．法学研究，1991（3）.

216. 杨立新，叶军．论对债权之准占有人给付效力及适用．中外法学，1994（3）.

217. 高磊．论清偿效果之于三角诈骗的认定．政治与法律，2018（5）.

218. 蔡颖．偷换二维码行为的刑法定性．法学，2020（1）.

219. 叶良芳，马路瑶．第三方支付环境下非法占有他人财物行为的定性．华东政法大学学报，2017（3）.

220. 马永强．盗窃罪中财产性利益占有的规范解释进路．法学，2020（3）.

221. 周铭川．偷换商家支付二维码获取财物的定性分析．东方法学，2017（2）.

222. 喻海松．网络犯罪黑灰产业链的样态与规制．国家检察官学院学报，2021（1）.

223. 皮勇．网络黑灰产刑法规制实证研究．国家检察官学院学报，2021（1）.

224. 张明楷．论盗窃财产性利益．中外法学，2016（6）.

225. 车浩．占有概念的二重性：事实与规范．中外法学，2014（5）.

226. 杨志琼．权利外观责任与诈骗犯罪——对二维码案、租车骗保案、冒领存款案的刑民解读．政法论坛，2017（6）.

227. 马寅翔．限缩与扩张：财产性利益盗窃与诈骗的界分之道．法学，2018（3）.

228. 马寅翔．占有概念的规范本质及其展开．中外法学，2015（3）.

229. 俞小海．破坏计算机信息系统罪之司法实践分析与规范含义重构．交大法学，2015（3）.

230. 周立波．破坏计算机信息系统罪司法实践分析与刑法规范调试——基于100个司法判例的实证考察．法治研究，2018（4）.

231. 胡春健，孙伟．破坏计算机信息系统罪的规范分析．中国检察官，2019（4上）.

232. 邢永杰．破坏计算机信息系统罪疑难问题探析．社会科学家，2010（7）.

233. 叶小琴，高彩云．破坏计算机信息系统行为的刑法认定——基于最高人民法院第104号指导性案例的展开．法律适用，2020（14）.

234. 喻海松．《关于办理危害计算机信息系统安全刑事案件应用法律若干问题的解释》的理解与适用．人民司法（应用），2011（19）.

235. 朱赫等．破坏计算机信息系统案件法律适用研讨会．人民检察，2015（8）.

236. 万春，缐杰，张杰．《最高人民检察院第九批指导性案例》解读．人民检察，2017（23）.

237. 高铭暄，孙道萃．网络时代刑法解释的理论置评与体系进阶．法治研究，2021（1）.

238. 张梓弦．论故意毁坏财物罪中的"毁坏"——"有形的影响说"之提倡．法学，2018（7）.

239. 朱以珍，陆佳．网络安全犯罪的行为甄别与取证障碍．人民司法·案例，2011（24）.

240. 王安异．虚构网络交易行为入罪新论——以《中华人民共和国电子商务法》第17条规定为依据的分析．法商研究，2019（5）.

241. 皮勇．论中国网络空间犯罪立法的本土化与国际化．比较法研究，2020（1）.

242. 喻海松．最高人民法院研究室关于利用计算机窃取他人游戏币非法销售获利如何定性问题的研究意见．司法研究与指导，2012（2）.

243. 欧阳本祺．论虚拟财产的刑法保护．政治与法律，2019（9）.

244. 张明楷．挪用公款罪的数额计算．政治与法律，2021（1）.

245. 王立志．恶意消耗他人网游装备并将剩余部分转卖行为的定性探讨．法律适用，2017（10）.

（三）中文辑刊

1. 杨毅．邱进特等销售假冒注册商标的商品案．臧德胜．杨昌君销售假冒注册商标的商品案//最高人民法院刑事审判第一、二、三、四、五庭．刑事审判参考：总第78集．北京：法律出版社，2011.

2. 张泽容、屈自强盗窃案//中华人民共和国最高人民法院刑事审判第一、二、三、四、五庭．中国刑事审判参考指导案例：第4卷．北京：法律出版社，2017.

3. 全国人大常委会法制工作委员会刑法室．中华人民共和国刑法条文说明、立法理由及相关规定．北京：北京大学出版社，2009.

4. 李晓．乐姿等破坏计算机信息系统案//中华人民共和国最高人民法院刑事审判第一、二、三、四、五庭．刑事审判参考：总第100集．北京：法律出版社，2015.

5. 聂昭伟．赵宏铃等盗窃案//中华人民共和国最高人民法院刑事审判第一、二、三、四、五庭．刑事审判参考：总第110集．北京：法律出版社，2018.

6. 清国．吕薛文破坏计算机信息系统案//中华人民共和国最高人民法院刑事审判第一庭．刑事审判参考：总第9集．北京：法律出版社，2000.

7. 吕梅青，朱宏伟．童莉、蔡少英破坏计算机信息系统案//中华人民共和国最高人民法院刑事审判第一、二、三、四、五庭．刑事审判参考：总第86集．北京：法律出版社，2013.

8. 冯莉．孙小虎破坏计算机信息系统案//中华人民共和国最高人民法院刑事审判第一、二、三、四、五庭．刑事审判参考：总第86集．北京：法律出版社，2013.

（四）报刊文献

1. 皮勇．网络服务提供者的刑事责任问题．光明日报，2005-06-28.

2. 所有网站都应当对传播内容承担法律责任——国家网信办发言人就“快播”案发表谈话．人民日报，2016-01-11（4）.

3. 李斌．守护技术创新的初心．人民日报，2016-01-12（4）.

4. 陈兴良．在技术与法律之间：评快播案一审判决．人民法院报，2016-09-14.

5. 张明楷．快播案定罪量刑的简要分析．人民法院报，2016-09-14.

6. 方兴东．九龙治水是中国网络治理的制度创新．21世纪经济报道，2016-04-06（4）.

7. 中国互联网络信息中心（CNNIC）. 第 49 次中国互联网络发展状况统计报告，2022－2.

8. 中华人民共和国商务部．中国电子商务报告，2016.

9.2016 阿里巴巴平台治理年报.

10. 孙道萃．可增设破坏网络市场信用评价罪规制刷单行为．检察日报，2017－09－06（3）.

11. 李婕．电子商务未来空间巨大．人民日报（海外版），2017－01－13（3）.

12. 于潇．刷单炒信：不是拿你没办法．检察日报，2017－06－21（5）.

13. 范跃红．全国首例组织刷单炒信刑事案件宣判．检察日报，2017－06－21（2）.

14. 王志祥．网络水军非法经营行为应予定罪．法制日报，2013－09－11（7）.

15. 全国“刷单炒信入刑第一案”宣判被告人犯非法经营罪获刑：法官详解为何定性为非法经营罪．法制日报，2017－06－21（8）.

16. 余瀛波．刷单炒信组织者将上全网“黑名单”. 法制日报，2016－10－27（6）.

17. 叶薇．菜鸟网络严查“空包炒信”. 新民晚报，2016－05－31（A19）.

18. 左娅．菜鸟网络大数据反炒信系统上线．人民日报，2015－04－28（10）.

19. 刘宪权，林雨佳．偷换二维码侵财行为应以诈骗罪定性．检察日报，2017－11－06（3）.

20. 田宏杰．偷换收款二维码侵财行为的司法认定．检察日报，2019－05－24（3）.

21. 赵宁．厘清“修改数据式”破坏计算机信息系统罪．检察日报，2020－04－24（3）.

22. 蒋云飞，鲁璐．毁坏他人游戏装备，该如何处理．检察日报，2019－11－01（3）.

23. 刘仁文，杨学文．用刑法规制电子商务失范行为．检察日报，2015－08－26.

24. 卢志坚，白翼轩，田竞．出卖公开的企业信息谋利：检察机关认定行为人不构成犯罪．检察日报，2021－01－20（1）.

25. 非法利用信息网络罪、帮助信息网络犯罪活动罪典型案例．人民法院报，2019－10－26（3）.

26. 中国互联网信息中心．第 36 次中国互联网络发展状况统计报告，2015.

27. 中国互联网信息中心．中国互联网络发展状况统计报告，1997.

28. 张晓娜．全国人大法工委解读《刑法修正案（九）》涉网络条款．民主与法制时报，2015－11－15（2）.

29. 刘仁文，张慧．刑法修正案（九）草案有关网络犯罪规定的完善建议．人民法院报，2015－08－12（6）.

30. 赵远．浅析网络犯罪中网络服务提供者的刑事责任．法制日报，2014－07－23（11）.

31. 李世阳．不妨强化对信用的刑罚保护．法制日报，2017－06－22（7）.

（五）电子文献

1. 劳东燕．首例“压力测试”DDoS 攻击案评析：“非法控制”与“破坏”计算机信息系统行为关系之辨清．“互联网法学”微信公众号，2019－02－22.

2. 王春．浙江宣判首例反向刷单案件．http：//legal. people. com. cn/n1/2018/0904/c42510-30270504. html.

3. 中国互联网络信息中心．中国网民数量、网站数及域名数相关数据. http：//www. cnnic. cn/hlwfzyj/jcsj/.

4. 全国首起电信运营商拒不履行信息网络安全管理义务案在昆宣判. https：//www. rmfz. org. cn/contents/861/476665. html.

5. 快播案一审宣判 王欣获刑 3 年半罚金 100 万．http：//news. xinhuanet. com/legal/2016-09/13/c _ 129279108. htm.

6. 海淀法院就被告单位快播公司、被告人王欣等传播淫秽物品牟利案作出一审判决．http：//bjhdfy. chinacourt. org/public/detail. php? id＝4343.

7. 车浩．法律无需掌声 也不能嘲弄．http：//www. law. pku. edu. cn/xwzx/pl/16871. htm.

8. 快播涉黄案公开庭审全程文字实录．http：//tech. qq. com/a/20160108/062986. htm.

9. 张宏斌．对避风港原则的解读——基于“技术中立”和“意志要件”的法理基础．http：//www. glo. com. cn/content/details _ 13 _ 755. html.

10. 恶意刷单套取补贴 滴滴打车司机因犯诈骗罪被判刑．http：//www. chinanews. com/business/2016/05-19/7875473. shtml.

11. 网约车司机刷单骗补贴 1 万元被判诈骗罪 判拘役 5 个月．http：//news. ifeng. com/a/20170209/50669604 _ 0. shtml.

12. 购买“白号”虚假刷单 14 亿获 7 亿积分 8 人团伙一审获刑．http：//news. jcrb. com/jxsw/201705/t20170504 _ 1749107. html.

13. 淘宝上恶意刷单损害竞争对手商誉 被判入罪 . https：//news. qq. com/a/20161228/014782. htm.

14. 浙江公布反不正当竞争“百日执法”典型案例 刷单网站流水额超 3 亿元 . http：//www. hnxfw. org/tongxun/10022. html.

15. 刷单炒信渐成电商毒瘤 淘宝每年查获虚假交易卖家超过 100 万家. http：//finance. people. com. cn/n1/2017/0111/c1004-29014029. html.

16. 网购刷单第一案组织者获刑 5 年 9 个月 . http：//news. xinhuanet. com/fortune/2017-06/21/c _ 1121180506. htm.

17. 阿里诉刷单平台索赔 216 万，称“百万刷手”多为在校大学生. http：//www. thepaper. cn/newsDetail _ forward _ 1619430.

18. 杨学文 . 对全国刷单炒信入刑第一案的几点感想 . “互联网法学”微信公众号，2017－06－23.

19. 乔远 . “刷单炒信”行为的交易模型及其刑法分析 . “互联网法学”微信公众号，2017－06－26.

20. 新修订《反不正当竞争法》获通过 相关部门负责人回答记者提问. http：//www. gov. cn/xinwen/2017-11/07/content _ 5237723. htm.

21. 吴沈括 . 最高法 145 号指导性案例“利剑”回击网络犯罪 . https：//www. thepaper. cn/newsDetail _ forward _ 10883313.

二、外文文献

（一）外文原作

1. Hilgendorf/Valerius，Computer-und Internetstrafrecht，2. Aufl.，2012.

2. Schönke/Schröder，Strafgesetzbuch Kommentar，29. Aufl.，2014.

3. Yar，Cybercrime and Society，2. Edition，2013.

4. Beard，The living constitution，The Annals of the American Academy of Political and Social Science，Vol. 185，The Constitution in the 20th Century，1936.

5. Bruce Ackerman，The Living Constitution，Harvard Law Review，Vol. 120，No. 7，2007.

6. Easterbrook，Cyberspace and the Law of the Horse，The University of Chicago Legal Forum，1996.

7. Lessig，The Law of the Horse，What Cyberlaw might Teach，Harvard Law Review，Vol. 113，No. 2，1999.

8. Zhang/Bian/Zhu，Trust fraud：A crucial challenge for China's e-commerce market，Electronic Commerce Research and Applications，Vol. 12，

No. 5, 2013.

9. Eisele, Die Regelbeispielsmethode im Strafrecht, Zugleich ein Beitrag zur Lehre vom Tatbestand, 2004.

10. Jescheck/Weigend, Lehrbuch des Strafrechts, Allgemeiner Teil, 5. Aufl., 1996.

11. Roxin, Strafrecht Allgemeiner Teil, Band I, Grundlagen der Aufbau der Verbrechenslehre, 4. Aufl., 2006.

12. Baumann/Weber/Mitsch, Strafrehct Allgemeiner Teil Lehrbuch, 11. Aufl., 2003.

13. Wessels/Beulke, Strafrecht Allgemeiner Teil, Die Straftat und ihr Aufbau, 38. Aufl., 2008.

14. Roxin, Strafrecht Allgemeiner Teil, Band II, Besondere Erscheinungsformen der Straftat, 2003.

15. Sieber, Teil 19.1 Allgemeine Probleme des Internetstrafrechts, in Hoeren/Sieber/Holznagel (Hrsg.), Multimedia-Recht, 2014.

16. Malek/Popp, Strafsachen im Internet, 2. Aufl., 2015.

17. Harari, Eine kurze Geschichte der Menschheit, 2015.

18. Hassemer, Professionelle Adäquanz, Bankentypisches Verhalten und Beihilfe zur Steuerhinterziehung, wistra Heft 2, 1995.

19. Sieber, Verantwortlichkeit im Internet, 1999.

20. Spindler/Schmitz/Geis, TDG Kommentar, 2004.

21. Gercke/Brunst, Praxishandbuch Internetstrafrecht, 2009.

22. Löwe-Krahl, Beteiligung von Bankangestellten an Steuerhinterziehungen ihrer Kunden, wistra Heft 6, 1995.

23. Frisch, Tatbestandsmäßiges Verhalten und Zurechnung des Erfolgs, 2012.

24. Pilz, Beihilfe zur Steuerhinterziehung durch neutral Handlungen von Bankmitarbeitern, 2001.

25. Spindler/Schuster, Recht der elektronischen Medien, 3. Aufl., 2015.

26. Herzberg, Akzessorietät der Teilnahme und persönliche Merkmale, GA 1991.

27. Kühl, Strafrecht: Allgemeiner Teil, 7. Aufl., 2012.

28. Rengier, Strafrecht Allgemeiner Teil, 9. Aufl., 2017.

29. Kindhäuser, Strafrecht Allgemeiner Teil, 7. Aufl., 2015.

30. Günther, Strafrechtswidrigkeit und Strafunrechtsausschluss: Studien zur

Rechtswidrigkeit als Straftatmerkmal und zur Funktion der Rechtfertigungsgründe im Strafrecht，1983.

31. Welzel，Das deutsche Strafrecht：Eine systematische Darstellung，3. Aufl.，1954.

32. Fischer，Strafgesetzbuch，61. Aufl.，2014.

33. Wessels/Beulke/Satzger，Strafrecht Allgemeiner Teil，Die Straftat und ihr Aufbau，43. Aufl.，2013.

34. Hippel，Deutsches Strafrecht，Band 2，1971.

35. Lackner/Kühl，Strafgesetzbuch Kommentar，28. Aufl.，2014.

36. Kindhäuser/Neumann/Paeffgen，Nomos Kommentar，4. Aufl.，2013.

37. Münchener Kommentar zum StGB，Band 2，3. Aufl.，2016.

38. Bortloff，Neue Urteile in Europa betreffend die Frage der Verantwortlichkeit von Online-Diensten，ZUM Heft 3，1997.

39. Wimmer，Die Verantwortlichkeit des Online-Providers nach dem neuen Multimediarecht-zugleich ein Überblick über die Entwicklung der Rechtsprechung seit dem 1. 8. 1997，ZUM Heft 6，1999.

40. Moritz，§5 TDG im deutschen Recht-die wissenschaftliche Diskussion ist eröffnet，MMR Heft 12，1998.

41. Schaefer/Rasch/Braun，Zur Verantwortlichkeit von Online-Diensten und Zugangsvermittlern für fremde urheberrechtsverletzende Inhalte，ZUM Heft 6，1998.

42. Spindler，Dogmatische Strukturen der Verantwortlichkeit der Diensteanbieter nach TDG und MDStV，MMR Heft 12，1998.

43. Engel-Flechsig，Das Informations-und Kommunikationsdienstegesetz des Bundes und der Mediendienstestaatsvertrag der Bundesländer，ZUM Heft 4，1997.

44. Sieber，Die rechtliche Verantwortlichkeit im Internet，Grundlagen，Ziele und Auslegung von §5 TDG und §5 MDStV，MMR-Beilage Heft 2，1999.

45. Koch，Zivilrechtliche Anbieterhaftung für Inhalte in Kommunikationsnetzen，CR Heft 4，1997.

46. Sieber，Die Verantwortlichkeit von Internet-Providern im Rechtsvergleich，ZUM Heft 3，1999.

47. Altenhain，Die gebilligte Verbreitung mißbilligter Inhalte-Auslegung und Kritik des §5 Teledienstegesetz，AfP Heft 5，1998.

48. Bonin/Köster, Internet im Lichte neuer Gesetze, ZUM Heft 11, 1997.

49. Waldenberger, Teledienste, Mediendienste und die „Verantwortlichkeit“ ihrer Anbieter, MMR Heft 3, 1998.

50. Heyl, Teledienste und Mediendienste nach Teledienstegesetz und Mediendienste-Staatsvertrag, ZUM Heft 2, 1998.

51. Schneider, Hasskriminalität: eine neue kriminologische Deliktskategorie, JZ Heft 10, 2003.

52. Nolte, Hate-Speech, Fake-News, das Netzwerkdurchsetzungsgesetz und Vielfaltsicherung durch Suchmaschinen, ZUM Heft 7, 2017.

53. Schwartmann, Verantwortlichkeit Sozialer Netzwerke nach dem Netzwerkdurchsetzungsgesetz, GRUR-Prax Heft 14, 2017.

54. Koreng, Entwurf eines Netzwerkdurchsetzungsgesetzes: Neue Wege im Kampf gegen Hate Speech? GRUR-Prax Heft 9, 2017.

55. Spindler/Schmitz, Telemediengesetz mit Netzwerkdurchsetzungsgesetz Kommentar, 2. Aufl., 2018.

56. Wimmers/Heymann, Zum Referententwurf eines Netzwerkdurchsetzungsgesetzes (NetzDG) -eine kritische Stellungnahme, AfP Heft 2, 2017.

57. Gersdorf, Hate Speech in sozialen Netzwerken, Verfassungswidrigkeit des NetzDG-Entwurfs und grundrechtliche Einordnung der Anbieter sozialer Netzwerke, MMR Heft 7, 2017.

58. Liesching, Die Durchsetzung von Verfassungs-und Europarecht gegen das NetzDG, Überblick über die wesentlichen Kritikpunkte, MMR Heft 1, 2018.

59. Spindler, Der Regierungsentwurf zum Netzwerkdurchsetzungsgesetz-europarechtswidrig? ZUM Heft 6, 2017.

60. Guggenberger, Das Netzwerkdurchsetzungsgesetz in der Anwendung, NJW Heft 36, 2017.

61. Papier, Rechtsstaatlichkeit und Grundrechtsschutz in der digitalen Gesellschaft, NJW Heft 42, 2017.

62. Frenzel, Aktuelles Gesetzgebungsvorhaben: Verbesserung der Rechtsdurchsetzung in sozialen Netzwerken (NetzDG), JuS Heft 5, 2017.

63. Köbler, Fake News, Hassbotschaft und Co. -ein zivilprozessualer Gegenvorschlag zum NetzDG, AfP Heft 4, 2017.

64. Liesching, Was sind rechtswidrige Inhalte im Sinne des Netzwerk-

durchsetzungsgesetzes?，ZUM Heft 11，2017.

65. Verbreitung pornografischer Inhalte im Internet-Freispruch im CompuServe-Prozess，ZUM Heft 3，2000.

66. Drexl，Bedrohung der Meinungsvielfalt duch Algorithmen，Wie weit reichen die Mittel der Medienregulierung，ZUM Heft 7，2017.

67. Eifert，Rechenschaftspflichten für soziale Netzwerke und Suchmaschinen，Zur Veränderung des Umgangs von Recht und Politik mit dem Internet，NJW Heft 20，2017.

68. Holznagel，Das Compliance-System des Entwurfs des Netzwerkdurchsetzungsgesetzes，Eine kritische Bestandsaufnahme aus internationaler Sicht，ZUM Heft 8/9，2017.

69. Sieber，Strafrecht Verantwortlichkeit für den Datenverkehr in internationalen Computernetzen，JZ Heft 10，1996.

70. Sieber，Responsibility of Internet-Providers-A Comparative Legal Study with Recommendations for Future Legal Policy，The Computer Law and Security Report，Vol. 15，No. 5，1999.

71. Hilgendorf/Frank/Valerius，Computer-und Internetstrafrecht，Ein Grundriss，2005.

72. Kessler，Zur strafrechtlichen Verantwortlichkeit von Zugangsprovidern in Deutschland und der Umsetzung der E-Commerce-Richtlinie in Europa，2003.

73. Hoeren，Internet-und Kommunikationsrecht，Praxis Lehrbuch，2. Aufl.，2012.

74. Deutscher Bundestag，Gesetzentwurf der Bundesregierung，Entwurf eines Gesetzes zur Regelung der Rahmenbedingungen für Informations-und Kommunikationsdienste，Drucksache 13/7385.

75. Entwurf eines Gesetzes über rechtliche Rahmenbedingungen für den elektronischen Geschäftsverkehr，Drucksache 14/6098.

76. Matthies，Providerhaftung für Online-Inhalte，Eine vergleichende Untersuchung zur Rechtslage in Deutschland，Österreich und England，2004.

77. Sieber，Control possibilities for the prevention of criminal content in computer networks，The Computer Law and Security Report，Vol. 15，No. 5，1999.

78. Sieber，Aufbruch in das neue Jahrtausend-Für eine neue Kultur der

Verantwortlichkeit im Internet, Editorial, MMR Heft 12, 1999.

79. Wohlleben, Beihilfe durch äußerlich neutrale Handlungen, 1996.

80. Jähnke/Laufhütte/Odersky, Strafgesetzbuch, Leipziger Kommentar, 11. Aufl., 2003.

81. Meyer-Arndt, Beihilfe durch neutral Handlungen? wistra Heft 8, 1989.

82. Trappe, Harmlose Gehilfenschaft? Eine Studie über Grund und Grenzen der Gehilfenschaft, 1995.

83. Rackow, Neutrale Handlungen als Problem des Strafrechts, 2007.

84. Weigend, Grenzen strafbarer Beihilfe, in Festschrift für Haruo Nishihara zum 70. Geburtstag, 1998.

85. Schumann, Strafrechtliches Handlungsunrecht und das Prinzip der Selbstverantwortung der Anderen, 1986.

86. Niedermair, Beihilfe durch neutrale Handlungen? ZStW Band 107, Heft 3, 1995.

87. Otto, Vorgeleistete Strafvereitelung durch berufstypische oder alltägliche Verhaltensweisen als Beihilfe, in Albin Eser/Ulrike Schittenhelm/Heribert Schumann (Hrsg.), Festschrift für Theodor Lenckner zum 70. Geburtstag, 1998.

88. Jakobs, Strafrecht Allgemeiner Teil, Die Grundlagen und die Zurechnungslehre Lehrbuch, 1991.

89. Tag, Beihilfe durch neutrales Verhalten, JR Heft 2, 1997.

90. Heliosch, Verfassungsrechtliche Anforderungen an Sperrmaßnahmen von kinderpornographischen Inhalten im Internet, 2012.

91. Eichhorn, Internetrecht, Ein Wegweiser für Nutzer und Web-Verantwortliche, 2007.

92. Bode, Das Providerprivileg aus §§7, 10 TMG als gesetzliche Regelung der Beihilfe durch neutrale Handlungen, ZStW Band 127, Heft 4, 2015.

93. Kudlich, Die Unterstützung fremder Straftaten durch berufsbedingtes Verhalten, 2004.

94. Vassilaki, Strafrechtliche Verantwortlichkeit der Diensteanbieter nach dem TDG, Eine Untersuchung unter besonderer Berücksichtigung der Einordnung des §5 TDG im Strafrechtssystem, MMR Heft 12, 1998.

95. Schönke/Schröder, Strafgesetzbuch, 26. Aufl., 2001.

96. AG München：“CompuServe” -Urteil，MMR Heft 8，1998.

97. Lichtman/Posner，Holding Internet Service Providers Accountable，Supreme Court Ecomomic Review，Vol. 14，2006.

98. Subashini/Kavitha，A survey on security issues in service delivery models of cloud computing，Journal of Network and Computer Applications，Vol. 34，No. 1，2011.

99. Armbrust，etc.，A View of Cloud Computing，Communications of the ACM，Vol. 53，No. 4，2010.

100. Kaufman，Data Security in the World of Cloud Computing，IEEE Security & Privacy，Vol. 7，No. 4，2009.

101. McCabe，The Role of Internet Service Providers in Cases of Child Pornography and Child Prostitution，Social Science Computer Review，Vol. 26，No. 2，2008.

102. Radbod，Craigslist-A Case for Criminal Liability for Online Service Providers，Berkeley Technology Law Journal，Vol. 25，No. 1，2010.

103. Walters，Shooting the Messenger：An Analysis of Theories of Criminal Liability Used against Adult-Themed Online Service Providers，Stanford Law & Policy Review，Vol. 23，No. 1，2012.

104. Hilgendorf，Grundfälle zum Computerstrafrecht，JuS Heft 4，1997.

105. Abel，Praxiskommentare，Telemediengesetz，Telekommunikationsgesetz und TKÜV，2007.

106. Conradi/Schlömer，Die Strafbarkeit der Internet-Provider，NStZ Heft 10，1996.

107. Hörnle，Pornographische Schriften im Internet：Die Verbotsnormen im deutschen Strafrecht und ihre Reichweite，NJW Heft 14，2002.

108. Spindler，Das Gesetz zum elektronischen Geschäftsverkehr-Verantwortlichkeit der Diensteanbieter und Herkunftslandprinzip，NJW Heft 13，2002.

109. Gercke，Einführung in das Internetstrafrecht，JA Heft 12，2007.

110. Katyal，Criminal Law in Cyberspace，University of Pennsylvania Law Review，Vol. 149，No. 4，2001.

111. Bröhl，Rechtliche Rahmenbedingungen für neue Informations-und Kommunikationsdienste，CR Heft 2，1997.

112. Popp，die strafrechtliche Verantwortung von Internet-Providern，2002.

113. Schönke/Schröder Strafgesetzbuch，30. Aufl.，2019.

114. Lackner/Kühl，StGB Kommentar，29. Aufl.，2018.

115. Heintschel-Heinegg（Hrsg.），Beck' scher Online-Kommentar，43. Aufl.，2019.

116. Sieber，Kontrollmöglichkeiten zur Verhinderung rechtswidriger Inhalte in Computernetzen（II），CR Heft 11，1997.

117. Ceffinato，Die strafrechtliche Verantwortlichkeit von Internetplattformbetreibern，JuS Heft 5，2017.

118. Sieber/Liesching，Die Verantwortlichkeit der Suchmaschinenbetreiber nach dem Telemediengesetz，MMR-Beilage Heft 8，2007.

119. Sieber，Die Bekämpfung von Haas im Internet，technische，rechtliche und strategische Grundlagen für ein Präventionskonzept，ZRP Heft 3，2001.

120. Rengier，Strafrecht Besonderer Teil I，Vermögensdelikte，19. Aufl.，2017.

121. Jøsang/Ismail/Boyd，"A survey of trust and reputation systems for online service provision"，Vol. 43，No. 2，2007.

122. Kindhäuser/Hilgendorf，Strafgesetzbuch Lehr-und Praxiskommentar，8. Aufl.，2019.

123. Leipziger Kommentar zum StGB，12. Aufl.，Band 9，2012.

124. Münchener Kommentar zum StGB，Band 5，3. Aufl.，2019.

125. Satzger/Schluckebier/Widmaier，Strafgesetzbuch Kommentar，4. Aufl.，2019.

126. Arzt/Weber/Heinrich/Hilgendorf，Strafrecht Besonderer Teil Lehrbuch，3. Aufl.，2015.

127. Kerr，Computer Criminal Law，fourth edition，2018.

128. Kinhäuser/Böse，Strafrecht Besonderer Teil II，Straftaten gegen Vermögensrechte，10. Aufl.，2019.

（二）外文译作

1. 劳伦斯·莱斯格．代码 2.0：网络空间中的法律．李旭，沈伟伟，译．北京：清华大学出版社，2018.

2. 伯恩·魏德士．法理学．丁晓春，吴越，译．北京：法律出版社，2013.

3. 考夫曼．法律哲学：第二版．刘幸义，等译．北京：法律出版社，2011.

4. 索朗热·戈尔纳奥提．网络的力量：网络空间中的犯罪、冲突与安全．王标，等译．北京：北京大学出版社，2018.

5. 拉德布鲁赫．法哲学．王朴，译．北京：法律出版社，2013.

6. 杰克·M. 巴尔金．活的原旨主义．刘连泰，刘玉姿，译．厦门：厦门大学出版社，2015.

7. 罗克信．刑法的任务不是法益保护吗?．樊文，译//陈兴良．刑事法评论，2003.

8. 福田平，大塚仁．日本刑法总论讲义．李乔，文石，周世铮，译．沈阳：辽宁人民出版社，1986.

9. 西田典之．日本刑法总论：第2版．王昭武，刘明祥，译．北京：法律出版社，2013.

10. 西田典之．日本刑法各论：第6版．北京：法律出版社，2013.

11. 山口厚．刑法总论：第2版．付立庆，译．北京：中国人民大学出版社，2011.

12. 松宫孝明．刑法总论讲义：第4版补正版．钱叶六，译．北京：中国人民大学出版社，2013.

13. 大谷实．刑法总论．黎宏，译．北京：法律出版社，2003.

14. 杰奥夫雷·G. 帕克，马歇尔·W. 范 埃尔斯泰恩，桑基特·保罗·邱达利. 平台革命：改变世界的商业模式．志鹏，译．北京：机械工业出版社，2018.

15. 阿图尔·考夫曼．类型与事物本质——兼论类型理论．吴从周，译．台北：学林文化事业有限公司，1999.

16. Andrew S. Tanenbaum，David J. Wetherall. 计算机网络：第5版．严伟，潘爱民，译．北京：清华大学出版社，2012.

17. Behrouz A. Forouzan，Firouz Mosharraf. 计算机网络教程：自顶向上方法．张建忠，等译．北京：机械工业出版社，2013.

18. 曼纽尔·卡斯特．网络社会的崛起．夏铸九，王志弘，等译．北京：社会科学文献出版社，2001.

19. 凯文·凯利．网络经济的十种策略．萧华敬，任平，译．广州：广州出版社，2000.

20. 罗克辛．对批判立法之法益概念的检视．陈璇，译．法学评论，2015(1).

21. 日本民法典．刘士国，牟宪魁，杨瑞贺，译．北京：中国法制出版社，2018.

22. 佐伯仁志，道垣内弘人．刑法与民法的对话．于改之，张小宁，译．

北京：北京大学出版社，2012.

23. 德国民法典．台湾大学法律学院，台大法学基金会，编译．北京：北京大学出版社，2017.

24. 大谷实．刑法各论：新版第 2 版．黎宏，译．北京：中国人民大学出版社，2008.

25. 西田典之．日本刑法各论：第三版．刘明祥，王昭武，译．北京：中国人民大学出版社，2007.

26. 大塚仁．刑法概说（各论）：第三版．冯军，译．北京：中国人民大学出版社，2003.

27. 山口厚．刑法各论：第 2 版．王昭武，译．北京：中国人民大学出版社，2011.

（三）外文电子文献

1. Michael Beckerman，Internet Association Releases Policy Roadmap For New Administration，Congress. https：//internetassociation. org/111416transitionletter/.

2. Rechtslexikon. net. Strafzumessungsregeln. http：//www. rechtslexikon. net/d/strafzumessungsregeln/strafzumessungsregeln. htm.

案例索引

后　　记

在本书即将出版之际，面对着厚厚的书稿，我颇为感慨。从 2012 年开始，我在梁根林教授的指导下，在北京大学开启了硕博连读的学习，其间一直在为出国读博的事宜做准备。当时，我苦苦地思索：该以什么样的选题开展在德国的研究，才能真正找到自己的方向和价值？到了 2015 年，我逐渐清晰地认识到，一方面既要坚持以开放的法教义学作为主要的研究方法，另一方面又需结合中国的现实问题在一些新领域开展探索，于是最终带着网络犯罪的选题前往德国，在德国马普外国刑法与国际刑法研究所时任所长齐白教授的指导下继续学习和研究。从那时开始，我对网络犯罪的研究“一发不可收拾”。随着研究的逐步推进，我的视野慢慢打开。在某种意义上说，网络犯罪已经不仅仅是一种特定领域的犯罪类型，而是整体上对犯罪的一次网络化革新。呈现在读者面前的这本小书，就是对这些年来研究网络犯罪的成果的体系性梳理和汇总。

被纳入本书的绝大部分内容，已经以论文的形式在《中外法学》、《法学家》、《环球法律评论》、《法学评论》、《法学杂志》、《中国刑事法杂志》、《国家检察官学院学报》、《中国法律评论》、《北大法律评论》、《东南大学学报（哲学社会科学版）》、*Journal of Financial Crime* 上先期发表。在此特别感谢这些刊物的编辑老师对我的提携与厚爱，他们提出了很多重要的写作和研究建议，令我受益终身。

对于本书能够顺利与读者见面，首先要感谢陈兴良教授和周光权教授给予我宝贵的出版机会，将我的书稿纳入他们主编的丛书之中。在博士后研究期间，陈兴良教授作为我的博士后合作导师，不仅给了我非常自由的研究空间，而且常常在研究方向和方法上对我进行耐心指点，带给我深深的感动。梁根林教授作为我的硕士研究生导师和博士研究生导师，不仅亲手领我逐步走入刑法研究的大门，更是始终关心我的点滴进步与成长，待我如同家人。他身体力行地教给我为人与为学的基本态度和思想，让我永远感恩在心。齐白教授是我在德国的博士研究生导师，他作为享誉全球的网络刑法研究大家，不仅为我提供了最前沿的研究指导，而且在异域他乡带给我温暖的生活关怀，使我常常满怀感激地回忆起在弗莱堡的点点滴滴。

在我数年的研究历程中，北京大学刑法学科的储槐植教授、张文教授、郭自立教授、赵国玲教授、王世洲教授、白建军教授、王新教授、车浩教授、江溯副教授、张梓弦助理教授，始终给予我工作和生活上的关怀，也始终是我不断学习和进步的榜样。在此，我表示深深的感谢。此外，我还要特别感谢张明楷教授、周光权教授、劳东燕教授、冯军教授、林维教授、希尔根多夫教授在我求职和开展学术研究过程中所提供的热心帮助与鼓励，他们让我深切感受到前辈刑法学家对晚辈学人的无私厚爱。同时，我想特别感谢在本书研究中，曾经以文字形式“对话”过的诸多研究者，他们为我提供了研究的基础和素材，衷心希望他们能够宽容我不成熟的（甚至可能是错误的）观点。此外，我指导的硕士研究生王艺涵、郭雨、赵宏双对书稿进行了编辑校对，在此表示感谢。最后，应当特别感谢中国人民大学出版社的编辑，他们为本书的完善和出版付出了很多的心血，令人可敬可佩。

本书是对我网络犯罪研究的一个梳理和总结，同时也是下一个阶段研究的起点。由于研究能力有限，本书不可避免地有很多不足，因此非常诚恳地期待读者的批评与指正。在我们所处的网络时代，知识更新换代的速度明显变快。希望这本小书能够在知识的洪流中留下一点点印记，也希望自己能够在时代的洪流中继续奋进。

王华伟

2022 年 9 月 1 日于北京大学陈明楼

图书在版编目（CIP）数据

网络犯罪的司法认定/王华伟著．-- 北京：中国人民大学出版社，2022.11

（中国刑法司法适用疑难问题研究丛书/陈兴良，周光权总主编）

ISBN 978-7-300-31229-3

Ⅰ.①网… Ⅱ.①王… Ⅲ.①互联网络-计算机犯罪-认定-研究-中国 Ⅳ.①D924.364

中国版本图书馆 CIP 数据核字（2022）第 212641 号

中国刑法司法适用疑难问题研究丛书

总主编　陈兴良　周光权

网络犯罪的司法认定

王华伟　著

Wangluo Fanzui de Sifa Rending

出版发行	中国人民大学出版社		
社　　址	北京中关村大街 31 号	**邮政编码**	100080
电　　话	010－62511242（总编室）		010－62511770（质管部）
	010－82501766（邮购部）		010－62514148（门市部）
	010－62515195（发行公司）		010－62515275（盗版举报）
网　　址	http://www.crup.com.cn		
经　　销	新华书店		
印　　刷	涿州市星河印刷有限公司		
规　　格	165 mm×238 mm　16 开本	**版　　次**	2022 年 11 月第 1 版
印　　张	21.5 插页 2	**印　　次**	2022 年 11 月第 1 次印刷
字　　数	395 000	**定　　价**	88.00 元